Hellmuth Karasek:

Mein Kino

Die 100 schönsten Filme

Mit zahlreichen Abbildungen

Deutscher
Taschenbuch
Verlag

Durchgesehene Ausgabe
Dezember 1995
Deutscher Taschenbuch Verlag GmbH & Co. KG, München
© 1994 by Hoffmann und Campe Verlag, Hamburg
ISBN 3-455-08564-4
Umschlaggestaltung: Constanza Puglisi, Klaus Meyer
unter Verwendung eines Fotos von K. D. Allers, Hamburg
Satz: Dörlemann Satz, Lemförde
Druck und Bindung: C. H. Beck'sche Buchdruckerei, Nördlingen
Printed in Germany · ISBN 3-423-30507-X

Inhalt

Mein Kino   7

Die hundert Filme von 1930 bis 1993   15-456

Anhang

Die hundert Filme, geordnet nach
- der Chronologie   459
- deutschen Titeln und Originaltiteln   462
- Regisseuren   465

Literaturhinweise / Bildnachweis   468

Register der
- Hauptdarsteller und Regisseure   472
- Filme   477

Mein Kino

Von Howard Hughes, dem sagenumwobenen und im Alter spinösen Millionär, weiß man, daß er Flugzeuge entwarf und baute, mit denen er gelegentlich abstürzte, für seine Freundin Jane Russell einen Büstenhalter konstruierte, zeitweise das RKO-Studio besaß – und daß er zu Hause einen ganzen Haufen Filme hatte, die er sich und seinen Freunden, wenn er wollte, in einem privaten Vorführraum vorspielen lassen konnte. Darum habe ich ihn früher immer am meisten beneidet, es erschien mir, neben einem Swimmingpool in Bel Air, der am sinnvollsten nutzbare Einfluß von Reichtum.

Und von Macht. Denn später erfuhr ich, daß die Diktatoren, je schrecklicher sie waren und je mehr sie auf sich hielten, Film- und Kinofreaks waren. Hitler zum Beispiel, der sich auf seinem Berghof in Berchtesgaden nach Feierabend mit Gästen Filme ansah und dem Goebbels zum Geburtstag mitten im Krieg eine Freude machte, indem er ihm Micky-Maus-Filme schenkte. Jawohl, so waren sie. Und Stalin, der sich Abend für Abend in seinem privaten Kino Filme vorführen ließ. Darüber gibt's inzwischen sogar selber einen Film, DER INNERE KREIS (1993), der die Memoiren von Stalins Filmvorführer zur Grundlage hat. Honecker, glücklicherweise eine viel kleiner karierte Ausgabe dieses Berufszweiges und noch dazu bestenfalls ein Satrap, hatte in Wandlitz für die Glotze Pornovideos, die er sich aus dem verkommenen Westen einschmuggeln ließ. Aber das war im Video-Zeitalter.

Und von der Videozeit soll die Rede sein. Denn über den Filmstock von Howard Hughes kann heute jeder, der sich eine Videothek mit

Filmen angelegt hatte, nur milde lächeln. Das Kino von einst ist heute auf dem Video verfügbar. Man kann es kaufen, man kann es leihen, man kann es auf den Dutzenden von Kanälen, die heute zu empfangen sind, mitschneiden. Es gibt zahlreiche Lexika und Nachschlagewerke, die Filme für Videofreunde aufarbeiten und aufbereiten. Nach der Videorevolution sind mehrere tausend Filme (von den 60 000 Spielfilmen, die registriert und in ihren Besetzungen und Daten festgehalten sind) greifbar. Eine auflagenstarke Fernsehzeitschrift bietet ihren Lesern an einem beliebigen Sonntag (den 3. Juli 1994) 28 Spielfilme zum Mitschneiden an. An einem Wochentag (etwa Donnerstag, den 7. Juli) kann man 23 Filme sehen, darunter den Brando-Klassiker MEUTEREI AUF DER BOUNTY oder François Truffauts ersten (gleich preisgekrönten) Spielfilm SIE KÜSSTEN UND SIE SCHLUGEN IHN.

Das Fernsehen, einst angetreten, dem älteren Bruder Kino den Garaus zu machen, ist zum großen Kinomuseum, zur großen Filmothek geworden. Ich will darüber weder frohlocken noch lamentieren, sondern nur mit Dürrenmatt fatalistisch konstatieren: »Was einmal erfunden worden ist, kann nicht mehr zurückgenommen werden.«

Das Fernsehen und die Tatsache, daß es Videogeräte gibt (inzwischen auch solche, die uns Filme aus den USA und Frankreich kompatibel vorführen), hat das Kino nicht vernichtet. Man ist fast versucht zu sagen: im Gegenteil. Man kann, beispielsweise, die späteren Gewinne aus dem Videovertrieb in die Produktionskosten einkalkulieren. Und es hat sich erwiesen: Das Fernsehgerät ist in erster Linie kein Apparat, um Filme zu sehen, sondern um Filme wiederzusehen. Das Heimkino ist in Wahrheit ein Heimprogrammkino. Es ist für Filme, die man sonst nirgends sehen kann und die man justament jetzt sehen will, »besser als nichts«.

Daß es kein Ersatz für das »große Kino« ist, erklärt man gern mit der großen Leinwand (die, in der Tat, nach Erfindung des Fernsehens immer breiter, immer technisch perfekter wurde), und wenn man an Filme wie 2001: A SPACE ODYSSEE oder LAWRENCE OF ARABIA denkt, stimmt das. So akustisch und optisch volldröhnen, wie das solche Filme nahelegen, kann sich zu Hause keiner – und sei er Howard Hughes.

Doch es gibt einen, wie ich meine, fast noch stärkeren Grund fürs Kino. Ich will das mit einem Erlebnis belegen. Als ich 1977 für den SPIEGEL ANNIE HALL (zu deutsch: DER STADTNEUROTIKER) besprechen (rezensieren, kritisieren) sollte, mußte ich aus Termingründen den Film mutterseelenallein in einem Kino anschauen. Der Film gefiel mir gut, auch daß sich Woody Allen darin über den Gegensatz zwischen New York und Kalifornien lustig macht, der für ihn ein Gegensatz zwischen Kultur und Fastfood-Zivilisation ist. Aber, dachte ich, komisch, kein Mensch lacht. Kein Wunder, wenn man allein in einem Vorführraum sitzt. Aber damals dachte ich, jedenfalls ein paar Momente lang, daß der Film in Deutschland nicht ankommen werde, weil sich über den US-spezifischen Gegensatz Westküste-Ostküste hier niemand amüsieren würde. Werch ein Illtum! Im übrigen schüttelt sich Woody gerade in diesem Film vor Ekel über das vom Band eingespielte Lachen bei Sitcoms und Familienserien, das dem gleichen Grund seine Entstehung verdankt: der Tatsache, daß der Mensch nur als Publikum (im Kinokollektiv) lachen kann. Es ist der gleiche Grund, warum man sich zu spektakulären Fußballspielen Freunde vor den Fernseher einlädt: Auch der kollektive Schrei »Tooor!!« will nicht allein gelingen.

Es ist also das Publikum (die Leute, die gleichzeitig Schlange stehen, Eis oder Popcorn kaufen, während der Reklame ungeduldig werden, anschließend, nach traurigen Filmen, beschämt zu Boden blinzeln), das das Kino ausmacht, das Kino macht und das Kino bewahrt. Und Publikum ist man zu einer bestimmten Zeit, in einer bestimmten Stimmung. Wir sind im Kinozeitalter groß geworden und sind Zeitgenossen auch und vor allem durch das Kino. Ich habe als Kind den Zweiten Weltkrieg erlebt und ihn mindestens so stark durch die Wochenschauen wie durch die Realität wahrgenommen. Ich erinnere mich noch, wie nach der deutschen Niederlage vor Stalingrad eine Woche lang die Kinos geschlossen waren. Und wie das meinem kindlichen Bewußtsein

das Ausmaß der Katastrophe deutlich gemacht hatte – obwohl ich damals im Grunde noch nichts von ihr wußte.
Es gibt keine Biographie ohne Kino. Auch Kinoverbote und Kinoverweigerungen sind biographisch wichtige Einschnitte. Wer über die hundertjährige Filmkunst sprechen will, muß sie auch vom Zuschauer aus erzählen, für den das alles erdacht und gemacht wurde. Der Film, das ist die große Volkskunst, sprich: Pop-art der letzten hundert Jahre. Man sagt, daß das Kino den Amerikaner als Bürger einer Nation erschaffen hätte; man könnte auch sagen, daß sich das Kino den Weltbürger geschaffen hat – etwa durch die Gestalt Chaplins oder die Mythen Disneys. Es macht für mich Sinn, daß das beste englische Filmlexikon, das von Halliwell, »Filmgoer's Companion«, der Begleiter des Kinogängers, des Publikums, heißt. In jedem Leben bedeutet das Kino ein Stück Erleben, gemeinsames Erleben, jede Sammlung von Filmen auf Video ist also auch so etwas wie ein Fotoalbum der erlebten Jahre, ein Tagebuch der erfahrenen Stimmungen.
Das ist der Grund, warum dieses Buch »Mein Kino« heißt, für jeden Kinogänger gibt es gar kein anderes als »sein Kino«, das mit seiner Biographie verknüpfte Kino. Wenn ich von »mein« auf »dein« und auf »unser Kino« hoffe, auf »euer« und »Ihr Kino«, dann, weil es so etwas wie zeitgenössisches Erleben gibt – auch und gerade im Kino. Und weil uns im Kino auch die Erlebnisse anderer Generationen interessieren, weil sie in der Aura des Films aufbewahrt sind. Nirgends erfahre ich mehr über die Ängste, Stimmungen, Träume, Leitbilder, Vorbilder der Generation der Weltwirtschaftskrise als in den Screwball-Comedies, den romantischen Filmkomödien von 1934 an. Es ist die Generation meiner Eltern, die mir in diesen Filmen näher kommt.
Es mag das Militär, wie manche Kommißköppe sagen, als »Schule der Nation« gelten; die »Schule der Person«, des Individuums, ist (auch) das Kino. Als Kind drängt es einen hinein, weil es verboten, geheimnisvoll und dunkel ist, mit Süßigkeiten verbunden, mit Hingabe. Das Dunkel war auch die Schule der Annäherung in der Pubertät. Nichts verdeutlicht das schöner als die Geschichte von

der Preview von NINOTCHKA, 1939 in Long Beach. Da hatte ein Besucher auf seine Fragebogenkarte geschrieben: »Der Film war so komisch, daß ich in die Hand meiner Freundin gepinkelt habe«. Oder wie jener Witz von der weiblichen Flüsterstimme im eben erdunkelten Kinosaal: »Nehmen Sie sofort Ihre Hand weg!« Kleine Pause. »Nicht Sie! Nicht Sie!« In Zeiten der *political correctness* traut man sich das kaum noch zu erzählen.

Ins Kino ging man, aus Glück, wenn man zu zweit war. Ins Kino ging man, aus Unglück, wenn man allein war. Und das war öfter. Ich kannte keinen größeren Tröster, Seelentröster, als das Kino. Ich war froh, als ich später von dem alten, weisen Billy Wilder erfuhr, er habe sich mit Kinobesuchen den Psychiater erspart.

1946 lebte ich in Stolberg im Erzgebirge, wohin meine Familie mit fünf Kindern aus Schlesien ausgesiedelt worden war. Niemand wollte eine vielköpfige Familie beherbergen, also landeten wir schließlich zu siebt im Kellerraum einer Villa, mein Vater fuhr ins Bergwerk ein, wir alle litten furchtbaren Hunger. Aber in Stolberg gab es ein Kino und dort lief DIE FLEDERMAUS, ein sogenannter »Überläuferfilm« über die Zeitenwende von 1945. In Prag 1944 gedreht (Wien war schon zu zerstört und von Bombenangriffen bedroht), wurde der Film mit Marte Harell, Siegfried Breuer und Johannes Heesters nach Kriegsende in Babelsberg auf dem Ufa-Gelände unter sowjetischer Besatzung fertiggestellt, wohl nur zu Ende geschnitten. Und so saß ich Nachmittag für Nachmittag im Kino, von Stromsperren oft Stunden unterbrochen, sah das rauschende Fest bei Fürst Orlowski, und während mein Magen knurrte, berauschte ich mich an dem Champagner auf der Leinwand und erlernte meine erste Lebensregel: »Glücklich ist, wer vergißt, was doch nicht zu ändern ist.«

Ist das eine Botschaft des Kinos? Später, während ich in Tübingen studierte, konnte man nachmittags verbilligt ins Kino und nachts in die Programmvorstellungen im Museum: um 23 Uhr. Am Nachmittag lief sogenannter Schrott, Kitsch, Schund: also CASABLANCA oder DIE CAINE WAR IHR SCHICKSAL oder NOTORIOUS – unter dem Titel WEISSES GIFT. Des Nachts lief Kunstkino, und das war, da Tübingen französische Besatzungszone war, Orphée oder Les Enfants du Paradis. Wegen der Nachmittage habe ich mich geschämt, auch wegen geschwänzter Seminare. Vielleicht ist die spätere berufliche Beschäftigung mit Film auch dem unbewußten Wunsch entsprungen, das Tagediebdasein im Kino nachträglich zu rechtfertigen.

Ich erinnere mich, wie ich später in New York in einer Gluthitze, die auch abends nicht nachließ, in der Schlange um den Block stand, um Chinatown zu sehen. Oder wie ich am College in Middlebury, Vermont, zum Spaß mit Studentinnen in Jaws ging – bloß weil sich die Mädchen während der Schrecksekunden an einem festklammerten, aus lustvoller Angst. Wieviel später erst habe ich bemerkt, was mir der College-Hochmut damals verstellte – daß der Weisse Hai ein Meisterwerk ist, ein weitergeträumter Moby-Dick-Traum. Am College selbst lief Kunstkino, Triumph des Willens von Leni Riefenstahl, deren Ästhetik damals »in« war an US-Universitäten. So hat sich mir im Lauf der Zeit der Cineastenhochmut verschlissen: Ich habe keine Filme mehr gut gefunden, weil niemand reingeht, und keine schlecht, bloß weil sie Kassenhits sind. Zufällig fiel mir, während ich dieses Vorwort schrieb, der Satz Jean Amérys in die Hände, der mir wie eine Bekräftigung meiner Intentionen erschien: »Es lehrt uns die Geschichte des Films, das grosso modo die erfolgreichsten und also die Massen ansprechenden Werke öfter, als man sich eingesteht, auch jene sind, die den verwöhnten Kennern, sofern sie nur mit uns und sich selber ehrlich sind, am besten gefallen.« Auch der unterschwellige Antiamerikanismus (der Aufschrei, der nach Wenders' gescheitertem Hollywoodausflug die deutschen Zirkel erschütterte) hat mich nicht mehr erreicht – dazu war ich Hollywood schon zu sehr bewundernd verfallen.

So ist »Mein Kino« eine subjektive Auswahl, Filme, in denen mir die Augen aufgingen oder übergingen, meistens das, was man mit verächtlich geschürzten Lippen *Mainstream*-Kino nennt. Hundert Filme, das waren viele. Hundert Filme, das waren viel zu wenige. Und so habe ich, als ich am Anfang mit Freunden über Listen knobelte (so etwas wird ja immer auch schnell zum Gesellschaftsspiel), schweren Herzens einen Schnitt um das Jahr 1930 gemacht – und Stummfilme ausgeschlossen. Natürlich liebe ich Buster Keatons GENERAL, wo er als Lokomotivführer, knapp an Holz, einen Scheit vor dem Verheizen wegwirft, weil der ein Loch hat. Natürlich fehlt mir GOLDRUSH und Chaplins Brötchentanz (der von Fatty Arbuckle stammt) und die Szene, in der er den Schuh aufißt (er war aus Lakritze). Oder GREED oder PANZERKREUZER POTEMKIN oder NAPOLEON von Abel Gance oder BIRTH OF A NATION oder, oder. Vom ANDALUSISCHEN HUND ganz zu schweigen.

Trotzdem hätte ich immer noch leicht zweihundert Tonfilme finden können, die gleichberechtigt in das Buch gehört hätten – von Marcel Pagnols FRAU DES BÄCKERS über Antonionis BLOW UP bis zu den wuchtig-überwältigenden, zweiteiligen AUSWANDERERN von Jan Troell, den WANDERSCHAUSPIELERN von Thodoros Angelopoulos bis zur FRAU DES FLIEGERS von Eric Rohmer oder Truffauts JULES UND JIM – und sei es auch nur wegen des unvergeßlichen Oskar Werner. Ich sehe schon, wenn ich nicht aufhöre, Titel zu nennen, wird das Vorwort zum Alibiversuch gegen die unausweichlichen Fragen »Warum der und warum nicht der?«

Darum nur noch so viel: Ich habe bevorzugt auch Filme genommen, wenn sie mir markanter Bestandteil einer Film-, Kino- und Publikumsgeschichte waren, mich faszinierte das Genrekino der Schwarzen Serie oder der Screwball-Komödie besonders, weil sich in diesen Gattungen das »Genie des Studiosystems« (Bazin) in Hollywood so gelungen und kinowirksam manifestierte. Mich haben andererseits Stars voreingenommen gemacht, Brando wie Robert De Niro, Marlene Dietrich wie Bette Davis, Stéphane Audran oder Jacqueline Bisset: Das Kino als Starvehikel, das ist nicht seine schlechteste Funktion. Auch Lieblingsregisseure, Lubitsch wie Buñuel, Visconti wie Wilder, Renoir wie Hitchcock oder Kubrick, haben die Auswahl bestimmt. Das alles ergibt Setzungen, Voraussetzungen – ich weiß noch wie heute, wie mich LOHN DER ANGST beim ersten Sehen okkupierte und bis zum letzten nicht losließ.

Solche früheren Erlebnisse lassen sich beim Videosehen zurückrufen, korrigieren oder bestätigen. Das Filmtape läßt keine vagen Erinnerungen zu. Ich denke, daß es durch die zeitliche Gliederung (von 1930 bis 1993) möglich ist, das Buch auch wie eine Art Filmgeschichte in Filmgeschichten zu lesen. Es sollte, auch, unterhaltsam sein. Wie denn nicht, da Unterhaltsamkeit eines der Kriterien für die Auswahl war. Entertainment ist kein Schimpfwort, sondern im besten Fall ein Synonym für Kunst. Das gilt auch umgekehrt – jedenfalls in einer Massenkunst wie der des Kinos, die für Hochmut keinen Raum läßt. Wenn ich manchmal vom Theater ins Kino geflohen bin, dann auch des Hochmuts wegen, der früher, als es noch Sünden gab, Hoffart hieß.

Da man das Buch auch als Nachschlagewerk benutzen können soll, noch zwei technische Bemerkungen. Es wurden bei differierenden Jahreszahlen der Filme im Zweifelsfall die Jahreszahlen aus Halliwells »Film Guide« und Ephraim Katz' »The Film Encyclopedia« gewählt (die abweichenden Jahreszahlen ergeben sich oft daraus, was man als Premierendatum ansetzt, zum Beispiel auf einem Festival oder beim Start in den Kinos). Ähnlich habe ich, was Filmlängenangaben betrifft, im Zweifel nach Halliwell entschieden. Und so wäre es auch feige und wohlfeil, am Schluß den Schlußsatz eines meiner zehn Lieblingsfilme anzuführen, den nämlich, daß nobody perfect sei.

Die hundert Filme von 1930 bis 1993

Der blaue Engel (1930)

Marlene Dietrich

Es war das schiere Wunder, daß die Ufa, die seit 1927 (stimm)-mehrheitlich dem Scherl-Konzern des Rechtsnationalen Alfred Hugenberg gehörte (es war derselbe Hugenberg, der bald darauf in der »Harzburger Front« als Steigbügelhalter Hitlers fungierte, den er zum Reichskanzler machte, um ihn zu »zähmen«), einen solchen Film machen konnte: Aber Erich Pommer, der ohne viel Federlesens 1933 auf Geheiß der Nazis schmählich verjagte (weil jüdische) Produktionschef der Ufa, der ihren Tonfilmglanz und internationalen Ruhm mit so populären Werken wie DIE DREI VON DER TANKSTELLE, DER BLONDE TRAUM oder DER KONGRESS TANZT ermöglicht hatte, brachte dieses Renommierprodukt der Ufa zustande – bis heute unangefochten einer der Klassiker des Kinos, ein Film nach dem berühmten Roman «Professor Unrat» (von 1905) des «linken» demokratischen Schriftstel-

lers Heinrich Mann, für die Rechten ein verhaßter Repräsentant «Weimars» und schärfster Kritiker der (nach wie vor tonangebenden) wilhelminischen Bourgeoisie.
Doch auch ohne Politik, ohne Verwicklung in die Zeitumstände, denen der Film kühn entwachsen ist, ein Werk pionierhafter Unbekümmertheit und zukunftsträchtigen Mutes, bleibt der BLAUE ENGEL bis heute eine Sternstunde des Kinos, eine Geburtsstunde des Tonfilms: Die Geschichte des Gymnasialprofessors Dr. Rath, der der Tingeltangelsängerin Lola-Lola begegnet, um seine Schüler vor ihrem verderblichen Einfluß zu retten, der ihr in Liebe und Hörigkeit bis zur Selbstaufgabe verfällt, bis er von ihr vernichtet wird, ist längst eine der archetypischen Mythen des Kinos geworden.
Auch die Entstehungsgeschichte des BLAUEN ENGELS ist oft erzählt, längst selbst Legende dieses legendären Films: Josef von Sternberg, von Österreich nach den USA ausgewanderter Filmmann, der dort seinen Ruhm im Stummfilm begründet hatte (UNDERWORLD, 1929, der erste große, noch stumme Film über die Gangsterwelt der Prohibitionszeit), wurde von Pommer nach Berlin geholt, suchte, indem er in die Theater-Revue »Zwei Krawatten« ging, einen Schauspieler – und fand Marlene Dietrich. Heinrich Mann, der Autor, wollte seine Geliebte, die Kabarettistin Trude Hesterberg, für die Rolle der Lola lancieren – vergeblich, er verlor. Auch die Geliebte. Emil Jannings, ein in den USA längst zu Filmruhm avancierter deutscher Theaterstar, war die eigentliche Hauptfigur, er bekam auch die mehrfache Gage seiner unbekannten Partnerin, die großen Einstiegsszenen und die tragischen Endszenen des Films. Aber dank Sternberg und mit Marlene wurde alles anders: Aus »Professor Unrat« (der tragischen Niederlage eines Spießers) wurde wirklich der BLAUE ENGEL (der Triumph einer Frau). Ein Weltstar war geboren, wie ihn die Filmgeschichte nicht oft erlebt hat, ein Wunder an Ausstrahlung, Beinen, Stimme und Haltung, nicht nur eine Frau, sondern ein filmisches Naturereignis. Erstmals hatte ein Regisseur ein Leinwandidol sozusagen aus dem Nichts geschaffen: mit Licht, Atmosphäre, ihr unterworfener Handlung, ihr zugeordneter männlicher Unterwerfung – vor allem aber durch Musik.

Denn Friedrich Hollaender, der für die Dietrich Gesangsnummern wie »Ich bin von Kopf bis Fuß auf Liebe eingestellt«, »Ich bin die fesche Lola« oder »Nimm dich in acht vor blonden Frau'n!« schuf, in denen der Weltstadt-Esprit und Mutterwitz des Berlins der »Wilden Zwanziger« gipfelt, hat die Legende Marlene mitgeschaffen – wie sie mit gespreizten oder übereinandergeschlagenen schlanken Beinen, in Seidenstrümpfen und in Strapsen, mit ausladenden und einladenden Armbewegungen, im kurzen Flitter- und Glitzerkostüm, mit kessem Zylinder auf den blonden Locken, mit unbekümmert krähender und sexuell girrender Stimme unter zuerst johlenden, dann sie tierisch stumm anbetenden Männern ihre ersten Glanz- und Paradenummern singt, das stellt tatsächlich den Einbruch der weiblichen Sexualität in den (Ton-)Film dar. Und bis heute wüßte ich dem kaum etwas zur Seite zu stellen; vielleicht die Monroe mit ihrer Bibberstimme in SOME LIKE IT HOT oder in GENTLEMEN PREFER BLONDES oder in LET'S MAKE LOVE, vielleicht noch Rita Hayworth (mit erborgter Stimme) in GILDA. Sonst aber nur Marlene Dietrich selbst in ihren späteren Filmen, wenn sie beispielsweise »Laziest Girl in Town« singt.

Marlene also, offenbar Wachs in den Händen Sternbergs und ideale Verkörperung für die musikalische Verve Hollaenders, macht diesen Film. Heute versteht man nicht mehr ganz, warum der damalige Berliner Topkritiker Herbert Ihering die Handlung erschauernd als »Studie in Sadismus« klassifizierte, denn Lola, die Sängerin und Tänzerin im Tinteltangel-Varieté, ist nichts anderes als die unverbildete, unverblümte Natur, das Mädchen aus der Unterschicht, das sieht, wie es auf Männer wirkt, ohne dabei ihre angeborene Gutmütigkeit zu verlieren.

Während der Professor seine ihr Etablissement heimlich aufsuchenden Schüler bei ihr aufstöbert, amüsiert sie sich über das etwas verschrobene Mannsbild, das sich leicht von ihr um den Finger wickeln läßt, aber sie bringt ihm auch (»Professorchen!«) einen spöttischen Respekt entgegen – und als er ihr schließlich einen Heiratsantrag macht, lacht sie (eine unvergeßliche Szene der Dietrich) lang, ausgelassen, erschrocken und herzlich – geschmeichelt, verunsichert, durch seine Liebe gerührt. Und doch auch, weil sie weiß, daß nichts daraus werden kann, jedenfalls auf Dauer nicht. Marlene Dietrich nimmt der Geschichte durch ihren nüchternen, aber nie teilnahmslosen Berliner Mutterwitz (»Wat is denn Ihnen in de Krone jafahren?«), der mit seinem dem Lateinischen nachkonstruierten Studienratsjargon (»Elender Bube! Wir sprechen uns noch!«) komisch korrespondiert, jegliche Femme-fatale-Peinlichkeit; sie schafft vielmehr eine Figur unbekümmerter Unschuld und umwerfender Wirkung, eine der nachhaltigsten Frauenrollen des Films und eine überhaupt noch nicht durch Licht, Schminke und Regie zur Hollywood-Unnahbarkeit stilisierte Dietrich; dazu ist sie hier allein schon noch zu pummelig, ihr Gesicht noch zu rundlich.

So rettet das Spiel der Dietrich den Film, in dem Sternberg ein romantisch-düsteres (Kulissen-)Deutschland der redlichen Spießigkeit (die in Zwischenschnitten eingeblendete mittelalterliche Spieluhr mit ihren Totentanz-Figuren spielt das preußische Glockenspiel »Üb immer Treu und Redlichkeit«) mit geduckt aufmuckenden Gymnasiasten, durch den Nachtnebel tutenden Schiffshörnern und dem billigen Kaschemmenvergnügen im schäbig-verrauchten, nicht minder spießigen Lokal »Der blaue Engel« mit einem kühlen Blick und der romantischen Kamera auf den Spuren Murnaus und Langs eingefangen hat.

Denn die melodramatisch verkitschte Romanhandlung, die mit dem geordneten Alltag des Schulmannes und seinen Dompteur-Übungen unter den lauernd ängstlichen Schülern, alle besser situiert als er, beginnt, endet in einer »Lache-Bajazzo«-Tragödie. Es ist ja nicht recht einzusehen, warum wir den Sturz eines philiströsen wilhelminischen Steiß-Trommlers als tragisch nachempfinden sollen, der bis dato die preußische Schulordnung mit Eigelb im Bart, Rohrstock und Lateinregeln verfocht, zum Clown geworden, der aus Liebesglut öffentlich genötigt wird, Kikeriki zu krähen, und dem sein zaubernder Zirkusdirektor rohe Eier zum Gaudium des Publikums auf dem Schädel zerschlägt. Ist denn das wirklich, objektiv gesehen, ein Abstieg? Und hat Kracauer nicht recht, wenn er das für ein »Scheinproblem« hält?

Er hat es nur nicht, weil der Film so mitreißend rumpelige deutsche Atmosphäre einfängt, die Nahtstellen zwischen Gemütlichkeit und Gemeinheit, zwischen Gutmütigkeit und Bestialität, zwischen Rechtschaffenheit und Wahn.
Über den »Hoppla-jetzt-komm-ich«-Charme von Hans Albers triumphiert die Filmnatur Marlene Dietrichs ebenso wie über die von Emil Jannings filigranhaft ausgemalte Charaktertragödie des alternden Mannes, der durch die Frau zum Schwachkopf wird – Jannings mit seinen expressiven, ja, expressionistischen Mitteln markiert das Ende des Stummfilms, Dietrich mit ihren selbstverständlich kalten, dennoch suggestiv strahlenden Mitteln den Anfang des Tonfilms; das Zusammentreffen der Stile ist für heute auch eine aufregende Tragödie: eine der Zeitenwende.

DER BLAUE ENGEL (Deutschland 1930, Ufa, sw., 107 Min.). Regie: Josef von Sternberg. Produzent: Erich Pommer. Drehbuch: Robert Liebmann, Carl Zuckmayer, Karl Vollmöller, nach dem Roman von Heinrich Mann »Professor Unrat«. Kamera: Günther Rittau, Hans Schneeberger. Musik: Friedrich Hollaender.
Professor Rath: Emil Jannings. Lola-Lola: Marlene Dietrich. Zauberkünstler Kiepert: Kurt Gerron. Guste: Rosa Valetti. Mazeppa: Hans Albers. Gymnasialdirektor: Eduard von Winterstein. Clown: Reinhold Bernt. Pedell: Hans Roth. Gymnasiast Angst: Rolf Müller. Gymnasiast Lohmann: Rolant Varno. Gymnasiast Goldstaub: Robert Klein-Lörk. Gymnasiast Ertzun: Karl Balhaus. Kapitän: Wilhelm Diegelmann. Wirtschafterin Raths: Ilse Fürstenberg.

Morocco (1930)
Marokko

Gary Cooper, Marlene Dietrich

Was für ein Ende! Der Inbegriff von Kintopp, Sentimentalität und Melodramatik. Die Nachtklubsängerin Amy Jolly, die kurz zuvor nach Marokko gekommen und dort gestrandet war, hatte sich in den Fremdenlegionär Tom Brown, einen Casanova seines Regiments, verliebt. Als er nach einer Eifersuchtsszene zwischen der Frau seines Adjutanten Caesar und der Sängerin von eben diesem Adjutanten auf eine Strafexpedition in den Krieg geschickt wird, erhört die Sängerin, von dem Legionär zurückgewiesen, einen unermeßlich reichen Verehrer. Aber am Verlobungsabend kommen die Legionäre zurück. Amy springt, kopflos getrieben, von der Verlobungstafel auf, ihre kostbare Perlenhalskette, ein

Verlobungsgeschenk, bleibt am Stuhl hängen, als sie abrupt weg will, und zerreißt: Die Perlen rollen über den Boden – ein Symbol ihrer Trennung von Luxus und Reichtum.

Angstvoll sucht sie Tom Brown unter den Zurückgekehrten, unter den Verwundeten im Lazarett, findet ihn schließlich, ein Mädchen hängt an seinem Hals in einer Kaschemme, er ist zu einer anderen Kompanie versetzt worden. Er verbirgt vor ihr, daß er ihren Namen in ein Herz in den Gasthaustisch geschnitzt hat, gibt sich wieder cool und beherrscht – am nächsten Morgen um 5 Uhr müsse er wieder weiterziehen, in den Kampf.

Am Morgen ist sie da, ihr hündisch ergebener Ex-Verlobter hat sie mit dem Rolls-Royce hergefahren. Sie nimmt Abschied, beide, Legionär und Sängerin, grüßen einander noch einmal mit dem saloppen Legionärsgruß: Zwei Finger, winkend gehoben.

Doch als sich die Legion unter Trommeln in Marsch setzt, hinaus in die Wüste, folgt sie dem Troß der Weiber, die mit Ziegen und armseligen Bündeln ihren Männern hinterhervagabundieren, durch die Wüste, einem armselig ungewissen Ziel entgegen. Einer Zukunft mit Tod oder Verkrüppelung im schlimmsten, mit Abenden in Spelunken in arabischen Nestern im besten Fall.

Amy schleudert, während sie, wie von einem Magneten gezogen, ihrem Liebsten sklavisch bedingungslos folgt, ihre hochhackigen Schuhe von sich, sie bleiben im Sand liegen. Die Legion veschwindet am Horizont der Wüste. Amy hilft einer Frau eine Ziege ziehen, reiht sich in den Wanderharem der Legionäre ein.

Ist ein solches Happy-End zu glauben, ist es auszuhalten? Ja, wenn die Sängerin, die barfuß und im feinen Kostüm durch die Wüste stakst, ergeben ihrem Liebsten folgend, Marlene Dietrich ist. Und wenn der Legionär der strahlend junge, schlaksige Gary Cooper ist, mit blitzenden Zähnen, das Käppi verwegen aus der Stirn geschoben, sich durch jede Tür bückend, weil er zu groß für diese kleine Welt ist.

Cooper siegte in diesem Film, Marlene triumphierte. Nach dem deutschen Erfolg des BLAUEN ENGELS folgte sie ihrem »Schöpfer« (wie sie es nannte) als sein »Geschöpf« nach Hollywood – in den

Welterfolg von MOROCCO. Auf die (unbewußte und gutmütige) Sadistin Lola Fröhlich, die ihren Mann zum Kikeriki-Krähen bringt, folgt die hörige, die willenlose Masochistin Amy, bedingungslos in ihrer Liebe, getrieben von einer Leidenschaft ohne Grenzen. In Worten erzählt, ist die Geschichte von MOROCCO idiotisch, der Kino-Kitsch schlechthin. In Bildern erzählt, ist sie eine der mitreißend großen, archetypischen Enthüllungen von Gefühlen.

Als Sternberg Marlene Dietrich auf der Schiffsüberfahrt vorschlug, das Buch »Amy Jolly« von Benno Vigny zu verfilmen, sagte sie, das Buch sei »schwache Limonade«. Sternberg, der wußte, daß sie im Prinzip recht hatte, hatte den Stoff als »bewußt visuelles Thema« gewählt, er wollte für die Englisch-Unkundige nichts, »was mit einer Kaskade von Worten verbunden war«. Er hat so, aus der Not geboren, ein Meisterwerk geschaffen, das seine Dreiecksgeschichte in schlagenden optischen Konstellationen und Konfrontationen erzählt; Menschen, in Spiegeln gebrochen, durch Rauchschwaden gefilmt, mit dem kontrastreichen Licht der Wüste (sie war in Wahrheit nur ein paar Meilen von Hollywood entfernt) in Schatten und Licht gegeneinandergesetzt. Sternbergs Meisterschaft, ein Gesicht auszuleuchten, flirrende Schatten über die Szenen zu werfen, durch Kostüme Kontraste zu setzen, durch Netze und Schleier gebrochenes Licht zu erzeugen, feiert in diesem Studio-Afrika (dessen Einfluß auf unzählige Filme, wie beispielsweise CASABLANCA, unübersehbar ist) wahre Triumphe. Die Tiefe, die der Film für die marschierenden Legionäre gewinnt, den Raum, den er durch Überblendungen erweitert, die Kontraste zwischen Ruhe und Beweglichkeit, wuseliger Armut und großzügigem Reichtum, störrischen Eseln und der ruhigen Eleganz eines Rolls-Royce, die Sternberg setzt, zeigen ihn als den Visualisten Hollywoods, der ganz nebenbei, und doch als sein Hauptziel, ein Gesicht, einen Star, den Gegenstar zur Garbo, schuf, den Mythos Marlene, eine der großen optischen Kreationen des Films, dessen Pygmalion Sternberg war.

Gleich für ihren ersten Auftritt im marokkanischen Nachtklub steckte Sternberg die »bescheidene kleine Hausfrau« in einen Frack,

band ihr eine weiße Fliege um, zog ihr Männerhosen an. Sie tritt unter buhendem Gejohle der Legionäre auf, geht zu einer jungen hübschen Dame im Publikum, bittet die um ihre Blume hinterm Ohr – und küßt sie, als sie sie bekommt, dankbar auf den Mund: das provokative Bild der hosentragenden, »lesbischen« Dietrich war geboren.
Wenig später tritt sie mit langen schlanken Beinen auf und verkauft Äpfel – sie singt *What am I bid for my apples?*, und der optische Sündenfall zwischen ihr und Cooper ereignet sich – für die damaligen Zuschauer offenbar ein Naturereignis.
Er wiederum schreibt ihr später auf den Spiegel mit Lippenstift: *I changed my mind* und *Good Luck*. Die beiden hatten vorher gemeinsam zu fliehen beschlossen, weg von der Legion, weg aus der Kaschemme, weg aus Marokko. Doch dann hatte er den üppigen Blumenstrauß ihres reichen Anbeters gesehen, dessen kostbares Präsent eines teuren Armbands. Und »änderte seine Meinung« mit sechs Worten auf dem Spiegel. So lakonisch im Dialog, aber mit hemmungslosen Gefühlsausbrüchen in den Bildern erzählt MAROKKO seine Geschichte, die entfernt an »Carmen« anklingt und an »Antonius und Cleopatra« und die jedenfalls von einer übergroßen Leidenschaft und den vergeblichen Versuchen, zu verzichten und zu widerstehen, erzählt – der Stoff, aus dem das Kino ist.
Sternberg hatte recht, Marlene, deren rauchige Stimme mit dem untergründigen Timbre und dem deutschen Akzent er nach Hollywood orginalgetreu importierte, nicht zuviel Text zu geben. Ihr erster Satz, eine Replik auf Adolphe Menjous Angebot, ihr zu helfen, lautete: *I don't need any help*. Sternberg und sein Star blieben geduldig, es gab Drehverzögerungen, geringe. Doch der Produzent drohte ruppig in einer Aktennotiz und am Telefon: Falls Sternberg künftig nicht schneller arbeite, werde er ihn durch einen anderen Regisseur ersetzen. So sehen die Realitäten zu einem der glanzvollsten Filmerfolge aus der Nähe aus! Der Slogan für den Film hieß: *Revealing the amazing things a woman will do for love* – Was eine Frau aus Liebe alles tut. Marlene wurde aus lauter Liebe *der* Weltstar.

MAROKKO (oder auch: HERZEN IN FLAMMEN) (MOROCCO) (USA 1930, Paramount, sw., 97 Min.). Regie: Josef von Sternberg. Produzent: Louis D. Lighton. Drehbuch: Jules Furthman, nach dem Theaterstück »Amy Jolly« von Benno Vigny. Kamera: Lee Garmes. Ausstattung: Hans Dreier. Schnitt: Sam Winston. Lieder: »Give me the man« und »What am I bid for my apples?« von Leo Robin und Karl Hajos, »Quand l'amour meurt« von Cremieux. Musik: Karl Hajos.

Tom Brown: Gary Cooper. Amy Jolly: Marlene Dietrich. La Bessière: Adolphe Menjou. Adjutant Caesar: Ulrich Haupt. Anna Dolores: Juliette Compton. Korporal Tatoche: Francis MacDonald. Oberst Quinnevières: Albert Conti. Mme. Caesar: Eve Southern. Lo Tinto: Paul Porcasi.

LITTLE CAESAR (1931)
Der kleine Caesar

Ralph Ince, Maurice Black, Edward G. Robinson, Stanley Fields

Wie unzählige Gangster nach ihm (und nach seinem Vorbild und Muster) stirbt Rico Bandello, den sie den »Kleinen Caesar« nannten, den typischen Kinotod des Gangsterfilms: Im Maschinengewehrfeuer der Polizei wird er im Dämmerlicht einer sinistren Straße in einer trostlosen Gegend erledigt. Der Zwischentitel kurz zuvor hatte angekündigt, daß »Little Caesar« da enden werde, wo er, einer Rakete gleich, gestartet sei – in der Gosse.
Mervyn Le Roys Gangsterfilm von 1931, inzwischen längst ein Klassiker seines Genres, war der erste seiner Art, der in den Jahren der großen Depression Aufstieg und Fall eines Verbrecherkönigs aus der jüngsten Vergangenheit, den zwanziger Jahren, präzise realistisch und melodramatisch zugleich schilderte.

Die Geschichte spielt während der Bandenkriege der Alkoholschmuggler und Glücksspielgangster in Detroit – und ist unverkennbar der Vita des berüchtigten Al Capone in Chikago nachgebildet. Es geht, wie bei Al Capone, um die Erbfolge in der Gangsterhierarchie, und es geht um den üblichen Krieg um »Territorien«, die sich die *bootleggergangs* gegenseitig streitig machen.

Der Film beginnt mit Ricos Sprung ins Verbrechen und in die Karriere. Während Ricos Freund Joe Massara (Douglas Fairbanks jr.), der einzige Mensch, zu dem der eitle, gefühlskalte Rico so etwas wie eine (latent homosexuelle) Beziehung hat, Tänzer werden möchte, erklärt Rico zynisch, er wolle nicht tanzen, sondern andere tanzen lassen.

Wie Al Capone sich als Schläger und Killer dem alternden Boß Johnny Torrio andiente, so verdingt sich »Little Caesar« Rico Bandello dem Boß Sam Vittori (Stanley Fields) – um ihn bald abzulösen. Die Szene, in der er bei der Verteilung der Beute dem Ältergewordenen sagt: »*You are through*« (»Du bist erledigt«) und ein stummes Votum der Gang tollkühn provoziert, gehört zu den nachhaltigsten des Gangsterkinos.

Überhaupt ist LITTLE CAESAR, vor allem durch seinen Hauptdarsteller Edward G. Robinson (der durch die Rolle mit einem Schlag einen einprägsam folgenreichen Prototyp des großen, tragischen, eitel-feigen und mutig-rücksichtslosen Verbrechers schuf), ein Film, der kaum etwas von seiner Wirkung eingebüßt hat.

Robinsons Rico ist ein finsterer, verschlossener, wortkarger Bursche, voller Minderwertigkeitskomplexe des kleinen, hin- und hergeschubsten italienischen Einwanderers, der sich immer elegant-greller in Schale wirft, mit seinen Hüten, Schals, Anzügen, Glitzerringen und funkelnden Krawattennadeln über seine niedrige Herkunft hinwegprahlt, der es genießt, sein Konterfei in den Zeitungen zu sehen, und der seinen rigorosen Aufstieg mit einer mißtrauischen Verschlagenheit (er blickt ständig von unten aus den Augenwinkeln, gleichsam sprungbereit auf seine Mitwelt) und einem tollkühnen Todesmut (blitzschnell hat er die Hand an der Pistole an seiner linken Brust) bewerkstelligt.

Szenen, in denen der kleine, gedrungene Mann einen Smoking probiert, auf einem Tisch vor einem Spiegel stehend, wobei er zunächst mißtrauisch glaubt, wie ein Kellner auszusehen, um sich dann »Duce-haft« zu spreizen, oder wie die, in welcher der prinzipielle Nichttrinker und protzige Zigarrenraucher einem Gangsterbankett vorsitzt, das ihn akklamierend zum Boß ausruft – solche Szenen haben unzählige Nachahmungen und Variationen bewirkt – von SOME LIKE IT HOT bis zum PATEN.

Robinson zeigt den Lebensweg seines Gangsters, der sich in immer neuen Kostümen und Posen eitel präsentiert, um die Unsicherheit und Verhetztheit seines schnell verglühenden Lebens zu überlärmen, als dauernde Mut- und Brutalitätsprobe im Dschungel der Großstadt und dessen brutalem Darwinismus.

Als er, aus Freundschaft und uneingestandener Liebe, einmal »weich« wird und seinen Freund nicht als Verräter erschießt, ist »Little Caesar« erledigt. Mit Verhöhnungen seiner Feigheit lockt ihn die Polizei aus seinem Versteck, wo er, längst zum saufenden Stadtstreuner verkommen, vegetiert. Sie lockt ihn, um ihn abzuschießen. »Little Caesar« stirbt vor einer Plakatwand, die für seinen Freund, den Tänzer, und dessen Partnerin und Gefährtin wirbt.

LITTLE CAESAR ist der erste (Ton-)Film seines Genres, ein frühes Meisterwerk. Man merkt das daran, daß der Film gelegentlich nur von der Stelle kommt, indem er seine Handlung durch (Stummfilm-)Zwischentitel vorantreibt. Man merkt es auch daran, daß die Schauspieler oft zu statischen Szenen gruppiert herumstehen: Die Mikrofone waren noch nicht beweglich genug. Man merkt es nicht an der Darstellung des Verbrechers durch Edward G. Robinson. Die wirkt heute modern, unverbraucht, eindrucksvoll, trotz aller gezeigten Bestialität um Verständnis heischend – eine der bleibenden Charakterrollen des Kinos, versimpelnde Kategorien wie Gut und Böse souverän hinter sich lassend: der Mensch in einer wölfischen Welt als des Menschen Wolf.

DER KLEINE CAESAR (LITTLE CAESAR) (USA 1931, Warner Brothers, sw., 77 Min.). Regie: Mervyn Le Roy. Produzent: Hal Wallis. Drehbuch: Francis Faragoh, Robert E. Lee, nach dem Roman von W. R. Burnett. Kamera: Tony Gaudio. Musik: Erno Rapee.

Rico Bandello: Edward G. Robinson. Joe Massara: Douglas Fairbanks jr. Tony Passa: William Collier jr. Olga Strassoff: Glenda Farrell. Sam Vittori: Stanley Fields.

M – Eine Stadt sucht einen Mörder (1931)

Peter Lorre

Ein Kindermörder, ein Serienmörder, geht um in Berlin, und die Viereinhalbmillionen-Stadt reagiert mit panischer Hysterie auf sein schreckliches Treiben: An Stammtischen, zwischen dichten Rauchschwaden und schweren Bierhumpen, verdächtigen und verkrachen sich Freunde; unschuldige Passanten drohen das Opfer von Lynchjustiz zu werden, bloß weil ein kleines Schulmädchen nach der Uhrzeit fragte; Razzien, wild und mit blinder Geschäftigkeit durchgeführt, zeigen Allgegenwärtigkeit und Ohnmacht der Polizei; Zeugen erinnern sich an die widersprüchlichsten Details und geraten sich in die Haare, ob denn nun die Mütze des verschwundenen Mädchens grün oder rot gewesen sei ...

Acht kleine Kinder hat der Mörder schon getötet, ihre Leichen sind verschwunden. Zu Beginn des Films findet er sein neuntes Opfer, die kleine Elsie. Noch bevor sie ihm begegnet, er sie mit einem Luftballon zutraulich macht, den er ihr bei einem blinden Straßenhändler kauft und dann schenkt, fällt sein Schatten wie ein Scherenschnitt auf das Fahndungsplakat auf der Litfaßsäule, das 10 000 Mark Belohnung auf seine Festnahme aussetzt. Und noch davor ist er in einem Abzählvers spielender Kinder auf einem Berliner Hinterhof gegenwärtig: »Warte, warte nur ein Weilchen«, zählt ein Mädchen aus, »bald kommt der schwarze Mann auch zu dir. Mit dem scharfen Hackebeilchen macht er Schabefleisch aus dir.«

Fritz Lang hat sich nach eigenen Angaben an den Fällen der damals die Gemüter bewegenden Massenmörder Haarmann und Kürten orientiert (die allerdings keine Kindermörder waren), und Haarmann ist das »Volkslied« vom Hackebeilchen ja auch zugedichtet worden, damals.

Optische Brillanz, eine beklemmende atmosphärische Dichte, das Pulsieren des Berliner Lebens und der geniale Einsatz optischer und akustischer Zeichen und Signale kennzeichnen Fritz Langs ersten Tonfilm und Meisterstreich, der vieles in einem ist: einer der ersten und überzeugendsten Großstadtfilme, eine genaue Sozialsatire mit unverwechselbar deutscher Bürger- und Proletentypologie und einem Sammelsurium deutscher Dialekte und deutschen Slangs (»Pfui Deiwel, stinkt der Käse jut«, sagt ein Bettler; »Nachtigall, ick hör dir laufen«, ein Polizeibeamter). Und ein Verfolgungskrimi von atemberaubender Spannung sowie einem nervenaufreibenden Rhythmus. Zu guter Letzt auch noch ein Thesenfilm, der in einer Gerichtsszene über Todesstrafe, Volkszorn, Lynchjustiz, staatliche und kriminelle Gewalt, über Trieb- und Berufsverbrechen mit optischer Verve und propagandistischer Schärfe diskutiert. Zu Recht hat Siegfried Kracauer festgestellt, daß der Film (ebenso wie der im Jahr zuvor entstandene BLAUE ENGEL) »Zeugnis von der psychischen Situation dieser entscheidenden Jahre« ablege: »Beide nehmen vorweg, was auf so breiter Ebene geschehen sollte, es sei denn, die Leute hätten sich von den Gespenstern, die sie verfolgen, freigemacht.«

Unvergeßlich arbeitet der Film mit übergreifenden Überlappungen. Wenn die Mutter des verschwundenen Mädchens (sie sollte längst von der Schule nach Hause zurückgekommen sein) angstvoll ins leere hohe Treppenhaus und aus dem Fenster der Mietskaserne »Elsie!« ruft und man dazu ein leeres Rasenstück mit dem verlorenen Ball des Kindes (den es vorher gegen die Litfaßsäule mit dem Steckbrief des Mörders prellte) zeigt, dann einen wegfliegenden Luftballon oder eine leere Dachkammer und den unberührten Mittagsteller Elsies, dann erzählen diese an sich unzusammenhängenden Bilder die Handlung, stiften den grausigen Zusammenhang.

Man sieht Kinder vor Berliner Schaufenstern; beim Schreibwarengeschäft kreiselt labyrinthisch eine Spirale, ein Pfeil bewegt sich auf und nieder; in einem Spielwarenladen sieht man die zappelnden Beine eines Hampelmanns; und das Gesicht des Mörders erscheint zuerst gespiegelt im Fenster eines Geschäfts mit dem Zwillingszeichen für Solinger Messer- und Stahlwaren: Ein Rhombus aus arrangierten Messern umrahmt seine weichen Züge mit den großen, angstvoll und gierig hervorquellenden Augen.

Natürlich ist das berühmte Kreide-M (M wie Mörder), das ein Bettler dem endlich erkannten und danach gejagten Mörder unbemerkt als Kainszeichen auf die Schulter schlägt, das berühmteste Symbol – von ergreifender Ironie, daß das ausersehene Opfer, das Kind, ihn in aller Unschuld auf das Zeichen aufmerksam macht und ihn so warnt.

Und natürlich ist das Pfeifen der Peer-Gynt-Takte von Edvard Grieg (»In der Halle des Bergkönigs«) mit Recht das berühmte Leitmotiv des Mörders, Zeichen, daß ihn der Trieb beim Anblick eines potentiellen Opfers wieder übermannt. Und gleichzeitig das Indiz, das ihn verrät, an dem ihn der blinde, Luftballons verkaufende Bettler (der später als Motiv in zahlreichen Filmen, vom THIRD MAN bis zu Hitchcocks STRANGERS ON A TRAIN, wieder auftaucht) erkennt.

Denn daß Bettler und der Ringverein der Ganoven parallel zur Polizei die Großfahndung nach M aufnehmen, dieses Motiv hat Thea von Harbou in ihrem Drehbuch nicht nur den Bettlern und Gaunern aus Brechts »Dreigroschenoper« von 1929 abgelauscht und nachempfunden, der Film setzt es auch als wirksames satirisches und polemisches Element ein: Die Ganoven, der lästigen Razzien durch die Polizei nach M überdrüssig und in ihren ordentlichen verbrecherischen Aktivitäten empfindlich gestört, beginnen ihrerseits den Mörder zu jagen – um wieder Ruhe zu haben; und sie jagen ihn auch aus verbrecherischer Ehre und Empörung über ein Triebverbrechen.

Die strategischen Vorbereitungen der Fahndung und Jagd bei der Polizei und den Ganoven hat Lang so überlappend ineinandergeschnitten, daß manchmal die einen die Sätze der anderen beenden – eine polemische Gleichsetzung zwischen polizeilicher Tätigkeit und Selbstjustiz der Verbrecher: Lang konnte kaum ahnen und hat es doch hellsichtig vorweggenommen, daß genau diese Übernahme der Staatsgewalt durch Berufsverbrecher 1933 erfolgen sollte.

Höhepunkt des Films ist das Lynchgericht, vor das die Verbrecher den gefaßten Mörder zerren, ein Häufchen winselndes Elend vor einer Menschenmauer unmenschlicher Selbstgerechtigkeit. Wie Lorre seine ihn verfolgende Triebkraft schildert, wie von Furien gejagt und bösen Geistern überwältigt, machte ihn, den kleinen, weichen, mit wienerischem Akzent sprechenden Schauspieler mit den weit aufgerissenen Augen, mit einem Schlag zu einem Gesicht des Films.

Und wenn sein Gegenspieler, der Schränker (Gustaf Gründgens, der Bandenboß in Polizeiuniformverkleidung, eine Vorwegnahme der Rolle seines späteren Mäzens Göring), selbst zweifacher Totschläger, selbstgerecht dazu aufruft, den Triebtäter »unschädlich zu machen«, die »Bestie auszurotten«, und dies noch dazu im rheinisch asigglatten Pathos, wie es einem gewissen Doktor Goebbels später zu eigen war, dann wird klar, was Kracauer mit der »Vorwegnahme« gemeint hat.

In M sehen wir die Elite der damaligen Berliner Sprechtheaterschauspieler sich in eigenwillige, eigenartige, einprägsame Tonfilmschauspieler verwandeln. An M zeigt sich, was aus dem deutschen Film hätte werden können, hätten ihn die Nazis nicht kurz darauf mit ihrer Arisierung ausgelöscht und zu ihrem Instrument verstümmelt: eine ernste und gewichtige Konkurrenz zu Hollywood, ein europäischer Gegenpol. Oder, wie der damals (neben Alfred Kerr) führende Kritiker Herbert Ihering es für Otto Wernicke als Polizeikommissar der Mordkommission stolz und bewundernd festgehalten hat: Er sei »im Typus so echt, in der schauspielerischen Variation so amüsant dargestellt, daß die Hollywood-Kommissare erbleichen können«. Schön wär's, schön wär's weiterhin gewesen!

M – Eine Stadt sucht einen Mörder (Deutschland 1931, Nerofilm, sw., 118 Min.). Regie: Fritz Lang. Produzent: Seymour Nebenzal. Drehbuch: Thea von Harbou, Paul Falkenberg, Adolf Jansen, Karl Vash, Fritz Lang. Kamera: Fritz Arno Wagner. Musik: Motiv aus der Peer-Gynt-Suite von Edvard Grieg; Adolf Jansen.
Hans Beckert, M: Peter Lorre. Mutter: Ellen Widmann. Elsie: Inge Landgut. Kriminalkommissar Lohmann: Otto Wernicke. Schränker: Gustaf Gründgens. Einbrecher: Friedrich Gnass. Falschspieler: Fritz Odemar. Taschendieb: Paul Kemp. Bauernfänger: Theo Lingen.

The Public Enemy (1931)
Der öffentliche Feind

Jean Harlow, Edward Woods, James Cagney

»Beer and Blood«, »Bier und Blut« heißt die Geschichte von John Bright, nach der THE PUBLIC ENEMY und dessen Drehbuch modelliert worden ist – kein schlechter Titel für die Geburt des Gangster- und Mobsterunwesens der USA aus der Volstaed-Verfügung (populär auch Prohibition genannt), nach der zwischen 1919 und 1933 kein Alkohol in den Staaten produziert und ausgeschenkt werden durfte. Die *bootleggers* und *moonshiners*, die Gangster, die Alkohol erzeugten, verschoben, verkauften und sich gegenseitig in blutigen Bandenkriegen und Blutrachefeldzügen niedermähten, sind die Saat, die aus dem puritanischen Schnaps- und Bierverbot aufging – und seit der Zeit aus dem amerikanischen Leben nicht mehr wegzudenken waren. THE PUBLIC ENEMY beschreibt diese Zeit.

Der Film von 1931 ist, nach LITTLE CAESAR (1930) und vor SCARFACE, SHAME OF A NATION (1932), eine der (drei) Mütter aller Gangsterfilme; sein dramaturgisches Muster, seine lakonische Erzählweise in ihrer Mischung aus Gosse, Slang und Kleinbürgersentimentalität, seine düstere Optik verregneter Straßen und verräucherter Kneipen – all das hat unzählige Filme der Schwarzen Serie und des Mafia-Genres geprägt und beeinflußt.

Erzählt wird die Geschichte zweier irischstämmiger Jungs aus einer ärmlich-anständigen Vorstadt von Chikago, die während der Prohibition zu Gangstern werden, auf einmal mit Geld um sich werfen können – um am Schluß das Verbrechen mit dem Tod zu bezahlen. Es sind die Freunde Tom Powers (James Cagney) und Matt Doyle (Edward Woods) – die gemeinsam Bräute aufreißen, Bier und Schnaps der Konkurrenz anzapfen, Kneipenwirte terrorisieren –, deren Lebensgeschichte erzählt wird. Der Wendepunkt der Geschichte ist Tom Powers' Mord an dem Boß einer rivalisierenden Bande, an Putty Nose – eine Tat, die ein paar Schuhnummern zu groß für die beiden ist und sie in den Tod treibt.

Dabei wird Matt Doyles Freundin – *Cherchez la femme* – ihm zum Verhängnis: Weil sie Tom Powers (also dem Unwiderstehling Cagney) schöne Augen macht, verläßt der den schützenden Unterschlupf mit dem Freund; der wird erschossen, Tom geht kaltblütig auf Vendetta und bricht waidwund auf regennasser Straße zusammen. Aus dem Krankenhaus wird der Bandagierte entführt und seiner (ehrbaren) Familie als Paket (eingeschnürt wie eine Mumie) tot vor die Tür geworfen – *crime does not pay*, Verbrechen lohnt sich nicht.

Mit dieser Gangsterstory ist eine Familiengeschichte verwoben. Der ältere, anständige Bruder setzt auf den legalen Weg aus dem Ghetto, durch ehrliche Arbeit und Abendschulen, und prügelt sich mit seinem feindlichen Gangsterbruder – die Mutter barmt zwischen den beiden – auch das ist zum Muster für alle irischen, jüdischen, italienischen Gangsterfamilienmelodramen geworden.

Damals galt der im Depressionsjahr 1931 von William A. Wellman routiniert im Warner-Stil gedrehte Film als grausam und schonungslos, als zynisch und herb (was er durch einen moralischen Vorspruch zu entkräften suchte).

Im Rückblick und angesichts heutiger Kinobrutalitäten fällt auf, wie wenig man Mord und Totschlag damals direkt zeigte: Putty Nose wird, als er um sein Leben winselt und Freunden am Klavier was vorsingt, im Off erschossen; vom kleinen Tom wird, wenn ihn der Vater mit dem Rasierriemen weichprügelt, nur das Gesicht gezeigt, das den Schmerz verbeißt; der Rache-Showdown vollzieht sich im Dunkeln, der Zuschauer hört nur Schüsse, bleibt im Regen draußen. Gerade diese Zurückhaltung und Verlagerung in die Phantasie des Zuschauers macht den Film für unsere überreizten Sinne so eindrucksvoll.

Filmgeschichte machte eine Szene, bei der Cagney seiner Braut (Mae Clarke), als er sie über hat, eine halbe Grapefruit ins Gesicht drückt – um sie für Jean Harlow zu verlassen. Jean Harlow spielt konventionell das blonde Gift, aber wie Cagney mit dunklem Hut zwischen ihr und ihrer Alabasterfigur und einer weißen Marmorfigurine plaziert ist, das hat graphischen Stil.

Überhaupt ist der Film, Cagneys Durchbruch als irischer Sonnyboy auf der blutigen Schattenseite des US-Lebens, von jenem Willen zum Stil gekennzeichnet, der Gangster aus schmierigen Billardsalons und schmuddeligen Hinterzimmern zum feinen Herrenschneider und in die offenen Luxuslimousinen treibt: Kleider und Autos machen Leute, markieren den Aufstieg.

Cagney ist ein Großstadtwolf, der zeigt, daß der Gangsterfilm so unerschütterlich in den Industrieslums der Großstädte angesiedelt ist wie der Western in der Prärie.

Das Publikum lief zu Cagney über, zu seinem unmoralischen Charme – denn trotz aller Warnungen vor dem Bösen ist dieser erstaunlich polizeifreie Verbrecherfilm ein Abbild des Zivilisationsdschungels in den USA – sein Realismus ist seine eigentliche Gesetzestreue.

Der öffentliche Feind (The Public Enemy) (USA 1931, Warner Brothers, sw., 81 Min.). Regie: William A. Wellman. Produzent: Warner. Drehbuch: Kubec Glasmon, John Bright, nach der Geschichte von John Bright. Musik: David Mendoza.
Tom Powers: James Cagney. Matt Doyle: Edward Woods. Mamie: Joan Blondell. Gwen Allen: Jean Harlow. Putty Nose: Murray Kinnell.

SCARFACE (1932)
Scarface

Paul Muni

Im Morgengrauen, draußen ist schon der Milchmann unterwegs, sitzen in einer Kneipe übernächtigt ein paar Männer, während ein Kellner bereits das Lokal aufräumt und dabei Luftschlangen, die in Kübelpflanzen hängen, und sogar (für damalige Verhältnisse ziemlich kühn) einen Büstenhalter aufsammelt. Der Boß der kleinen Gruppe renommiert, was er alles hat: ein Haus, ein Auto, genug zu essen, dann rülpst er. »Sogar Sodbrennen hab' ich«, sagt er, »und jetzt hab' ich auch noch'n schweren Kopf und Lust zu schlafen.« Da sieht man einen Schatten, fast wie einen Scherenschnitt, durch eine Milchglasscheibe des *speakeasy* (die illegale Alkoholkneipe der Prohibitionsjahre), man sieht einen Colt, und dann hat der Gangsterboß, der alles hat, auch noch ein tödliches Loch im Bauch.

So beginnt Howard Hawks' Film SCARFACE (zu deutsch: Narbengesicht), und Narbengesicht, Scarface, war der Spitzname des berüchtigten Gangsters, Mafiosos und Mobsters der zwanziger Jahre, der Spitzname von Al Capone.

Das Drehbuch schrieb Ben Hecht (im Auftrag des verrückten und filmversessenen Millionärs Howard Hughes), und Hecht, damals der zu Recht begehrteste Drehbuchschreiber Hollywoods, wußte, wovon er schrieb: Er hatte als Journalist die Bandenkriege und Rivalitätskämpfe der Alkoholgangs aus nächster Nähe miterlebt.

»Scarface« heißt im Film Tony Camonte und wird gespielt von Paul Muni, der ihn als ein Stück rüde Natur darstellt; er geht wie ein Primat, schlenkert mit den Armen wie ein Affe, sein Gesicht zeigt die unschuldig groben Reaktionen eines Tieres. Natur in Chikago, im Dickicht der Städte, im Asphaltdschungel – hier ist die neue Wildbahn der Kämpfe ums Dasein, die sich zwischen den verschiedenen Gangs der Großstadt um Einfluß und Bierverkauf, um Macht und Frauen abspielt.

SCARFACE zeigt, wie die besseren Waffen, die größere Brutalität obsiegt. Zuerst haben die Feinde Tony Camontes die effizienteren Waffen, nämlich Maschinengewehre, dann nimmt er sie ihnen ab, fletscht freudig die Zähne und ballert wie ein Kind um sich, ein gefährliches Kind, ein grausames Großstadttier.

SCARFACE zeigt, wie die Jugend (und auch hier die größere Brutalität) obsiegt. Tony nimmt seinem Boß die Freundin, die Macht, die Gang und das Leben.

Und SCARFACE zeigt, welche atavistische Ordnung unter den Italoamerikanern herrscht, die, des Lesens kaum mächtig, ihre Anordnungen mit Blut schreiben. Es ist, neben der Story von den Bandenkriegen um die Alkoholdistribution, ein Familien- und Freundesdrama. Munis Camonte liebt in Wahrheit nur seine großäugige Schwester Cesca (Ann Dvorak) und tötet in Eifersucht seinen besten Freund Guino Rinaldo (den Gangsterfreund George Raft, ständig eine Münze hochwerfend, spielt, was Billy Wilder später in SOME LIKE IT HOT parodierte), wird aus Liebeshaß von der Schwester verpfiffen und stirbt, mit ihr verbarrikadiert, den Liebestod im Kugelhagel der Polizei. Am Horizont sieht man die Leuchtreklame von »Cook-Tours«, das Motto des Gangsters: *The World Is Yours*. Die Gangsterwelt, das zeigt der in kühler und perfekter Wochenschau-Authentizität gedrehte Film, hat ihre eigenen Gesetze, ihre eigene Ehre, ihre eigene Größe, Niedrigkeit und Moral. Hecht und Hawks schrieben die Geschichte wie die der Borgias, nur verlegt nach Chikago. Deshalb mußte in den Film eine alberne heroische Szene empörter Bürger bei einem Bürgerselbsthilfe-Tugenden predigenden Zeitungsverleger hineingeschnitten werden, die weder Hecht schreiben noch Hawks drehen durfte – der Faszination des Bösen tat das keinen Abbruch; ebensowenig wie der moralisierende Untertitel *Shame of a Nation* (Schande der Nation).

Der begeisterte SCARFACE-Fan Truffaut rühmte eine Szene besonders, den Tod eines konkurrierenden Gangleaders (Boris Karloff) beim Kegeln: Er wird niedergestreckt, als die Kugel rollt und acht von neun Kegeln umwirft, der neunte tanzt noch, gerät ins Schlingern, stürzt, ein Symbol für den Tod: »Das ist Tanz, Poesie, das ist Kino«, jubelte Truffaut.

Auch Al Capone (der im Unterschied zu »Scarfaces« melodramatischem Ende überlebte) war begeistert. Zuerst zwar hatte er Ben Hecht beim Schreiben zwei spionierende Gangster auf den Hals gehetzt, dann jedoch, als der Film fertig war, schaffte sich die wirkliche »Schande der Nation« eine private Kopie an und sah sie öfters mit Vergnügen.

Die Zensur dagegen verhinderte das eindringlich brutale, anarchistisch genaue Werk für zwei Jahre: von 1930 (wo es gedreht wurde) bis 1932 (wo es endlich, wenn auch nur kurz und oft verstümmelt, gespielt werden durfte).

SCARFACE (SCARFACE) (USA 1932, Howard Hughes/United Artists, sw., 99 Min.). Regie: Howard Hawks. Produzent: Howard Hughes. Drehbuch: Ben Hecht, nach einem Roman von Armitage Trail. Kamera: Lee Garmes, L. William O'Connell. Musik: Adolphe Tandler, Gus Arnheim. Tony Camonte: Paul Muni. Cesca Camonte: Ann Dvorak. Guino Rinaldo: George Raft. Poppy: Karen Morley. Tom Gaffney: Boris Karloff. Johnny Lovo: Osgood Perkins.
(Die Zensur erzwang zunächst ein Hinrichtungsende (mit Verhaftung, Verurteilung und ordentlichem Erhängen), das ohne Muni gedreht und später glücklicherweise wieder herausgeschnitten wurde.)

Trouble in Paradise (1932)
Ärger im Paradies

Kay Francis, Miriam Hopkins, Herbert Marshall

Was für ein Kuß! Der Hochstapler, Trickbetrüger, Juwelendieb, Safe- und Herzensbrecher Gaston (Herbert Marshall, elegant poliert und straff gescheitelt, ein Elegant der Dreißiger) und die Millionenerbin, Parfüm-Chefin und lustige Witwe Mariette (Kay Francis, modisch à la Dreißiger-Jahre-Chic und zeitlos mondän, selbständig und anlehnungsbedürftig) stehen im Schlafzimmer. Sie muß zur Party, er weiß sich durchschaut, möchte, als Sekretär, der sich in ihr Vertrauen eingeschlichen hat, ihren Safe ausräumen und mit seiner Komplizin und Geliebten (Miriam Hopkins) das Weite suchen.
Und auf einmal liegen sich die beiden in den Armen. Zuerst in

Großaufnahme, dann reflektiert im wunderschönen Spiegel über dem Bett, ein gebrochener, raffinierter Gegenschuß. Dann als Schatten im Bett vereint, das sie nie wirklich teilen werden. Und dann wieder in Großaufnahme.

Kein Wunder, daß Lubitsch selbst TROUBLE IN PARADISE am meisten liebte. Der Film ist von einer perfekten Leichtigkeit und Eleganz, und alle, die ihn nach 1932, also nur drei Jahre nach Beginn des Tonfilms, gesehen haben, sind in verzücktes Schwärmen geraten: Es ist, als ob der Charme der Dreißiger perfekt konserviert worden wäre, so Pauline Kael. Die Ausstattung sei das letzte Wort in modernem Design gewesen, so Theodor Huff. Ein Meisterwerk der leichten Komödie, mit prickelnden Dialogen und einer perfekten filmischen Erzählweise, so Halliwell, der dem Film seine höchste Wertung (vier Sterne) zukommen läßt.

Nun aber die traurige Wahrheit neben der seit über 60 Jahren andauernden Begeisterung: An den Kinokassen war die in Venedig und Paris unter vertrottelten Bonvivants, bösen Zungen und flinken Betrügern spielende, auf Hochglanz polierte Dreieckskomödie ein eher mäßiger Erfolg. Keine einzige Oscar-Nominierung hat das frühe Tonfilm-Wunderwerk, das schon raffiniert mit Reden, Verstummen, Mißverstehen, Verschweigen spielt, erreicht – geschweige denn einen Oscar.

Vielleicht beginnt der ÄRGER IM PARADIES schon mit allzu zynischem Humor. Man sieht eine Gondel in Venedig, der Gondoliere sammelt Müll und Dreck ein, kippt Abfalleimer in sein mit Unrat vollgestopftes Boot – und dann fährt er weiter und singt unnachahmlich romantisch-kitschig »O sole mio!«, mit der Stimme von Benjamino Gigli, dem damals größten Tenor aller Zeiten.

Gleich darauf werden wir Zeuge, wie ein reicher Nichtstuer in seiner teuren venezianischen Hotelsuite von einem falschen Arzt chloroformiert und dann ausgeraubt wird. Wie so oft bei Lubitsch erfahren wir es zuerst vor verschlossenen Türen, vor denen hier italienisch schnatternde Zimmermädchen stehen – während das Opfer liegt.

Dann lernen wir das Liebespaar kennen. Dieb und Diebin, wie sie sich gegenseitig Wertgegenstände aus der Tasche stibitzen, was sie sexuell zu gegenseitiger Bewunderung stimuliert und zur Komplizenschaft anregt: Mit einem eleganten Schlenker über eine idiotische Radiowerbung führt Lubitsch sein Publikum mit den beiden nach Paris, wo sie sich als ehrliche Finder des eigenhändig in der Operette gestohlenen Handtäschchens in das Vertrauen und die Liebe der Parfüm-Erbin Mariette Colet (Kay Francis) einschleichen und deren dämliche beiden Freier (zwei Figuren wie aus einer Feydeau-Farce), den vertrottelten britischen Major (Charles Ruggles) und den von Marshall in Venedig betäubten und gerupften, verdummten Dandy François Filiba (Edward Everett Horton), außer Gefecht setzen.

Bis, ja, bis Filiba Gaston wiedererkennt, und der ihn, um ihn außer Gefecht zu setzen, auf den Kopf zu fragt: »Kennen wir uns nicht?«, was der vertrottelte Snob erst als Anbiederung mißversteht, ihn dann aber nach und nach in dußliges Grübeln versinken läßt, woher er den andern nicht kennt oder doch kennt. Höhepunkt des Films ist die berühmte assoziative Wiedererinnerungsszene: Filiba drückt eine Zigarette in einem Aschenbecher aus, der einer venezianischen Gondel nachgeformt ist – der Düpierte hat sein Aha-Erlebnis –, und als auch noch ein Arzt erwähnt wird, erinnert er sich an den Auslöser seiner venezianischen Chloroform-Schmach.

Der hat inzwischen die reiche Witwe total becirct und droht ihr zu verfallen, was wiederum seiner leidenschaftlich in ihn verliebten Komplizin mißfällt. In einem Komödien-Showdown mit vielen verschlossenen Türen, elegant gemeisterten Treppen, verblüfften Dienern, leidenschaftlichen Bekenntnissen und deren sarkastischer Relativierung, erteilt Marshall (in einem samtweich makellosen Britisch) der Millionärin und dem Publikum eine frivole und doch romantische Lektion: Die wahren Diebe und Betrüger sind nicht die kleinen, mit viel Raffinesse hochstapelnden Ganoven, sondern die knorrigen Ehrenmänner, die sich ohne Gefahr und Risiko Millionen ergaunern: so der scheinbar in Ehren ergraute, ständig moralisch entrüstete Aufsichtsratsvorsitzende Giron.

Während der asthmatisch dicke Butler (Robert Greig) immer wieder ächzend und verstört erleben muß, daß sich auf sein Klopfen im Haus seiner Herrin immer der Falsche an auch noch der falschen Tür zeigt, siegt die kriminelle Energie und Leidenschaft des Diebespärchens über die romantische Liebe zwischen Betrüger und Millionärin. Beide seufzen noch: »Es hätte so wundervoll sein können!«, dann fliehen die von der Polizei Bedrohten und beweisen sich im Taxi zum Gare du Nord, daß sie, was Leidenschaft und Können anlangt, noch ganz die alten sind: Sie beklauen sich wechselseitig auf das vollkommenste – ein Happy-End nach Lubitsch-Maß.

Ärger im Paradies (Trouble in Paradise) (USA 1932, Paramount, sw., 83 Min.). Regie und Produktion: Ernst Lubitsch. Drehbuch: Samson Raphaelson, nach dem Schauspiel »Der ehrliche Finder« von Lazlo Aladar in der Adaption von Grover Jones. Kamera: Victor Milner. Ausstattung: Hans Dreier. Kostüme: Travis Banton. Musik: W. Franke Harling.
Gaston Monescu: Herbert Marshall. Lily: Miriam Hopkins. Mariette Colet: Kay Francis. Major: Charles Ruggles. François Filiba: Edward Everett Horton. Adolphe J. Giron: C. Aubrey Smith. Butler: Robert Greig.

DINNER AT EIGHT (1933)
Dinner um acht

Marie Dressler, Jean Harlow

Eine typische, eine prekäre Theatersituation, als Spiegel für die Manhattan-Snobiety der dreißiger Jahre: Eine leicht blasierte, weil schwer frustrierte Reedersgattin (Billie Burke) gibt ein Dinner am Freitag um acht. Anlaß: Sie möchte mit einer britischen Adelsfamilie prahlen, mit der sie bekannt ist und die in New York weilt. Doch die geplante Soiree steht unter keinem guten Stern:
Die noblen Briten, für die das Essen veranstaltet werden soll, verduften einfach nach Florida, wo es im Winter sonniger und wärmer ist. Der alternde Vaudeville-Schauspieler (John Barrymore), der heimlich von der viel jüngeren Reederstochter (Madge Evans) geliebt und im Hotel aufgesucht wird, kann dem Fest seinen ermattenden Glanz nicht mehr leihen – er bringt sich Stunden zuvor, als Alkoholiker auf dem Tiefpunkt seiner Karriere und

Erniedrigung angelangt, um. Die alternde Broadway-Schauspielerin (die unvergleichlich würdevoll-komische Marie Dressler) kommt zwar, sie hat aber ihren Ex-Gatten, den Reeder (Lionel Barrymore), gerade durch den Verkauf ihrer Aktien dem Konkurs näher gebracht.

Unter den Gästen ist auch der neureiche, ruppige Ellbogen-Unternehmer (Wallace Beery), der den Gastgeber in den Ruin treibt, und seine zweite Frau: Jean Harlow, die mit blecherner Stimme, vulgärem Akzent und einer unendlichen Gelangweiltheit die ehemalige Hutverkäuferin und jetzige schmollend-verwöhnte Gattin des Emporkömmlings spielt – erschreckend echt, umwerfend komisch, tödlich nichtig.

Und unter den Gästen ist der schöne Arzt (Edmund Lowe), der es mit seinen hübschen Patientinnen als Ehetröster treibt und der weiß, daß es dem Hausherrn nicht nur wirtschaftlich an den Kragen, sondern auch buchstäblich ans Herz geht: Seiner Frau zuliebe kaschiert der Reeder seine lebensbedrohenden Herzattacken als Magenverstimmungen – weil sie den Zusammenbruch ihrer gesellschaftlichen Prestigespiele weniger verkraften könnte als er seine Krankheit und den drohenden Ruin seiner Traditionsfirma.

Das ist, wie gesagt, eine Theatersituation und war ursprünglich auch (nämlich 1932) der Theater-Hit vom Broadway, ein Stück des Erfolgsgespanns Edna Ferber und George S. Kaufman, dessen glänzende Dialoge von keinen Geringeren als von Herman J. Mankiewicz und Donald Ogden Stewart noch aufpoliert und auf pointen-blitzenden Hochglanz gebracht worden waren. Deshalb spielt der Film ausschließlich in makellos schönen Räumen, einer erlesenen Hotelsuite, einem traditionsreichen Reedereibüro am Hudson und den mit teurem Geschmack ausgestatteten Räumen der Soiree-Gastgeber – alles im betörend schimmernden Dekor des Metro-Ausstattungsgenies Cedric Gibbons.

Aber sowohl das elegant-versnobte Parlando (das sich britischen Akzent zu leihen sucht) als auch die mit Raffinesse gestylten Räume täuschen nicht darüber hinweg – sie wirken eher verstärkend und enthüllend –, daß es sich bei der High-Society dieses Films um Wracks, Lebensattrappen, Gestrandete handelt, hinter deren Fassaden Tod, Erbärmlichkeit und Elend lauern: DINNER UM ACHT, mit dem Background der Depressionskonkurse konturiert, ist eine der schonungslosesten Gesellschaftsenthüllungen Hollywoods, von souveränen Schauspielern meisterhaft exekutiert.

Wenn John Barrymore im Hotel alles verliert, die Rolle, seinen Agenten, seine Hoffnung, seine Würde und das Zimmer, und seine Selbstachtung vor dem angedrehten Gaskamin in einem sorgsam sein makelloses Profil ausleuchtenden Selbstmord vor dem eigens arrangierten Lampenschein wiedergewinnt, dann ist dies eine der ergreifendsten und doch dekuvrierend komischsten Szenen des Kinos der Dreißiger.

Ebenso zählen die vulgären Zimmerschlachten zwischen der silbrig-seidig sich räkelnden Jean Harlow und ihrem klotzig-klobigen Mann zu den wirksamsten Ehekriegen der Leinwand – von Marie Dresslers ironisch und selbstironisch die Augen rollender Diva, die ihren altersschweren Körper immer noch mit unnachahmlicher Grandezza bewegt, ganz zu schweigen.

Als David O. Selznick von seinem Schwiegervater Louis B. Mayer zur MGM geholt wurde (deren Producer-Star Thalberg war gerade schwer und unheilbar erkrankt, und Selznick sollte ihn ersetzen), brachte er den eleganten und feinfühligen George Cukor als Regisseur und DINNER AT EIGHT als Stoff zum Einstand mit.

Für Cukor wurde der Wechsel von RKO zur Metro eine glückliche Verbindung: Überwältigt von der perfekten MGM-Maschinerie und beglückt von den Besetzungsmöglichkeiten, setzte er das Räderwerk mit Schwung in Gang. DINNER AT EIGHT wurde einer seiner schönsten (und auch erfolgreichsten) Filme.

Und das, obwohl Cukor den Film in der Rekordzeit von 28 Tagen abdrehte und obwohl er, als Bewunderer der Reichen (THE PHILADELPHIA STORY), den zynischen Stoff gar nicht so recht leiden konnte. Während der Dreharbeiten 1933 besuchte der irische Spötter George Bernard Shaw den Metro-Set. Der Komödiant John

Barrymore inszenierte für den großen Dramatiker eine Komödie: Er spielte den unbegabten Dummkopf, der sich von Cukor alles zeigen, sagen und vorspielen lassen mußte – um Cukors Regielicht im hellsten Glanz erstrahlen zu lassen: ein Film, der mit tausend Täuschungen und Selbsttäuschungen brillierte, schon bei seinem Entstehen.

DINNER UM ACHT (DINNER AT EIGHT) (USA 1933, MGM, sw., 110 Min.). Regie: George Cukor. Produzent: David O. Selznick. Drehbuch: Herman J. Mankiewicz, Frances Marion, nach dem Stück von Edna Ferber und George S. Kaufman. Zusätzliche Dialoge: Donald Ogden Stewart. Kamera: William Daniels. Ausstattung: Cedric Gibbons. Musik: William Axt.
Mr. Jordan: Lionel Barrymore. Mrs. Jordan: Billie Burke. Tochter Jordan: Magde Evans. Carlotta Vance: Marie Dressler. Kitty Packard: Jean Harlow. Schauspieler: John Barrymore. Arzt: Edmund Lowe.

KING KONG (1933)
King Kong und die weiße Frau

Um 1933 Saurier und Urmonster zu entdecken, bedurfte es noch keiner komplizierten Genmanipulationen und Rekonstruktionen wie in JURASSIC PARK exakt 60 Jahre später – damals schien die Erde noch so unentdeckt, die Weltkarte noch voll weißer Flecken, die Ferne voller Geheimnisse, daß es genügte, mit dem Schiff eine unbekannte Insel in der Nähe von Sumatra aufzuspüren, wo die Eingeborenen die paradiesische Natur mühsam mit einer großen Mauer versperrt halten und ihrem Herren, dem überlebensgroßen Gorilla King Kong, einer Mischung zwischen Tier und heidnischem Gott, Mädchenopfer darbringen.

Da trifft es sich gut, daß ein New Yorker Natur- und Abenteuerfilmer namens Carl Denham (Robert Armstrong) mit Kamera und Expeditionsschiff eingetroffen ist und auch gleich eine wunderschöne Blondine, Ann, mitgebracht hat, die er schon mal Angstschreie üben läßt (wir sind im Tonfilm) – die wird sie brauchen können.

Denn die Eingeborenen, weiß bemalt und in malerischen Baströcken wie für den Exotentourismus ausgedacht, klauen die gerade frisch in den ersten Offizier John Driscoll (Bruce Cabot) verliebte Ann, um statt ihrer Frauen sie dem Affen als Versöhnungsopfer anzubieten. Der Plan gelingt, der Affe verliebt sich in die blonde Winzigkeit, die sich in seiner zärtlichen Riesenpranke ausnimmt wie eine Barbiepuppe. Kong besiegt, während sie panisch schreit, in gewaltigen Zweikämpfen einen Tyrannosaurus, eine Riesenschlange und einen Flugsaurier (wahrscheinlich einen Pteranodon) – dem Tyranno bricht er die gräßlichen Kiefer entzwei, die Schlange benutzt er, bevor sie ihn erwürgen kann, als Peitsche ihrer selbst und dem Drachenflieger zerstört er die Flügel und den bösen Schnabel.

Obwohl er auch unter den Menschen wütet, die zu Anns Befreiung herbeigeeilt sind, gelingt es schließlich, King Kong, der vorher die Hütten und Viehzäune der Eingeborenen wie Streichholzhäuschen zermalmt und sich ihre Speere wie lästige Zahnstocher aus dem Fell gezupft hat, mit Gaspatronen zu betäuben und nach New York zu schaffen. Dort soll er dem Publikum als »achtes Weltwunder« präsentiert werden, gegen teures Geld, versteht sich, und als Rührnummer »Die Schöne und das Biest«. Doch als King Kong Ann in der Millionenstadt unerwartet wiedersieht und die Blitzlichter der Reporter als für sie bedrohliche Angriffe mißdeutet, verleiht ihm die ritterliche Liebe so viel Kraft, daß er seine Chromstahlketten zerreißt, die New Yorker in sensationsgierige Panik versetzt und Ann zum zweitenmal in seine Faust krallt. Er flieht mit ihr aufs Empire State Building und wird dort (eine der imposant-ergreifendsten Schlußszenen der Filmgeschichte) von Flugzeugen mit Maschinengewehren und ihren Doppeldeckertragflächen getötet.

Schlußdialog: »Die Flugzeuge haben ihn schließlich erledigt.«
»Es waren nicht die Flugzeuge. Es war die Schönheit *(beauty)*, die die Bestie *(beast)* tötete.«

Man kann den Film, immer noch unübertroffener Ursprung des Fantasy-Films und ein Lieblingswerk für Kinder aller Altersklassen von sechs bis sechzig (in Ausnahmefällen: neunzig), aus verschiedenen Blickwinkeln bewundernd betrachten:

Erstens als frühes technisches Meisterwerk der Reanimation ausgestorbener Tiere und erdachter Fabelwesen und Monster. Der Schöpfer der Saurier, Schlangen und Ungeheuer, der Vater King Kongs, war Willis O'Brien, sein Kunststück war die *stop action model animation*, bei der Tierpuppen in verschiedenen Größen und aus verschiedenen Perspektiven mit ihren beweglichen Gliedern in Phasen fotografiert wurden – der Trick der Produktion (die, lange vor Spielberg, natürlich noch keine Computer-Animation kannte): Keine Figur ist ein Kostüm, in dem ein Mensch maskiert agiert, das gibt den bewegten Kämpfen ihre Fremdheit, ihren Reiz, ihre Würde. Willis O'Brien schuf mit den Filmen KING KONG und THE LOST WORLD (1925) den Kanon der Bildwelt im Fantasy-Film; er war ihr früher Vollender. 1949 erhielt er für die Spezialeffekte in MIGHTY JOE YOUNG (PANIK UM KING KONG) einen Oscar.

King Kong selbst, trotz seines tiefen Grummelns, seiner fürchterlichen Zähne und seines triumphalen Brustgetrommels, ist ein eher anrührendes Monster. Und er wird, eine Wunderwirkung des Films, von verschiedenen Puppen gespielt – er hat sozusagen eine »psychologische« Größe, er wächst mit dem Schrecken, der Bedrohung und dem Kontrast – und ist natürlich als kriechende Silhouette am Empire State Building noch mehrfach größer als sonst. Zur technischen Brillanz tragen auch der Ton und Max Steiners reich orchestrierte Musik bei, mit der hier zum erstenmal im Film ein Dialog untermalt wird.

Zweitens unter mythologischem Gesichtspunkt. Der Film belebt vorhandene literarische Mythen und schafft neue Kino- und Zivilisationsmythen. Da ist der Mythos vom Biest und der Blondine, eine Variante des Mythos von der Natur, die durch die Schönheit gezähmt, befreit wird – ein Märchenmotiv, das sich wie von selbst in Kinobilder übersetzt.

Da ist der Mythos vom unerlaubten Eindringen in die tabuisierte Welt der Natur. Zivilisation ist auch Zerstörung der ursprünglichen Kraft und Unschuld. Nicht zufällig ist die Insel mit ihren nebligen Höhlen und Schlingpflanzen den Gustave-Doré-Zeichnungen zu Miltons »Paradise Lost« nachempfunden, nicht ohne Grund erinnert die im grauen Nebel zuerst als bergige Silhouette auftauchende Insel an Böcklins »Toteninsel«. Daneben entsteht der Mythos des Kinos von der frevelhaften Geschäftemacherei mit dem Tabuisierten, zu Recht Unberührten, das nicht ungestraft ins Rampenlicht gezerrt werden darf.

Natürlich läßt sich der Film, drittens, als Sexual- und verkappter Pornofilm sehen, wenn auch nicht in vollem Ernst: Denn wenn King Kong Ann wie eine Banane aus ihren Kleidern schält, um sie zärtlich zu befingern, dann bleibt von ihr immer noch so viel bedeckt, daß der Zensur und dem dezenten Geschmack Rechnung getragen wird. Und daß die Zensur einige Jahre später auch noch das (und King Kong als Menschenfresser und -zertrampler) herausschneidet, spricht eher gegen sie: Seit Ende der sechziger Jahre ist der Film, der übrigens zum Höhepunkt der Weltwirtschaftskrise ins Kino kam, wieder vervollständigt.

Mancher betrachtet KING KONG, viertens, auch nur als »amüsanten Unsinn«. So stellt, laut James Agate, der Film seine Zuschauer vor die Frage, warum, um Gottes willen, die Eingeborenen, wenn sie doch den riesigen Gorilla auf der anderen Seite der Mauer festhalten wollen, das Eingangstor so groß gebaut haben, daß er bequem durch- und herauskommt.

Tja. Es ist eine ähnliche Frage wie die, warum Gott unsere Nasenlöcher so groß schuf, daß wir unsere Finger zum Bohren reinstecken können, obwohl das doch eklig ist.

KING KONG UND DIE WEISSE FRAU (KING KONG) (USA 1933, RKO, sw., 100 Min.). Regie: Ernest B. Schoedsack, Merian C. Cooper. Produzent: David O. Selznick. Drehbuch: James Creelman, Ruth Rose, nach einer

Idee von Merian C. Cooper und Edgar Wallace. Kamera: Edward Lindon, Vernon L. Walker, J.O. Taylor. Musik: Max Steiner. Modellanimation: Willis O'Brien.
Carl Denham: Robert Armstrong. Ann Darrow: Fay Wray. Kapitän Englehorn: Frank Reicher. John Driscoll: Bruce Cabot. Eingeborenenhäuptling: Noble Johnson. Medizinmann: Steve Clemento.

It Happened One Night (1934)
Es geschah in einer Nacht

Clark Gable, Claudette Colbert

Der Titel klingt wie ein Märchen, aber Frank Capras reisebewegte Komödie, die 1934, also mitten in der Depressionszeit, gedreht wurde, beginnt ziemlich rasch mit einem Sprung ins kalte Wasser der amerikanischen Realität. Aus dem goldenen Käfig geht die verwöhnte Millionärserbin Ellie (Claudette Colbert) in Florida über Bord der Luxusyacht ihres Vaters (Walter Connolly). Der hatte sie eingesperrt, um sie nicht zu ihrem New Yorker Mann (Roscoe Karns) zurückzulassen, einem Flieger, Taugenichts und Erbschleicher.

Prompt landet Ellie dort, wo sich damals Millionen Amerikaner befanden: mittellos auf der Straße. Im Greyhound-Bus nach Norden muß sie sich gleich um ihren Platz mit dem ebenfalls mittellosen, weil gefeuerten Reporter Peter Warne (Clark Gable) streiten, der seinen Job verloren hat, weil er überm Suff seine Recherche vergaß und sich seine Story als »freie Verse« aus den Fingern saugte.

Die verwöhnte hübsche Kratzbürste und das verwegene journalistische Rauhbein verbringen wider Willen ihre erste Nacht Schulter an Schulter im schaukelnden Bus, bis der Reporter, der vorher wütend einen Packen Zeitungen aus dem Fenster geworfen hat, des Morgens entdeckt, mit wem er sich da gezankt und zusammengerauft hat: das (dank ihres besorgten Nabob-Vaters) meistgesuchte Mädchen Amerikas, die brandheiße Story, die Chance für sein Comeback.

Die beiden, die sich eigentlich herzlich unsympathisch finden, schließen notgedrungen und zum gegenseitigen Vorteil einen Pakt der praktischen Vernunft: Er will sie durch alle Fährnisse und Polizeikontrollen nach New York zu ihrem Liebsten bringen, sie will ihm dafür die Exklusivgeschichte ihrer romantischen Flucht überlassen.

Kick und Dreh dieser ersten (gleich meisterhaften) Screwball-Komödie, die noch nicht wußte, daß sie eine neue Gattung erfolgreich einläutete, und die heute noch frisch und unverbraucht vital wirkt: Das Hindernisrennen nach New York, die Beihilfe zur Flucht wird zur eigentlichen Romanze, aus Komplizen werden unbemerkt (vom Zuschauer mit diebischer Freude beobachtet) Liebende. Das Abenteuer, der gemeinsame Hunger, das Staksen durch die Nacht, das Austricksen der Detektive, das alles schweißt sie stärker zusammen, als es ihnen bewußt ist. Am Ende, buchstäblich in letzter Minute, flieht die Braut vor der New Yorker Wiederheirat mit wehendem Schleier und Brautkleid in die Arme des Reporters, mit fliegenden Hochzeitsfahnen ins Happy-End.

Der immense Erfolg dieser Komödie (für die US-Filmpäpstin Pauline Kael immer noch »nicht völlig zu erklären«) ergab sich gewiß aus der unnachahmlichen Mischung aus Realismus und Optimismus, aus Märchentraum und Straßenwirklichkeit. Wenige Filme haben einer Zeitstimmung so aus dem Herzen gesprochen wie dieser: Eine junge Frau, die aus ihren Verhältnissen gestoßen ist; ein junger Mann, der seinen Job verloren hat, das war damals die Erfahrung von unzähligen Amerikanern. Daß beide resolut die Ärmel aufkrempeln, um alle Fährnisse, Hindernisse und Mißverständnisse herzlich, praktisch und gewitzt aus dem Weg zu räumen, war Capras ermunternde Botschaft an das Publikum.

It Happened One Night, auf Amerikas Straßen, in den (damals) neuen Fastfood-Restaurants und Imbißstuben, der Greyhound-Buslinie (deren marode Situation der Filmerfolg beendete, weil wahrscheinlich viele im Bus, ähnlich wie Clark Gable, nach einer ebenso reichen Erbin suchten) und den damals nagelneuen Motel-Ketten mit realistischem Blick (auch für das Elend) gedreht, hat außerdem ein paar bis heute unübertroffene »Nummern«:

- Die Bus-Passagiere, die zusammen »That Daring Young Man on the Flying Trapez« singen und dabei zur Arm und Reich vereinenden Nation des Rooseveltschen »New Deals« werden.
- Gable und Colbert, die so überzeugend den Dauerstreit eines kampferprobten Ehepaars spielen, daß die Detektive ihnen im Motel das lange Verheiratetsein glauben.
- Gable, wie er der Verwöhnten eine Frühstückslektion erteilt: wie nämlich einfache Leute ihren *Doughnut* in den Kaffee tunken.
- Andererseits die Colbert, die ihm beim Anhalten auf der Straße beibringt, daß man mit entblößtem weiblichen Bein ein Auto besser stoppt als mit noch so routiniert hochgerecktem männlichen Daumen: Großaufnahme auf das Bein und dann auf das bremsende Rad.
- Vor allem aber die »Mauern von Jericho«, jene durchs gemeinsame Motelzimmer gezogene, mit Decken behängte Leine, die die beiden moralisch trennt und die beim Happy-Ende unter Posaunengetön einstürzt.

»New-Deal«-Prophet Capra drehte den Film »schnell und unbekümmert«, »lässig« wie jemand, der »voll Schwung« Golf spielt: »Wir schlugen uns«, erinnerte er sich, »blödelnd, lachend und improvisierend« durch die Dreharbeiten.

Die Legende (und Capras Erinnerung) will, daß MGM-Mogul Louis B. Mayer den unterschätzten Stoff als Strafexerzitium für Gable an die Columbia (Hollywoods »Sibirien«) gab, daß Gable, nach Robert Montgomery, der die Bus-Rolle nicht mochte, zweite Wahl war, daß vor der Colbert so gut wie alle gefragten Stars abgelehnt hatten und die ihre Rolle auch nur aus »Geldgier« (50 000 Dollar für vier kurze Drehwochen) annahm.

Das mit fünf Oscars prämierte Werk schuf mit den beiden dennoch ein Traumpaar, das durch Klassenunterschiede getrennt und durch sexuelle Attraktion und praktizierte Kumpanei vereint wird: Claudette Colbert wirkt noch im dicksten Elend blitzend fröhlich und übermütig; Clark Gable ist noch in den Augenblicken, wo er am dümmsten dasteht, männlich unwiderstehlich, die Verkörperung des lässigen US-Charmes, rauh, aber gewinnend: Die Nation liebte ihn so sehr, daß die Unterhemd-Industrie in eine Krise geriet. Weil nämlich der Held im Motel keins unterm Hemd trug, wie sich beim Ausziehen erwies, verzichteten auch die restlichen männlichen Amerikaner fortan auf besagtes Wäschestück.

Es geschah in einer Nacht (It Happened One Night) (USA 1934, Columbia, sw., 105 Min.). Regie: Frank Capra. Produzent: Harry Cohn. Drehbuch: Robert Riskin, nach der short story »Night Bus« von Samuel Hopkins Adams. Kamera: Joseph Walker. Musik (und Texte): Louis Silvers. Ausstattung: Stephen Gooson. Kostüme: Robert Kallock.
Peter Warne: Clark Gable. Ellie Andrews: Claudette Colbert. Alexander Andrews: Walter Connolly. Oscar Shapely: Roscoe Karns.

TWENTIETH CENTURY (1934)
Napoleon vom Broadway

Er, Oscar Jaffe (John Barrymore), Schauspieler, Regisseur, Theaterdirektor, Broadway-Star, hat es sich in den Kopf gesetzt, aus ihr (Carole Lombard) einen Star, seine Partnerin, sein Geschöpf und seine Geliebte zu machen. Anfangs heißt sie Mildred Plotka, wirkt herzlich unbegabt und war, bevor Jaffe sie entdeckte, Model für Unterwäsche. TWENTIETH CENTURY ist eine Pygmalion-Variation. Weil der besessene Theatermann Jaffe an seine Entdeckung glaubt, vielmehr an seinem Entdeckergenie nie zweifelt, macht er mit Probenterror (er läßt sie auf Kreidestrichen gehen, die er auf den Bühnenboden zeichnet, piekst sie mit einer Nadel in den Hintern, um einen echten Schrei von ihr zu erreichen) aus ihr einen Broadway-Stern namens Lily Garland und ein glänzendes Geschäft für beide.

John Barrymore, Carole Lombard

Weil er sie aber nicht aus seiner Herrschaft und Eifersucht entläßt, sie vielmehr mit Selbstmorddrohungen tyrannisiert, ja, ihr Telefon überwachen läßt, verläßt sie ihn – und mit ihr verläßt ihn sein Theaterglück.

Während sie in Hollywood Filmkarriere macht, landet der verlassene Egozentriker einen Flop nach dem andern. Da trifft er sie im Expreß von Chikago nach New York (er ist der Polizei und seinen Gläubigern durch einen Theatercoup und eine Maskerade entkommen). Jaffe zieht das ganze Register seines Schmierengenies (bis zur Nummer des Ablebens) und bibbert sie so in einen neuen Theatervertrag mit sich zurück.

Am Ende malt der Theatertyrann ihr erneut Kreidestriche auf den Boden: Er hat sie wieder.

Der im Geburtsjahr der Screwball-Komödie, also 1934, gedrehte Hawks-Film hat es in sich: Er zeigt die wilden Egoismen eines Bühnenschmieranten, der sich eine ebenbürtige Viper an seinem eitlen Mimenbusen großzieht. Beide sind hinreißend komische Egomanen der Eitelkeit, beide haben so oft gespielt und sich so oft verstellt, daß sie Rolle und Leben nicht mehr auseinanderhalten können, ja, daß die Rolle das Leben verschlungen hat: »Wenn du Selbstmord begehst«, sagt sie auf seine erpresserische Drohung hin, »wird Schminke aus deinen geöffneten Pulsadern fließen.«

Das auf ihrer eigenen Komödie basierende Drehbuch des Erfolgsgespanns Ben Hecht und Charles MacArthur, die wiederum auf einer Komödie von Charles Bruce Milholland fußt, schlachtet nicht nur geschickt die realen Spannungen zwischen (Film-)Hollywood und (Theater-)Broadway aus, sondern ist auch eine Komödie über die Komödie bei den Dreharbeiten – aus dem richtigen Schauspielerleben von Lombard und Barrymore gegriffen. Als Barrymore Hawks fragte, warum ausgerechnet er die Rolle spielen sollte, erklärte ihm der Regisseur: »Weil es die Rolle des größten Schmierenkomödianten ist und du dafür, weiß Gott, die Idealbesetzung bist.«

Die Lombard bezeichnete Hawks denn auch prompt als »schlechteste Schauspielerin der Welt«, die dann toll sei, wenn sie sich selbst spielen dürfe.

TWENTIETH CENTURY, wie die mit religiös-verrückten Millionären, versoffenen und verfressenen Agenten und allen Schauspielerlastern genüßlich und schamlos spielende Komödie im Original heißt, verdankt ihren Namen dem damals hochmondänen Expreßzug zwischen Chikago und New York. Die Eisenbahnzug-Komödien, mit fauchenden Dampfrössern, die das atemberaubende Tempo der Filme stampften, waren Vorläufer der Roadmovies. Trotzdem ist diese sich gnadenlos über ihre Hauptdarsteller hermachende Theaterfarce eine Backstage-Komödie, noch dazu die erste Filmkomödie, wie Kritiker bemerkt haben, in der die Komik nicht auf die Nebenrollen verlegt, sondern voll von den hemmungslos outrierenden Hauptdarstellern bezahlt wird.

Daß die beiden, obwohl vor dem Gesetz nicht Frau und Mann, dennoch in einem Schlafzimmer und einem weißen Gondelbett nächtigen dürfen, verdanken sie nicht etwa der Tatsache, daß Theaterleute lockeres Gesindel sind. Nein, Hawks hatte mit seiner Filmfarce Riesenglück – sie erreichte die Leinwand wenige Wochen, bevor der Hollywood Production Code, das Regelwerk des Hays Office der freiwilligen Selbstzensur, solchen sexuellen Freisinn für Jahrzehnte von der Leinwand vertrieb.

NAPOLEON VOM BROADWAY (TWENTIETH CENTURY) (USA 1934, Columbia, sw., 88 Min.). Regie und Produktion: Howard Hawks. Drehbuch: Ben Hecht, Charles MacArthur, nach ihrem Stück, das auf dem Stück »Napoleon vom Broadway« von Charles Bruce Milholland basiert. Kamera: Joseph August.

Oscar Jaffe: John Barrymore. Lily Garland: Carole Lombard. Oliver Webb: Walter Connolly. Owen O'Malley: Roscoe Karns.

Desire (1936)
Sehnsucht

Gary Cooper, Marlene Dietrich

Nie war Marlene schöner, begehrenswerter, eleganter als in Desire, wo sie in edlen Kleidern, mal in Chiffon, mal in Seide, mal mit Federn, mal im Pelz und mal in Schwarzweiß, Perlen stiehlt und Gary Cooper betört – eine Artdeco-Göttin, das Gesicht unter traumhaft verwegenen Hüten makellos ausgeleuchtet, die Augenbrauen bleistiftdünne Sicheln, den Mund bald spöttisch geschürzt, bald voll sinnlicher Hingabe.

Sie hatte gerade mit Sternberg gebrochen und kam zu dem Paramount-Produzenten Lubitsch, der aus der puppenhaft erstarrten Femme fatale der späten Sternberg-Werke eine maßlos elegante, unendlich lebendige Frau machte. Sogar Gary Cooper, der fünf Jahre zuvor (nach Morocco) geschworen hatte, nie wieder mit der Dietrich zu drehen, war wieder zur Partnerschaft (ohne Sternberg) bereit – eine ideale Verbindung, wie es sich als Resultat der Dreharbeiten herausstellen sollte.

Sehnsucht ist ein Film, den Frank Borzage gedreht hat, ein »Spezialist für romantisches Pathos« (J. D. Eames), nicht Ernst Lubitsch selbst. Oder doch? Wie sonst nie beanspruchte Lubitsch für diesen Film *credits*, genannte Urheberrechte. Er ließ sich im Abspann nennen: »*Produced under the personal supervision of Ernst Lubitsch*«, und er betonte in Interviews seinen Löwenanteil an DESIRE: »Ich hab' ihn wirklich produziert. Ich hab' an der Geschichte gearbeitet, am Skript, an der Besetzung, alles in der Art.«

Szenen, die nachgedreht werden mußten, hat der Meister höchstpersönlich beaufsichtigt, und sicher hat Peter Bogdanovich recht, wenn er Borzage zwar einen »eigenständigen« Regisseur nennt, DESIRE aber einen Film gänzlich unter Lubitschs »stilistischem Einfluß«, der den Film »erinnerungswürdiger« mache als seine Borzage-Eigenschaften.

Das ist wichtig, weil SEHNSUCHT in seiner Frivolität, seiner Delikatesse den Lubitsch-Touch hat. Der Film von der schönen Juwelendiebin, die in Paris mit einem hinreißenden Trick zwei Männer (einen Juwelier und einen Psychiater) gegeneinander ausspielt, um ein millionenschweres Perlenkollier zu ergaunern, führt an der spanischen Grenze die Diebin und den Detroiter Autoingenieur zusammen: Um nicht erwischt zu werden, läßt sie den Schmuck in die Tasche des Ahnungslosen gleiten – und muß ihm bald darauf das Auto klauen, wo die Perlen aber leider nicht sind.

Als sie dem Nichtsahnenden, der immer mehr für die schöne Schurkin entbrennt, endlich das Halsband abluchst, hat er ihr (im Gegenzug) das Herz gestohlen. Die Szenen der wechselseitigen Verführung in San Sebastian beim unwiderstehlich spanischen Mondlicht sind Kabinettstücke der Sexualität – mitten im Zeitalter der strengsten Selbstzensur. Billy Wilder rühmte (im Nachruf auf Lubitsch) das gemeinsame Frühstück, bei dem Cooper der Dietrich gierig die Eier wegißt, was sie mit zustimmendem Blick quittiert – es enthalte die ganze Sinnlichkeit der vorausgegangenen (verschwiegenen) Liebesnacht. Und Bogdanovich bemerkte bewundernd: »Sex, wie Lubitsch ihn mit Meisterschaft handhabte, konnte von der Beschränktheit der Zensoren nicht beschränkt werden, denn seine Methode war so indirekt und beschwingt, daß ihm fast alles durchging.«

In dem in Frankreich und Spanien spielenden Film trifft ein Mittelklasse-Amerikaner (allerdings ist Cooper den elegantesten Schneidern Europas in die Hände gefallen) eine europäische Hochstaplerin (die er für eine Adelige hält – was keinen Unterschied macht, jedenfalls nicht für Borzage-Lubitsch). So ist die Schwindler-Romanze, in der Cooper die Diebin tüchtig versohlt (auch das erzählt er nur), dann auf den Pfad der Tugend zurückführt (sie gibt die Perlen reuig wieder ab), um sie dann zu heiraten und (nach dem Abspann) nach Detroit zu verfrachten, eine der vielen geglückten Versuche Lubitschs, den Amerikanern die Moral auszutreiben und das Savoir-vivre einzubleuen.

Scheinbar! Am Schluß siegen, wie gesagt, die Moral, das amerikanische Mittelstandsmaß, die Ehrlichkeit und Detroit auf ganzer Linie. Cooper ist die hemdsärmelige Unschuld, die das schöne Laster Dietrich wieder auf den Pfad der Tugend bringt. Daß es im Detroit der rauchenden Schlote und braven Vorstadtchen wahrscheinlich bieder und langweilig zugehen wird, braucht uns – das Wort »The End« steht davor – nicht weiter zu kümmern. Es ist ja wohl, wie viele Interpreten meinen, ohnehin dem Production Code (also der Zensur) zuzuschreiben, daß dieser elegante, auch hochnäsig versnobte Film eine so moralische Kurve kriegt. Und die Dietrich war vorher, in ihrem Element der Täuschung, Lüge, Intrige und Gaunerei, so umwerfend überzeugend, daß der Zuschauer eigentlich heimlich bedauert, daß die wahre Liebe sie lammfromm macht. Es bleibt jedenfalls unnachahmlich, wie sie, als Betrügerin, mit sündhaft teuren Gewändern aus einem schneeweißen Luxusauto steigt.

SEHNSUCHT (deutscher Alternativtitel: PERLEN ZUM GLÜCK) (DESIRE) (USA 1936, Paramount, sw., 89 Min.). Regie: Frank Borzage. Produzent: Ernst Lubitsch. Drehbuch: Edwin Justus Mayer, Waldemar Young, Samuel Hoffenstein, nach der Komödie »Die schönen Tage von Aranjuez« von Hans Szekely und R. A. Stemmle. Kamera: Charles Lang. Musik: Friedrich Hollaender (Dietrich-Lied: »Awake in a Dream«). Ausstattung: Hans Dreier, Robert Usher, E. E. Freudeman. Kostüme: Travis Banton.
Madeleine de Beaupré: Marlene Dietrich. Tom Bradley: Gary Cooper. Carlos Margoli: John Halliday. Aristide Duval: Ernest Cossart. Dr. Edouard Pauquet: Alan Mowbray. Tante Olga: Zeffie Tilbury.

MODERN TIMES (1936)
Moderne Zeiten

Chester Conklin, Charlie Chaplin

Im Jahr 1929, an allen Ecken und Enden der Erde, wo Filme gemacht wurden, arbeitete man schon fieberhaft an der Perfektionierung des »Tonfilms«, des *talky*, schrieb Chaplin einen programmatischen Artikel: »Was ich zum Sprechfilm zu sagen habe«, und er begann mit einer Warnung: »Der Sprechfilm birgt eine große Gefahr in sich. Er könnte imstande sein, die älteste Kunst der Welt, die Kunst der Pantomime, zu zerstören. Sie bildet die Grundlage der Filmkunst... Die sogenannte Sprechfilmkunst will die unerhörte Schönheit des Schweigens zerstören. Und Schweigen ist das Wesen des Films.«

Und der größte Pantomime und genialste Schweiger des Kinos wagte 1931 (seit dem Beginn des Tonfilms waren seit dem JAZZ-SINGER knapp vier Jahre vergangen) die Prognose: »Ich gebe den *talkies* noch sechs Monate. Höchstens ein Jahr. Dann sind sie erledigt.« Als Chaplin 1936 MODERN TIMES drehte, war der Stummfilm längst erledigt, ja, seit dem Jahr zuvor hatte die technische Auseinandersetzung längst einen anderen Kriegsschauplatz gefunden – den zwischen Farbe und Schwarzweiß, denn Rouben Mamoulians BECKY SHARP, der erste Technicolorfilm, hatte im Jahr 1935 durch seine Bonbonfarben und Patchworkeffekte die Gemüter erstmals farbig froh gestimmt. Über Reden oder Schweigen gab es keine Diskussion mehr. Oder doch?
Man weiß, daß Chaplin von sich und seiner neuen Liebe, seiner Partnerin Paulette Goddard, Sprachprobeaufnahmen gemacht hatte, die positiv ausfielen, die beiden hatten (film-)angenehme Stimmen. Man weiß, daß er für sich und sein Mädchen Dialoge ins Drehbuch geschrieben hat, witzige Dialoge. Und doch blieb ein Film, ausgerechnet mit dem Titel MODERN TIMES, 1936 stumm. Weitgehend stumm. Mit bewegten Lippen, deren Dialog man aus Gesten und Mienenspiel erraten muß, mit Zwischentiteln, die uns auf bewährte Weise erklären, was wir nicht hören. MODERN TIMES, ein anachronistischer, ein trotzig auch gegen den Filmfortschritt gedrehter Film?
Dabei ist es nicht so, als hätte Chaplin vor den neuen technischen Herausforderungen und Komplikationen kapituliert. Im Gegenteil. Ton kommt vor, er wird eingesetzt, wenn auch meist polemisch. So hört man, peinlich, peinlich, das Grummeln und Gurgeln von Chaplins Magen nach reichlichem Kaffeegenuß, während er als Musterstäfling neben der Etepetete-Pfarrersfrau sitzt, der offensichtlich alle körperlichen Entäußerungen fremd sind. So teilt sich der Fabrikdirektor in »Big-brother-is-watching-you«-Manier über Bildschirm allgegenwärtig mit akustischen Befehlen mit (»Schneller arbeiten!«). So führt der Erfinder der Ernährungsmaschine sein entmenschtes Fütterungsgerät, ganz Sohn des technischen Fortschritts, nicht mit eigener natürlicher Stimme, sondern

mit einer Grammophonaufnahme derselben vor. Sprache ist Maschinensprache. Mit seinem geliebten Mädchen spricht Chaplin nach wie vor stumm. Indem er sich ans Herz greift, verzückt lächelnd den Kopf neigt, ihr eine Pantomime der Bewunderung schenkt. Und sie antwortet, indem sie verzückt die Arme schlenkert oder mit fröhlich zappelnden Beinen in die Luft springt.
Und doch leistet Chaplin in dem Film mehr als nur Sprechen, an Stelle dessen singt er sogar. Und wie! Als er am Schluß als singender Kellner angestellt wird, kann er vor Aufregung den Text seines Liebesliedchens nicht behalten, also rät ihm sein Mädchen, ihn sich auf der Papiermanschette zu notieren. Ein blendender Einfall, Charlie ist begeistert. So begeistert, daß er beim Auftritt so sehr die Arme durch die Luft wirbelt, daß ihm die Manschette in den Saal fliegt. Er ist auf einmal ohne Text, ohne »Souffleuse«. Und in seiner Verzweiflung und Not beginnt er zu improvisieren; er erfindet eine Kunstsprache, singt ein Lied in einem erdachten Kauderwelsch, einer Art Phantasie-Esperanto:

> Se bella piu satore, je notre so catore.
> Je notre qui cavore, je la qui, la qui, la quai!
> Le spinash or la busho, cigaretto toto bello,
> Ce rakish spagoletto, si la tu, la tu, la tua!
> Senora pelafima, voulez-vous le taximeter.
> La zionta sur le tita, tu le, tu le, tu le wa!

Aber diesen Sprachnonsense, diese Kreuzung aus »Alice-im-Wunderland«-Parlando und Touristenverständigungs-Notwehr, unterstreicht Chaplin singend mit seiner ganzen mimischen und Körperdarstellungskunst, er formt Bäuche, Busen, Bärte, spielt wackelnde Hintern, höfliche Courtoisie, liebende Umarmung – rührend und sehr komisch. Er erzählt die übliche Geschichte von Mann und Frau; mit Worten, die niemand versteht, mit Gesten, die jeder versteht. Diese wahrhaft unvergeßliche Nummer ist auch eine polemische Ohrfeige für den *talky*: Seht her, wie unwichtig das ist, was man sagt! Und wie wichtig das, was man zeigt!
MODERN TIMES ist auch sonst, wenn man so will, ein altmodischer Film; und doch ein zukunftsweisendes Meisterwerk. Schon

daß es sich »eigentlich« um keine zusammenhängende Geschichte handelt, kann man dem Film vorwerfen, und der Kritiker Otis Ferguson hat zu Recht bemerkt, es handle sich in Wahrheit um eine Sammlung von (typischen Stummfilm- und Slapstick-)Zweiaktern mit Überschriften wie »Das Geschäft«, »Der Strafgefangene« *(jailbird)*, »Der Nachtwächter im Kaufhaus« oder »Der singende Kellner«. Trotzdem wird der Film von einem Atem, einem Geist, einer Romanze beflügelt. Er schildert den Kampf des Menschen gegen die Maschine, des einzelnen gegen die Ordnung und Staatsmacht, er schildert die Anarchie des Überlebens und die Weltentrücktheit der Liebe. Das alles ein bißchen sentimental und doch sehr realistisch, weil er demonstriert, daß man schon die Energie eines Stehaufmännchens haben muß, um sich von den dauernden Niederlagen nicht unterkriegen zu lassen. Und daß dazu noch Glück und Zufall kräftig mitmischen müssen. Und das alles braucht man, um das Versprechen der amerikanischen Verfassung, den *pursuit of happiness*, der im Vorspann zitiert wird, auch nur als entfernteste Chance vor Augen zu haben.

Der Film beginnt mit polemisch, ja, propagandistisch gegeneinandergeschnittenen Szenen (wie sie das sowjetische Kino unter Pudowkin und Eisenstein mit bedenkenloser Wucht entwickelt hat): Schafe, die in einen Pferch drängen, gegen Arbeiter, die sich zur Arbeit in die Fabrik pferchen. Der Film endet mit einer symbolischen Szene, wie sie sich der Kitsch- und Propagandafilm nicht eindeutiger ausgedacht haben könnte: Der Tramp und das Mädchen marschieren auf einer schnurgeraden Straße bergan in die Zukunft. Doch die vorausgegangenen Bilder, in denen die beiden im Moment, wo sie bürgerliche Erfolge zu haben beginnen, wieder von der Staatsgewalt in die Flucht und ins soziale Elend gejagt werden, machen diesen »Trotzdem«-Optimismus erträglich, ja, nötig und logisch:

MODERN TIMES ist trotz der sinistren Einblicke in die Welt der großen Wirtschaftskrise mit Arbeitslosenheeren, Ausgebeuteten, Streikenden, die von Polizisten auseinandergejagt, geschlagen, ja, getötet werden, ist trotz der gezeigten Waisen, Obdachlosen,

Tramps, der Leute, die nur durch Stehlen nicht verhungern, ein fröhlicher Film: Man merkt, daß er Chaplins glücklichster Zeit, der nach dem Kennenlernen Paulette Goddards, entstammt. Ihr hat der große Egozentriker ungewöhnlich viele eigene Szenen, ja, sogar eine eigene Entwicklungsgeschichte eingeräumt – die sie herrlich füllt: Wenn sie mit blitzenden Zähnen, zwischen denen das Messer sitzt, Bananen im Hafen klaut, ein Mädchen von breitbeinigem Trotz und kämpferischer Kraft, dann sieht man bis heute ihre anarchische Wucht und weibliche Kraft, ein Stück ungezähmter Natur in einer technisch überwältigenden Welt.

Dazu enthält der Film »Nummern« von geradezu erschreckend grandioser Komik: Wie Charlie am Fließband wahnsinnig wird, wie er das laufende Band versklavt, das ihn versklavt, wie er überall nur noch Schrauben sieht, die er mit einem riesigen Schraubenschlüssel festzieht, ein Erotomane des Fließbands, der Nasen, Busen und Knöpfe festdreht und den es noch weiter vor Arbeit schüttelt, wenn das Band abgestellt ist, und der alle anderen Menschen wie Maschinen einölt, damit sie funktionieren, und sie dabei listig außer Gefecht setzt.

Oder die Nummer mit der Ernährungsmaschine, die bei seiner Fütterung außer Rand und Band gerät. Wie das in Vorbereitung und Ausführung zeitlich aufgebaut ist, das ersetzt ganze Komikseminare; wie beispielsweise ein hygienischer Mundabwischer, eine mechanische Serviette, ihm artig maschinenhaft auch dann noch den Mund abwischt, wenn die verrücktgewordene Maschine ihm längst die Suppe übers Hemd geschüttet hat, oder wie sie ihm schließlich die Sahne ins Gesicht peitscht – das ist die Parabel über den Kampf Mensch-Maschine schlechthin.

Man könnte über die ironisch herbeigeführten Mißverständnisse schwärmen: Charlie, der eine rote Fahne, die ein Lastwagen verloren hat, dem Fahrer nachtragen will und dabei unwillentlich zum Fahnenträger einer kommunistischen Demonstration wird; oder Charlie, der, unwissentlich vollgekokst, zum tollkühnen Helfer der Polizei bei einer Gefängnisrevolte wird.

Selbst die süßlichen »Trautes-Glück-zu-zweit«-Idyllen werden

durch Bruchbudenkomik gekontert. Vor allem aber gibt es eine Szenenfolge, bei der Charlie und sein Meister beim Reparieren einer gigantischen Maschine in deren Räderwerk geraten, Slapstick-Zauberlehrlinge im Kampf gegen Technik, Mittagspause, Tücke des Objekts und Hilfswilligkeit des Partners.
MODERN TIMES, 1936 »Don Quichottes Kampf mit den Windmühlenflügeln«, wie Jerzy Toeplitz meinte? Jedenfalls widerfuhr dem Film damals die Ehre, in Deutschland und Italien verboten zu werden. Und wenn die meisten Tonfilme schon verstummt sind, spricht der Film noch immer: zu Kindern wie Erwachsenen, als ein ungetrübtes Vergnügen und ein unvergängliches Dokument.

MODERNE ZEITEN (MODERN TIMES) (USA 1936, United Artists, sw., 87 Min.). Regie und Produktion: Charlie Chaplin. Drehbuch: Charlie Chaplin. Kamera: Roland Totheroh, Ira Morgan. Ausstattung: Charles D. Hall, Russell Spencer. Musik: Charlie Chaplin. Lied: »Je cherche après Titine« von Duncan und Danidorff.
Ein Arbeiter: Charlie Chaplin. Gamine: Paulette Goddard. Big Bill, Arbeiter: Stanley J. Sanford. Cafébesitzer: Henry Bergman. Mechaniker: Chester Conklin. Fabrikboß: Allan Garcia. Gefängnisdirektor: Lloyd Ingraham. Kaplan: Dr. Cecil Reynolds. Frau des Kaplans: Myra McKinney. Vorarbeiter: Sam Stein.

THE AWFUL TRUTH (1937)
Die schreckliche Wahrheit

Irene Dunne, Cary Grant

Als die »definitive Screwball-Komödie«, als »reinstes Beispiel der Gattung« hat man THE AWFUL TRUTH von 1937 des irischstämmigen Regisseurs Leo McCarey bezeichnet, der sich seine Meriten unter anderem mit dem Marx-Brothers-Film DUCK SOUP erworben hatte. Der Film verdankt McCarey ein langes, bis heute quietschvergnügtes Leben, McCarey verdankt dem Film einen Oscar, und die Hollywood-Komödie schuldet Film wie Regisseur eines der glücklichsten und erfolgreichsten Liebesgespanne ihrer Geschichte: das zwischen Irene Dunne und Cary Grant, ein erotisches Duo, dessen Komik nur von seiner Eleganz in den Schatten gestellt wird.

Was ist so definitiv, so dauerhaft an der SCHRECKLICHEN WAHRHEIT? Die Geschichte ist simpel und war ein Lieblingsthema Hollywoods: Ein geschiedenes Paar, kurz davor, sich jeweils mit einem neuen Partner zu binden, findet im letzten Augenblick zueinander zurück; da sofort das Wort »Ende« auftaucht, wird suggeriert: für immer.

Die Komödie kommt rasch und für Hollywood-Verhältnisse direkt und unmißverständlich zur Sache. Wir sehen Cary Grant, der unter einer Höhensonne versucht, sich 14 Tage Florida-Sonne in ein paar Stunden auf den Leib zu bräunen, als Alibi für seine Frau (Irene Dunne), bevor er von seiner angeblichen Reise heimkommt. Er wirbt ein paar Freunde als Helfer an und bringt ihr einen Obstkorb mit. Pech für ihn, daß auf einer Orange »Kalifornien« statt »Florida« aufgestempelt steht. Pech für sie, daß sie gar nicht zu Hause ist. Irene Dunne platzt nichtsahnend in die kleine, überraschende Empfangsparty mit ihrem französischen Musiklehrer Armand (Alexander D'Arcy), dem verkörperten pomadigen Seitensprung. Sie trägt am hellichten Tag noch den weißen Nerz und das Abendkleid der Nacht zuvor. Die beiden, so erzählt sie, seien bei einem Schüler von Armand zum Geburtstag (im Nerz!) gewesen, hätten eine Autopanne gehabt und in einem schäbigen Hotel gemeinsam übernachten müssen.

Die Ehe übersteht die falsch gestempelte Orange, das falsche Florida-Braun, die Autopanne und das Abendkleid zur falschen Tageszeit nicht. Vor dem Richter wird sie geschieden, mit 60 Tagen Wartefrist. Der Hund Asta (bekannt aus dem DÜNNEN MANN und LEOPARDEN KÜSST MAN NICHT) wird der Frau zugesprochen, vielmehr darf er sich selbst vor Gericht entscheiden; der Mann erhält Besuchsrecht – eine Parodie auf Sorgerechts- und Scheidungsprozesse, was den Kritiker Frank S. Nugent zu der nicht ernstgemeinten Klage veranlaßte: »Hollywood nahm bisher Ehen nicht sehr ernst; jetzt weigert sich die Sündenstadt, selbst Scheidungen ernst zu nehmen. Wenn das so weitergeht, werden die Menschen ihren Glauben verlieren, daß die Scheidung eine geheiligte Institution sei, wie unsere Verfassung.«

Jedenfalls dient der Hund dem Mann als Vorwand, um zu kontrollieren, mit wem seine Frau anbandelt. Er schlägt mit Slapstick-Mitteln einen reichen Trottel (Ralph Bellamy) als Konkurrenten aus dem Feld, sie straft dafür eine geschmacklose Südstaatensängerin namens Dixie Bell (Joyce Compton) mit Verachtung, bis er sie verläßt. Schließlich entführt sie ihn in das Wochenendhaus ihrer Tante, manipuliert eine Autopanne – bis beide im Nachtgewand Tür an Tür in der Blockhütte liegen. Zuerst knarrt die Verbindungstür im rüttelnden Wind, dann will Cary Grant kriechend und schiebend zum Türöffnen unsichtbare Naturgewalt spielen, bis beide endlich um Punkt zwölf als frisch Geschiedene offenbar in einem Happy-End-Bett landen.

Offenbar, denn um die strenge Zensur des Hays Office nicht zu befremden, schreibt das Skript vor, die beiden seien in diesen Szenen nicht ein einziges Mal in einer Einstellung gemeinsam zu filmen. Statt dessen verschwinden in einer Spieluhr ein Männlein und ein Weiblein gemeinsam hinter einer Tür. Schreibt der Screwball-Analytiker Ed Sikov: »Es gibt keine Anzeichen, daß das Spielzeugpaar ordentlich verheiratet ist.«

Das ist gut beobachtet, denn die (damals) schreckliche Wahrheit dieser Komödie liegt darin, daß es tiefergreifende Beziehungen zwischen Frau und Mann gibt, als sie durch Ehe und Scheidung, durch Treue und Untreue angezeigt werden. Der Film porträtiert durch die Spannung zwischen dem elegant-verschlossenen Ehemann und der verwöhnten, sich schlecht benehmenden, undurchschaubaren Ehefrau, welche dynamischen Kräfte, so Elizabeth Kendall, in der braven amerikanischen Durchschnittsehe schlummerten (und wohl noch schlummern).

Regisseur McCarey, in Hollywood als glücklich verheirateter Seitenspringer bekannt, war dafür genau der Richtige. Als alter Mann gestand er der Filmzeitschrift »Cahiers du cinéma« in einem Interview: »In gewisser Weise ist der Film die Geschichte meines Lebens. Aber wiederholen Sie es nicht vor meiner Frau, weil sie mich sonst umbringt.«

Auf dem Set herrschte bei Drehbeginn das schiere Chaos. Der

Regisseur amüsierte sich und verteilte braune Papierschnipsel mit Dialogfetzen an die Schauspieler oder ließ sie Klavier klimpern und Volkslieder trällern – was er auch noch abfilmte!

Ralph Bellamy begrüßte Cary Grant am ersten Drehtag mit den Worten: »Es gibt kein Buch.« Darauf Grant: »Und was machen wir dann hier?« Er versuchte sich mit 6000 Dollar von der Rolle loszukaufen.

Zum Glück ohne Erfolg. Denn im Film hatte er mit seiner früheren und künftigen Frau unter anderem und zum Beispiel folgenden Dialog:

Sie: Du bist'n bißchen durcheinander, stimmt's?
Er: Hmm. Du nicht?
Sie: Nein.
Er: Solltest du aber sein, weil du Unrecht hast, wenn du glaubst, es sei alles anders, weil's nicht mehr gleich ist. Natürlich ist alles anders, aber auf andere Weise anders. Du bist immer noch die gleiche, nur ich war ein Idiot. Das bin ich jetzt nicht mehr. Wenn ich also anders bin, kann dann nicht alles wieder gleich sein? Nur'n bißchen anders?

Dieser Dialog weiß, was Liebe ist und was Screwball-Komödie.

DIE SCHRECKLICHE WAHRHEIT (THE AWFUL TRUTH) (USA 1937, Columbia, sw., 92 Min.). Regie und Produktion: Leo McCarey. Drehbuch: Vina Delmar, nach dem Stück von Arthur Richman. Kamera: Joseph Walker. Ausstattung: Babs Johnstone. Kostüme: Robert Kallock. Musik: Morris Stoloff.
Lucy Warriner: Irene Dunne. Jerry Warriner: Cary Grant. Daniel Leeson: Ralph Bellamy. Armand Duvalle: Alexander D'Arcy. Tante Patsy: Cecil Cunningham. Dixie Bell: Joyce Compton. Der Hund »Mr. Smith«: Asta.

Lost Horizon (1937)
In den Fesseln von Shangri-La

Die Preview in Santa Barbara, das erste Zusammentreffen zwischen dem Film und einem Publikum, war ein Desaster. Schon bald kicherten und lachten die Zuschauer an den falschesten Stellen. Capra brach der kalte Schweiß aus, er schlich sich ins Foyer, um etwas Wasser zu trinken. Dort traf er einen Zuschauer, der sich zu dem ihm unbekannten Regisseur beugte: »Haben Sie schon jemals in Ihrem Leben so ein blödes Fu-Man-Chu-Zeug gesehen. Die Leute, die das verbrochen haben, sollte man erschießen.« Capra flüchtete

Ronald Colman

hinaus in den Regen. Das katastrophale Ende der Probevorführung, es waren kaum noch Zuschauer im Kino, hat er nicht mehr erlebt.

In seiner Verzweiflung während der nächsten Tage fiel dem Filmemacher eine radikale Amputation zur Rettung des Films ein. Er warf die ersten beiden Rollen ins Feuer, wo sie zischend hell auflodernd und verbrannten. (Capra-Biograph Joseph McBride, der diese Legende einer Rettung durch Feuer bezweifelt, meint, daß Filmrollen *so* gar nicht brennen können.) Jedenfalls war der

Film, radikal gekürzt und rasch zur Sache kommend (einer Feuersbrunst im aufständischen China), bei der zweiten Preview und auch danach ein großer Erfolg.
Das war auch bitter nötig. Denn Lost Horizon war das finanziell bei weitem aufwendigste Projekt, das Harry Cohns Columbia sich bis dato geleistet hatte. Zwei Millionen Dollar verschlang die Produktion, für die sich Capra zwei Jahre vorbereitet und die er in 100 Tagen und Nächten (30 mehr als vorgesehen) drehte. Das war eine Million mehr, als Cohn zugebilligt hatte, und die Hälfte des gesamten Jahresetats der Columbia; für die andere Hälfte wurden 20 Filme gedreht. Einerseits katapultierte das ehrgeizige Projekt das kleine Studio in die Vergleichsnähe zu *major companies* wie der MGM oder der Paramount. Andererseits wäre Cohn, der in diesem Fall glücklicherweise auf seine Spielernatur vertraute, im Fall des Scheiterns gefeuert worden, die Columbia ruiniert gewesen.
Der Film, nach einem Roman des englischen Schriftstellers James Hilton, ist Capras Utopia, sein Filmtraum einer besseren, schöneren, edleren Welt, frei von Elend und Haß, von Neid und Not, von Eifersucht und Krankheit, gesegnet mit einem ruhigen, fast ewigen Leben. Nichts also von seinen bisherigen typischen Mittelklassegeschichten aus den Kleinstädten Amerikas. Statt dessen eine unruhige, von Kriegen und Krisen geschüttelte Welt und als ihre Gegenwelt eine verborgene Insel der Seligen, eine Oase beschaulichen Glücks, abgeschirmt und vor dem Rest der Welt von allen Seiten geschützt durch die unüberwindlichen Gebirgsmassive des Himalajas.
Lost Horizon beginnt mit panischen Fluchtszenen, mit Angst und Massenhysterie in einem chinesischen Bürgerkrieg. Während der britische Konsul Conway den Auftrag hat, »Weiße« (so hieß das damals noch) mit Flugzeugen aus dem Aufstandsgebiet zu retten, versuchen die »Eingeborenen« (*natives*, so hieß das damals noch), die rettenden Flugzeuge zu stürmen. In einer letzten Maschine rettet sich der Konsul auftragsgemäß selbst: Er ist ein wichtiger Politiker und soll der nächste Außenminister Großbri-

tanniens werden, obwohl er von pazifistischen Zweifeln an der Richtigkeit der Großmachtpolitik heimgesucht, von Skrupeln des rassistischen kolonialen Hochmuts geplagt wird und seine humanistischen Ideen in Büchern publiziert hat.

Mit ihm ins Flugzeug gerettet haben sich eine tuberkulöse todkranke Hure, von hysterischen Anfällen heimgesucht, der Bruder des Konsuls, ein britischer Zivilisationsfetischist, voll des Glaubens an die Überlegenheit der Pax Britannica, ein grobschlächtiger Spekulant und Aktienbetrüger und ein hochmütig-miesepetriger Paläontologe, der in China Fossilien ausgegraben hat.

Aber das Flugzeug fliegt nicht, wie erwartet, in die westliche Geborgenheit, sondern wird in immer unwegsamere, unerforschte Gebirgsgebiete Asiens entführt. Als sich herausstellt, daß es von einem asiatischen Piloten gekidnappt wurde, bricht an Bord Verzweiflung und Panik aus, nur der Konsul bleibt besonnen. Schließlich macht die durch eisige Höhen schier endlos fliegende Maschine eine Not- und Bruchlandung, mitten in einer gebirgigen Eiswüste, gottverlassen, unwegsam, von Schneestürmen durchweht. Capra hat die (bis heute) beeindruckenden Szenen des klirrenden Frosts und der schneedurchwehten Einsamkeit in einem Kühlhaus in Los Angeles und mit Hilfe einer dort arbeitenden Schneemaschine bei minus 12 Grad gedreht, während draußen eine Hitze von über 30 Grad herrschte, und sie mit Außenaufnahmen aus dem Himalaja und den Alpen wirksam verschnitten.

Träger finden die Luftschiffbrüchigen und bringen sie nach einer nahezu endlosen Klettertour durch schroffe Felswände mit schwindelnden Abgründen und einer immer eisigeren Kälte nach Shangri-La – plötzlich öffnet sich hinter einem Felstor der Blick auf ein tiefes, liebliches, kultiviertes, sonnenüberflutetes Tal, das von einer Art religiösem Gral, einer Burgstadt in steiler Höhe, überragt wird – Shangri-La, der Himmel auf Erden.

Hier werden die Geretteten in eine Welt aus weißen, imponierend weiten, luftigen Gebäuden mit Säulen, zwischen Palmen, Treppen, Springbrunnen, Wasserfällen, künstlichen Teichen mit Blumen gebracht. Stephen Gooson hat diese, wie eine Mischung aus

Hollywood-Luxus, tibetanischen Tempeln und Art deco wirkende, imposante Kulisse gebaut, die (damals) teuerste und größte Filmarchitektur Hollywoods.

Es stellt sich heraus, daß die fünf, die in dieser tibetanischen Utopie freundlich bewirtet und höflich umsorgt werden, mit Absicht gekidnappt wurden. Sondra, die Lehrerin, hatte die Schriften des Konsuls gelesen, und da der religiöse Gründer dieser friedvollen, menschenfreundlich-heiteren Idylle, ein belgischer Mönch, den es vor rund 250 Jahren hierher verschlug, der Hohe Lama, inzwischen doch sterben muß, hat er sich den Konsul als seinen Nachfolger ausgeguckt; Conway soll die Idylle, in der alle Kulturschätze der westlichen Welt aufbewahrt, gepflegt und vermittelt werden, nach des Lamas Tod schützend leiten.

Die gewaltsam ins Paradies Verbrachten revoltieren, mit Ausnahme des Konsuls, gegen den Zwangsaufenthalt in der Weltabgeschiedenheit. Doch allmählich steckt sie der heitere Friede an, nimmt sie die von kultivierter Beschäftigung, vor allem Töpfern, Lehren und Schafescheren, geprägte Atmosphäre in ihren Bann. Aus dem Betrüger wird ein eifriger Wasserleitungsbauer, aus dem verdrossenen Paläontologen ein glücklicher Lehrer und Erzieher, aus der kranken Hure eine selbstbewußte, lebenserfüllte Frau. Der Konsul verliebt sich zudem in die schöne Sondra, dirigiert mit ihr Kinderchöre, macht Reitausflüge zu idyllischen Bergseen, in denen man unbeobachtet, versteht sich, paradiesisch nackt badet. Außerdem pflegt er eindringliche Gespräche mit dem pergamenthäutigen Lama-Greis, Szenen, denen Capra wirklich eine wehmütige, menschlich-weise Abgeklärtheit und eine numinose Beleuchtung gegeben hat.

Nur der Bruder, ganz Unrast der Konkurrenzgesellschaft, revoltiert gegen Shangri-La. Mit Hilfe seiner Freundin Maria, die sich auch als Gefangene fühlt, überzeugt er den Konsul, daß das hier alles Lüge und Täuschung sei. Mit durch Gold bestochenen Trägern fliehen sie aus Shangri-La.

Capra hat diesen Austritt aus dem Paradies, eine selbstverschuldete Vertreibung, als grandiosen Kontrast gedreht: Auf einmal sind die Menschen wieder in einer eisig-schroffen, feindseligen Welt, in der Schüsse fallen, Lawinen stürzen, die geflohene Maria sich in Bruchteilen von Sekunden in eine faltige Greisin (ihr wahres Alter) verwandelt. Jetzt sieht der Bruder, daß nicht Shangri-La die Lüge war, und stürzt sich verzweifelt in den Tod. Der Konsul torkelt, nachdem eine Lawine seine Bergführer verschüttet hat, wie durch ein winterliches Inferno zurück in die Welt. Aber nur, um sich sofort wieder auf die Suche nach Shangri-La zu machen – mit verzweifelter Verbissenheit und unter Einsatz seines Lebens. Am Schluß sieht er die Insel der Seligen vor seinem Auge – ein gelöstes Lächeln beleuchtet sein Gesicht: Er ist angekommen.

Bis heute leidet der Ruf von Capras gefilmtem Wunschtraum einer besseren Welt unter dem Urteil Graham Greenes, der mit Spott bemerkte: »Nichts enthüllt die Charaktere von Menschen mehr als ihre utopischen Vorstellungen . . . Dieses Utopia erinnert stark an den luxuriösen Wohnsitz eines Filmstars in Beverly Hills; flirtend schreitet man durch Obstgärten, springt und schwimmt in blütenübersäten Pools unter künstlichen Wasserfällen und genießt üppige und riesige Mahlzeiten. Dieser frustrierende Nachfolger von ›Mr. Deeds‹ ist sehr lang und sehr enttäuschend, sobald die Eröffnungsszenen einmal vorüber sind.«

Man kann nicht sagen, daß Graham Greenes Verdikt völlig grundlos wäre. Paradiese sind (und wahrscheinlich nicht nur von außen betrachtet) zudem ein bißchen langweilig. Dauernd ruhig und zufrieden, wer will das schon sehen? Hinzu kommt heute, daß die Mischung aus tibetanischer Folklore und europäischer Luxussehnsucht inzwischen wirkt wie Werbefilme gewisser Edelsekten, mit denen betuchte Europäer und US-Amerikaner aus ihrer Wohlstandsenge flüchteten.

Dennoch, Capras vitale, mit unerwartet lebendigen Gegenschnitten arbeitende Kamera macht selbst die Süßlichkeit mancher Szenen erträglich. Zudem versteht es der Film, eine derart freundliche, aggressionsfreie Stimmung vor dem Hintergrund einer in Haß und Eis erstarrenden Welt auszubreiten, daß man sich diesem menschenfreundlichen Märchen nur schwer entziehen kann.

Das liegt sicher auch an den glänzend ausgewählten Schauspielern. Vor allem an Ronald Colmans Konsul, ein Glücksfall an Besetzung: Wenn Capra sein »schönes Gesicht«, seine »edle Seele«, sein »Feingefühl für das Zarte und Zerbrechliche«, seine »poetischen Visionen« rühmt, hat er sicher recht.

Der später oft durch Schnitte (auch im Zweiten Weltkrieg um seine pazifistische Botschaft gekürzte) verstümmelte Film, dessen Negativkopie leider unwiederbringlich zerstört war, wurde in den achtziger Jahren in mühevoller Geduld in ursprünglicher Länge von 132 Minuten restauriert – die Tonspur, mit der Musik Dimitri Tiomkins (es war seine erste Filmmusik), vollständig, bei der Bildkopie mußten sechs Minuten durch Standfotos ersetzt werden.

Der Kritiker James Agate hatte einst über LOST HORIZON geschrieben: »Der beste Film, den ich seit langem gesehen habe, aber kann mir bitte jemand erklären, wie die den großen Konzertflügel über den schmalen Bergpfad gebracht haben, auf dem mal gerade ein einzelner Mensch, angeseilt und mit einem Eispickel, langgehen kann, weil unter ihm Abgründe von mehreren tausend Fuß gähnen ...« Die erklärende Antwort lautet: Der Glaube kann Berge versetzen, das Kino Klaviere.

IN DEN FESSELN VON SHANGRI-LA (LOST HORIZON) (USA 1937, Columbia, sw., 132 Min.). Regie und Produktion: Frank Capra. Drehbuch: Robert Riskin, nach dem Roman von James Hilton. Kamera: Joseph Walker. Schnitt: Gene Havlick, Gene Milford. Musik: Dimitri Tiomkin. Bauten: Stephen Goosson. Special effects: Roy Davidson, Ganahl Carson. Kostüme: Ernest Dryden.

Robert Conway: Ronald Colman. Sondra: Jane Wyatt. Paläontologe Alexander P. Lovett: Edward Everett Horton. George Conway: John Howard. Aktienschwindler Henry Barnard: Thomas Mitchell. Maria: Margo. Gloria Stone, eine Hure: Isabel Jewell. Chang: H.B. Warner. Der Lama, Pater Perrault: Sam Jaffe.

BLUEBEARD'S EIGHTH WIFE (1938)
Blaubarts achte Frau

Gary Cooper, Claudette Colbert

Diese herrlich böse, himmlisch überdrehte und heimtückisch leichtsinnige Komödie vom amerikanischen Millionär, dem in Frankreich, natürlich von einer Frau, erst der Verstand ausgetrieben und dann die Ehemoral eingetrichtert wird, hat kein gutes Renommee und wird in der Filmgeschichte weit unter Wert gehandelt.

Das hat Gründe, gute und schlechte. Zum einen traute man Lubitsch den »mentalen Slapstick« nicht zu (so nannte er das für BLAUBART entwickelte Verfahren aus überdrehten Dialogen, die auf überreizte Situationen reagieren, und umgekehrt), sah darin nur ein eher entnervtes Zugeständnis des Altmeisters an die neue Gattung der Screwball-Komödie – den genau sitzenden und genau treffenden Übermut wollte und konnte man nicht begreifen.

Zum andern wollte man Gary Cooper, der gerade als Longfellow Deeds in Capras MR. DEEDS GOES TO TOWN (1936) als tubaspielender, lyrikdichtender Kleinstädter mit seiner verrückten Unschuld alle amerikanischen Herzen gerührt und erobert hatte, nicht als Blaubart sehen: Ein Millionär, der schon sieben Mal geheiratet hatte und, beim achten Mal angelangt, von seiner Achten (Claudette Colbert) mit Sexualentzug für die Dauermonogamie weichgekocht wird – das war doch krank, das war keine Cooper-Rolle!

Und was für eine es war! Der hölzern-steife, dennoch eckig-charmante Millionär Michael Brandon muß in Lubitschs Film nur deshalb so abartig oft heiraten, weil Sex (jedenfalls im Kino) damals (schon aus Zensurgründen) nicht anders zu haben war. Und genau mit Zensur und Moral veranstaltet der Film einen gnadenlosen, einen mentalen Slapstick.

Schon der Anfang ist eine volle Breitseite gegen die Prüderie der Selbstzensur des Hays Office. Während der geizige Millionär in einem Kaufhaus an der Côte d'Azur aus praktischen Erwägungen nur eine Pyjamajacke kaufen will, die er nicht allein bekommt, stürzt die verarmte französische junge Adelige (wie angelt man sich einen Millionär?) herbei und gibt vor, nur eine Pyjamahose kaufen zu wollen – und der Fall ist geritzt.

Während der Verkaufsgespräche um den geteilten Pyjama, an dem ein offenkundig schwuler Verkaufsleiter hilflos stotternd beteiligt ist, der von sich verlegen lächelnd gesteht, er schlafe nur mit einem Seidenschal, während dieser Gespräche also sieht Cooper seine Colbert in der Phantasie vom Pyjamahosenträger entkleidet, sie ihn nur in Pyjamajacke – bis in der Phantasie der Zuschauer eine durch und durch obszöne Komödie entsteht, von der man damals bestenfalls träumen durfte: Es ist eine der grandiosesten erotischen Slapstick-Nummern des Films überhaupt, und niemand zieht auch nur einen Handschuh aus.

Natürlich kann der Film diesen atemberaubenden Anfang, der sich teilweise noch, in schönster Lubitsch-Manier, hinter verschlossenen Glastüren abspielt (also Stummfilm im Tonfilm), als Grundtempo nicht ganz beibehalten – aber was gelingt und glückt ihm nicht alles!

Er zeigt einen nichtsnutzigen David Niven, der als Angestellter des Millionärs auf einmal arbeiten muß und sich einen Brief auf der Schreibmaschine mit einer Buchstabenstrichliste erarbeitet.

Er zeigt Edward Everett Horton als gnadenlos vertrottelten und verkalkten Adeligen im verarmten Schnorrerstand, der nur bei der Aussicht auf Geld, auf Millionen, hellwach, pfiffig und ganz und gar realistisch reagiert – ein Meister der blitzgescheiten Zehntelsekunde.

Er zeigt eine Persiflage auf »Der Widerspenstigen Zähmung« und wie Shakespeares Rezept (»Die braucht doch nur 'ne tüchtige Tracht Prügel!«) im Zeitalter der Screwball-Komödien-Emanzipation und ihrer resolut-souveränen Weibchen à la Claudette Colbert nicht mehr funktioniert.

Vor allem aber räumt der Film heimtückisch-komisch mit einem Vorurteil auf, das er selbst aufbaut und scheinbar bedient: Der amerikanische Millionär (der, um Nestroy zu zitieren, »millionärrisch« gemacht wird) repräsentiert Fleiß, Geschäftssinn, Sparsamkeit, praktische Vernunft; die Europäer, heruntergekommene Adelige, sind Tagediebe, Drohnen, Parasiten und Erbschleicher.

Denkste! In Wahrheit ist das europäische Savoir-vivre herzlicher, liebesfähiger, praktischer und lebensnaher als die doch etwas sperrig-verklemmte puritanische Spottfigur, die Gary Cooper (zum Ärger seiner damaligen Fangemeinde) abgeben mußte – bis ihn die Colbert hoffnungslos heilte.

BLAUBARTS ACHTE FRAU (BLUEBEARD'S EIGHTH WIFE) (USA 1938, Paramount, sw., 85 Min.). Regie und Produktion: Ernst Lubitsch. Drehbuch: Charles Brackett, Billy Wilder, nach dem Theaterstück von Alfred Savoir, adaptiert von Charlton Andrews. Kamera: Leo Tover. Musik: Friedrich Hollaender, Werner R. Heymann. Ausstattung: Hans Dreier, Robert Usher.

Nicole de Loiselle: Claudette Colbert. Michael Brandon: Gary Cooper. Marquis de Loiselle: Edward Everett Horton. Albert de Regnier: David Niven. Abteilungsleiter im Kaufhaus: Rolfe Sedan.

Bringing Up Baby (1938)
Leoparden küßt man nicht

Cary Grant, Katharine Hepburn

Bei der Liebe in Filmkomödien der Dreißiger und Vierziger gilt die Devise: Gegensätze ziehen sich an. Erst stolpert man übereinander, dann fällt man einander in die Arme. Und: Je stärker die Gegensätze, desto komischer ihre Überwindung und um so gewaltiger die Anziehungskraft.

Das komödienverwickelte Paar, bei dem sich mindestens ein Teil mit Händen und Füßen gegen die Vereinigung wehrt – bis zum bitteren Happy-End –, kann eigentlich nicht komischer, gegensätzlicher und harmonischer gedacht werden, als Cary Grant und Katharine Hepburn in der Howard-Hawks-Komödie von 1938: Bringing Up Baby.

Er, der zerstreute Zoologie-Professor, der Saurierknochen sucht und Fossilien als Gerippe museal rekonstruiert und dabei für lebendiges Fleisch keinen Sinn hat; sie, die exzentrische höhere Nichte, die sich nimmt, was sie will, und die dem Gelehrten mittels eines quicklebendigen Leoparden und eines Fossilknochen klauenden Hundes Beine macht, sich von toter Materie in Richtung Leben zu bewegen.

Cary Grant als zappelig zerstreuter Professor mit Brille sieht aus wie Harold Lloyd – kein Wunder, Regisseur Hawks riet dem Ratlosen, den zerstreuten Intellektuellen wie Lloyd zu spielen. Katharine Hepburn platzt vor Übermut wie ein Kobold: Sie zeigt, wie sich der Sex (von besseren Damen in Neuengland) austobt, wenn er sich noch nicht als Sex austoben kann. Während der Dreharbeiten hat sie sich über ihren eigenen Dialog kaputtgelacht – bis ihr Grant riet, todernst zu bleiben, das sei für die Zuschauer komischer. Er hatte recht. Und war selbst am komischsten, als sie ihn nötigte, in Frauenfummel zu schlüpfen. (Das wiederholte er später in Hawks' ICH WAR EINE MÄNNLICHE KRIEGSBRAUT rollenfüllend.)

Indem die Erbin Susan Vance (Hepburn) bei Professor Huxley (Grant) bewußt und unbewußt an die Retter- und Ritterinstinkte appelliert, macht sie aus dem Stubengelehrten den liebenden Mann. Was sie in Gang gesetzt hat, die animalische Bestialität, davor muß er sie am Schluß retten – ins Happy-End der bürgerlichen Ehe. Und in Connecticut (damals das schicke grüne Wochenendparadies der Reichen), wo zwei Leoparden eine Art Sommernachtstraum ins Rollen bringen, landen erst mal alle hinter Gefängnisgittern; auch Menschen brauchen, so scheint es, sind sie erst mal animalisch geweckt, Käfige: Denn hier, in Connecticut, gibt's keine Leoparden, sprich: keinen weggezähmten Trieb.

Es geht also untergründig um Sex, aber um den freizusetzen, herrscht erst einmal das totale Chaos, die vollkommene Anarchie: Ein Hund namens George (gespielt von Asta, dem Hundestar aus DER DÜNNE MANN) klaut einen fossilen Saurierschwanzknochen, eine Verliebte entführt einen Gelehrten – und der Leopard ist los und macht aus einer Parklandschaft einen Dschungel.

Mit einem (beziehungsweise zwei) Leoparden in einer Komödie kann man viel anfangen:

Man kann zeigen, daß Frauen mutiger mit artverwandten Raubkatzen umgehen als Männer – die erst im entscheidenden Augenblick mutig werden.

Man kann zeigen, wie das Urwaldbiest mit einem kleinen Haushund tollt und dabei verliert.

Man kann einen besoffenen Hausdiener glauben machen, er habe Halluzinationen.

Man kann einen Großwildjäger Leopardenschreie imitieren und ihn echtes Leopardengeheul für den Schrei einer Eule mißdeuten lassen.

Die zwei Leoparden, die aussehen wie einer (weil sie von einem gespielt werden), kann man, zur Gaudi des eingeweihten Zuschauers, die Akteure verwechseln lassen, sie nehmen den zahmen, harmlosen Leoparden für den wilden, gefährlichen und, noch komischer, umgekehrt den bösen für den sanften. Das hat der Hawks-Film aus Chaplins CIRCUS gelernt. Der Moment des erschreckten Erkennens ist für den Betroffenen der schrecklichste und für den Zuschauer der lustigste – jedenfalls solange die Bestie nicht ernst macht.

Hawks wußte genau, was er tat: »Eine Komödie«, so sagte er, »ist im Grunde das gleiche wie eine Abenteuergeschichte. Der Unterschied liegt in der Situation – sie ist bei der Abenteuergeschichte gefährlich und bei der Komödie peinlich.« Anders hat es Shakespeare auch nicht ausgedrückt.

Madame Olga Celeste vom Ringling Bros. Circus, die den Leoparden, der nur mit dem Lied »I can't give you anything but love, baby« zur Ruhe gebracht werden kann, trainierte und betreute, bescheinigte den beiden Stars Courage: »Weder Cary Grant noch Miss Hepburn hatten auch nur im geringsten Angst vor Nissa, meinem wundervollen Leoparden.«

Katharine Hepburn erinnert sich anders: Er, Cary, hatte Angst, sie natürlich überhaupt nicht! Man sieht: Die Screwball-Komödie zwischen tapferen Frauen und Tölpelmännern ohne Mumm ging beim Drehen weiter – und lebt in der Erinnerung fort. Wie der verrückt-energische Film es bis heute tut.

Merkwürdigerweise war diese fulminante Komödie zuerst – da wahrscheinlich ihrer Zeit voraus – eine Pleite mit fast einer halben Million Dollar Verlust und beendete für »Kassengift« Katharine Hepburn ihre RKO-Karriere.

LEOPARDEN KÜSST MAN NICHT (BRINGING UP BABY) (USA 1938, RKO, sw., 102 bzw. 94 Min.). Regie und Produktion: Howard Hawks. Drehbuch: Dudley Nichols, Hagar Wilde, nach der Erzählung von Hagar Wilde. Kamera: Russell Metty. Ausstattung: Van Nest Polglase, Perry Fergeson, Darrell Silva. Musik: Roy Webb. Kostüme: Howard Greer.
David Huxley: Cary Grant. Susan Vance: Katharine Hepburn. Major Horace Applegate: Charles Ruggles. Tante Elizabeth: May Robson.

THE LADY VANISHES (1938)
Eine Dame verschwindet

Michael Redgrave, Margaret Lockwood, Dame May Whitty

Eine Lawine in einem winterlichen, gebirgigen Balkan-Staat (und nicht in der Schweiz, wie Halliwell irrtümlich meint, und auch nicht in einem baltischen Staat, wie Bodo Fründt fälschlich annimmt) mit einer fiktiven Sprache (die wirkt, als habe man Dänisch mit Italienisch im Mixer verrührt) und einer düsteren Operetten-Militärdiktatur hält den Orient-Expreß nach Basel auf. Die Passagiere müssen mehr recht als schlecht in einem Hotel eng auf eng und zum Teil in Abstellkammern übernachten – Gelegenheit für Hitchcock, sie mit skurriler Bosheit zu zeichnen und einander mit Lärm und Ansprüchen auf die Nerven gehen zu lassen; Gelegenheit für den Zuschauer, die geschlossene Gesellschaft, die sich am nächsten Morgen auf eine abenteuerliche, gefährliche Bahnfahrt begibt, schon mal kennenzulernen.

Da ist der junge, ungelenk-unbekümmerte Engländer, der Volkstänze und Volkslieder sammelt und damit die Nachtruhe stört, und da ist die hübsche junge Engländerin, die in London gleich nach der Ankunft heiraten wird: nicht etwa weil sie jemanden liebt, sondern weil sie meint, alles Spannende vor der Ehe schon erlebt zu haben. Die beiden, die sich am Anfang kräftig auf den Geist gehen, sind zum Heldenpaar und zum Happy-End auserkoren.

Denn es gibt da eine etwas konfuse, nette alte Dame, eine spleenige, aber resolute alte Jungfer, der am Anfang jemand ein musikalisches Ständchen bringt, der fast ein Koffer auf den Kopf geworfen wird (der aber die junge Heldin trifft) und die im Zug mit der jungen Dame Freundschaft schließt – um titelgerecht auf der Fahrt im rasenden Zug zu verschwinden.

Die junge Dame (hübsch und resolut: Margaret Lockwood) sucht ihre nette, alte neue Zug-Freundin Froy (Dame May Whitty), die, obwohl der Zug nirgends gehalten hat, spurlos verschwunden ist. Und noch seltsamer: Niemand will sie je gesehen haben. Zwei cricketversessene, leicht schwul angehauchte englische Sonderlinge (ein hinreißend komisches Gespann: Naunton Wayne und Basil Radford), die nur ein Ziel kennen, das Cricket-Endspiel morgen in England, wollen keine Komplikationen, die den Zug aufhalten könnten. Ein jeweils anderweitig verheiratetes Paar, dessen ehebrecherische Flitterwochen durch die griesgrämige Angst des Mannes, der um seine juristische Karriere fürchtet, längst vergällt sind, leugnet, die Lady je gesehen zu haben. Ein Arzt (Paul Lukas) will die suchende junge Dame sogar in eine Nervenheilanstalt bringen – bei der nächsten Bahnstation.

Nur der Volksliedforscher hilft seiner Landsmännin, und mehr und mehr werden die beiden zu bravourösen Detektiven, die von einem italienischen Zauberer (der alle Trickkisten hat, um Damen, Tauben etc. verschwinden zu lassen), einer falschen Dame und einer falschen Nonne mit Stöckelschuhen genarrt und bekämpft werden, wobei der Arzt der böse Rädelsführer ist, der sie mit K.o.-

Tropfen betäuben will und die Dame mit dem Trick von der vertauschten, bis zur Unkenntlichkeit bandagierten Kranken auf der Trage aus dem Zug schaffen will.

Als das unerschrockene Heldenpärchen die Dame befreit, werden sie in dem Polizeistaat kurz vor der Grenze auf ein Abstellgleis umgelenkt. Dort verteidigen alle Briten endlich vereint den Waggon wie eine Wagenburg. Der feige Jurist stirbt, weil er mit den mordgierigen Militärs sein privates Appeasement vereinbaren möchte, mit weißem Kapitulationstaschentuch in der Hand – Hitchcock spielt hier auf Chamberlains falsche Appeasement-Politik gegenüber Hitler an und kritisiert das Münchner Abkommen.

Happy-End: Die Dame flieht zu Fuß über die Grenze, nicht ohne vorher dem Retterpaar gesteckt zu haben, daß sie eine Spionin ist, und ihnen die Botschaft fürs Foreign Office (fünf idiotische Takte einer Melodie, richtig: das Anfangsständchen) – doppelt hält besser – anzuvertrauen.

Die beiden haben sich so verliebt, daß die Braut sich vor ihrem Verlobten versteckt und ihren Volksliedpartner küßt – der ist darüber so happy, daß er die Melodie vergißt, aber keine Angst: In der Botschaft sitzt die verschwundene Lady am Klavier und spielt zur Begrüßung den musikalischen Code.

Hitchcocks vorletzter (eigentlich letzter) englischer Film vor seinem Karrieresprung zu Selznick und nach Hollywood ist so spannungsreich, so witzig, voll sarkastischer Schlaglichter und wundervoller Slapstick-Überraschungen, daß man sein Lob ebenfalls am liebsten singen würde. Mit skurrilen Typen und spleenigen Situationen im Zug schafft der Film Tempo und eine Geschlossene-Gesellschaft-Atmosphäre – er ist trotz aller Bond-Melville-Orient-Expreß-Filme bis heute das spannendste Zugabenteuer der Leinwand, garantiert frei von jeder Wahrscheinlichkeit und dennoch jede Sekunde überzeugend wahr. Truffaut hat Hitchcock bei seinem berühmten Interview gestanden, daß er sich den Film in Paris eine Zeitlang jede Woche zweimal angesehen habe, um zu studieren, ob sich der Zug wirklich bewegte und wie die Rückprojektionen funktionierten. Er sei aber jedesmal von der Handlung so gefesselt gewesen, daß er immer noch nicht wisse, wie der Film gemacht sei. Truffaut tat gut daran. Denn der 1938 in den winzigen Islington-Studios in einem Atelier von nur 30 Meter Länge gedrehte Film macht nur über die herrlichen A.H.-Erlebnisse und Kamera-Abenteuer vergessen, daß das verschneite Dorf am Anfang putzig unwirklich aussieht wie ein Modelleisenbahn-Örtchen, daß man die Rückprojektionen der vorbeieilenden Landschaft, wie immer bei Hitchcock, fast mit Händen greifen kann und daß der Wald des Showdowns an der Grenze förmlich nach Pappe riecht.

EINE DAME VERSCHWINDET (THE LADY VANISHES) (Großbritannien 1938, Gainsborough Pictures, sw., 97 Min.). Regie: Alfred Hitchcock. Produzent: Edward Black. Drehbuch: Sidney Gilliat, Frank Launder, nach dem Roman »The Wheel Spins« von Ethel Lina White. Kamera: Jack Cox. Bauten: Alec Vetchinsky.
Iris Henderson: Margaret Lockwood. Gilbert: Michael Redgrave. Miss Froy: Dame May Whitty. Blanche: Googie Withers. Mr. Todhunter: Cecil Parker. Mrs. Todhunter: Linden Travers. Baronin: Mary Clare. Caldicott: Naunton Wayne. Charters: Basil Radford.

Gone With The Wind (1939)
Vom Winde verweht

Clark Gable, Vivien Leigh

Für jeden Europäer war 1939 das Jahr, in dem »die Lichter ausgingen«, der Krieg begann. 1939 war und ist für jeden Amerikaner das Jahr von Gone With The Wind, dem Drei-Stunden-und-Vierzig-Minuten-Ereignis in Technicolor, GWTW. 1939 erhielt die erste schwarze Schauspielerin einen Oscar, den für die beste Nebenrolle in GWTW. Das war eine Sensation. Doch bei der Premiere des Films in Atlanta im Staat Georgia durfte Hattie McDaniel nicht anwesend sein. Das war immer noch unmöglich. GWTW, der Film der Filme, der »meistgeliebte Film aller Zeiten« (so Filmlexikon-Herausgeber James Monaco), der »einzige Film der Filmgeschichte, der während der folgenden vierzig Jahre jederzeit gewinnbringend wieder in Kinos gezeigt werden kann« (so

Filmlexikon-Herausgeber Leslie Halliwell), dieser Film handelt auch von der Sklavenbefreiung der Neger im Bürgerkrieg der Nordstaaten gegen die Südstaaten. Er ist nach dem gleichnamigen, 1936 erschienenen Buch der Margaret Mitchell, »treu im Geiste des Romans«, gedreht, in den USA der Roman der Romane. Das Buch nimmt die Haltung der Südstaatler ein, trauert über den Sieg der Yankees: Den Sklaven sei es als Sklaven eigentlich besser gegangen. So war es in Ordnung, daß McDaniel für die hinreißend gespielte Rolle der dicken »Mammy«, die lebenslang in der Fürsorge für ihre junge weiße Herrin aufgeht und die auch nach dem Civil War nichts anderes tut, einen Oscar erhielt. Aber mit einer Schwarzen in den Südstaaten in der gleichen Premiere, das war nicht in Ordnung.

Wer eine »alarmierend rassistische« Szene sehen will, sollte sich die junge schwarze Butterfly McQueen ansehen, die ein kreischendes, abergläubisches, völlig ahnungsloses, aber dauernd angeberisches Mädchen spielt, das bei einer Geburt in den Kriegswirren den beiden verlassenen Heldinnen zu nichts nütze ist, im Gegenteil, und die deshalb von Scarlett O'Hara eine vom Publikum mit Genugtuung aufgenommene, schallende Ohrfeige verabreicht bekommt. Man muß dem hinzufügen, daß der Film mit all seinen Figuren menschenfreundlich umgeht, auch mit den Schwarzen, die von den Südstaatlern stets *darkies* genannt werden. Es ist die Menschenfreundlichkeit, die gütige Herrschaften ihrem niederen Dienstpersonal gegenüber an den Tag legen.

Über GWTW gibt es zahllose Anekdoten, Legenden, Geschichten von der Entstehung des Films, Bücher über seine Wirkung. Am liebsten wird kolportiert, daß am Anfang niemand den Stoff wollte. Als man der mächtigen MGM das Buch anbot und ihr Herrscher Louis B. Mayer seinen Kronprinzen Irving Thalberg fragte, ob man den Film machen solle, sagte der renommierte junge Mann: »Vergessen Sie es, Louis! Kein Bürgerkriegsfilm hat je auch nur einen Nickel gebracht.« Es war der ehrgeizige David O. Selznick, eine Spielernatur und ein Filmbesessener, der den Film dann machte – und es seinem Schwiegervater Louis B. Mayer zeigte.

Gern wird erzählt, wer alles für die Rolle der Scarlett O'Hara, der kratzbürstigen, verwöhnten, lebenstüchtigen, egoistischen, nicht unterzukriegenden schönen Pflanzerstochter, vorgesehen war, bevor Vivien Leigh den Zuschlag bekam. Es fand ein über zwei Jahre werbewirksam ausgedehnter Test unter 2000 Bewerberinnen statt, außerdem sollten Paulette Goddard, Norma Shearer, Bette Davis, Joan Crawford, Miriam Hopkins, Jean Harlow, Carole Lombard, Claudette Colbert, Jean Arthur, Tallulah Bankhead, Joan Bennett und Irene Dunne die Rolle spielen.

Als der Film schließlich nach jahrelangen Vorbereitungszeiten, die auch jahrelange Werbezeiten waren, gedreht wurde, hatte er zahllose Drehbuchschreiber (darunter so berühmte Romanschreiber wie F. Scott Fitzgerald und John Van Druten) verschlissen. Zu drehen begann ihn der Regisseur George Cukor, einer der besten, elegantesten, angesehensten Hollywood-Regisseure, ein »Regisseur der Frauen«. Auf Betreiben des Stars Clark Gable wurde er abgelöst, Gables Freund, der »männlichere« Victor Fleming, kam, sehr zum Entsetzen der weiblichen Stars, auf den Regiestuhl. Patrick McGilligans Cukor-Biographie (»A Double Life«) von 1991 belegt, wie Gable den Regisseur auf dem Set zur Aufgabe der Regie provoziert habe, indem er ihn vor versammeltem Team als Homosexuellen outete, damals ein vernichtender Vorwurf: »Ich kann den Film nicht weiterdrehen! Ich will nicht von einer Schwuchtel gesagt bekommen, was ich zu spielen habe! Ich muß mit einem richtigen Mann arbeiten!« Aber auch Fleming wäre um ein Haar gescheitert, bei den pausenlosen Reibereien, den endlosen Drehstunden wurde er gesundheitlich immer anfälliger. Als er Melanies Todesszene gedreht hatte, bekam er einen solch fürchterlichen Krach mit Vivien Leigh, daß er vom Set stürmte und einen Nervenzusammenbruch erlitt. Für ihn sprang Sam Wood ein, den man sich rasch von der MGM ausborgte; er drehte zwei Wochen. Danach preßte Selznick Fleming wieder zurück in den Endkampf. Fleming gestand später, er habe sich mit dem Auto in einen Abgrund stürzen wollen.

So hat der Film drei Regisseure, aber der entscheidende vierte ist in

Wahrheit sein vitaler, ständig in die Arbeit eingreifender Produzent Selznick, der manchmal 27 Stunden am Stück aufblieb und sich mit Benzedrinen für die Arbeit dopte und aufputschte.

Die Aufregungen, Tragödien und Fast-Katastrophen haben sich gelohnt und sind längst Teil der Aura des Films, der den Durchbruch von Technicolor brachte, mit immer wieder von Sonnenuntergängen, Feuersbrünsten und dem Flackern der Schlachtfelder allzu orange-rot gemaltem Himmel, dem strahlenden Blau des Firmaments, gegen den sich die Silhouetten der Paare wirksam abhoben, mit den bunten Kostümen der Tanz-Bazar-Feste und Barbecue-Partys, den bunten Uniformen der Civil-War-Kombattanten, mit den schier endlos auf rote Erde gelagerten Reihen und Haufen der Verwundeten – die erste imposante Massenszene eines Farb-Kolossalfilms.

Die Geschichte in ihrer melodramatischen Bittersüße, wirksam vor der Untergangskulisse des alten Südens der »Kavaliere und der Baumwolle« angesiedelt, erzählt die nicht endenwollende Liebesgeschichte zwischen Scarlett O'Hara und dem aus Charleston stammenden Elegant, Frauenhelden, Patrioten und tüchtigen Frühkapitalisten Rhett Butler. Sie vermeint den edel-schwächlichen Ashley zu lieben, der jedoch heiratet die herzensgute Melanie. Darauf Scarlett aus Trotz deren Bruder, der aber rasch im Krieg stirbt – an Masern.

Nach der Niederlage des Südens nimmt Scarlett (ihre Mutter ist gestorben, der Vater in den Wahnsinn geflüchtet) das Heft auf der kriegsverwüsteten Baumwollplantage mit eisernem Willen in die Hand, sie ernährt, von ihrer Negermammy im Privaten immer noch gehätschelt, den schwachen Ashley und ihre Nebenbuhlerin Melanie. Rhett Butler, den sie zu verachten meint, weil sie den starken, realistischen, zupackenden Mann in Wahrheit mehr liebt als ihren romantisch verklärten Jungmädchenschwarm, läuft ihr immer wieder über den dornigen Weg, aber heiraten wird sie ihn erst, nachdem ihr zweiter Mann, den sie sich, um das Gut steuerlich zu retten, geangelt hatte, den Tod gefunden hat.

Doch mit der Hochzeit zwischen Rhett und Scarlett ist nichts gewonnen. Die beiden Stolzen erleiden das Melodram der Melodramen; während jeweils der eine denkt, der andere würde ihn nicht lieben oder betrügen, erleidet der Zuschauer stellvertretend alle Qualen, denn er weiß es ständig besser. Und während die beiden leiden, trinken, schweigen und sich beschimpfen, stirbt ihre geborene Tochter bei einem Reitunfall und ihr ungeborenes Kind bei einem Sturz von einer Prachttreppe. Es ist zum Mitheulen, zumal wenn es Max Steiner mit unnachahmlich-süßlicher Musik aus Harfen-Arpeggien und hohem Violinenschmalz untermalt. GWTW ist in seinen Einstellungen und Szenenfolgen, dem alternierenden Wechsel großer öffentlicher Szenen und privater Konfrontationen und Umarmungen die Mutter aller melodramatischen Filme und Familienserien – ein Wechselbad der Gefühle.

Für mich sind zwei Höhepunkte dieser Technik die Szene, als sich Scarlett nach gehabter Vergewaltigung durch ihren aus Verzweiflung betrunkenen Mann am nächsten Morgen wohlig befriedigt und glücklich im Bett wälzt – alles könnte gut werden. Aber er stürmt herein, entschuldigt sich ruppig und sagt ihr scheinbar für immer Ade.

Bei der anderen Szene ist der angeschwärmte, sympathisch-bläßliche Ashley schon fast endlich frei. Scarlett wird von dessen Frau, ihrer Freundin-Rivalin, ins Sterbezimmer gerufen und dazu verpflichtet, sich um den Witwer zu kümmern. Die Sterbende und die Überlebende wissen auch die endgültige Wahrheit – daß Rhett Scarlett und Scarlett Rhett liebt. Doch als sie beim Herauskommen aus dem Sterbezimmer tröstend erst Ashley umarmt, mißversteht das Rhett, er stürzt gekränkt, ja, zu Tode beleidigt von dannen. So grausam können Melodramen auch mit dem Zuschauer umgehen, damit er sie niemals vergißt.

Und obwohl Scarlett ihren Rhett am Ende scheinbar auf immer verloren hat, und, ganz Stehauf-Frau, nur die trotzige Hoffnung hat, morgen den Kampf um ihn wieder zu beginnen, sind der mit schönem schmalem Schnurrbart breit und kräftig lächelnde Clark Gable und Vivien Leigh, der er bei ihren Tränenausbrüchen immer wieder sein Schnupftuch leihen muß, bevor er sie verläßt, im Film der Filme auch das Paar der Paare. Nicht nur, weil beide so schön sind. Sondern auch, weil er, der scheinbar Starke, in Wahrheit der Schwächere ist, und sie, die scheinbar ewig Kindliche, in Wirklichkeit resolute Kraft und zupackendes Durchsetzungsvermögen hat. Und dann, wie sagt doch Clark Gable so treffend, sind sie sich ja auch, mitten in einer untergehenden romantischen Welt, so ähnlich: »Wir sind gleich – beides schlechte Lose. Egoistisch und gerissen, aber fähig, den Dingen in die Augen zu schauen und sie bei ihrem richtigen Namen zu nennen.« Amerikas romantisches Paar – auch ein Pakt pragmatischer Vernunft.

VOM WINDE VERWEHT (GONE WITH THE WIND) (USA 1939, David O. Selznick, Technicolor, 220 Min.). Regie: Victor Fleming, George Cukor, Sam Wood. Produzent: David O. Selznick. Drehbuch: Sidney Howard, Jo Swerling, Charles MacArthur, Ben Hecht, John Lee Mahin, John Van Druten, Oliver H.P. Garrett, Winston Miller, John Balderston, Michael Foster, Edwin Justus Mayer, F. Scott Fitzgerald, David O. Selznick, nach dem gleichnamigen Roman von Margaret Mitchell. Kamera: Ernest Haller, Lee Garmes. Schnitt: Hal C. Kern, James E. Newcom. Musik: Max Steiner. Ausstattung: Lyle Wheeler, Hobe Erwin. Kostüme: Walter Plunkett.
Rhett Butler: Clark Gable. Scarlett O'Hara: Vivien Leigh. Mammy: Hattie McDaniel. Gerald O'Hara: Thomas Mitchell. Ashley Wilkes: Leslie Howard. Melanie Hamilton: Olivia de Havilland. Big Sam: Everett Brown: Elijah: Zack Williams. Pork: Oscar Polk. Ellen O'Hara: Barbara O'Neil.

MIDNIGHT (1939)
Enthüllung um Mitternacht

John Barrymore, Claudette Colbert

Ein knappes Goldlamékleid und dünne Stöckelschuhe sind eine miserable Ausstattung für eine mittellose junge Dame, die mit dem Abendzug aus Monte Carlo in Paris ankommt, wo sie keine Menschenseele kennt und wo es auch noch wie aus Gießkannen regnet ...
Kleider machen Leute, unpassende Kleider erzählen Geschichten. Von Eve Peabody (Claudette Colbert), einem Chorusgirl aus den Staaten, die in Europa ihr Glück machen wollte und dabei trotz ihrer Jugend schon eine bewegte Vergangenheit hinter sich hat, erzählt das dünne Fähnchen, mit dem sie am nächtlichen Bahnhof grotesk *overdressed* und damit schreiend *underdressed* ist, ihr Leben auf dem schnellsten Weg: Sie ist im Kasino von Monte Carlo radikal gestrandet, die Glücksritterin ist pleite.
Mit dem Taxifahrer Czerny (Don Ameche) – auch er ist fremd in Paris, ein ungarischer Emigrant – macht Eve einen Deal: Er soll sie kostenlos durch Paris von Nachtlokal zu Nachtlokal kutschieren, kriegt sie dabei einen Job als Nachtklubsängerin, bekommt er den doppelten Fahrpreis. Man sieht, sie spielt immer (noch) Roulette.
Die Sache geht schief, die beiden trennen sich. Sie lehnt sein ritterliches Angebot, in seiner Wohnung zu nächtigen, während er

Nachttaxi fährt, ab. Vor der Liebe zu einem Mittellosen hat sie zu Recht Furcht.

Ein knappes Goldlamékleid und dünne Stöckelschuhe sind die richtige Ausstattung, um sich ein Entree zu einer musikalischen Soiree zu verschaffen, an der Eve zufällig vorbeikommt. Da es immer noch Bindfäden regnet, schleicht sie sich in die besten feinsten Kreise ein. Passend angezogen ist sie jetzt. Als Eintrittskarte drückt sie dem Empfangsdiener ihren Pfandleihschein aus Monte Carlo in die Hand.

Die Glücksritterin und die Hautevolee: Die Komödie kann beginnen. Ein Märchen fängt an. Während die Gastgeber aufgrund des Pfandscheins die Eindringlingin jagen, findet sie Geld in ihrer Tasche; ein schöner Champagnererbe begleitet sie zum Ritz, wo sie, zu ihrer Überraschung, ein nobles Zimmer, noble Garderobe, einen Chauffeur rund um die Uhr hat.

Ein reicher Mann, der auf der Soiree Gefallen an ihr fand, hat alles arrangiert. Ist sie eine Edelnutte? Wider Willen? Keineswegs. Der Mann (mit Melancholie, Skepsis und Ironie von John Barrymore gespielt) hat bemerkt, daß sie genau auf den Playboy Eindruck macht, der bisher von seiner Frau verfolgt wurde. Er zahlt also, um seine Ehe zu retten: eine moralisch höherstehende Hurerei wäre kaum denkbar.

Inzwischen sucht Taxifahrer Czerny seinen hübschen Goldlamé-Fahrgast in ganz Paris – er findet eine Gräfin Czerny (so nennt sich Eve Peabody jetzt) in einem Wochenend-Chalet bei den Reichsten der Reichen.

Was dann folgt, ist ein turbulenter Komödienkrieg zwischen Enthüllung (durch den Taxifahrer sowie die eifersüchtige Gattin, die ihren Liebhaber hinschwinden sieht) und Verhüllung (Eve sowie ihr Gönner und Verbündeter), in dessen Verlauf ein Telefonat nach Budapest mit einer defekten Leitung einen Höhepunkt darstellt.

Am Ende nimmt (etwas enttäuschend) Eve ihren Taxifahrer und läßt den Champagnererben sausen. Vielleicht mußte dieses moralische Ende (nach einer fingierten Gerichtsverhandlung) sein, weil der Film sich äußerst waghalsig in das moralische Niemandsland zwischen Karriere, Ehe und Geld vorgewagt hatte.

In der von Charles Brackett und Billy Wilder geschriebenen, vom eleganten Mitchell Leisen elegant inszenierten Hochstapler- und Glücksritterkomödie ist alles Berechnung und alles Equilibristik – ein Gesellschaftstanz auf dem hohen Seil, wobei Nichtstuer, Snobs und blasierte Adelige gegen ein resolutes Mädchen, das nach oben will, antreten und verlieren.

Die Komödie, »eines der großen Juwele der Studio-Ära« (Ed Sikov), ist mit Jean Renoirs gesellschaftssatirischem Meisterwerk LA RÈGLE DU JEU verglichen worden – sozusagen dessen farcenhafte US-Version. Das ist sicher nicht falsch – auch wenn man die zutiefst zynischen Wahrheiten in der turbulenten, atemberaubenden Komödienhandlung und im pointenglitzernden, eleganten Dialog fast übersehen könnte: Arsen in feinster Schokolade.

ENTHÜLLUNG UM MITTERNACHT (MIDNIGHT) (USA 1939, Paramount, sw., 94 Min.) Regie: Mitchell Leisen. Produzent: Arthur Hornblow jr. Drehbuch: Charles Brackett, Billy Wilder, nach einer Geschichte von Edwin Justus Mayer und Franz Schulz. Kamera: Charles Lang. Bauten: Hans Dreier, Robert Usher. Musik: Friedrich Hollaender.

Eve Peabody: Claudette Colbert. Tibor Czerny: Don Ameche. Georges Flammarion: John Barrymore. Jacques Picot: Francis Lederer. Hélène Flammarion: Mary Astor.

Ninotchka (1939)
Ninotschka

Greta Garbo, Melvyn Douglas

Mit dem Slogan »Die Garbo lacht« warb die Metro-Goldwyn-Mayer für das Resultat der ersten und einzigen Zusammenarbeit zwischen dem Meisterregisseur Ernst Lubitsch und dem Star der Stars, der göttlichen Garbo. Und für das erste wirkliche Lachen der Filmtragödin.

Ninotchka ist die glücklich endende Geschichte einer russischen Kommissarin, die mit dem Auftrag nach Paris kommt, drei korrumpierte Genossen (das unvergleichliche Trio Felix Bressart, Sig Ruman und Alexander Granach, also drei Emigranten in Hollywood, die hier mit ihrem Akzent und ihrer parodierten Fremdheit spielen durften) zurück auf den rechten bolschewistischen Weg zu führen. Die eisige Funktionärin taut angesichts des Luxus ihres Hotels, wegen des Pariser Frühlings und vor allem aber durch den Charme des adeligen Gigolos Graf Leon d'Algout zur vollen Liebe und Weiblichkeit auf. Sie kauft sich einen unsinnig nutzlosen Hut, beschwipst sich mit Champagner, lacht fröhlich und schadenfroh, als ihr Leon auf den Hintern fällt, kurz: Aus der Sozialistin wird eine liebende, eine lachende und eine leidende Frau.

Dabei ist sie natürlich ausgerechnet ihrem Feind in die Hände gefallen: dem nichtsnutzig schmarotzenden Geliebten der russischen Großfürstin Swana (Ina Claire), mit der sie um deren Juwelen im Namen der (hungrigen und devisenhungrigen) Sowjetmacht streitet.

Der Film, in seinen ersten beiden Dritteln (Akt 1 und Akt 2 würde man beim Theater sagen) von einer frivolen Gelöstheit, einem beschwingten Charme und einem subtil-boshaften Dialog getragen, galt bald und vor allem in den Jahren des Kalten Krieges als gefährlichste (weil unwiderstehlichste) Attacke Hollywoods gegen den Stalinismus und realexistierenden Sozialismus. Beispielsweise 1950, als der Film in Österreich erstmals laufen sollte, sah die Sowjetregierung, bekannt für ihren Humor und ihre Selbstironie, darin einen unfreundlichen Akt; unter massivem Besatzerdruck verschwand der Film nach wenigen Tagen aus den Kinos des Landes.

In der Tat sagt die Garbo, als sie im Auftrag der Partei nach Paris kommt, über die stalinistischen Schauprozesse kaltschnäuzig: »Sie waren ein großer Erfolg. Es wird danach zwar weniger, aber bessere Russen geben.« Und bei der Begegnung mit Leon bemerkt sie: »Ihr Typ wird bald ausgerottet sein.«

Gewiß macht der Film sich über Moskauer Wohnungsnot, stalinistische Maiparaden, Bespitzelung, Doppelzüngigkeit und Konsumsehnsucht der Sowjetmenschen satirisch her (Lubitschs Erfahrungen seiner Reise in die Sowjetunion, über die er nie sprach, sind da wohl eingeflossen). Sicher weiß der Film auch, daß ein Frühling in Paris schöner ist als ein russischer Oktober und daß Ideologie nur Not, Korruption und Spitzeltum im Übersoll produziert.

Aber NINOTCHKA, 1939 fertig geworden, ist in Wahrheit das Hohelied auf das Private, Nichtsnutzige, Überflüssige, allzu Menschliche in einer Welt, die sich überall anschickte, die Menschen für gesellschaftliche Ziele zu verheizen. Leon und Ninotschka (wie er die Genossin zärtlich privatisierend nennt) kämpfen nicht mehr für andere, sondern umarmen einander für sich selbst.
Allerdings braucht man dazu etwas Kredit und viel Champagner. Der Vorspann sagt es auf die schönste Weise: »Der Film spielt in Paris in jenen wundervollen Tagen, als eine Sirene noch eine Brünette und kein Alarm war . . ., und wenn ein Franzose das Licht ausdrehte, dann geschah das nicht wegen eines Luftangriffs.«
Als in Europa die Lichter ausgingen, feierte der Film (wie ein Abschied) die Lichterstadt Paris – auch wie sie sich in Champagner, Abendkleidern und Diamanten spiegelt. Die beschwipste Ninotschka sagt es mit hellsichtiger Vorahnung und Wehmut mitten in die Nacht hinein als Botschaft: »Genossen! Mitmenschen der Welt! Die Revolution marschiert. Ich weiß, Kriege werden über uns niederbrechen, Bomben werden fallen, die Zivilisation wird zusammenbrechen . . . aber noch nicht gleich . . . bitte . . . wartet, wartet . . . wozu die Eile? Laßt uns glücklich sein, schenkt uns diesen Moment.«
Lubitschs Film, und das macht ihn zu einer Sternstunde des Kinos, hält das letzte leichtsinnige, menschliche Atemholen vor der Katastrophe fest.
Und er zeigt die Garbo hinreißend wie nie zuvor und nie danach. Wenn der Film ihre Engstirnigkeit und Erstarrung löst, wenn sie ein kommunistisches Dornröschen wird, unter Küssen zum Leben erweckt, dann wiederholt die Handlung die Geschichte der Dreharbeiten: Auch Lubitsch löste die verklemmte Schauspielerin, befreite sie zum Lachen, der leichtsinnigsten und daher menschlichsten aller Reaktionen.
Die Legende will wissen, daß die Göttliche in der Wirtshausszene zwar gelöst lachte, dabei aber stumm blieb, so daß ihr im Film eine unbekannte Lachstimme unterlegt werden mußte.
Neben den schmelzenden Liebesszenen zwischen dem Elegant

und der Sozialistin sind die Duelle zwischen der Garbo und Ina Claire schauspielerische Klassenkämpfe auch zweier Spielstile. Wenn Claire als russische Großfürstin mit klirrendem Snobismus eine kalte Egozentrikerin spielt, der Contenance alles ist, wird klar, daß Lubitsch auch nicht für den Hochadel oder die Großbourgeoisie plädiert, sondern für diejenigen, die aussteigen – für einen seligen Moment.

Das Drehbuch, an dem die Emigranten und Berliner Freunde Walter Reisch und Billy Wilder neben Charles Brackett mit Brillanz mitschrieben, geht wie SEIN ODER NICHTSEIN auf eine Idee des Hollywood-Ungarn Melchior Lengyel zurück, von dem das Bonmot stammt: »Es ist immer falsch, einer Frau die Hand zu küssen. Entweder ist es zuviel oder zuwenig.« NINOTCHKA dagegen ist genau richtig.

NINOTSCHKA (NINOTCHKA) (USA 1939, MGM, sw., 110 Min.). Regie: Ernst Lubitsch. Produzent: MGM. Drehbuch: Charles Brackett, Billy Wilder, Walter Reisch, nach einer Story von Melchior Lengyel. Kamera: William Daniels. Musik: Werner R. Heymann. Ausstattung: Edwin B. Willis. Bauten: Cedric Gibbons. Kostüme: Gilbert Adrian.
Ninotchka: Greta Garbo. Graf Leon d'Algout: Melvyn Douglas. Großfürstin Swana: Ina Claire. Iranoff: Sig Ruman. Buljanoff: Felix Bressart. Kopalski: Alexander Granach.

La Règle du Jeu (1939)
Die Spielregel

Marcel Dalio, Jean Renoir

Wer Jean Renoir, Frankreichs größten Filmregisseur, den Sohn des weltberühmten Impressionisten Auguste Renoir, kennenlernen will, kann das in LA RÈGLE DU JEU. Da spielt der damals 45jährige dickliche Renoir mit der widerborstigen Frisur den Musikkritiker Octave, der in betrunken-glücklichen Momenten davon träumt, ein großer Dirigent zu sein, und der den Rest seiner Zeit ein liebenswerter Schmarotzer der französischen Oberschicht ist, immer bereit, als Freund auf ihren Landpartien aufzutauchen, der Dame des Hauses den Hof zu machen, mit dem Hausherrn zu parlieren, sich ein dickes Frühstück mit zwei Eiern einzuverleiben.

Vor allem aber: Ratschläge zu erteilen, helfen zu wollen. Ein Spielmacher, der in bester Absicht und sympathischer Schwäche alles zur Katastrophe wendet. Zu Beginn des Films hat der Flieger André Jurieu (Roland Toutaint) gerade zum Ruhme Frankreichs den Atlantik in Rekordzeit mit einer französischen Maschine überquert. Mitten in der begeisterten Menge sagt er einer Rundfunkreporterin ins Mikrofon, daß er enttäuscht sei: Die Frau, für die er alles getan habe, sei nicht zu seiner triumphalen Landung erschienen. Das ganze Land wird Zeuge seiner bitteren Liebeserklärung. Sie gilt einer verheirateten Frau, der gebürtigen Salzburgerin Christine de la Chesnaye (Nora Gregor), deren Mann, der Comte Robert de la Chesnaye (Marcel Dalio), immens reich und enorm versnobt ist, Spieluhren sammelt und seinerseits eine Geliebte hat (Geneviève de Marras, gespielt von Mila Parély), derer er aber überdrüssig ist.

Renoir alias Octave, Freund des Fliegers, gelingt es, den unglücklich Liebenden, der sich mit dem Auto an den Baum zu fahren suchte, zu einer Treibjagd für ein Novemberwochenende zu den Chesnayes nach La Colinière, einem üppigen Landschloß, einzuladen.

Dort beginnt ein Spiel der Liebesintrigen, Eifersüchteleien, Jagdvergnügungen und Verkleidungssoireen. Bedienstete wie Herrschaften spielen mit der Liebe, verstecken sich vor eifersüchtigen Nachstellungen, maskieren und demaskieren sich, liefern sich Faustkämpfe, Geständnisse, küssen einander zum erstenmal oder zum Abschied.

Renoir hat seinen Film, der das leere snobistische Treiben der französischen Oberschicht vor Ausbruch des Zweiten Weltkriegs in einem Wochenend-Reigen einfing, nach Alfred de Mussets »Les Caprices de Marianne« zu schreiben begonnen – doch das Endergebnis ähnelt eher Beaumarchais' »Tollem Tag« (150 Jahre danach). Wie in der erotischen Komödie von 1785 die amouröse Gesellschaft des Rokokos ihrem Untergang entgegentändelt und entgegentaumelt, so in Renoirs »Phantasie« (so der Film im Untertitel) die nihilistisch-gelangweilte Crème in die Katastrophe des

Hitler-Krieges, der Frankreich nahezu widerstandslos vorfand und überraschte.

Wie Beaumarchais' (oder Mozarts) Komödie mündet DIE SPIEL-REGEL in eine Quid-pro-quo-Situation: Im nächtlichen Park werden Herrin und Zofe wie in »Figaros Hochzeit« verwechselt, nur diesmal tödlich tragisch. Der von seiner Frau, der Kammerzofe Lisette (Paulette Dubost), düpierte elsässische Jagdaufseher Schumacher (Gaston Modot) erschießt, weil Christine, die Herrin, die Pelerine der Zofe trägt, den Flieger André. Die frivole Landpartie endet mit einem tragischen Tod, der zum Jagdunfall stilisiert und frisiert wird.

Zwar ist André der romantische Held der satirischen Komödie, der unbedingt in einem Gewirr aus Heucheleien, Spielereien, Lügen und gelangweiltem Schwindeln die Wahrheit seiner Liebe herausposaunt – aber er stirbt nicht für die Wahrheit gegen die Liebe, sondern aus dummem Zufall: erschossen, weil er verwechselt wurde.

Sein Ende hat der Film, der die elegante Nichtigkeit einer Schicht, die sich längst selbst aufgegeben hat, mit betörender Eleganz und raffiniertem Spott spiegelt, längst vorweggenommen: nicht nur in der Treibjagd, deren stupides Massaker von Fasanen und Kaninchen er mit minutiöser Trauer zeigt, auch in dem Totentanz des Kostümfestes, bei dem Masken ihren eigenen Untergang zelebrieren.

Stimmungen der Zeit, der latente Antisemitismus sowie der blinde Patriotismus der Erzkonservativen, werden in dem parfümierten Endspiel einer elegant ermüdeten Großbourgeoisie subtil eingefangen. Der Film, ein Fanal für Frankreichs Nouvelle Vague, wird (von André Bazin) wegen seiner Kamera zu Recht gerühmt: »Während der ganzen zweiten Hälfte ... verhält sich die Kamera wie ein unsichtbarer Gast, der in den Salons und Fluren des Schlosses umherspaziert und sich neugierig umschaut – ohne ein anderes Vorrecht als das seiner Unsichtbarkeit ... Die Handlung spielt mit der Kamera und dem Dekor Versteck.«

Ebenso spannend wie die den Reigen der Gruppierungen im

Schloß mit Tiefenschärfe einfangende Kamera ist Renoirs Chemie der Gefühle: Liebe und Abscheu sind plötzliche Resultate von Kränkungen und Enttäuschungen, die sich blitzschnell wie in einem Reagenzglas wieder verändern können. Wenn Robert de la Chesnaye nach einer Schlägerei mit dem Liebhaber seiner Frau voller Entsetzen konstatiert, er könne nun die Eifersucht eines italienischen Arbeiters auf einen polnischen Rivalen verstehen, dann hat man die gesellschaftliche Raffinierung, die Renoir den unbeständigen Gefühlen in nichtigen Zeiten bereitet.

Der Film, seit 1962 von Kritikerjurys immer wieder unter die besten drei Filme aller Zeiten gekürt, war seiner Zeit offenbar weit voraus. Bevor er 1939 in die Pariser Kinos kam, hatte ihn der Verleih vorsorglich gestutzt und geschnitten. Es half nichts: Die Premiere wurde Renoirs größter Mißerfolg. Daraufhin schnitt er den Film nochmals zusammen, vor allem die eigene Rolle fiel der Schere zum Opfer. Wieder vergeblich. Das Vichy-Regime verbot diese Spiegelung der französischen Gesellschaft, die Nazi-Besatzer erst recht. Bei einem Bombenangriff der Alliierten verbrannte das Originalnegativ in Boulogne. Aus den verschiedenen Kopien rekonstruierte man das unbestrittene Meisterwerk des französischen Vorkriegskinos: 1956 kam eine gekürzte Fassung heraus, die endgültige Rekonstruktion gibt es erst seit 1965. Das ironisch-traurige Motto des Films stammt von Beaumarchais: »Wenn die Liebe Flügel hat, soll sie da nicht flattern, flattern, flattern!«

DIE SPIELREGEL (LA RÈGLE DU JEU) (Frankreich 1939, La Nouvelle Edition Française, sw., 113 Min.). Regie: Jean Renoir. Produzent: Claude Renoir. Drehbuch: Jean Renoir, Carl Koch. Kamera: Jean Bachelet, Alain Renoir. Musik: Joseph Kosma, Roger Desormières (Mozart, Monsigny, Saint-Saëns, Johann Strauß).
Christine de la Chesnaye: Nora Gregor. Robert de la Chesnaye: Marcel Dalio. Lisette, Zofe: Paulette Dubost. Geneviève de Marras: Mila Parély. Madame de la Bruyere: Claire Gérard. Jackie, Christines Nichte: Anne Mayen. Rundfunkreporterin: Lise Élina. Der Wilderer Marceau: Julien Carette. André Jurieu: Roland Toutaint. Jagdaufseher Schumacher: Gaston Modot. Octave: Jean Renoir.

STAGECOACH (1939)
Höllenfahrt nach Santa Fé

John Wayne, Louise Platt

Im Jahr 1938 ging John Ford mit einer Filmidee in Hollywood hausieren, die lange niemand haben wollte; sie sollte auf der Geschichte »Stage to Lordsburg« von Ernest Haycox basieren, die ihrerseits Guy de Maupassants »Boule de suif« zur Wildwestgeschichte umgeformt hatte. Daß die Studios zögerten, lag daran, daß der Western als Genre als veraltet und out galt; zwar verdankte ihm Hollywood gewissermaßen seine Geburt (der Film, der das Kino begründete, hieß THE GREAT TRAIN ROBBERY und stammte aus dem Jahr 1903), aber im Western mit seiner platten Moral, seinen Bum-Bum-Schießereien und seinen Pferdeverfolgungsrennen sah man eine infantile Gattung, deren unreifes Publikum vor

allem von den B-pictures aus den auf Western spezialisierten Republic-Studios bedient wurde. Ford selbst hatte 13 Jahre keinen Western gedreht, bevor er sich für STAGECOACH einen Produzenten suchte und ihn in Walter Wanger schließlich fand.
Der Film, der schnell zum Western aller Western avancierte (und das bis heute blieb), beruht auf der Geschichte einer zusammengewürfelten Menschengruppe, die in einem geschlossenen Raum eine Bewährungsprobe zu bestehen hat, ein gemeinsames Schicksal in einem Entscheidungsmoment durchleidet – ähnlich wie vorher beispielsweise in dem Film GRAND HOTEL (1932) oder später in AIRPORT (1970).
In die Postkutsche von Tonto nach Lordsburg steigen sieben Passagiere ein, die alle durch ihre Herkunft und Vergangenheit geprägt und radikal voneinander verschieden sind und die alle mit einem bestimmten Ziel auf die Reise durch das Monument Valley, das Grenzgebiet zwischen Utah und Arizona, gehen – eine Landschaft, die sich mit ihren in monumentaler Schwärze aus der wüstenähnlichen Landschaft erhebenden Bergen seither als die Westernlandschaft schlechthin in unser Kinobewußtsein eingeprägt hat: Unzählige Filme haben seither Fords Fahrt, meist zu ihrem eigenen Verhängnis, kopiert.
Da ist die schwangere, vornehme Dame Lucy Mallory (Louise Platt), die zu ihrem Gatten will, einem Offizier, der seinen Mann in den Indianerkriegen steht, und die unterwegs ein Kind zur Welt bringt. Sie ist eine stille, tapfere Frau, die während der Reise von ihrem Südstaatendünkel und von moralischer Selbstgerechtigkeit geheilt wird. Als ihr Ritter und düsterer Held steht ihr während der Fahrt der zum Glücksspieler heruntergekommene Südstaaten-Major Hatfield (John Carradine) zur Seite, ein altmodischer Held mit Don-Quichotte-Zügen, der ihr schließlich sein Leben opfert.
Die aus der Stadt Tonto vertriebene Prostituierte Dallas (Claire Trevor spielt das edle Opfer sauertöpfischer viktorianischer Frauen), der versoffene »Doc« Josiah Boone (Thomas Mitchell in einer stoppelbärtigen Paraderolle des Western-Genres) und, last, not least, der Outlaw Ringo Kid (John Wayne) verkörpern die vom

Puritanismus und seiner Selbstgerechtigkeit Ausgestoßenen; sie erweisen sich in der Prüfung der Gefahr als die wahren Helden: der Doktor, indem er das Baby sicher zur Welt bringt, Dallas, die Hure, die es mütterlich beschützt, und Ringo, der, als Verhafteter auf Ehrenwort freigelassen, die Kutsche am heldenmutigsten während des Indianerangriffs verteidigt. John Wayne, der mit dieser Rolle vom B-picture in die Edelgalerie des Westerns umstieg, ist noch sympathisch jung und noch weit entfernt von der selbstbesoffenen Verklärung als »Duke«.

Der Sheriff Curly Wilcox (George Bancroft), der Ringo begleitet, ist ein Mann, der die Lücken zwischen Gesetz und Gerechtigkeit sehr wohl im Bewußtsein hat und seinen Gefangenen am Schluß mit Dallas in die Ehe fliehen läßt. Henry Gatewood (Berton Churchill), ein weißhaariger Bankdirektor, der laut von Ehre und Anstand bramarbasiert, hat in Wahrheit die Kasse geklaut, und der Whisky-Vertreter Samuel Peacock (Donald Meek) leidet als schüchterner Mann, frommer Christ und fünffacher Vater darunter, daß niemand sich auch nur den Namen dieses sympathisch leisen Zeitgenossen merken kann. Vervollständigt wird die Kutschenbesatzung durch den breit und unbekümmert quasselnden Kutscher Buck (Andy Devine), der Typ des tapferen Feiglings – Sancho Pansa auf dem Kutschbock.

Man sieht schon aus dieser Beschreibung: Ford war mehr an den Charakteren, deren Entwicklung und Bewährung gelegen als an der Westerngeschichte Indianer gegen Weiße oder Bluträcher gegen die entwischten Mörder: Er zeigt die Moral des Westens neben den oder sogar gegen die spöttisch beschworenen Segnungen der Zivilisation.

Trotzdem ist STAGECOACH das (seither oft kopierte) Muster eines Westerns: Weiße auf der Fahrt durch das feindliche Indianerland der Apachen mit dem blutrünstig aufständischen Häuptling Geronimo. Ford, ein Meister der ruhig erzählenden Kamera, beginnt den Kampf zwischen den Kutscheninsassen und den Indianern mit einem einzigen (und daher um so aufregenderen) Schwenk auf die die Kutsche belauernden Indianer. Der anschließende Kampf, eine

Jagd der sechsspännigen Kutsche durch die Attacken der anreitenden Indianer, beginnt mit einem Pfeilschuß in die Brust des Whisky-Vertreters – gerade in dem Augenblick, als die Reisenden auf das Ende der Gefahr einen Toast ausbringen wollen. Der Kampf, oft kopiert, nie erreicht, ist auch ein Triumph der *stunts*. Unter der Führung des legendären Stuntman Yakima Canutt erleben wir beispielsweise, wie ein Indianer von den Kutschpferden übertrampelt und vom Wagen überrollt wird und wie (der gedoubelte) John Wayne während voller Fahrt auf die zügellosen Pferde springt, um sie wieder unter Kontrolle zu bringen.

Der Film hat noch ein zweites brillantes Westernfinale nach der Fahrt durch die anstürmenden Indianer (und man hat beim Drehen darüber gestritten, ob ein Film zwei Schlußhöhepunkte verträgt – er tut's!): den Showdown zwischen Ringo und den drei Plummer-Brüdern, die ihm den Vater und den Bruder erschossen haben. Lakonischer, mit weniger einfachen und kühnen Schnitten läßt sich ein *shoot-out* nicht zeigen. Ford hat hinreißende Details: der Wirt, der den wertvollen Spiegel abhängt; einer der Plummer-Brüder, der stellvertretend für die anderen beiden sterbend in den Saloon stürzt; Schatten an den Häuserwänden im Rotlicht-Distrikt von Lordsburg – das alles ist knapp, voll Energie und prägnant formuliert.

Selbst wer Western nicht mag, wird sich Fords schnörkelloser Erzählweise, seinem Sinn für kraftvolle Details und für einen unbeirrbaren Rhythmus nicht entziehen können. Nach STAGECOACH war das Genre jedenfalls mit einem Schlag wieder da.

P. S.: Der deutsche Titel »Höllenfahrt nach Santa Fé« ist aus mehreren Gründen idiotisch, schon allein deshalb, weil die Fahrt weder zur Hölle noch nach Santa Fé, sondern nach Lordsburg geht. Vor allem aber, weil hinter diesem Tingeltangeltitel niemand eines der Meisterwerke der Filmgeschichte vermutet.

HÖLLENFAHRT NACH SANTA FÉ (STAGECOACH) (USA 1939, United Artists, sw., 99 Min.). Regie: John Ford. Produzent: Walter Wanger. Drehbuch: Dudley Nichols, nach der Geschichte »Stage to Lordsburg«

von Ernest Haycox. Kamera: Bert Glennon, Ray Binger. Musik: Richard Hageman. Stunts: Yakima Canutt.

Prostituierte Dallas: Claire Trevor. Ringo Kid: John Wayne. Dr. Josiah Boone: Thomas Mitchell. Sheriff Curly Wilcox: George Bancroft. Kutscher Buck: Andy Devine. Henry Gatewood: Berton Churchill. Lucy Mallory: Louise Platt. Major Hatfield: John Carradine. Whisky-Vertreter Samuel Peacock: Donald Meek.

Wuthering Heights (1939)
Stürmische Höhen

Laurence Olivier, Merle Oberon

Daß Laurence Olivier als vor Liebe verzweifelter Zigeuner Heathcliff die sterbende, nie erreichte Geliebte Cathy (Merle Oberon) nach einem letzten Blick in den durchsonnt bewölkten Himmel ins Bett zurückträgt, wo sie endgültig stirbt, wollte dem Produzenten Samuel Goldwyn als einziges an dem düsteren Schmachtwerk nicht gefallen: »Ich will keine Leiche als Filmende«, sagte er dem Regisseur Wyler und hat ohne dessen Wissen und zu dessen Entsetzen ein Ende ans Ende angehängt – Cathy und Heathcliff entschweben da, mit leichten Schritten und nur von hinten zu sehen (weil von Doubles gespielt), über weiße Wolken durch schneeweiße Berge in den Himmel, als zarte Doppelbelichtung geisterhaft in den Film einkopiert. »Eine grauenhafte Szene«, stöhnte der überraschte Regisseur bei der Premiere.

Der Wirkung dieses gefühlsträchtigen, vor Liebesunglück tränenschweren Werkes nach dem Roman der Emily Brontë, einem viktorianischen Klassiker über Liebe, Klassenvorurteile, Haß und die zerstörerische Macht unterdrückter Leidenschaft, tat dieses versöhnende Geisterende keinen Abbruch – im Gegenteil.

Wylers Film erzählt die Geschichte einer unerfüllbaren, unstillbaren Jugendliebe auf den sturmdurchwehten, moorigen und felsigen Höhen Yorkshires mit Wylers Maß für Anstand, Geschmack und Stil. Spielt der Roman im Regency-Zeitalter, also um 1800, so hat Wyler die Handlung, der dezent wirksameren Kostüme willen, in die Georgianische Periode rund 40 Jahre später verlegt. Und gedreht wurde nicht in England, sondern in Kalifornien, im San Fernando Valley, wo man die düstere, britische Landschaft schon dadurch nachbildete, daß man, angeblich, original englisches Heidekraut, durch das die Liebenden tollen, per Schiff massenhaft importierte. Fachleute bezweifelten das als Legende: Das Kraut im Film sei zu groß gewachsen und zu üppig, um wahr zu sein.

Auch sonst war nichts nach ursprünglichem Wunsch. Merle Oberon (die dunkellockige, glutäugig entflammte Cathy) wünschte sich als große Liebe Ronald Colman und nicht den wild aussehenden britischen Theaterschauspieler Olivier (»Mein Gott, ist der häßlich!« entfuhr es Goldwyn bei Ansicht der Muster), der wiederum lieber mit seiner Freundin Vivien Leigh gespielt hätte, die er aber, wie man weiß, filmisch an GONE WITH THE WIND verlor – ein Film, dessen farbenbunte Südstaatenleidenschaft in Flammen WUTHERING HEIGHTS bei der Oscar-Preisverleihung 1939 fast sämtlichen Wind aus den Segeln nahm.

Trotzdem: Wer vor der Leinwand schmachten und mitleiden will, ist mit Wylers in seinen Pappkulissen sicherlich inzwischen reichlich angestaubtem Werk dennoch besser bedient.

Der Film erzählt, wie der gütige Vater und Herr von Wuthering Heights, einem Bergsitz mit kargem Auskommen, seinen beiden Kindern einen Zigeunerfindling zugesellt, den der Knabe mißhandelt und das Mädchen bald mehr als geschwisterlich liebt. Als der Vater zu früh stirbt, verbannt der Sohn seinen verachteten Zigeunerstiefbruder als Stallknecht zu den Pferden – und nur für erstohlene Augenblicke fliehen der Zigeuner Heathcliff und seine Stiefschwester Cathy in die Berge, in ein Königreich ihrer Phantasie, wo sie Prinz und Prinzessin, Geliebte und Geliebter sind.

Doch die Armut läßt Cathy auch von feiner Gesellschaft, vornehmen Bällen, eleganten Soireen träumen. Heathcliff kehrt, anstatt in Amerika sein Glück zu suchen, von Sehnsucht getrieben, sofort arm und schäbig zurück. Die enttäuschte Cathy schwärmt in einem Moment der Schwäche vor ihrer Dienerin von einer Heirat mit dem reichen gesitteten Gutsherrn aus der Nachbarschaft (David Niven). Heathcliff belauscht das Gespräch, stürzt in wilder Flucht bei wildem Unwetter davon, sie wird auf Leben und Tod krank – aber genesen heiratet sie Edgar Linton aus stiller Dankbarkeit und Zuneigung.

Doch die verleugnete Leidenschaft rächt sich: Heathcliff kehrt reich zurück, heimlich hat er Wuthering Heights, das sein schwächlich verkommen-versoffener Stiefbruder, Cathys Bruder (Hugh Williams), hoch verschuldet hat, erworben: Um Cathy zu kränken, heiratet er ihre schnell für ihn entflammte Schwägerin (Geraldine Fitzgerald) und ruiniert beide Frauen.

Erst auf ihrem Totenbett gesteht Cathy sich und dem herbeigestürzten Heathcliff ihre unerloschene Liebe.

Der Film, der mit kostbar gerahmten Bildern von Bällen, Ausritten, Plaudereien an Kaminen eine äußerlich total befriedete und beruhigte Welt einfängt, unter deren Oberfläche jedoch eine durch Vorurteile und unterdrückte Triebe gespeiste Sprengkraft nur auf den zündenden Funken wartet, besticht bis heute durch seine schauspielerische Differenziertheit, die Gefühle freisetzt, ohne sie herauszuschreien.

Besonders David Niven als Cathys Ehemann und Heathcliffs ihn unglücklich liebende Frau Isabella (Geraldine Fitzgerald) machen durch nuancierte Studien neben dem leidenschaftlichen Liebespaar verständlich, warum Schauspielerquäler Wyler manche Szenen bis zum Überdruß wiederholen ließ: Sein Perfektionismus, der Merle Oberon, als er sie immer und immer wieder verzweifelt ihrem flüchtigen Liebhaber in den Regen hinterherjagte, eine schwere Erkrankung und dem Film eine Drehunterbrechung eintrug, ließ die New Yorker Filmkritik das Werk als »besten Film« noch vor dem Oscar-Sieger VOM WINDE VERWEHT plazieren. Auch mir gefällt Wylers Werk besser als Selznicks imposanter Kraftakt. Wylers Film hat Schmelz statt Schmalz.

Erzählt wird die traurige Geschichte als Erinnerung einer Magd vor einem gespenstergepeinigten Gast in einer schauerlichen Schneenacht. Dieses düstere Dracula-nahe Ambiente gibt der Geschichte einen düsteren Rahmen: Es ist die Nacht vor Heathcliffs Tod – oder, wenn man wie Goldwyn will, die seiner endgültigen Wiedervereinigung mit der gestorbenen Geliebten.

STÜRMISCHE HÖHEN (WUTHERING HEIGHTS) (USA 1939, Samuel Goldwyn, sw., 104 Min.). Regie: William Wyler. Produzent: Samuel Goldwyn. Drehbuch: Ben Hecht, Charles MacArthur, nach dem Roman von Emily Brontë. Kamera: Gregg Toland. Ausstattung: James Basevi. Kostüme: Omar Kian. Musik: Alfred Newman.
Cathy: Merle Oberon. Heathcliff: Laurence Olivier. Isabella: Geraldine Fitzgerald. Edgar Linton: David Niven. Cathys Bruder Hindley: Hugh Williams. Magd Ellen: Flora Robson. Cathys und Hindleys Vater: Cecil Kellaway.

THE GRAPES OF WRATH (1940)
Früchte des Zorns

John Carradine, Henry Fonda

Sozialkritik ist nicht gerade das erste Thema, das einem einfällt, wenn man an Hollywoods große Studios denkt. Und doch hat ausgerechnet der stockkonservative, bei den Republikanern eingeschriebene Twentieth Century-Fox-Mogul Darryl F. Zanuck 1940 und 1941 zwei Filme produziert (bei beiden führte der große »amerikanische« Regisseur John Ford Regie), die sich radikal und ungeschminkt mit dem sozialen Elend auseinandersetzen. Mag der zweite Film, der oscarbedachte HOW GREEN WAS MY VALLEY, der das Bergarbeiterelend in Wales zum Thema hat, als sentimental gelten, THE GRAPES OF WRATH ist ohne Zweifel ein schonungsloser Film über geschundene, hungerleidende Menschen, denen die Banken, die Spekulanten, ausbeuterische Farmer die Kehle zudrücken, ein Film, der zudem zeigt, wie die Staatsgewalt als Büttel der Besitzenden gegen diese Wehrlosen funktioniert. Daß Zanuck diese beiden Filme, unbeirrt vom Druck seiner New Yorker Geldgeber und Bosse, produzierte, ja, drohte, notfalls die Centfox zu verlassen, um die Filme zu realisieren, zeigt die unerschrockene Unabhängigkeit dieses despotischen Studiobosses. Es schreckte ihn auch nicht, daß viele einflußreiche Kalifornier, die mit den riesigen Obstfarmen zu tun hatten, zum Boykott aufriefen. Und er schreckte vor dem Projekt auch nicht zurück, als man drohte, seine Kinder zu entführen.

Fords von biblischem Zorn und lakonischer Genauigkeit getragenes Meisterwerk verfilmte den im Jahr zuvor erschienenen John-Steinbeck-Roman, der das Schicksal der *okies*, Bauern aus der *dust-bowl* (Sandschüssel) in Oklahoma, im Geschick einer Familie schildert und mit in Dos-Passos-Manier zwischengeschnittenen Kapiteln über den sozialen und wirtschaftlichen Hintergrund während der großen Depression Anfang der dreißiger Jahre verbindet. Erzählt wird vor allem die Geschichte der Farmersfamilie Joad, die, wie zahllose andere Bauern, nach einer Dürreperiode von den Banken, nachdem sie Darlehen und Pacht nicht bezahlen kann, brutal von ihrem Grundstück gejagt wird, das Bulldozer flachmachen. Ihr Heil suchen die Entwurzelten in Kalifornien, weil ihnen Flugblätter Arbeit als Obstpflücker in Aussicht gestellt haben. Nach einer entbehrungsreichen, mühevollen Reise (sie soll bewußt an den biblischen Zug der Juden durch die Wüste erinnern) erreichen die *okies* Kalifornien, das Land, »wo Milch und Honig fließen«. Doch in Wahrheit sind sie hier ungeliebte Obdachlose, herumziehendes Gesindel, das die Gemeinden in Lager zusammenpferchen und in wütenden Ausfällen zu lynchen drohen. Und für die Besitzer der immensen Obstplantagen werden die Verzweifelten mit Hungerlöhnen dazu mißbraucht, als Streikbrecher andere Pflücker abzulösen, die sich weigern, für die Schandlöhne zu arbeiten. Auch hier werden sie wie Sklaven in Lager gepfercht, von der willfährig ihren Herren dienenden Polizei notfalls mit blutiger Gewalt in Schach gehalten, und die verdienten Pennies werden ihnen in farmeigenen Geschäften, bei denen sie kaufen müssen, wieder abgeknöpft. Steinbeck hat Mißstände aufgezeichnet, die zum Himmel schrien. Ford hat dieses himmelschreiende Unrecht adäquat verfilmt. Es wurde, wie Otis Ferguson zu Recht rühmte, »der reifste Film, der je gedreht wurde, in seinen Gefühlen, in seinen Zielen und im Gebrauch und der Anwendung des Mediums Film«.

Der Film beginnt mit einer fast schattenlosen, von der Sonne unbarmherzig überglühten, schnurgeraden Landstraße, die nur von Telegrafenmasten im kahlen Land Schattenbalken trägt. Über diese Straße kommt ein Mann mit Schiebermütze. Es ist Tom Joad, der nach sieben Jahren vorzeitig aus dem Gefängnis entlassen wurde, wo er wegen Totschlags (aus Notwehr) saß. An der Raststätte einer Kreuzung läßt er sich von einem Lastwagenfahrer mitnehmen. Aber in seinem Elternhaus findet er niemanden mehr vor, nur einen Freund, einen ehemaligen Priester und Prediger. Die Eltern sind wie die andern Bauern vertrieben worden.

Wie diese Vertreibung funktioniert, zeigt der Film in einer knappen, scharfen Szene: Ein Bulldozer fährt auf ein Bauernhaus zu, ein Bauer mit Flinte stellt sich ihm in den Weg, erkennt im Fahrer den Sohn eines Freundes, fragt, wie er sich denn zu diesem Job hingeben könne. Er brauche die drei Dollar, um seine Kinder ernähren zu können, erwidert der Junge lakonisch. Und auch die Bedrohung mit der Flinte hält ihn nicht auf: Du bringst dich an den Galgen, und spätestens zwei Tage später wird dein Haus doch niedergewalzt.

Als Tom (er wird von Henry Fonda gespielt, und es ist, neben dem YOUNG MR. LINCOLN, den Fonda auch für Ford spielte, in ihrer mürrischen Menschlichkeit, in ihrem gerechten, stillen Zorn, im Aufleuchten der Liebe zu seinen Mitmenschen sicher die eindrucksvollste Rolle, die der bewegende, schlaksig-sympathische Schauspieler gespielt hat) seine Familie findet, brechen sie in klapprigen Lastwagen mit ihrer armseligen Habe nach Kalifornien auf. Es gibt Szenen, die einem nicht so leicht wieder aus dem Kopf gehen: Toms Ma (Jane Darwell), die ihre wenigen Erinnerungsstücke sichtet und verbrennt; Großvater, der mit einem billigen Fusel im Kaffee betäubt werden muß, damit man ihn bewußtlos aus seinem Zuhause fortschaffen kann – und der unterwegs stirbt und am Straßenrand verscharrt werden muß.

Die Kamera von Gregg Toland (der auch CITIZEN KANE fotografiert hat) arbeitet hier absolut ohne Schnörkel, geradlinig, dokumentarisch, ohne interessante und »kunstvolle« Einstellungen. Sie riskiert es, Gesichter und Situationen aus einer sekundenlang anhaltenden Dunkelheit mit dem schwachen Licht von Streichhölzern, Kerzen, Taschenlampen allmählich herauszumodellieren, was den Szenen einen fast alttestamentarischen Ernst gibt und sie doch gleichzeitig in die Nähe von Wochenschauaufnahmen aus der Weltwirtschaftskrise rückt. Imposant, mit welch einfachen Mitteln Ford und Toland die endlose Elendsfahrt nach dem Westen schildern; Überblendungen von Straßenschildern, Ortsschildern, Tankstellen und die eintönige Landschaft, die das gebrechliche Vehikel durchfährt, dessen Kühler immer wieder kochenden Dampf ausstößt.

In Kalifornien angekommen, erleben die *oakies*, wie das Elend und der nackte Egoismus die Menschen zu funktionierenden Werkzeugen der schrecklichen Ordnung machen. Ein Sheriff, der erst freudestrahlend in ihnen »Landsleute« erkennt, sagt dann, ganz Amt, sie sollten sich ja nicht nach Einbruch der Dunkelheit von ihm noch in der Stadt erwischen lassen. Sie werden in Lager gesteckt, von skrupellosen Anwerbern geheuert, von Polizisten bedroht. Schließlich, als der Prediger einen umfassenden Solidaritätsstreik auch unter den als Streikbrecher Angeheuerten organisieren will, wird er von der Polizei auf der Flucht erschlagen, sein Freund Tom tötet seinerseits einen Polizisten.

Die Familie flieht, ihn versteckt haltend. Jetzt hilft es ihm auch nicht, daß er auf eine von der Regierung betriebene menschenfreundliche Farm kommt, wo die tätige Hilfe des New Deal praktiziert wird. Als er von seiner Mutter, neben ihm und dem Prediger die eindrücklichste Gestalt des Films, Abschied nimmt, tröstet er sie, von der Erkenntnis seines toten Freundes getragen, daß man auch tot Bestandteil der »großen Seele« sei, mit den Worten: »Ich werde des Nachts bei dir sein ... Ich werde überall sein, wo hungrige Menschen um ihr täglich Brot kämpfen ... überall, wo ein Polizist ist, der einen Jungen prügelt ... Ich werde zur Stelle sein, wenn Burschen schreien, weil sie verrückt werden. Und die Leute die Sachen essen, die sie selbst angebaut und geerntet haben, und in den Häusern leben, die sie gebaut haben, dann werde ich auch dort sein.« Näher war das Brechtsche Pathos dem amerikanischen Film nie. Und so hat auch die Gewißheit der Mutter, die mit der Restfamilie wieder weiterziehen muß, das letzte Wort: »Wir werden überleben ... man kann uns nicht von der Erde wischen, denn wir sind das Volk.«

Charles Higham und Joel Greenberg haben darauf aufmerksam gemacht, daß Fords großartiges, bleibendes Werk zeitlos sei, »seine *compassion* und seine Wahrheit haben alle ideologischen Begrenzungen überschritten, die man dem Werk andichten wollte und die Ford von Anfang an heftig von sich gewiesen hatte«. Leicht war es gewiß nicht, gerade diesen Film in Amerika zu drehen. Aber sein immenser Erfolg gibt ihm Recht.

FRÜCHTE DES ZORNS (THE GRAPES OF WRATH) (USA 1940, Twentieth Century Fox, sw., 129 Min.). Regie: John Ford. Produzent: Darryl F. Zanuck: Drehbuch: Nunnally Johnson, nach dem gleichnamigen Roman von John Steinbeck. Kamera: Gregg Toland. Schnitt: Robert Simpson. Ausstattung: Richard Day. Kostüme: Gwen Wakeling. Musik: Alfred Newman.
Tom Joad: Henry Fonda. Ma Joad: Jane Darwell. Pa Joad: Russell Simpson. Grandpa: Charley Grapewin. Casey: John Carradine. Grandma Joad: Zeffie Tilbury.

The Great Dictator (1940)
Der große Diktator

Henry Daniell, Charlie Chaplin, Jack Oakie

Am Schluß marschiert der kleine jüdische Friseur an der Spitze der deutschen (tomanischen) Truppen in Osterlitsch (Österreich) ein. Der Flüchtling aus dem KZ, der sich zwecks Tarnung eine Naziuniform angezogen hatte, wurde mit dem Führer Adolf Hitler (Adenoid Hynkel) verwechselt, der sich zwecks Tarnung vor dem »Anschluß« an einem oberbayrischen See eine alpine Bergtracht mit Janker, Stutzen und Lederhose angezogen hatte und prompt als KZ-Flüchtling verhaftet wurde. Das muß, wenn wir den Geschichtsbüchern glauben, 1938 gewesen sein.
Statt des martialisch donnernden Führers muß der friedliche Friseur eine Rede vor der unübersehbaren Menge auf dem Wiener Heldenplatz halten – in die Mikrofone der Welt. Und sechs Minu-

ten lang spricht, mitten im Krieg, in der Zeit, als sich Hitler anschickte, wenn auch glücklicherweise nur vorübergehend, der Herr Europas, ja, der Welt zu werden, sechs Minuten lang spricht in seiner Maske und statt seiner einer seiner entschiedendsten Feinde und populärsten Widersacher: Charlie Chaplin, der sich einen Film lang vorgenommen hatte, Hitler zu töten. Durch Lächerlichkeit.

Die Rede ist eine Predigt, ein Aufruf zur Menschenliebe, zur Brüderlichkeit, zur Freiheit, zur Gleichheit. Ein Appell an alle Menschen, den Haß zu überwinden. Und mitten in der Rede verschwindet der Platz, verschwinden Hynkel-Hitlers Paladine und Gefolgsleute – Chaplin spricht nur noch zu seiner jüdischen Braut Hannah, die vergeblich vor den Nazis in eine österreichische Weinbergidylle geflohen ist. Und sie hört ihn, am Boden zerstört, richtet sich tränenden Auges auf. Und man sieht nur den leeren Himmel, und sie hört nur Chaplins Botschaft ...

Ein solches Ende hätte man ein paar Jahrzehnte später »utopisch« genannt. Und im Oktober 1940, als Chaplin nach langem Planen und viel Arbeit seinen Film beendet hatte, war das auch utopisch. Ich stelle mir einen Augenblick den 15. Oktober vor. Der Film hatte in New York Uraufführung, an der Ostküste, weil Chaplin an der Westküste isolationistische, ja, pro-nazistische Demonstrationen gegen sein Werk fürchtete; die USA befanden sich noch nicht im Krieg; die Mehrheit der Amerikaner wollte auch (noch) nicht mit den europäischen Demokratien gegen Hitler in den Krieg treten. Das Hays Office, die allmächtige, stockkonservative Selbstzensur des Kinos, hatte United Artists gewarnt, den Film herauszubringen. Ich stelle mir weiter ein paar Wochen später die Londoner Premiere des GROSSEN DIKTATORS vor, wo die Zuschauer ergriffen Chaplins hoffnungsmachendem, mutgebendem Appell lauschten; wenige Wochen vorher hatte sich die englische Armee in Dünkirchen nur durch die Flucht retten können, Frankreich war verloren, England Ziel von Hitlers Luftangriffen; Coventry ereignete sich gleichzeitig; man fürchtete die Invasion.

Zurück zum Film. Von Anfang an und bis heute ist sich die

Mehrheit der Filmsachverständigen einig, daß die »sentimentale« Schlußansprache Chaplins seine Anti-Hitler-Satire ruiniert habe: Mary Pickford, Geschäftsgefährtin aus Stummfilmtagen und mit Chaplin Mitbegründerin der United Artists, kündigte ihm die Gefolgschaft auf: »Als er das gemacht hat, hat er mich als Zuschauer verloren.« »Peinlich ernst« werde der Film am Schluß, vermerken Charles Higham und Joel Greenberg in ihrer kompetenten Filmgeschichte über das Hollywood der Vierziger. Selbst ein Bewunderer des Films wie Paul Goodman beklagt den »Stilbruch«, und Halliwell bemerkt: »Die Schlußrede an die Welt ist ein gravierender Fehler.«

Mag sein. Und man soll dem auch nicht entgegenhalten, daß der Film, den Chaplin weitgehend auf eigenes Risiko drehte (ähnlich wie es Spielberg über 50 Jahre später mit SCHINDLERS LISTE tat), schließlich sein größter Kassenerfolg wurde: 5 Millionen Dollar Einnahmen. Eher sollte man erwähnen, daß die Rede am Schluß Chaplins Antwort auf Hitler war, die direkte, persönliche Antwort, die der größte künstlerische Massenheroe des zwanzigsten Jahrhunderts dem größten Rattenfänger der Epoche erteilt. Hatte der im selben Jahr geborene Hitler Chaplin nicht den Schnurrbart geklaut? Waren die Nazis nicht bis zum gelben Neid eifersüchtig auf Chaplins Berliner Massenerfolg, wo der Potsdamer Platz die größte jubelnde Menschenmenge vor Hitler erlebte?

Chaplin hat sich sein schlechtes Double Hitler sehr genau angeschaut, hat es in Wochenschauaufnahmen verfolgt und studiert: Als er den Wochenschau-Hitler im Wald von Compiègne aus dem Salonwagen steigen und einen Freudentanz über die Kapitulation Frankreichs vollführen sah, hat er mit haßerfüllter, kollegialer Bewunderung ausgerufen: »Oh, du Dreckskerl, du Hurensohn, du Schwein. Ich weiß, was in deinem Kopf vorgeht!« Der Schauspieler erkannte den Komödianten, der Weltbeherrscher einer Kunstwelt den gescheiterten Künstler und Möchtegern-Weltbeherrscher, so analysiert in David Robinsons Chaplin-Biographie.

Diese Einfühlung hat sich gelohnt. Das Porträt, das Chaplin von Hitler zeichnet, ist wahrer, zutreffender, schärfer als alle echten

Bilder Hitlers – jener schmierig-romantische, selbstverliebte Schwächling, der sich in martialische Rage steigern muß, um seine schwammige, verschwimmende Person zu verfestigen, ist Hitler, wie er leibte und lebte – zurückversetzt in die Schmiere, der er entstieg.
Es gibt zwei Szenen, die ihresgleichen in der Kunst suchen: Hitlers Rede an die Nation und Hitlers Traum von der Weltherrschaft. Für die Rede hat Chaplin eine eigene Kunstsprache entwickelt, ein krächzendes, schnarrendes, bellendes Idiom (voll »Sauerkraut«, »blitzen« und »Schtonk«), das sich zum wölfischen Knurren des Hasses steigert: Vor Angst biegen sich die Mikrofone zurück. Hitler, der den Beifall mit gnädig-herablassenden Gesten steuert, trinkt, wenn er sich heißgeredet hat, nicht nur Wasser, er gießt es sich auch in die Hose über sein Genital – genialer läßt sich der orgiastische Vollzug von Hitlers Reden nicht durchschauen.
Und der Traum von der Weltherrschaft? Hitler, erschrocken von seinen Allmachtsphantasien, hat sich in die Gardine wie ein ängstlicher Primat verhakt. Endlich allein, beginnt er zu Lohengrin-Klängen mit dem ballonleichten Globus ein Ballett zu tanzen, eine Mischung aus leichtfüßiger Träumerei und hemmungslosem Besitzwahn – schließlich platzt der Globus, der aus einem wüsten Traum erwachende Führer hält die Welt nur noch wie ein verkrumpeltes, ruiniertes Präservativ in den Händen: eine Szene, die Kompendien politisch-psychologischer Hitler-Deutungen vorwegnimmt und überbietet.
Gäbe es nur diese beiden Szenen, der Film (übrigens der erste durchgehende Dialogtonfilm Chaplins) wäre um ihretwillen ein einmaliges Meisterwerk. Aber es gibt daneben noch den als Slapstick-Komikerwettstreit ausgefochtenen Rivalenkampf zwischen Hitler und dem handfesteren, machohaft-selbstbewußten Mussolini alias Benzino Napaloni (Jack Oakie), die einander Sahnetortenschlachten und Höhenwettfahrten auf den Friseurstühlen liefern, inklusive der römisch-fülligen Mama (Grace Hayle), die der Duce mit sich führt. Und es gibt den blöden Watschenmann Hitlers namens Herring (Billy Gilbert), dessen brutale Dummheit die

Emporkömmlingsherrschaft der Nazis mit den Mitteln des Vaudevilles dekuvriert. Und es gibt, anfangs, die gallige Parodie auf den Heldenkrieg als Materialschlacht, die Chaplins jüdischer Friseur als eine Art Slapstick-Schwejk überlebt.

Daß daneben die Weinberge in Österreich ländlicher Kitsch, das jüdische Ghetto eine Komödien-Idylle und vor allem Paulette Goddard als Hannah ein arges Abziehbild eines naiven Herzensmädchens ist, dessen rauhe Hände von der willig ausgeübten Hausarbeit und dessen Lächeln von einem unzerstörbar goldenen Herzen zeugen, nimmt man angesichts des atemberaubenden Höhenflugs der politischen Satire, angesichts ihrer gnadenlosen Wahrheit sozusagen als unvermeidliche Dreingabe in Kauf: Kitsch als Preis höchster Kunst. Hier ist der Film ein rührend veralteter Stummfilm mitten im lauten Gefechtslärm des Zweiten Weltkriegs.

Chaplin selbst hat in seiner Autobiographie wohl diese Schwäche erkannt, wenn er schrieb: »Hätte ich damals (also 1940) von den tatsächlichen Schrecken der deutschen Konzentrationslager gewußt, hätte ich ›The Great Dictator‹ nicht machen können; ich hätte mich über den mörderischen Wahnsinn der Nazis nicht lustig machen können.«

Vielleicht brauchten wir später dieses Lustigmachen, um die inzwischen schrecklich bewußten und gewußten Schrecken wieder bewältigen zu können.

DER GROSSE DIKTATOR (THE GREAT DICTATOR) (USA 1940, United Artists, sw., 126 Min.). Regie und Produktion: Charlie Chaplin. Drehbuch: Charlie Chaplin. Kamera: Karl Struss, Roland Totheroh. Ausstattung: J. Russell Spencer. Musik: Charlie Chaplin, mit Paraphrasen von Wagner und Brahms.

Adenoid Hynkel/Friseur: Charlie Chaplin. Hannah: Paulette Goddard. Benzino Napaloni: Jack Oakie. Garbitsch: Henry Daniell. Schultz: Reginald Gardiner. Herring: Billy Gilbert. Mr. Jaeckel: Maurice Moskovich. Mrs. Jaeckel: Emma Dunn.

His Girl Friday (1940)
Sein Mädchen für besondere Fälle

Cary Grant, Ralph Bellamy, Rosalind Russell

Hinter dem Originaltitel, der dem Robinson-Roman nachgebildet ist und so etwas wie »rechte Hand«, also mehr als »Sekretärin« bedeutet (und hinter dem blöden deutschen Titel, hinter dem niemand eine der besten Filmkomödien der besten Hollywood-Jahre vermuten dürfte), verbirgt sich die zweite Verfilmung von Ben Hechts und Charles MacArthurs glänzender Journalistenfarce »Front Page« und Howard Hawks' ingeniöser Einfall, aus dem ebenso skrupellosen wie berufsversessenen Reporter Hildy Johnson (mit Ben Hechts Billigung) eine Frau gleichen Namens und gleicher Profession zu machen.

Geht es in dem Hecht/MacArthur-Stück darum, daß der Chefredakteur der Chikagoer »Morning Post«, der hartgesottene, mit allen Wassern gewaschene Walter Burns, seinen besten Journalisten nicht an eine Ehefrau und ein betuliches Leben in Albany (der damals verschlafen-redlichen Hauptstadt des Staates New York) verlieren will, so geht es in HIS GIRL FRIDAY um das gleiche und um mehr: um Liebe. Denn Hildy, die hier mit frechem Hut und bieder unbedarftem Begleiter in die Redaktion der »Morning Post« rauscht, ist, erstens, von Burns erst kürzlich geschieden und will, zweitens, ihren Albany-Freund und Versicherungsagenten Bruce Baldwyn gleich morgen heiraten – also versetzt sie Burns nicht nur beruflich in Rage (wie kann eine begabte, versessene Journalistin so was Spießiges planen?), sondern auch in rivalisierende Eifersucht.

Klar, daß der skrupellose Chefredakteur über den hausbackenen Versicherungsmann triumphiert: Er kennt gegenüber dem Greenhorn keine Hemmungen, arbeitet mit allen erlaubten und faulen Tricks – und wird von keinem Geringeren als Cary Grant gespielt. Der schießt ein Feuerwerk von zynischen Pointen ab, intrigiert und regiert wie wild mit dem Telefon und wirkt bei seinen miesen Übertölpelungen des Bräutigams, dem er das Portemonnaie klauen läßt und Blüten statt Geld andreht, immer noch sympathisch, denn er ist in seine Ex-Frau wahnsinnig verliebt und außerdem seinem Beruf bis zum Wahnsinn verfallen.

Da trifft es sich gut, daß die »Morning Post« gerade gegen einen korrupten Bürgermeister und seinen dümmlichen Sheriff kämpft, die einen armen Irren (einen naiven linken Idealisten) aus wahltaktischen Gründen spektakulär hängen lassen wollen – obwohl der Gouverneur (natürlich von der Gegenpartei) den Armen längst begnadigt hat.

Die schöne Hildy wirft sich resolut in die Arena, und als ihr journalistisches Gespür und der Zufall einen *scoop* nach dem anderen an die Schreibmaschine liefern, vergißt sie Verlobten und Schwiegermutter in spe und schreibt sich zurück in die Ehe mit ihrem ausbeuterischen Chef.

Die unverwüstliche Hecht/MacArthur-Komödie von 1928, immer noch das beste Theaterstück und Filmwerk über den Journalistenberuf, vereint eitle, faule, versessene Journalisten, die kaltschnäuzig pokern, während es um Leben und Tod geht, und die im entscheidenden Augenblick doch losgehen wie eine Meute Jagdhunde, mit korrupten, dumm-dreisten Politikern und einem schwachsinnigen Psychiater Egelhofer aus Freuds Schule – und alle stolpern rücksichtslos über Mutter und Sohn aus Albany, die mit ihrer Rechtschaffenheit nur im Weg sind.

Hawks' Komödie gilt als die schnellste der Filmgeschichte (als zeitgenössische Konkurrenz wird nur die PALM BEACH STORY von Preston Sturges anerkannt): Der Regisseur soll von seinen beschwingten Akteuren 240 Wörter pro Minute abverlangt haben; dafür erlaubte er ihnen (anders etwa als so textstrenge Komödien-Champions wie Lubitsch und Wilder) ab und zu, mit ihrem Text frei zu improvisieren.

Das Dialogtempo, das jede Szene zu einem wortreichen Slapstick hochpeitscht, entsteht auch durch Hawks' Methode, die Dialoge einander überlappen zu lassen – eine Technik, die er sich bei Capras Bankkrach-Film AMERICAN MADNESS von 1932 abgeluchst hatte. Das vom Regisseur exakt und brillant gesteuerte Tohuwabohu sich überkugelnder Situationen und überstürzender Dialoge erzeugt einen Drive, der in wirksam komischer Spannung zur Berufsversessenheit und der dazu zweckdienlichen Liebe des Chefs und seines »Girls Friday« steht.

Die wollte niemand spielen – offenbar aus Angst, der radikale Sexwechsel der Rolle würde jeder Frau schaden: Hier ist die Liste der Ablehnenden (nach zwei Quellen): Katharine Hepburn, Irene Dunne, Jean Arthur, Margaret Sullavan, Claudette Colbert, Ginger Rogers und Carole Lombard – kurz: sämtliche Königinnen der Screwball-Komödie.

Schließlich übernahm Rosalind Russell, von der MGM ausgeliehen, wo sie in THE WOMEN (1938) reüssiert hatte, die Rolle der Hildy Johnson. Mit ihrem Temperament, ihrer Eleganz bei hochgekrempelten Ärmeln, ihren langen Beinen, dunklen Haaren und den raffinierten Kostümen lieferte sie dem mit der Keule, dem Schienbeintritt und dem Florett um sie kämpfenden, hinreißenden Cary Grant eine ebenbürtige Partie – ein wunderschönes Stück komödiantischer Emanzipation aus den liberalen vierziger Jahren.

Sein Mädchen für besondere Fälle (His Girl Friday) (USA 1940, Columbia, sw., 92 Min.). Regie und Produktion: Howard Hawks. Drehbuch: Charles Lederer, nach dem Stück »The Front Page« von Ben Hecht und Charles MacArthur. Kamera: Joseph Walker. Musik: Morris Stoloff. Ausstattung: Lionel Banks.

Walter Burns: Cary Grant. Hildy Johnson: Rosalind Russell. Bruce Baldwyn: Ralph Bellamy. Sheriff »Pinky« Hartwell: Gene Lockhart. Murphy: Porter Hall. McLue: Roscoe Karns.

# The Letter (1940)
Das Geheimnis von Malampur

Was für ein Anfang, was für ein Auftakt! Über eine tropische, schwüle Landschaft hastet durch Wolken der Mond, schneidet die Silhouetten der Palmenblätter aus der Nacht. Von Gummibäumen tropft der zähe weiße Kautschuk in Auffanggefäße, die eingeborenen Plantagenkulis schlafen unruhig in den Hängematten einer luftigen Baracke. Wir befinden uns in einer Gummiplantage in der Nähe Singapurs.
Plötzlich ein Schuß, dessen Knall einen kleinen weißen Hahn aufflattern läßt, man sieht die Veranda des Herrenhauses der Plantage, ein Mann in weißer Jacke taumelt aus der Tür die Verandatreppen hinunter, gefolgt von einer Frau, die ihren Revolver bis auf den letzten Schuß in den Taumelnden, Fallenden leert, bis er leblos daliegt. Die Frau läßt den Revolver fallen, blickt mit einem verstörten Ausdruck ihrer berühmten Augen (es ist Bette Davis) zum Mond hinauf, der in ihr Gesicht fällt wie ein greller Scheinwerfer.

Herbert Marshall, Bette Davis

Wylers Film, nach einer (aus dem Leben gegriffenen) Tropen-Erzählung W. Somerset Maughams, handelt von einem Mord aus Leidenschaft, den die Täterin erfolgreich, geschickt und mit kaltblütiger Entschlossenheit als Notwehrakt tarnt.
Leslie Crosbie (Bette Davis) war allein auf der Plantage, ihr Mann geschäftlich in Singapur, als plötzlich ein Bekannter aufgetaucht

sei, so erzählt sie es dem britischen Polizeichef, ihrem Mann und einem befreundeten Anwalt, die noch in der Nacht herbeigerufen wurden. Der Mann, offenkundig angetrunken, habe sie erst belästigt, dann zu vergewaltigen versucht, da habe sie zum in der Nähe liegenden Revolver gegriffen, ihre Ehre verteidigt.

Natürlich muß sie ins Untersuchungsgefängnis nach Singapur, aber, so versichern ihr die sie ritterlich umsorgenden Männer, vor allem ihr zärtlicher Gatte (Herbert Marshall), das sei eine reine Formsache, den Geschworenenprozeß werde sie als moralische Siegerin verlassen.

Doch während sie auf den Prozeßtag wartet, ihre Ungeduld mit geduldiger Häkelarbeit bezähmt, taucht bei ihrem Anwalt die Kopie eines Briefes von ihr an den Ermordeten auf: Sie hat ihn gerufen, er solle kommen, ihr Mann sei nicht da.

Während sie anfangs abweisend und herrisch nach neuen Ausflüchten sucht, erkennt ihr Anwalt die Gefahr, die aus dem Brief für sie erwächst: Das Schreiben, das die Witwe des Ermordeten in der Hand hat, macht deutlich, daß es sich um einen Mord gehandelt hat – einen Mord aus Eifersucht auf die verachtete asiatische Geliebte und Frau ihres Freundes, an die die Hochmütige und leidenschaftlich ihm Verfallene ihn nicht verlieren wollte – eher wollte sie ihn vernichten.

Die Szenen, in denen Leslie ihren Stolz und ihr Geschick wiedergewinnt, in denen sich der sie gleichzeitig verachtende und von ihr faszinierte Anwalt (James Stephenson) wider seine moralischen Skrupel zu ihrem Komplizen macht, der sie zur Witwe bringt, wo sie den Brief für die gesamten Ersparnisse ihres Mannes zurückkauft, diese Szenen sind von einer schauspielerischen und filmischen Intensität ohnegleichen, »eine perfekte Mischung von Theater- und Filmtechniken« (Charles Higham).

Mit dem zurückgekauften und somit erfolgreich aus dem Weg geräumten Brief wird Leslie freigesprochen und von der britischen Kolonial-Society als Heldin gefeiert. Doch das Verbiegen der Wahrheit zerstört nach und nach drei Menschen: den Anwalt, dem es noch während des Prozesses fast unmöglich wird, Werte wie

Gerechtigkeit und Wahrheit zu artikulieren, den Ehemann, dem, als er den Preis für den Brief erfährt, klar wird, wen seine Frau wirklich geliebt hat und (wie sie ihm entgegenschleudert) immer noch liebt, und Leslie selbst, die hinaus in den Garten geht, wie vom Mondlicht gezogen, das Zeuge ihrer Tat war, um sich willentlich von der düsteren, verschlossenen Witwe töten zu lassen.
Wie man sich damals mokierte, war dieser, Somerset Maughams Erzählung melodramatisch verändernde Schluß ein Zugeständnis an das Hays Office und seine Zensur, das eine Mörderin nicht lebend davonlassen wollte. Heute erblickt man in dem Opfertod der Bette Davis, der sich in ihrer unerbittlichen, unendlich traurigen Miene ankündigt, die logische Konsequenz eines Film noir und seines heroischen Fatalismus.
Wylers Regie der handwerklichen Meisterschaft und Howard Kochs Buch der Dialoge voll von Ober- und Untertönen, wo sich die Wahrheit oft durch die britischen Höflichkeitsfloskeln unvermittelt Bahn bricht, Exaltationen im Understatement, haben die Davis zu ihrer größten, eindrucksvollsten Rolle angespornt: Der Mut, mit dem sie die zerstörerische Kraft, die heroische Lüge und die heroische Wahrheit Leslies spielt, findet seine Entsprechung in Stephensons Anwalt: Er spielt, als der von Freundschaft und Moral Zerrissene, den ersten jener zahllosen Helden, die in den Filmen der Schwarzen Serie von der unerwarteten Stärke der Frauen zerstört werden. Unterschwellig (aber nicht undeutlich) arbeitet Wylers Meisterwerk die rassistischen Konstellationen dieses Melodrams aus britischen Kolonialtagen heraus: die höflich und ängstlich durch die Geschichte huschenden Kulis und Diener, die Kränkung der Hoffart der Leslie durch eine durch und durch mit Gold in ihren Augen billig aufgeputzte Asiatin (Gale Sondergaard), die in schleichende Höflichkeit getarnte Gegenwehr eines chinesischen Anwalts – es ist eine sich in tropischer Verwesung auflösende Welt der kolonialen Überheblichkeit.
Zwei dominante Motive verknüpft der Film auf das Eindringlichste: die Faszination, die das Mondlicht auf die Mörderin, ihre Einsamkeit, ihr Aufbäumen gegen die Verlassenheit und den bie-

der-harmlosen Ehemann ausübt. Und das Häkelwerk, bei dem sie in fast krankhafter Selbstbeherrschung Masche an Masche fügt, ein Netzwerk der Lüge knüpfend und deutlich machend, was dieser starken Frau zugedacht war: Am Ende fährt ein Windhauch durch die fast vollendete Häkeldecke der soeben Getöteten.

DAS GEHEIMNIS VON MALAMPUR (THE LETTER) (USA 1940, Warner Brothers, sw., 95 Min.). Regie: William Wyler. Produzent: Robert Lord. Drehbuch: Howard Koch, nach der Erzählung von W. Somerset Maugham. Kamera: Tony Gaudio. Musik: Max Steiner.
Leslie Crosbie: Bette Davis. Robert Crosbie: Herbert Marshall. Anwalt Howard Joyce: James Stephenson. Mrs. Hammond: Gale Sondergaard. Anwalt Ong Chi Seng: Sen Yung.

The Philadelphia Story (1940)
Die Nacht vor der Hochzeit

Katharine Hepburn, James Stewart

Amerika hat keine Aristokratie. Um diesem als Mangel empfundenen Zustand abzuhelfen, hat sich das Land der Gleichen und der Reichen seinen Geldadel als alte Aristokratie und seinen Filmadel als neue Aristokratie zugelegt. In der PHILADELPHIA STORY (die Stadt war damals noch, so ändern sich die Zeiten, ein Hochsitz des alten Geldes und kein Slum) spielt, zelebriert und erzieht der neue Adel den alten Adel. Schnittpunkt der Story ist Katharine Hepburn, die als Hollywood-Star eine Ostküstenerbin spielt, also eine Dame jener Gesellschaft, aus der sie tatsächlich stammt und die sie wie keine zweite Schauspielerin verkörpert. Tracy Lord (Katharine Hepburn), in einem Ostküstenschloß des

Ancien régime residierend und ihre Familie mit ihrer Moral traktierend, steht vor ihrer zweiten Hochzeit. Die erste Ehe mit C. Dexter Haven (Cary Grant) war gescheitert, weil sie ihrem Mann seine Schwäche fürs Trinken nicht verzeihen konnte. Ihren Vater, der jungen Ballettmädchen nachsteigt, hat sie, so suggeriert der Film, aus dem Haus getrieben. In einer abstrusen Rechtfertigung, die man damals wohl ernst nahm, wird er später behaupten, er mußte mit jungen Mädchen fremdgehen, weil sie ihm keine liebende Tochter war. Was für eine Ausrede! Die Mutter treibt sie zur Strenge an, dem Onkel guckt sie auf die lüsternen Finger. Nur ihre kleine, verzogene Schwester sagt ihr ab und zu mit einem unverblümten Witz die Wahrheit.

Jetzt will sie einen Aufsteiger heiraten. Doch ihr Ex-Mann schleust ihr ein Reporterpaar (James Stewart und Ruth Hussey) ins Haus, vorgeblich, um eine neue Skandalgeschichte über Papa zu verhindern, in Wahrheit, um einen Fuß in der Tür zum Hochzeitshaus zu haben.

Es kommt zur Begegnung zwischen Arm und Reich. Reporter Stewart und Braut Hepburn verleben ein Techtelmechtel am Swimmingpool, wo reichlicher Alkoholgenuß die beiden zusätzlich löst und verzaubert. Der Bräutigam nimmt den Augenschein übel, worauf der Braut die Augen über ihren rigiden Moralismus aufgehen: der moralisch Widerspenstigen Zähmung. Sie kehrt zu ihrem Ehemann Nummer eins zurück.

Das Ganze vollzieht sich mit einer Delikatesse und in einer Balance, die einmalig sind. Der Dialog ist voll Charme und toleranter Menschenkenntnis, der dem Publikum das Window-shopping bei den Reichsten der Reichen angenehm macht, besser konnte man mit Träumen aus einer Traumfabrik wie der »Metro« nicht bedient werden!

Die Hepburn, die mit wachsender Gelöstheit eine Dollarprinzessin spielt, die in ihrer Moral wie in einem Keuschheitsgürtel eingeschlossen war, eine verheiratete und geschiedene Jungfrau, wird bestraft, erzogen und belohnt. Elizabeth Kendall hat festgehalten, daß die Hepburn-Komödie abläuft wie alle ihr damals auf den Leib ge-

schriebenen Rollen: Sie fangen damit an, ihre Fehler und Schwächen zu unterstreichen, und enden damit, ihre Tugenden zu feiern.
Vom sozialen Zunder der Depressionszeit ist in diesem Spätling der Screwball-Komödie nicht mehr als ein wenig gutmütiger Spott geblieben. Den Reichen wird ein bißchen Verantwortung und Kultur eingeredet; jeder, ob arm, ob reich, kennt seinen festen Platz in einer festen Ordnung, der Film mündet in einen »kaum verhohlenen Kult der verkrusteten Oberschicht« (Kendall).
Kein Wunder, daß die Heldinnen und Helden der PHILADELPHIA STORY 16 Jahre später zu Helden eines Filmmusicals namens »High Society« verkümmerten. Aber aus der gespielten (und wirklichen) Geldaristokratin Grace Kelly wurde dann durch Heirat ja noch eine richtige Prinzessin: Gracia Patricia.
Die PHILADELPHIA STORY war ein Triumph des Studiosystems, als dieses im Zenit seiner Macht, seines Ansehens, seiner Fähigkeiten stand und die MGM (ihr Slogan: *»More Stars Than There Are in Heaven«*) mit ihrem Herrscher Louis B. Mayer die Spitze der Spitze bildete. Der Film signalisiert das ausgewogene, fein abgestimmte Zusammenspiel aller Kräfte: Mogul Mayer hatte die Fäden gezogen und von Katharine Hepburn die Filmrechte (die ihr ihr Freund, der Tycoon Howard Hughes, gekauft hatte) erworben, Joe Mankiewicz (der gescheite Produzent, den Mayer damals am Regieführen und Drehbuchschreiben hinderte, weil er Produzieren für die höhere Aufgabe hielt) produzierte den Film, der glänzende Drehbuchautor Donald Ogden Stewart (DINNER AT EIGHT) schrieb nach dem Broadway-Hit das Skript (»Sogar noch eine Verbesserung gegenüber dem Bühnenoriginal«, Halliwell), Cedric Gibbons, der stilbildende und einflußreiche Chefausstatter der »Metro«, schuf den betörend weißen Glitzerluxus, in dem sich die Komödie aus den feinsten Kreisen abspielt. Und Hepburns Kleider stammten von niemand Geringerem als Adrian, der die Garbo, die Harlow, Norma Shearer und Joan Crawford mit Glimmer und Glitter umhüllt hatte.
Und die Besetzung! Gleich zwei *leading men*, nämlich Cary Grant und Jimmy Stewart, durfte sich die Hepburn engagieren. Dabei

waren die ihre zweite Wahl, denn sie wollte, wen wundert's, Spencer Tracy und Clark Gable. Beide lehnten ab.

Das mochte damit zusammenhängen, daß Katharine damals, nach ihren letzten Filmen, in Hollywood als »Kassengift« verschrieen war. Das Publikum fand sie zickig und arrogant, ihr Spiel übertrieben, ihre Erotik war die eines Kleiderständers: »Wirf einen Hut nach ihr und er bleibt irgendwo hängen«, hatte Freund Tracy mit seinem irischen Chauvi-Charme bemerkt.

So war sie nach New York zu ihren Theaterursprüngen an den Broadway geflohen, wo ihr Philip Barry (unter ihrer Mitwirkung und Assistenz) die Rolle der Tracy Lord auf den ranken Leib schrieb. Über vierhundert Mal spielte sie diese reiche Widerspenstige, die gezähmt wird. Und bereitete so ihr triumphales Comeback mit der gleichen Rolle in Hollywood vor.

DIE NACHT VOR DER HOCHZEIT (THE PHILADELPHIA STORY) (USA 1940, MGM, sw., 112 Min.). Regie: George Cukor. Produzent: Joseph L. Mankiewicz. Drehbuch: Donald Ogden Stewart. Kamera: Joseph Ruttenberg. Musik: Franz Waxman.

Tracy Lord: Katharine Hepburn. C. K. Dexter Haven: Cary Grant. Macaulay Connor: James Stewart. Liz Imbrie: Ruth Hussey.

THE SHOP AROUND THE CORNER (1940)
Rendezvous nach Ladenschluß

Margaret Sullavan, Frank Morgan, James Stewart

Woody Allen, der zum Beispiel Lubitschs Hitler-Farce SEIN ODER NICHTSEIN nicht ausstehen kann, weil sie ihm zu konstruiert, zu künstlich vorkommt, gerät in Verzückung, sobald man THE SHOP AROUND THE CORNER auch nur erwähnt, ein Film, dessen »Einfachheit und Menschlichkeit« einmalig seien. Auch Pauline Kael kommt ins Schwärmen: »Nahe an der Vollkommenheit – eine der am schönsten gespielten und temporeichsten romantischen Komödien, die je in diesem Land gemacht wurden.«
Andere, so Charles Higham in seiner Chronik von Hollywoods vierziger Jahren, sehen in dem Film über Angestellte, Ladenschwengel, eheliche Untreue und Briefliebe nach Ladenschluß Lubitschs Abstieg manifestiert: Nach den begeisternden Amüse-

ments der Dreißiger sei er in die Niederungen der Sentimentalität abgesackt.

Beide, die Schwärmer und die Kritiker, haben auf ihre Weise recht. Lubitsch, der Pythagoras des erotischen Dreiecks (ANGEL, DESIGN FOR LIVING), der Meister perfekter Komödien mit europäischem Flair und nahezu snobistischer Raffinesse, der Regisseur der Hochstapler, Prinzen, Kurtisanen und einer Liebe, die wie Champagner perlt und verfliegt, hatte sich hier den einfachen Leuten und ihren simplen Träumen, schlichten Hoffnungen und scheinbar geradlinigen Gefühlen zugewandt. »Kein großer Film«, meinte er beschwichtigend drei Tage vor der Premiere am 25. Januar 1940 zur »New York Sun«, »nur eine einfache, ruhige Geschichte.«

Eine Komödie »über gewöhnliche Leute« und ihr »gewöhnliches Leben« hatte Lubitsch nach seinen (beim Publikum nicht mehr sehr erfolgreichen, inzwischen unsterblichen) Eskapaden in die Welt europäischer Glücksritter, Ehebrecher, Verführerinnen und Juwelendiebe versprochen, gewissermaßen dem Hays Office (also der Zensur) und dem biederen Massengeschmack Besserung gelobt. Der Film wurde unmittelbar nach NINOTCHKA in nur 28 Tagen gedreht.

Schon der englische Titel deutet Lubitschs radikale Wende und das neue Programm an: THE SHOP AROUND THE CORNER, der Laden gleich um die Ecke, das ist wie *the girl next door*, das Mädchen von nebenan, die hier von der herzerfrischend sentimentalen und ehebrechenden Margaret Sullavan gespielt wird; Mainstream-Filme entführen ihr Publikum entweder in die Welt der königlichen Träume, mit weißen Roben, Kaviar, Monte Carlo, Yachten, blütenweißen Hoheiten, oder in den eigenen Alltag: THE SHOP AROUND THE CORNER handelt von drohender Arbeitslosigkeit, von der Schwierigkeit, eine Familie durchzubringen, von Gehaltserhöhungen, beruflichen Demütigungen, und der Film handelt (und dort ist er am schönsten) von der Reduktion der romantischen Träume aufs wirkliche Leben. Neben Capras IT'S A WONDERFUL LIFE ist dies das andere bittersüße Hohelied auf das Glück der kleinen Leute. Manchen mag der Film durch seinen bittersüßen Optimismus auf die Nerven gehen, manche durch seinen humanen Charme begeistern.

Die Geschichte des ungarischen Galanterie- und Lederwarengeschäfts, eines Ladens für Zigarettenetuis, Handtaschen, Portmonnaies, Brieftaschen, Koffer und andere Accessoires, die Geschichte von »Matuschek and Company« ist jedenfalls, so einfach sie scheint und sich gibt, mit unauffälliger Raffinesse und äußerster Präzision komponiert und gedreht. Es ist die Geschichte des Ladenbesitzers Matuschek, der als griesgrämig-gerechter Patron über seinen Angestellten thront und die Krise seines Lebens durchlebt. Durch anonyme Hinweise darauf aufmerksam gemacht, daß seine Frau ihn mit einem seiner Angestellten betrügt (»Sie wollte nicht mit mir alt werden«), verdächtigt er zu Unrecht den treuesten und tüchtigsten seiner Mitarbeiter, seine langjährige rechte Hand Kralik (James Stewart), entläßt ihn, macht einen Selbstmordversuch, bei dem ihm sein junger Botenjunge Pepi (William Tracy) das Leben rettet. Er erkennt die Wahrheit, übergibt Kralik während seiner Rekonvaleszenz den Laden – das Weihnachtsgeschäft floriert. Der wirkliche Hausfreund, der schwadronierende Hallodri Vadas (Joseph Schildkraut), wird von Kralik ohne viel Federlesens brachial gefeuert. Hier kennt der Film weder Mitleid noch Gnade.

Kralik (nie wieder spielte Stewart eine Rolle mit der gleichen nuancenreichen Unschuld, rührend bescheiden und entwaffnend selbstbewußt zugleich) seinerseits pflegt eine Briefliebe mit einer romantischen Unbekannten und einen Nervenkrieg im Geschäft mit der neuen Verkäuferin Klara Novak (Margaret Sullavan mit biederen Hüten, einfachen Blusen und romantischen Flausen), die er für intrigant hält, während sie ihm seine angeblich krummen Beine und seine Chefallüren übelnimmt.

Natürlich sind in Wahrheit die beiden, die sich nicht ausstehen können, die Brief-Verliebten, die sich edle Ergüsse mit erborgter Poesie (Shakespeare, Victor Hugo) zusenden. Wunderbar ist es, wie Stewart die Sullavan, nachdem er als erster erkannt hat, daß

(Brief)Traum und Geschäft(swirklichkeit) das gleiche Paar betreffen, zurück aus den Illusionen auf die Erde bringt – wo beide dennoch glücklich werden, aber erst, nachdem er ihr gezeigt hat, daß er zwar Sockenhalter trägt, aber gerade Beine hat.

Der Film ist voll liebevoller Episoden und Miniaturen: Der unvergleichliche Felix Bressart spielt einen geduckten, stets freundlichen Angestellten und Familienvater, der jedesmal, wenn der Chef seine Verkäufer um ihre »ehrliche Meinung« bittet, schnell, leise und heimlich vom Tatort wegschleicht: nur keine Verwicklungen! William Tracy gibt einen naseweisen Botenjungen, der mit einer »Waskostet-die-Welt!«-Attitüde zum Verkäufer avanciert, sich dabei ganz groß vorkommt und es damit auch, wenigstens für Momente, ist.

Den bärbeißigen, schwerblütigen Chef Matuschek spielt Frank Morgan; Lubitsch gab ihm die Rolle, damit er nach mehr als zehn Jahren wieder einen »geraden Charakter« spielen konnte: Es wurde, so James Harvey, »eine der großen Rollen in Lubitschs Kanon«, eine Mischung aus Verschlossenheit und Herzlichkeit, Schroffheit und Zuneigung zu seiner Angestelltenfamilie.

Man darf vermuten, daß Morgan unter der Regie Lubitschs deshalb ein so eindrucksvolles, lebendig-widersprüchliches Porträt eines älteren Mannes, den der Betrug seiner Frau aus der Bahn zu werfen droht, spielte, weil die Rolle des dauernd Zigarre rauchenden Melancholikers, der sich in Arbeit, Geschäftserfolg und Verantwortung rettet, dem Leben Lubitschs nachempfunden und nachgestaltet zu sein schien: Auch Lubitsch, der auf jedem Foto mit schwerer Zigarre zu sehen ist, mußte erfahren, wie seine (zweite) Frau ihn mit einem seiner nächsten und engsten Mitarbeiter betrog. Er hat sich von beiden schroff und lautlos getrennt – wie Matuschek im Film.

Angesichts der eindrucksvollen Schauspieler und der dichten Atmosphäre stört es nicht weiter, daß Budapest aus Studiopappe und der Weihnachtsschnee erkennbar künstlich ist.

Rendezvous nach Ladenschluss (The Shop Around the Corner) (USA 1940, MGM, sw., 97 Min.). Regie und Produktion: Ernst Lubitsch. Drehbuch: Samson Raphaelson, nach dem Stück »Illatszerter« von Nikolaus Laszlo. Kamera: William Daniels. Ausstattung: Cedric Gibbons. Musik: Werner R. Heymann.

Klara Novak: Margaret Sullavan. Alfred Kralik: James Stewart. Mr. Matuschek: Frank Morgan. Pirovitch: Felix Bressart. Ferencz Vadas: Joseph Schildkraut. Pepi Katona: William Tracy.

CITIZEN KANE (1941)
Citizen Kane

Joseph Cotten, Orson Welles

Ein Zeitungstycoon stirbt, einsam und ohne einen ihm nahestehenden Menschen, in seinem düsteren, mit antikem Ramsch überladenen und unfertigen Prunkschloß Xanadu. Bevor er stirbt, fällt ihm eine Glaskugel mit künstlichen Schneeflocken aus den erstarrenden Händen, und seine Lippen formen das Rätselwort »Rosebud« (Rosenknospe), das berühmteste (und unentschlüsselte) Schlüsselwort der Filmgeschichte.
Während die Wochenschau »Time on the March« Stationen des widersprüchlichen Lebens von Charles Foster Kane zeigt, diskutieren Zeitungsleute, wie sie diesen Beitrag vervollständigen können,

der sie noch unbefriedigt läßt. Der Reporter Thompson wird losgeschickt, das Rätsel Rosebud und damit das Rätsel Kane zu lösen. Fünf Menschen, die Kane nahestanden, erzählen in fünf Rückblenden Episoden aus dem Leben des Zeitungsgiganten, das Rätsel Rosebud lösen sie nicht. Für den Zuschauer wird es – scheinbar – gelöst, indem unmittelbar vor dem Ende der Geschichte Kanes Kinderschlitten als Ramsch in einen Ofen geworfen wird, wo er verbrennt: Das Wort Rosebud glüht kurz als Name des Schlittens von seiner lackierten Oberfläche auf. Rosebud, ein verlorener, nie wieder erreichter Kindertraum? Kann ein Wort ein Leben erklären, seine Verlorenheit und sein Scheitern (im größten Erfolg und in der Fülle von Macht und Ansehen)? Der Film beginnt mit einem Blick auf das Gitter von Xanadu, an dem »No trespassing« steht. So endet der Film auch: »No trespassing« – Betreten verboten! Das gilt auch für das Leben Kanes und sein unerklärtes, nicht auf flache Psychologie vom Verlust der Kindheit reduzierbares Leben.

In der bittersten und vielleicht schönsten Episode im Leben Kanes, die deshalb auch gleich in zwei Rückblenden, also aus zwei Perspektiven, erzählt wird, schildert der Film, wie Kane aus seiner unbegabten zweiten Frau Susan Alexander (Dorothy Comingore) eine Opernsängerin um jeden Preis machen will, eher aus Eigenliebe als aus Liebe – vor allem aber, weil die Zeitungen in ihren Berichten über seine Affäre mit ihr, während er noch mit der Nichte des Präsidenten der Vereinigten Staaten verheiratet war, sie als »Sängerin« (in Anführungszeichen) bezeichnet hatten. Diese Anführungszeichen will er (ähnlich besessen wie später Honecker in der »DDR«) aus der Welt schaffen: Er baut ihr in Chikago ein teures Opernhaus, ermöglicht ihr den exquisitesten Gesangsunterricht und kauft für sie eine Opernaufführung zusammen. Da ihm alle wichtigen Zeitungen gehören und sein bester Jugend- und Studienfreund Kritiker ist (Joseph Cotten), scheint auch für den Ruhm gesorgt. Doch die Vorstellung wird ein Desaster. Leland, der Kritiker, hängt total besoffen über seiner Schreibmaschine, den Verriß halb fertig geschrieben. Kane kommt herein, sieht seinen Freund, dessen Kritik und schreibt den Verriß zu Ende.

Dann zu Leland: »*You are fired!* – Du bist entlassen!« Ende einer Freundschaft, Ende der Unabhängigkeitsprinzipien, mit denen der junge Kane seine Karriere ungestüm mit hochgekrempelten Hemdsärmeln und unbändigem Wahrheitsdrang begonnen hatte.
Es mag vor allem diese Episode gewesen sein, die zum unbarmherzigsten Krieg des allmächtigen Pressezaren William Randolph Hearst gegen Welles, seinen Film und die Produktionsfirma RKO führte. Hearst, der mit der um Jahrzehnte jüngeren Schauspielerin Marion Davis liiert war, die er mit Hilfe seiner Zeitungen vergeblich zum großen Hollywood-Star hochzujubeln suchte und der sich mit der MGM krachte, als sie die Davis nicht besetzte, mag Parallelen in der Sängerinnen-Affäre gesehen haben und erklärte Hollywoods RKO und dem Film den totalen Krieg. Er ließ RKO-Filme in seinen zahllosen Zeitungen nicht mehr besprechen, versuchte durch seine Klatschkolumnistin, die allmächtige Louella Parsons, die Filmbranche mit Enthüllungsdrohungen aus dem Privatleben der Filmmächtigen zu erpressen und ließ Louis B. Mayer von der RKO fast eine Million für das Filmnegativ zwecks dessen Vernichtung bieten.
Welles schwor Stein und Bein, der Film sei kein boshaftes Hearst-Porträt – Xanadu, das düstere, mit Kunstschätzen vollgestopfte Schloß, sei nicht San Simeon, die nördlich von L. A. gelegene Luxusfeste Hearsts, auf der man noch heute seine zusammengeramschte Kunstsammlung bewundern und ihre Ähnlichkeit mit der CITIZEN-KANE-Ausstellung bestaunen kann. Es nutzte nichts. Trotz begeisterter Kritiker mußten viele Filmtheater CITIZEN KANE boykottieren. Bei der Oscar-Feier wurde er schon bei der bloßen Erwähnung ausgebuht. Und er machte 160 000 Dollar Defizit. Und das, obwohl CITIZEN KANE als »der beste Tonfilm Amerikas« (Kael), als der neben Griffith' BIRTH OF A NATION wichtigste US-Film gilt. Und obwohl Kritiker in aller Welt in ihrer Dekadenwahl seit 1952 CITIZEN KANE immer wieder, also '62, '72, '82, vor Renoirs LA RÈGLE DU JEU auf Platz 1 der besten zehn Filme gewählt haben. (Von dem von Pauline Kael mutwillig vom Zaun gebrochenen Streit, ob das Drehbuch von Welles oder nur von Mankiewicz stammt, soll hier geschwiegen werden.)

Die brillant mit Verschränkungen, Überschneidungen, Überblendungen und Zeitraffungen arbeitende Rückblendentechnik (Preston Sturges' Drehbuch zu THE POWER AND THE GLORY gilt als Anreger und Vorläufer) »ist der erste, auf Anhieb geglückte Versuch, das Phänomen Zeit in den Griff zu bekommen« (so Volker Jansen). Das Thema des Films zeigt, so Charles Higham, »die Desillusionierung des amerikanischen Traums«, den Wandel Kanes von einem himmelstürmenden Idealisten zu einem vereinsamten, durch Kompromisse und Korruption zerstörten Egomanen: »Alles, was die amerikanische Gesellschaft für erstrebenswert hält – Erfolg, Reichtum, Macht –, erweist sich als leer, bedeutungslos und hohl.«

Kanes Erfolg und Unglück hat seine Wurzeln in der Kindheit: als ihn seine Mutter, durch Bodenschätze als Farmersfrau plötzlich reich, der erzieherischen Obhut eines Bankenkonsortiums übergibt. Kane wird von allen Schulen gewiesen, aber dem charmanten, undisziplinierten Genie fliegt dennoch der Erfolg zu, er reüssiert bei den Frauen, bei den Freunden, im Beruf. Aber da er alles erreicht, zerstört sich ihm auch alles: Welles' Film zeigt in brillierenden Bildern des Erfolgs, die von retardierenden Szenen expressionistischer Düsternis abgelöst werden, wie das *ennui*, die Nichtigkeit, Langeweile und Eigenliebe, dieses Leben nur zur Selbstzerstörung emportreiben.

Allerdings haben Kritiker in die Bewunderung und Begeisterung über diesen Film immer auch schon den Einwand eingefügt, daß seine stupende Technik, sein geradezu jongleurhafter Umgang mit den Möglichkeiten der Filmstudios sich als »Kälte« zwischen den Film und den Zuschauer stellt: Orson Welles fordert eher zur Bewunderung für seine artistische Bravour als zur Anteilnahme heraus. So wurde der Film auch nach Ende des Hearst-Boykotts kein Kassenerfolg.

Als Meisterbeispiele der Technik gelten Szenenfolgen wie die, in denen Welles in zweieinhalb Minuten geschickt geschnittener Frühstücksbilder (zuerst traut und turtelnd vereint, dann durch feindliche Zeitungslektüre getrennt) das Scheitern einer Ehe zusammenrafft. Das beständige Puzzle-Legen der zweiten Frau erscheint darüber hinaus als Abbild der Grundstruktur des Films. Ein weiteres Kabinettstück zeigt, wie in einer Reihe von Überblendungen Probe, Premiere und Scheitern einer Opernaufführung wirksam kondensiert wird.

Welles hat behauptet, er habe sich zur »Schulung« für CITIZEN KANE an die 40 Mal John Fords STAGECOACH angesehen. Welch ein (glückliches) Mißverständnis – zwei Filme, die verschiedener nicht sein könnten.

Im Unterschied zu Howard Hawks, der sich rühmte, die Kamera immer in Augenhöhe seiner Personen zu halten, im Unterschied zu Ford, der seine ruhige, gleichmäßige Kamera zur objektiven Erzählung anhält und bei dem ein einzelner Schwenk daher eine sensationelle Signalwirkung provoziert, im Unterschied zu Billy Wilder, der es als ideal (und redlich) empfand, wenn der Zuschauer überhaupt nichts von der Kamera wahrnahm, die sich nicht selbst produzieren und aufspielen sollte – im Unterschied zu diesen Regisseuren setzte Welles die Kamera in CITIZEN KANE mit extremer Wirkung »propagandistisch« und »manipulativ« ein: Also verzerrte eine extreme Untersicht die Figuren ins Überlebensgroße, also erzeugten ein Hallton, Spiegelreflexe und eine extreme Tiefenschärfe eine beängstigend imponierende Weite und Größe des Raums. Auf die Gesichter fielen, um sie zu verrätseln, die Schatten des Expressionismus, manchmal, bis sie zu Scherenschnitten wurden. CITIZEN KANE ist ein Meisterwerk, aber keines der Bescheidenheit und Selbstbescheidung, sondern der Brillanz, die den Regisseur und Schauspieler Orson Welles durchaus als Geistesverwandten Kanes zeigt: Ein Porträt Hearsts? Ein Porträt der Macht schlechthin und ihrer Korruption? Ein Selbstporträt?

CITIZEN KANE (CITIZEN KANE) (USA 1941, RKO, sw., 119 Min.). Regie und Produktion: Orson Welles. Drehbuch: Orson Welles, Herman J. Mankiewicz (unter der Mitarbeit von John Houseman und Joseph Cotten). Kamera: Gregg Toland. Musik: Bernard Herrmann.

Charles Foster Kane: Orson Welles. Jedediah Leland: Joseph Cotten. Bernstein: Everett Sloane. Susan Alexander Kane: Dorothy Comingore. Mary Kane: Agnes Moorehead. Kane, 8 Jahre: Buddy Swan. Kane jr.: Sonny Bupp.

High Sierra (1941)
Entscheidung in der Sierra

Der Gangsterfilm hat viele Stars geboren, mit einem Schlag stiegen sie raketengleich auf: Paul Muni, Edward G. Robinson, James Cagney, George Raft. Das war Anfang der Dreißiger. Rund zehn Jahre später lehnten genau diese Stars, also Raft und Robinson, Cagney und Muni, die Hauptrolle in dem Film HIGH SIERRA ab. Schließlich übernahm ein bis dahin mäßig bekannter Schauspieler die

Ida Lupino, Humphrey Bogart

Rolle des flüchtigen Killers Roy Earle, der nach der Begnadigung aus dem Gefängnis einen (letzten) großen Coup landen will, dabei einen Polizisten erschießt und auf der Flucht in Amerikas höchsten Bergen, der »Sierra« in Kalifornien, schließlich von den Felsen heruntergeschossen wird – eher ein Westernende als das eines Gangsterfilms.

Der Schauspieler war Humphrey Bogart, und nachdem er Roy Earle gespielt hatte, war er mit einem Schlag ein Star – nur noch einen Film vom MALTESE FALCON entfernt, wo er zum Zyniker der Schwarzen Serie avancierte.

Wer war Roy Earle? Die Figur des alternden Gangsters, eigentlich längst auf der Verliererstraße, der sich noch einmal aufbäumt, heroisch und vergebens, ist der Gestalt des realen, zur Legende verklärten Gangsters John Dillinger nachgeformt, der nach dem Ausbruch aus einem als absolut sicher geltenden Knast in Indiana in einer *sentimental journey* sein Vaterhaus im Mittleren Westen besucht (wie Humphrey Bogart alias Roy Earle) und schließlich in einem grandiosen Showdown in den Bergen eine Art Samurai-Tod stirbt (wie Roy Earle alias Humphrey Bogart).

Die Figur und die Geschichte vom alternden Gangster markierte den in die Jahre gekommenen Gangsterfilm: Raoul Walshs zupackend und geradeaus erzählter Film, der stets mit der ersten Einstellung jeder Szene zur Sache kommt (eine Tugend des »amerikanischen« Hollywood-Films, eine Tugend auch des Western), ist ein Abschluß, ein Endpunkt in mancherlei Hinsicht.

Erstens ist der Gangster sentimental, menschlich bis menschelnd und naturliebend geworden. Aus dem Gefängnis will der angegraute, spröde gekleidete, eckige Mann dorthin, wo das »Gras grün ist« (und die Berge hoch und der Himmel blau, könnte man ergänzen, und die Menschen einfach und gut).

Der Gangster, ursprünglich ein Stadtparanoiker, flieht also, zweitens, in die Natur der Wälder, Berge, Blockhütten – er trifft den *outlaw*-Cowboy in sich.

Er ahnt (schließlich drittens) von Anfang an sein heroisches Ende. Das gibt dem Film den Charakter einer Elegie, eines Abgesangs – auch auf ein Filmgenre.

So karg und eindrucksvoll der Film die einsam-abschüssige Bahn eines Lebens beschreibt, so überwältigend Bogarts Porträt eines seinen eigenen Gesetzen gegenüber loyalen, von Sehnsucht nach Wärme, dem einfachen amerikanischen Leben (derer, die später zur schweigenden Mehrheit wurden) und Liebe Heimgesuchten noch heute wirkt – vieles an dem Film erscheint heute schrecklich versimpelt sentimental. Hier gibt es noch den gutartig-ängstlichen Neger Algernon (Willie Best) mit den rollenden Augen und dem plappernden Singsang, eine treue Seele; es gibt den wohldressierten, Roy wie das Mädchen zulaufenden Hund Pard, der sein verfolgtes Herrchen bis zum Ende liebt, und die hündisch ergebene Frau, die Frühstück macht, fegt und mit Tränen in den Augen um Liebe bettelt – Ida Lupino spielt sie mit entwaffnend offenen Mitteln.

Vor allem aber drängt es Roy Earle zum Samariter-Gutsein. Nachdem er auf der Landstraße die klumpfüßige Velma (Joan Leslie) kennengelernt hat, die mit dem Großvater und der Großmutter, bieder verarmten Farmern aus Ohio, nach dem Westen zieht, bezahlt er ihr eine teure Operation – er heilt und verliert das lebenshungrige junge Ding.

Hier drückt sich die Sehnsucht (und auch Nähe) des Gangsters nach (und zu) dem unverdorbenen Amerika aus: Klar, daß die Gesellschaft, die ihn hervorgebracht hat und in die er mit Macht zurück will (nur noch einen letzten Coup...), ihn aus Selbstschutz eliminieren muß: »Wahrscheinlich die letzte Schwalbe eines Gangstersommers« (William Whitebait).

ENTSCHEIDUNG IN DER SIERRA (HIGH SIERRA) (USA 1941, Warner Brothers, sw., 100 Min.). Regie: Raoul Walsh. Produzenten: Jack Warner, Hal B. Wallis. Drehbuch: John Huston, W. R. Burnett, nach dem Roman von W. R. Burnett. Kamera: Tony Gaudio. Musik: Adolph Deutsch.
Roy Earle: Humphrey Bogart. Marie: Ida Lupino. Velma: Joan Leslie. Red: Arthur Kennedy. Babe: Alan Curtis. Algernon: Willie Best.

THE LADY EVE (1941)
Die Falschspielerin

Barbara Stanwyck, Henry Fonda, Eugene Pallette

Henry Fonda, er spielte den millionenschweren Erben, der von einer Kartenbetrügerin umgarnt und schließlich doch noch geheiratet wird, war überglücklich mit seiner Drehpartnerin. Er hatte allen Grund dazu: Nie erscheint eine Heldin in einer Komödie der goldenen Epoche sexier, frivoler, eleganter, verführerischer, überlegener. Und nie ist ein Held so umwerfend charmant, noch wenn er im Ungeschick umgeworfen wird (fünf Mal in Folge), noch wenn er vor Naivität (um nicht zu sagen: Dummheit) erbarmungswürdig erscheint. Als größten *Deadpan*-Komödianten seit Buster Keaton hat man Fonda in dieser Rolle gerühmt: In der Tat spricht sein scheinbar unbewegtes Gesicht Bände von Liebesqualen.

Mit dieser »französischen« Farce (ein Feydeau könnte ihr Pate sein, dem ein Oscar Wilde mit blasiertem Spott über die Schulter schaut) ließe sich eine Bedeutung von Screwball-Komödie geradezu definieren: Die Frau macht aus dem Mann mittels ihrer sexuellen Attraktion einen verwirrten, hilflosen Tölpel *(screwball)*, der nicht mehr weiß, wo ihm der Kopf steht, und der über die eigenen Füße stolpert, nachdem ihm die Frau ein Bein (und was für eins!) gestellt hat.

Der Originaltitel (THE LADY EVE) gibt den Sachverhalt treffend wieder: Alles kommt vor, Eva, die Schlange, der Apfel der Versuchung, der Baum der Erkenntnis. Er, der weltfremde (und das ist vor allem: frauenunerfahrene) reiche Erbe, der im Urwald Schlangen erforscht hat, betritt das Fallreep eines Luxusliners, und schon läßt sie ihm einen Apfel auf den Tropenhelm plumpsen: Sie hat ihr Opfer ausgemacht.

Der Sohn eines Ale-Brauers, dem auf dem Schiff sämtliche Goldfischanglerinnen nach dem Junggesellenleben trachten, wird von ihr mit dem Bein zum Sturz gebracht, weil sie und ihr Vater (der umwerfende Charles Coburn) ihn beim Kartenspielen ausnehmen wollen.

Doch die Tochter, die dem von ihr spöttisch »Hopfie« Genannten in der Kabine massiv einheizt, indem sie ihn anknabbert (ein Geniestreich erotischer Waghalsigkeit, scharf am Rand der Zensur), will bald statt des Geldes am Kartentisch die ganze Hand und den ganzen Mann: So linkt sie ihren Vater beim Pokern – eine schwindelnde Paradenummer von Kartenschwindlern, die ein naives Greenhorn reinlegen. Aus Spiel wird Liebe, doch noch ehe sie ihm gesteht, wer sie ist, wird sie ihm von Detektiven und seinem treuplumpen Faktotum verraten. Aus und vorbei.

In einem wie im Theaterstück scharf abgesetzten zweiten Akt kommt sie als Heimsuchung in seine väterliche Brauervilla. Jetzt ist sie vorgeblich eine englische Lady, die ihn mittels Slapstick stürzt und zur Liebe und Ehe bringt.

Die Hochzeitsnacht im fauchenden Expreß, der über die Schienen donnert und pfeifend durch Tunnels rast, wird ihre Rache und sein

Purgatorium: Während sie ihm ein allzu bewegtes Vorleben beichtet, bricht er endgültig zusammen – bis zum Happy-End auf dem Luxusliner.
Preston Sturges, eleganter Tausendsassa der Paramount, schrieb und drehte diese Komödie über den sympathisch-tumben amerikanischen Mann, dem eine Lektion in frivolem Savoir-vivre verpaßt wird, als Geschlechterkrieg auf den Spuren seines Lehrers Lubitsch und dessen TROUBLE IN PARADISE.
Sturges, in Frankreich groß geworden, schrieb und drehte die Hochstapler-Komödie nach der 19-Seiten-Kurzgeschichte »Two Bad Hats« des Iren Monckton Hoffe als seinen dritten Film im Jahr 1940 auf einem chaotischen Set. Szenen wurden in letzter Minute umgeschmissen, Zuschauer und Journalisten durften beim Drehen zuschauen, es ging laut und vergnügt zu.
PALM BEACH STORY von 1942 mag die noch turbulentere, verrücktere Sturges-Komödie sein, SULLIVAN'S TRAVELS aus dem Jahr 1941 mag mehr über die tragische Verwechslung von Schein und Sein in Hollywood aussagen – DIE FALSCHSPIELERIN ist sicher das eleganteste Werk des großen Regisseurs: Die Eleganz kann gleichwohl nicht darüber hinwegtäuschen, daß der Kampf der Geschlechter bis aufs Messer geführt wird.
Die Rolle des Sex im Puritanismus, das ist die Quintessenz dieser Moralkomödie: »Ich brauche ihn, wie das Hackebeil den Truthahn braucht«, sagt Jean über ihren »Hopfie«.

DIE FALSCHSPIELERIN (THE LADY EVE) (USA 1941, Paramount, sw., 97 Min.). Regie: Preston Sturges. Produzent: Paul Jones. Drehbuch: Preston Sturges, nach einer Kurzgeschichte von Monckton Hoffe. Kamera: Victor Milner. Ausstattung: Hans Dreier, Ernst Fegté. Kostüme: Edith Head. Musik: Sigmund Krumgold.
Jean/Eve: Barbara Stanwyck. Charles »Hopfie« Pike: Henry Fonda. »Colonel« Harrington: Charles Coburn. Vater Pike: Eugene Pallette. Muggsy: William Demarest.

THE MALTESE FALCON (1941)
Die Spur des Falken

Humphrey Bogart, Mary Astor

Für die einen (die vielen, die meisten) ist das der Film der Filme, die Krönung seines Genres, eine »Mischung aus Geist und Muskeln mit einem leichten Hauch von Pathos« (Bosley Crowther), ein Film, der so »perfekt gemacht« ist, daß »er nach so vielen Jahren, in denen man ihn so oft gesehen hat, noch die gleiche spröde Explosivkraft und Spannung erzeugt wie beim ersten Mal« (Pauline Kael). Für die anderen (und das sind wenige) ist der Film maßlos überschätzt, ein Denkmal, an dem (so seufzt der Autor des Standardwerks »Film Noir«) nicht zu rütteln ist – und dabei wäre das doch nötig, der Film sei von zynischem Nihilismus geprägt, die Charaktere seien eindimensional, ja, als Karikaturen verzeichnet.

Richtig daran ist, daß die Geschichte von einer Handvoll verbrecherischer Abenteurer, die mit gieriger Skrupellosigkeit einem sagenhaften Juwel (eben dem Falken) hinterherjagen, sich dabei gegenseitig zur Strecke zu bringen trachten und in San Francisco den Detektiv Samuel Spade in ihr Netz aus tödlichem Lug und mörderischem Trug einzuspinnen suchen, mit kalter, ja kaltschnäuziger Menschenbeobachtung gedreht ist – die dahinter sich verbergende, unausgesprochene Trauer gibt dem Film seine lakonische Romantik. Eine schwarze Romantik vom Detektiv als einsamen Ritter (in der Großstadt), ausgesetzt zwischen dem Gesetz und

dem Verbrechen und nur noch der eigenen Moral gehorchend, die sich auf schmale, dennoch heroische Regeln aus dem Überlebenskampf im Zivilisationsdschungel reduziert hat.
Richtig ist, daß Samuel Spade, Humphrey Bogarts beste und am stärksten überzeugende Rolle (trotz CASABLANCA, trotz DER SCHATZ DER SIERRA MADRE, trotz TO HAVE AND HAVE NOT und trotz THE AFRICAN QUEEN), jedes Gefühl hinter diabolischer Kälte, jede Regung hinter gnadenloser Manipulation verbirgt – der Film macht klar, daß dieser einsame Wolf nur so die wölfische Welt überleben kann. Spade, das ist die Inkarnation des pragmatischen amerikanischen Helden, ein Mann nicht ohne Ideale, aber ohne Illusionen.
Bogart, den Hut tief und schräg in die Stirn gezogen, den Blick bald lauernd, bald voll spöttischem Hohn, die Stimme leicht schleppend, im Dialog von sardonischer Knappheit, setzt Menschen wie Schachfiguren ein, er schlägt kurz und überraschend zu und stößt ein freudloses Lachen hervor, wenn ihm wieder ein Schachzug geglückt ist, er eine Machination durchschaut und durchkreuzt hat.
Als ihn die Klientin Brigid O'Shaughnessy aufsucht (von Mary Astor atemberaubend schön, atemberaubend verlogen und explosiv-gefährlich gespielt), durchschaut er sie und verfällt ihr. Auf den Mord an seinem Partner Archer (einem Schürzenjäger, den Spade mit dessen Frau betrügt) reagiert er mit der Entfernung von Archers Namen aus der Firmenbezeichnung an seiner Bürotür – und mit einer gnadenlosen Jagd auf den Mörder. Die Witwe, eine heulende Nervensäge, schüttelt er sich rüde vom Hals und riskiert das Leben seiner ihm blind ergebenen Sekretärin, die ihm, herrliches Detail, seine Zigaretten genauso routiniert dreht wie er selbst.
Nur so kann er sich durch die Lügen seiner todgefährlichen Klientin und die Bedrohungen durch ihre Konkurrenten und durch die Verfolgungen der Polizei kämpfen.
Hustons Film, sein erster als Regisseur und zweifelsfrei sein makelosester, ist die dritte Verfilmung von Dashiell Hammetts Klassi-

ker, spielt fast nur (Ausnahmen: ein brennendes Schiff im Hafen, ein oder zwei Autoverfolgungsfahrten und eine Beschattung auf einer belebten Straße) in zerwohnten Räumen, muffigen Büros, Hotelkorridoren und eleganten Hotelhallen, Schlafzimmern, in denen nächtliche Telefone schrillen, Zimmern, durch dessen Jalousien Schatten und durch deren Fenster die Lichter der Schrifttafeln fallen – der Film liefert hier die Grundmuster für unzählige Krimis danach.

Die Regie zeichnet die Figuren knapp, aber prall und mit gnadenloser Schärfe: den verlogen parfümierten Cairo Peter Lorres, weich, aber gefährlich; den dicken, von unten als Koloß fotografierten Kasper Gutman (Sydney Greenstreet), einen bramarbasierenden Abenteurer, kurzatmig und weitschweifig (»Ich unterhalte mich gern mit Leuten, die sich gern unterhalten«); den verdrossen mickrigen Totschläger Wilmer (Elisha Cook jr.).

Am Schluß erweist sich der Falke, gemacht aus dem »Stoff, aus dem die Träume sind«, als plumpe Fälschung, nicht als unschätzbar wertvolles Kleinod – ein Zeichen für das sinnlose Ziel menschlicher Gier.

Am Ende liefert Spade, in einer Szene voll von Pathos und Sadismus, von Trauer und Kälte (einer der Schlüsse, die Kinogeschichte gemacht haben), die geliebte Feindin ans Messer – wie er ihr erklärt – während sie auf die Polizei warten –, weil er seinen (verachteten) Partner rächen muß, weil er sonst nicht überleben könnte, weil er sonst in ihrer Hand wäre. Und weil er sie liebe: Gier und Lebenskampf scheinen alle Beziehungen vergiftet und pervertiert zu haben. Er werde, falls sie 20 Jahre bekäme, auf sie warten. Falls sie aufgehängt würde, werde er für sie beten. Bogarts Zynismus ist schwarz vor Trauer.

In einer letzten Einstellung fällt das Fahrstuhlgitter auf Mary Astors im Schmerz versteinertes, makellos schönes Gesicht.

DIE SPUR DES FALKEN (THE MALTESE FALCON) (USA 1941, Warner Brothers, sw., 100 Min.). Regie: John Huston. Produzent: Hal B. Wallis, Henry Blanke. Drehbuch: John Huston, nach dem Roman von Dashiell

Hammett. Kamera: Arthur Edeson. Musik: Adolph Deutsch. Ausstattung: Robert Haas.
Samuel Spade: Humphrey Bogart. Brigid O'Shaughnessy: Mary Astor. Iva Archer: Gladys George. Joel Cairo: Peter Lorre. Kasper Gutman: Sydney Greenstreet. Miles Archer: Jerome Cowan. Wilmer: Elisha Cook jr. Effie, die Sekretärin: Lee Patrick.

CASABLANCA (1942)
Casablanca

Humphrey Bogart, Ingrid Bergman

Die Zeitstimmung, in der CASABLANCA entstanden ist, die den Film auf ihrer Woge trug und die er gleichzeitig anfachte und stimulierte, ist auf ewig verloren und doch unvergessen: 1943 wurde deutlich, daß die Macht des Monsters Hitler und seiner Militärmaschinerie zu brechen begann (und das im Scheitelpunkt ihrer Herrschaft). Die westlichen Alliierten waren im November 1942 in Nordafrika gelandet, Roosevelt und Churchill trafen sich zu ihrem historischen Treffen in Casablanca, als der Film gleichen Namens (und gleichen Geistes) in die Kinos kam.

Dafür, daß dies der populärste aller Filme, der Kultfilm schlechthin, werden und bleiben sollte, ist er eigentlich zu politisch motiviert und setzt komplexes historisches Wissen voraus. Wenn also ein politischer Flüchtling von der französischen Polizei vor einem Marschall-Pétain-Plakat erschossen wird, wenn Gleichgesinnte sich heimlich das Lothringer Kreuz zeigen, wenn Claude Rains als französischer Capitaine Renault am Schluß eine Flasche Vichy-Wasser verächtlich in den Papierkorb wirft und noch danach tritt, sind das Zeichen für diese Komplexität: Frankreich, damals von Hitler besiegt, kollaborierte einerseits durch das Vichy-Regime (verkörpert durch den greisen Weltkriegshelden Pétain) mit Hitler, bereitete andererseits im Zeichen des Lothringer Kreuzes unter de

Gaulle die Résistance und die Befreiung vor. Und Kolonial-Frankreich (also auch Casablanca) entschied sich erst allmählich für de Gaulle.

Daß man das wissen und nicht wissen muß, liegt an dem mitreißenden Schwung, mit dem der Film die damalige Stimmung einer Welt, die sich gegen Hitler unter den Fahnen sammelte, einfing – jener mitreißende Geist eines Kreuzzuges der Freiheit und Gerechtigkeit trägt ihn bis heute: Hier ist die Schwarzweißmalerei von Gut und Böse gerechtfertigt und bis heute glaubhaft – am schönsten und ergreifendsten manifestiert, wenn gegen Ende in Rick's Café die Patrioten und Emigranten mit der Marseillaise die Okkupanten (das deutsche Militär) und ihre »Wacht am Rhein« niedersingen: eine Szene, die sich Rudolf Augstein, nach eigenem Bekunden, immer wieder mal als Ausschnitt auf dem Video-Bildschirm ansieht, um prompt in Tränen auszubrechen. Mit Recht, weil die Szene einfach, überwältigend und von symbolischer Wahrheit, also historisch stimmig ist.

Um den Film wuchern Legenden. Das beginnt mit dem Drehbuch der Epstein-Brüder, das eiligst unter Zeitdruck zusammengeschustert wurde: Lange noch während des Drehens wußte die Bergman nicht, ob sie am Schluß Bogart oder Henreid in die Hände und Arme fallen würde. Das geht weiter mit der Besetzung, bei der Rick ursprünglich nicht von Bogey, sondern von Ronald Reagan gespielt werden sollte (aber wer wäre dann vor Bush US-Präsident geworden?). Das setzt sich fort mit den Anekdoten über den Regisseur Michael Curtiz, der »geography« mit »choreography« verwechselte und als gebürtiger Ungar nicht besser Englisch sprach als die rührenden deutschen Emigranten (»How much watch?«), die in Casablanca ohne Geld und fast ohne Hoffnung auf ihre Visa nach den USA (via Lissabon) warten und mit der Crème der emigrierten Schauspieler besetzt sind: Conrad Veidt (der allerdings den Nazi-Offizier spielt), Peter Lorre, S. Z. Sakall, Curt Bois, Ludwig Stössel und Ilka Grüning. Denn dies ist auch ein Film über die Leiden der Emigration, als sich in Casablanca die Opfer Hitlers auf der Flucht befanden und im Widerstand organisierten.

Vor allem aber ist es ein Film darüber, wie Hitler die anständigen Menschen über all ihre Egoismen, privaten Konflikte und einander widersprechenden Interessen hinweg solidarisch vereinte: Rick, der Amerikaner, der hier ein Café betreibt und mit der Politik nichts mehr am Hut haben will, erlebt, wie seine große Liebe, die er beim Einmarsch Hitlers in Paris verlor, mit ihrem Mann Victor Laszlo nach Casablanca kommt, den sie im KZ umgekommen glaubte.

Was sonst ein Dreieck tödlicher Rivalität und Eifersucht würde, wird hier zum Heldenlied der Hilfe: In der ergreifendsten Filmszene, in Nebel und Gefahr, überredet Bogart die geliebte Frau, zu ihrem für den Widerstand unverzichtbaren Helden ins Flugzeug zu steigen (»Ich schau dir in die Augen, Kleines!«), und beginnt auch noch eine wunderbare Freundschaft mit Capitaine Renault, der, nachdem Rick Major Strasser erschossen hat, den politischen Mord vertuschen hilft und dabei von Vichy zu de Gaulle überläuft – die Allianz um Hitler schließt sich, die Kette seiner Verbündeten zerbricht, die Gleichgültigen werden seine Gegner: Das alles symbolisiert sich in einfachsten, scheinbar privatesten Gesten und Handlungen.

Daß Bogart die Idealbesetzung für den sich kaltschnäuzig gebenden romantischen Ritter Rick, Ingrid Bergman, die gefühlsintensivste Schauspielerin ihrer Epoche, seine ebenso ideale Partnerin ist, versteht sich inzwischen seit Kinogenerationen von selbst. Ebenso, daß Paul Henreids Victor Laszlo attraktiv und heldisch genug ist, um neben Bogart zu bestehen, ohne ihn wirklich zu gefährden, und daß Claude Rains den französischen Kommandanten mit jener Eleganz spielt, die ihn für die gute Sache prädestiniert.

Überflüssig zu sagen, daß das unvergleichliche »As Time Goes By«, von Dooley Wilson mit der Sentimentalität sämtlicher Pianobars der Erde vorgetragen, den Film ebenso trägt wie sein witzigsentimentaler Dialog. Auch dafür nur das berühmteste Beispiel (da den Dialog ohnehin Generationen von Fans mitsprechen können):

Renault: *And what in heaven's name brought you to Casablanca?*
Rick: *My health. I came to Casablanca for the waters.*
Renault: *What waters? We're in the desert.*
Rick: *I was misinformed.*

Seit der Film zum erstenmal aufgeführt wurde, gilt unerschütterlich und unerbittlich: »Spiel's noch einmal, Sam.«

CASABLANCA (CASABLANCA) (USA 1942, Warner Brothers, sw., 102 Min.). Regie: Michael Curtiz. Produzent: Hal B. Wallis. Drehbuch: Julius J. und Philip G. Epstein, Howard Koch, nach dem Bühnenstück »Everybody Comes to Rick's« von Murray Burnett und Joan Alison. Kamera: Arthur Edeson. Kostüme: Orry-Kelly. Musik: Max Steiner.
Rick Blaine: Humphrey Bogart. Ilsa Lund: Ingrid Bergman. Victor Laszlo: Paul Henreid. Capitaine Louis Renault: Claude Rains. Major Heinrich Strasser: Conrad Veidt. Señor Ferrari: Sydney Greenstreet. Ugarte: Peter Lorre. Carl: S. Z. Sakall. Sam: Dooley Wilson.

Ossessione (1942)
Ossessione – Von Liebe besessen

Clara Calamai, Massimo Girotti

Viermal wurde James M. Cains Meisterwerk von 1934, »The Postman Always Rings Twice«, der Roman einer verbrecherischen Liebe, verfilmt. Die erste Verfilmung war von Pierre Chenal aus dem Jahr 1939 und gilt als unerheblich (LE DERNIER TOURNANT). Die letzte, von 1981 und in Metrocolor, kann man vergessen – trotz oder wegen der Tatsache, daß Jack Nicholson unter furchtbarem Schnaufen die große blonde Jessica Lange über den Küchentisch zieht; 1981 war man so frei, der Verfilmung einer Leidenschaft hat das nichts geholfen. Die in der Blütezeit des Film noir 1946 von der MGM vorgenommene Verfilmung, immerhin

mit einer Femme fatale wie Lana Turner und John Garfield als ihrem passionierten Lover (Regie: Tay Garnett), scheiterte daran, daß (wie mir Billy Wilder in spöttischer Erinnerung sagte) man das schäbige Milieu der Vorlage verfehlte: »Alles war zu weiß, zu sehr Seide, zu sauber, das ehebrecherische Bett in der Tankstelle sah aus wie die Garderobe von Joan Crawford, mindestens.«
Ähnliche Vorwürfe lassen sich gegen die zweite Version, die von Luchino Viscontis erstem Film, gewiß nicht erheben. Im Gegenteil: Der in der Umgebung von Ferrara gedrehte Film gilt wegen seiner staubigen Landstraßen, seiner billigen Kneipen mit den schmutzigen Gläsern, seiner Figuren in zerlumpten Kleidern, verschwitzten Unterhemden und löchrigen Schuhen als das kühne Pionierwerk des italienischen Neorealismus – für OSSESSIONE hat man diesen Begriff überhaupt geprägt.
Als die Hauptdarstellerin Clara Calamai, die die Rolle erst bekam, nachdem sich herausgestellt hatte, daß die dafür vorgesehene Anna Magnani im vierten Monat schwanger war, ihre ersten Muster sah, brach sie in Tränen aus und wollte die Rolle hinschmeißen, so häßlich fand sich die dunkle, glutäugige Schönheit. Visconti filmte sie ungeschminkt und nahm meist *takes*, in denen sich in ihrem Gesicht die Müdigkeit und Erschöpfung des Drehens abzeichneten. Sieht man den Film, dann weiß man, daß ihre Tränen umsonst flossen; Visconti, ein Meister des Schönen auch im scheinbar Häßlichen, gibt gerade auf diese Weise ihrem Gesicht die Wirkung unmittelbarer Sinnlichkeit, die Gefühlsbewegungen, die sich in ihrem Mienenspiel abzeichnen, vermitteln den Eindruck einer leidenschaftlichen, schönen Frau.
Überhaupt ist OSSESSIONE nicht nur ein wunderbarer Film, trotz seiner Gewalt intim, zärtlich und gerecht, sondern auch ein Unikum. 1942 im faschistischen Italien gedreht, unlizensiert, da der Stoff aus den USA, also aus dem Land eines Weltkriegsfeindes, stammte, hat der Film so gar nichts von dem verlogenen, heroischen Optimismus, der damals im Kino vorzuherrschen hatte. Nach der festlichen, mit neugierigen Künstlern und Politikern überfüllten römischen Premiere verließ der Sohn des »Duce« tür-

knallend den Saal: »Das ist nicht Italien!« Die Presse und die Zensur folgten seinem Entsetzensschrei und sahen in OSSESSIONE eine »Beleidigung für das ganze italienische Volk«. Wenn der Film in Kinos kam, wurde er meist nach zwei, spätestens drei Tagen von den lokalen Behörden wieder abgesetzt; einmal eilte ein Erzbischof ins Kino, um das Haus neu zu weihen, nachdem da einen Tag lang OSSESSIONE gelaufen war. Daß er nicht total verboten wurde, lag daran, daß Mussolini sich nach der ganzen Aufregung den Film in der Villa Torlonia vorführen ließ und ihn gar nicht so schlecht fand: »Man kann ihn ebensogut weiter aufführen.« So lief das revolutionäre Werk auch immer wieder 1943/44 in Kinos im von den Deutschen besetzten Italien. Allerdings war es inzwischen so verstümmelt und zusammengeschnitten, daß man erst im Nachkrieg wieder eine originalnahe Fassung rekonstruiert hat.

Cains Roman erzählt die Geschichte eines Landstreichers und der Frau eines Raststätten- und Tankstellenbesitzers, die beim ersten Anblick einander verfallen, beschließen, den Ehemann bei einem fabrizierten Autounfall zu töten. Da der Mann eine Lebensversicherung abgeschlossen hatte, werden die beiden, die natürlich ihrer Liebe nicht mehr froh werden, mehr von der Versicherung als von der Kriminalpolizei gejagt. Der Mörder landet in der Gaskammer, weil er seine Cora bei einem echten Unfall tötete – die Duplizität der Unfälle glaubt ihm niemand, also stirbt er schuldig-unschuldig seiner Gefährtin und Komplizin nach.

Viscontis Film, der natürlich in Italien spielt statt in Kalifornien, folgt der Struktur der Cainschen Erzählung, und er folgt auf wundersame Weise ihrem Geist. Der Landstreicher Gino (der helläugige, blonde, breitschultrige Massimo Girotti spielt ihn mit großer, schwerer Kraft und unaggressiver Männlichkeit) betritt, nachdem er von einem Laster gescheucht wurde, eine Trattoria und hört in der Küche eine Frau singen. Während der dicke, ältere Wirt (Juan De Landa), ein wichtigtuerischer Lärmbolzen, noch draußen mit den Lkw-Fahrern lamentiert, sieht Gino zuerst die baumelnden Beine von dessen Frau, dann ihr Gesicht. Die beiden mustern einander, verfallen einander. Als der Mann kommt, haben sie sich etwas ausgedacht. Der Landstreicher muß sein Essen abarbeiten, durch einen Trick schickt er den Mann weg, ein Ersatzteil für das Auto zu holen. Die beiden lieben einander zum erstenmal und wissen, daß sie nicht mehr voneinander lassen können. Doch die lärmende Gegenwart des zurückgekehrten Ehemanns können die beiden nicht ertragen. Die junge Frau, die ihn heiratete, um der Armut zu entkommen, bricht die gemeinsame Flucht mit Gino nach den ersten Fußkilometern ab: Die Armut mit ihm teilen, das kann sie nicht. Also versucht er allein zu fliehen, ihr zu entkommen, lernt einen anderen Vagabunden kennen, der ihm die Bahnfahrt und das Zimmer bezahlt. Dieser andere, »der Spanier« genannt, weil er in Spanien während des Bürgerkriegs war (die politischen Anspielungen auf diesen Antifaschisten sind getilgt oder geschnitten), ist Viscontis eigene Erfindung: Zwischen den beiden Männern entsteht so etwas wie ein homoerotisches Band, das die Freiheit und Ungebundenheit der Straße symbolisiert, während Ginos Beziehung zu Giovanna die spießige, enge, seßhafte Gebundenheit zeigt – jedenfalls in den Augen von »Lo Spagnolo« (Elia Marcuzzo). Diese, meines Wissens erste, homoerotische Begegnung in einem Kommerzfilm ist von großer Eindringlichkeit und großer Dezenz zugleich.

Der Spanier rät seinem Freund, als er von dessen Liebe hört, soweit als möglich zu fliehen, am besten hinaus aufs Meer. Doch der bleibt unbewußt in der Nähe der Geliebten, und so nimmt das Verhängnis seinen Lauf. Das Ehepaar, zu Besuch in der Stadt, sieht Gino auf der Straße, schleppt ihn mit zu einem Opernwettsingen von Laien, an dem der Mann teilnimmt. Die leidenschaftlich-tragischen Arien, die, schlecht gesungen, das erneute leidenschaftliche Verhängnis der Liebenden umrahmen und ausmalen (während der betrunkene Mann singt, sind sie die einzigen, die das fühlen, was hier gesungen wird), sind ein genial-schlüssiger Höhepunkt dieses mit einprägsamer Einfachheit und einem Reichtum an Nuancen gedrehten Film.

Auf der Heimfahrt bringen sie den Betrunkenen um (der einen als eitler Sänger erstmals auch ein wenig rührte und dem Zuschauer sympathisch wurde) und fingieren einen Unfall. Zunächst kommen sie damit durch, doch Gino hält die Tat nicht aus, er kann im Haus des Toten nicht leben, flieht zum zweiten Mal. Er flieht auch in eine neue Liebe, die er sich einredet, um Giovanna zu entkommen. Als sie ihn mit Anita sieht (einer Tänzerin, die sich später, um ihn glaubwürdig zu schützen, als Hure ausgeben wird), droht die Eifersüchtige, ihn zu verraten. Die Polizei ist den beiden, was diese nicht wissen, durch neue Tatzeugen ohnehin auf den Fersen. Als Gino seinen Beschatter entdeckt, will er sich an Giovanna rächen. Er erfährt, daß sie schwanger ist. Die beiden beschließen zu fliehen, ein Unfall, bei dem sie zu Tode kommt, beendet die Flucht. Als er die Leblose aus dem Autowrack die Böschung hochträgt, wird er verhaftet.

Das klingt, nacherzählt, nach einer opernhaften Geschichte. Doch Viscontis genauer, unpathetischer Blick, der Schauspieler eindringlich, aber unaufdringlich ihre Gefühle zeigen läßt – eher in Reaktionen als in Ausbrüchen –, die akribisch beschworene Welt einfacher Leute, das Kunststück eines Hocharistokraten, machen den Film zu einem Meilenstein der Filmgeschichte. Es war übrigens Renoir, bei dem Visconti Jahre zuvor Regieassistent gewesen war, der dem Schüler den Stoff für seinen Erstling nahelegte.

OSSESSIONE – VON LIEBE BESESSEN (OSSESSIONE) (Italien 1942, ICI Rom, sw., 112 Min.). Regie: Luchino Visconti. Produktion: ICI Rom. Drehbuch: Mario Alicata, Antonio Pietrangeli, Gianni Puccini, Giuseppe De Santis, Luchino Visconti (unlizensiert), nach dem Roman »The Postman Always Rings Twice« von James M. Cain. Kamera: Aldo Tonti, Domenico Scala. Schnitt: Mario Serandrei. Musik: Giuseppe Rosati. Ausstattung: Gino Rosati.
Giovanna: Clara Calamai. Gino: Massimo Girotti. Ehemann: Juan De Landa. Lo Spagnolo (der Spanier): Elia Marcuzzo. Anita: Dhia Cristani. Lastwagenfahrer: Vittorio Duse.

To Be Or Not To Be (1942)
Sein oder Nichtsein

Tom Dugan, Jack Benny, Robert Stack

An diesem Meisterwerk Lubitschs scheiden sich heute noch, über 50 Jahre nach seiner Entstehung mitten im Zweiten Weltkrieg, die Geister. Schon, was der Film ist, ob romantische Komödie, hemmungslose Theaterfarce, ob politische Satire oder Widerstandsdrama, scheint unklar. Dabei ist die Antwort einfach: Er ist das alles – und mehr.
Zunächst ist da die *Backstage*-Komödie. An einem Warschauer Theater spielt das Ehepaar Tura. Er, Joseph Tura (Jack Benny), den Hamlet, sie, die ebenso berühmte Maria Tura (Carole Lombard), in seinem eitlen Schatten die zweite Geige. Ein junger polnischer Fliegeroffizier (Robert Stack), wir schreiben das Jahr 1939, bestürmt sie mit seiner Liebe. Sie gewährt ihm ein Rendezvous in der

Garderobe. Er soll kommen, wenn ihr Mann auf der Bühne anfängt, »To Be Or Not To Be« (»Sein oder Nichtsein«) zu tremolieren, den immerhin berühmtesten Monolog des Theaters. Maria verletzt ihren Mann damit mehr, als sie ahnt, denn der entflammte Offizier steht abrupt auf, sobald von der Bühne sein Stichwort ertönt, und zwängt sich rücksichtslos durch Monolog und Zuschauerreihen.

In diese Theater-Hahnrei-Komödie platzt Hitlers Überfall auf Polen, dem auch ein Stück über die Nazis mit einem echten Hitler und einem echten Gestapoboß (»Konzentrationslager-Ehrhardt« lautet sein Spitzname, über den er sich ausschüttet) zum Opfer fällt. Die Proben müssen unter der Okkupation abgebrochen werden.

Der junge Offizier fliegt nach London, von wo aus er als Bomberpilot für sein verlorenes Vaterland kämpft. Er gibt einem Nazispion, dem Professor Siletsky (Stanley Ridges), als der noch nicht entlarvt ist, eine Botschaft an seine Maria Tura mit: »Sein oder Nichtsein.«

Kurz darauf muß er selbst über Warschau mit dem Fallschirm abspringen, um gegen Siletsky zu arbeiten. Das Widerstandsdrama dringt in die Ehebruchsfarce ein und besiegt sie: Aus Rivalen werden Verschwörer gegen die Nazis, aus der zwiefach begehrten Frau wird eine Mata Hari, die den verräterischen Professor mit Verführung kaltzustellen sucht.

Die Schauspieler locken ihn ins Theater und spielen ihm Gestapo vor. Als er das durchschaut, wird er erschossen. Tura, der den Gestapochef gemimt hat (wobei ihm Eitelkeit und Eifersucht in die Quere kamen), muß jetzt vor der echten Gestapo den toten Professor als lebendig darstellen – ein Spiel auf Leben und Tod.

Schließlich taucht Hitler in Warschau auf. Und so muß sein Doppelgänger (der traurige Chargenspieler Bronski, von Tom Dugan mit komischer Schwermut gespielt) auf die politische Bühne, um die Fäden zu entwirren. Die Komödie der Spiegelungen und politischen *running gags*, der aufgeklebten und abrasierten Bärte, des Theaters, das die politische Schmiere, und der Schmiere, die das politische Theater reflektiert, endet in einer verwegenen CASA-BLANCA-Flucht mit dem Flugzeug – nachdem sie vorher in einer ergreifenden Anklage gegen die Nazis gipfelte: Der ewige Statist Greenberg (gespielt von Felix Bressart, jüdischer Emigrant aus Berlin) spricht vor Nazis, um einen Skandal zu provozieren, Shakespeares Shylock-Monolog, seine Traumrolle: »Wenn ihr uns stecht, bluten wir nicht ...«

Die Frage, die der Film von Anfang an provozierte: Kann man aus dem Naziüberfall auf Polen, aus der Zerstörung Warschaus, aus der Gewaltherrschaft der Gestapo eine Komödie machen? Lubitschs überzeugende Antwort: Man kann nichts anderes.

Aus der Distanz wird klar, daß alle Vorwürfe wie »schlechter Geschmack«, »Mitleidlosigkeit«, »verlorene Balance« nicht den Film treffen, sondern beschreiben, wie er die Nazis treffend beschreibt: als schreiend schlechtes Theater. Der Satz, der damals alle Gemüter erregte und selbst Lubitschs Freunde und Mitarbeiter wie Walter Reisch und Billy Wilder den Meister bestürmen ließ, ihn zu streichen, war der Satz Nazi-Ehrhardts (Sig Ruman) über den Hamlet Tura: »Was er mit Shakespeare gemacht hat, machen wir jetzt mit Polen.«

Aber der Satz, der als blanker Zynismus wirkte, fällt nicht nur auf die blutige politische Schmiere Hitlers zurück – er verdeutlicht auch, wie human Lubitschs Komödie ist: Aus eitlen Schmierenkomödianten, die sich um Rollen und das bißchen Glanz und Ruhm balgen, die Gefühle heucheln und sich betrügen, werden im großen Kriegstheater Helden. Und siegreiche dazu.

Das wußte Lubitsch 1942, als der »Führer« auf der Höhe seines Machtrausches in Europa noch als Sieger besetzt war. Und auch diese Zuversicht beflügelt den Film immer noch.

Traurige Pointe in der Realität: Carole Lombard, die wunderbar selbstironische Screwball-Heroine, verunglückte einen Monat vor der Filmpremiere tödlich: bei einem Flugzeugabsturz auf einer Reise, bei der sie für Kriegsanleihen warb.

SEIN ODER NICHTSEIN (TO BE OR NOT TO BE) (USA 1942, United Artists, sw., 99 Min.). Regie: Ernst Lubitsch. Produzenten: Ernst Lubitsch, Alexander Korda. Drehbuch: Edwin Justus Mayer, nach einer Geschichte von Melchior Lengyel und Ernst Lubitsch. Kamera: Rudolph Maté. Bauten: Vincent Korda, Julia Heron. Musik: Werner R. Heymann.
Maria Tura: Carole Lombard. Joseph Tura: Jack Benny. Leutnant Stanislaw Sobinski: Robert Stack. Greenberg: Felix Bressart. Oberst Ehrhardt: Sig Ruman. Professor Siletsky: Stanley Ridges. Bronski (Hitler): Tom Dugan. Hauptmann Schultz: Henry Victor.

DOUBLE INDEMNITY (1944)
Frau ohne Gewissen

Als erster wollte Billy Wilders bis dato unverbrüchlich treuer Drehbuchpartner Charles Brackett nicht mitmachen. »*It's trash*« – »Das ist Dreck«, sagte er. Dann wollte sich für die Rolle des mörderischen Versicherungsvertreters Walter Neff lange kein Schauspieler finden: Alle fürchteten, ihren Ruf zu ruinieren. Selbst die couragierte Barbara Stanwyck zögerte, bevor sie Phyllis Dietrichson spielte,

Fred MacMurray, Edward G. Robinson

eine nur kaltblütige Mörderin und Versicherungsbetrügerin darzustellen. »Sind Sie eine Maus oder eine Schauspielerin?« fragte Wilder sie, und die Stanwyck entschloß sich zu ihrer größten Rolle.

Der Stoff war (damals) unerhört. Es geht um pure Gier, um pure, ungehemmte Lust. Nach dem wahren Fall Albert Snyder (1927 hatten im New Yorker Stadtteil Queens, um seine Versicherungsprämie zu kassieren, seine Frau Ruth und ihr Komplize, Judd Wey, Snyder ermordet) hatte James M. Cain seine Story geschrieben und Wilder daraus zusammen mit Raymond Chandler das Drehbuch geformt, das in einem kühnen Griff die Geschichte auf den Kopf stellt, aus der Rückschau erzählt:

Ein todwund geschossener Walter Neff (Fred MacMurray) schleppt sich in sein Büro bei der Versicherungsgesellschaft und erzählt dem Tonband, für seinen Freund und Kollegen Barton Keyes (Edward G. Robinson) bestimmt, wie er zum Mörder wurde. Diese erschöpfte, hellsichtige, resignative Beichte gibt dem Film seine unnachahmliche Struktur, seinen Sog, seinen Rhythmus.

In schwarzen Bildern (es ist meist Nacht in einem meist regenverhangenen Los Angeles; in düsteren Mittelstandswohngefängnissen hängt schier greifbar der Staub und abgestandener Zigarrenrauch; ein Versicherungsbüro ähnelt mit seiner Innengalerie einem Gefängnistrakt) wird lakonisch die Geschichte einer verhängnisvollen Gier erzählt: wie Neff die Frau eines Versicherungskunden aufsucht, wie die beiden einander verfallen, sie ihn zu ihrem Werkzeug macht beim Mord an ihrem Mann, der als Unfall getarnt wird, um eine vorher abgeschlossene Lebensversicherung doppelt zu kassieren – daher der englische Originaltitel.

Die Kamera (John F. Seitz) arbeitet mit engen Winkeln, scharfen Schatten, wirft mit den Jalousienschlitzen Gitter über die Verstrickten, sucht Ausdruck in dem scheinbar unbewegten Gesicht MacMurrays, in der stark geschminkten, betörenden »Maske« Stanwycks.

Die erste Begegnung zeigt sie die Treppe hinabsteigend, er sieht die Goldkette an ihrem Fuß über hochhackigen Schuhen. Der Mord im Auto, in einer dunklen Nebenstraße, wird nur im Zucken des Gesichts der Ehefrau gezeigt, die scheinbar unbewegt am Steuer sitzt und das Zeichen zum Töten ihrem auf dem Rücksitz lauernden Geliebten mit der Hupe gegeben hat.

Der Film träumt den schrecklichen Kinotraum vom perfekten Mord – als das Fluchtauto einige Fehlstarts hat, läuft das Publikum, genialer Trick Wilders, als Komplize zu dem Mörderpaar über. Wilder erzählt die Geschichte mit zynischer Melancholie: Nachdem die beiden den Ehemann, das Hindernis ihrer Leidenschaft, beseitigt haben, können sie erst recht nicht mehr zueinander. Die heimlichen Treffen an Warenhausregalen, zwischen Kindernahrung und Preisschildern, mitten unter Kunden des amerikanischen Preiswert-Konsumversprechens, sind ihre einzige triste Gemeinsamkeit.

Mit sparsamsten Mitteln zeichnet Wilder die Freundschaft zwischen Neff und Barton Keyes, in der der eine, ohne es zu wissen,

den anderen überführt, fast überführt (»Du warst zu nah dran, Keyes!«). Robinson, ein griesgrämiger Hagestolz, dessen Magenschmerzen seinen Gerechtigkeitssinn in Gang setzen, klopft den ganzen Film seine Weste nach Zündhölzern ab – bis ihm, jedesmal, MacMurray mit einem Streichholz Feuer für die Zigarre gibt.
Am Ende, MacMurray steckt sich zu Tode erschöpft, aus einer Schußwunde blutend, eine Zigarette in den Mund – jetzt gibt ihm Robinson, in einem letzten ebenso herzlichen wie stummen Freundschaftsdienst, das Feuer.
Für mich ist DOUBLE INDEMNITY der lakonische Klassiker unter den Klassikern der Schwarzen Serie.

FRAU OHNE GEWISSEN (DOUBLE INDEMNITY) (USA 1944, Paramount, sw., 108 Min.). Regie: Billy Wilder. Produzent: Joseph Sistrom. Drehbuch: Billy Wilder, Raymond Chandler, nach der Novelle von James M. Cain. Kamera: John F. Seitz. Musik: Miklós Rózsa. Ausstattung: Hal Pereira. Walter Neff: Fred MacMurray. Phyllis Dietrichson: Barbara Stanwyck. Barton Keyes: Edward G. Robinson.

Laura (1944)
Laura

Dana Andrews

In Otto Premingers Film regnet es viel, ist es meistens Nacht, sind die Schatten wichtiger als das Licht. Und dennoch wirkt LAURA wie ein Irrläufer, wie ein Fremdgänger unter den Filmen seines Genres, des Film noir.

Liegt das daran, daß der Film seine Erkundungsfahrten nicht durch die langen Boulevards von L. A., nicht durch die schlängelnden Hügelwege zu den Westküstenbungalows veranstaltet, sondern daß man unverkennbar in New York ist? Man sieht es an den luxuriösen, versnobten Interieurs mit chinesischem Nippes, alten Vasen, wertvollen Gemälden, antiken Standuhren, über die der Film gleich seinen ersten Schwenk veranstaltet. Man sieht es auch

an den typischen Treppenaufgängen der Manhattan-Mansions, an den Party-Attitüden, den Restaurantbesuchen bei Rotwein und Candlelight. Oder liegt es daran, daß die Verdächtigen, die Mörder und Ermordeten, die Beteiligten und die Betroffenen nicht zur *toughen* Halbwelt Kaliforniens gehören, sondern zur New Yorker Kulturcrème?
Waldo Lydecker, der dubiose Filmheld, der vor Gescheitheit und Bosheit blitzende Filmschurke (es war das glanzvolle Filmdebüt des Theaterschauspielers Clifton Webb, der für uns heute ein wenig wie Thomas Mann aussieht und ein wenig wie Oscar Wilde spricht), ist ein berühmter Kolumnist der *radiodays* und hat eine tägliche, vielbeachtete Radiosendung, die Stadtgespräch ist. Er stammt (wie so viele Mitglieder der literarischen Elite der dreißiger und vierziger Jahre) aus dem Hotel-Algonquin-Kreis. Und er ist ein zweiter Pygmalion: Der nicht mehr ganz so junge Herr, der seine abnehmenden Körperkräfte durch zunehmende Bosheit und wachsende Egozentrik blendend kompensiert, hat aus einem jungen Mädchen aus der Werbebranche einen geschäftstüchtigen Star gemacht, der sich von ihm abnabelt, selbständig macht.
Sie verliebt sich nach dem immer gleichen Schema in einen jungen, kräftigen Taugenichts, er treibt ihr das mit den immer gleichen boshaften Intrigen aus – indem er ihr vor Augen führt, um was für nichtswürdige Parasiten es sich dabei handelt.
Als der Film anfängt, mit der Erzählung Waldo Lydeckers anfängt, hat das Spiel nicht mehr geklappt. Laura (von der dunkelhaarigen Schönheit Gene Tierney gespielt) ist tot. Laura ist am Anfang des Films ermordet, in der Mitte des Films wieder lebendig, am Ende erneut von der Ermordung bedroht und vom Polizeidetektiv Mark McPherson, der ihren Mord aufklären sollte, gerettet.
Das ist der Trick des Films, der in seiner Einheit von Raum und Zeit fast wie verfilmtes Theater wirkt und nur in seinen erzählten Rückblenden die Heldin filmisch schon in die erste Handlungshälfte einbringt.
Schwarz, Film noir, ist an der Geschichte, daß kultivierte und raffinierte Geschöpfe als plumpe, bestialische Mörder entlarvt wer-

den, daß der Film alle Menschen als Parasiten, Schwächlinge, Egoisten vorführt, deren gesellschaftliche Fassaden dauernd einzustürzen drohen: Der Zuschauer sieht die klägliche Wahrheit hinter den Bonmots und Attitüden.

Neben Hitchcocks VERTIGO ist dies zudem das überzeugendste Beispiel filmischer Nekrophilie. Der Polizeidetektiv (Dana Andrews), der von Frauen nur als »Puppen« und »Bräuten« spricht und auf die Frage, ob er denn schon einmal verliebt gewesen sei, antwortet: »*A doll in Washington Heights got a fox fur out of me*« (»'ne Puppe aus den Washington Heights hat mir mal 'nen Fuchsschwanz aus dem Kreuz geleiert«), dieser Detektiv verliebt sich in das Bild, in das Parfüm, in die Briefe und Tagebücher der scheinbar Ermordeten und hat es schwer, sie dann im Leben ebenso reizvoll zu finden.

Untermalt wird die maliziös romantische Geschichte mit dem Dreh vom Tod zum Leben von der betörenden Musik David Raksins. Der Song »Laura« ist das Paradestück sämtlicher stimmungsbewußter Barpianisten in Moll. Der Verfasser muß gestehen, daß er seiner Tochter eher nach diesem Evergreen als nach Petrarca den Namen Laura ausgesucht hat.

LAURA (LAURA) (USA 1944, 20th Century Fox, sw., 88 Min.). Regie und Produktion: Otto Preminger. Drehbuch: Jay Dratler, Samuel Hoffenstein, Betty Reinhardt, nach dem gleichnamigen Roman von Vera Caspary. Kamera: Joseph LaShelle. Musik: David Raksin. Text zum Lied »Laura«: Johnny Mercer. Ausstattung: Lyle Wheeler, Leland Fuller. Kostüme: Bonnie Cashin.
Laura Hunt: Gene Tierney. Mark McPherson: Dana Andrews. Waldo Lydecker: Clifton Webb. Shelby Carpenter: Vincent Price. Dana Treadwell: Judith Anderson.

Brief Encounter (1945)
Begegnung

Jeden Donnerstag fährt sie mit dem Zug zum Einkaufen und Bummeln in die Stadt: aus ihrer behüteten, geordneten, von leichter Langeweile überschatteten Vorstadtwelt, aus ihrem kleinen Haus mit Kamin, aus ihrer Ehe mit einem freundlichen, kreuzworträtsellösenden Mann und zwei Kindern. Laura ist nicht besonders hübsch, nicht besonders jung, nicht besonders auffällig. Als ihr auf dem Bahnsteig, kurz vor der donnerstäglichen Heimfahrt am Abend, ein Staubkorn von einem vorüberratternden Zug ins Auge fliegt und sie im Bahnhofsrestaurant, einer kleinen Klitsche, wo es Tee, Kuchen und angetrocknete Sandwiches gibt, nach Wasser dafür fragt, entfernt ihr ein Arzt, der zufällig da ist, den Fremdkörper aus dem Auge.

Celia Johnson, Trevor Howard

Aus dieser Zufallsbegegnung zwischen Laura (Celia Johnson) und Alec, dem Doktor (der junge, damals kaum bekannte Trevor Howard), entwickelt sich eine kurze, empfindsame, nur durch Verzicht und Vorsicht heftige Donnerstagsliebe voller Zärtlichkeit, Lügen und Heimlichkeiten – denn auch der Arzt hat Frau und Kinder.
Die beiden essen gemeinsam, gehen ins Kino, fahren aufs Land, wo sie zusammen glücklich und ungeschickt über einen See rudern: Das Land, die Natur gibt ihrer zaghaften Beziehung das Flair von Romantik, ihren Skrupeln den Hauch von trauriger Vergeblichkeit. Wenn sie sich erstmals unter einer Bahnunterführung küssen,

fahren sie, erschrocken vom ersten nahen Schritt und Schatten, auseinander. Wenn sie das erste Mal nach einem unschuldigen Treffen nach Hause kommt, löst ein leichter Autounfall ihres Sohnes eine Woge von Schuldgefühlen aus – kurz: Es ist eine Beziehung, deren Glück mehr im Sehnen, Warten, Aufgebenwollen und Unglücklichsein besteht.

Noch vor der Erfüllung kommt die Krise, als er sich von einem Freund erst ein Auto und dann dessen Wohnung leiht, die Frau vor dem überraschend wiederkehrenden Wohnungseigner über die Hintertreppe flieht und der voller Verachtung den Arzt zur Rede stellt. Beide fühlen sich endlos elend und erniedrigt – sie erkennen, daß sich ihre heimliche Liebe nicht von der üblichen Seitensprungroutine unterscheiden würde.

David Lean, damals fast ein Anfänger, hat Noël Cowards bereits 1935 aufgeführten Theatereinakter »Still Life« aus der Serie »Tonight at 8.30« aus der im Off berichteten, rückblendenden Erinnerung der Frau erzählt und gedreht, nachdem sie sich, bei der letzten Begegnung, die ein Abschied für immer sein sollte, fast vor den Zug geworfen hätte.

Fast! David Leans mit unauffälliger handwerklicher Perfektion gedrehter und geschnittener Film (für Truffaut allerdings ein pickliger, spießiger »Tränendrücker« für »englische Krokodile«), der mit Überblendungen, Spiegelungen, stillebenartigen Bildern und dem Kontrast der Romanze gegen eine schäbige Kleinstadtbahnhofswelt arbeitet, ist eine Fast-Geschichte: fast wäre es die große Liebe geworden, fast wären sie dabei ertappt worden, fast wären sie miteinander glücklich geworden, fast wäre er, hätte sie ihn nur gebeten, nicht abrupt nach Johannesburg in Südafrika weggezogen, fast wäre ihr Abschied schön geworden, wäre nicht eine unendlich plappernde, aufdringliche Bekannte (Everly Gregg) in ihre letzte Szene geplatzt.

Das große Kino wird nur als Film im Film gezeigt, wenn die Liebenden eine Vorstellung von »Flames of Passion« (einen erdachten Schinken) besuchen und vorzeitig verlassen. Oder als Traum, wenn sie bei einer Zugfahrt durch ihre graue Welt von Küssen

unter Palmen, in Venedig, im noblen Hotel bildlich träumt – als Hohn auf das Kino als Traumfabrik.
Lean erzählt bescheiden, wirksam mit einem aufrichtigen, aber behutsamen Realismus, eine Mittelstandsgeschichte mit ihrer Enge, Glanzlosigkeit und romantischen Sehnsucht: Der Erfolg war Ende 1945 durchschlagend. Zwar wirkt das Paar so gehemmt und rührend bieder, daß Kritiker Raymond Durgnat als Botschaft des Films den spöttischen Slogan *Make tea not love* formulierte. Aber wie Lean die schäbige Bahnhofswelt mit dem Rauch durchrasender Züge, mit den Stellwerksgeräuschen und Zugdurchsagen, mit den flüchtigen Gästen in der Pinte zu einer Welt kleiner Abschiede und kleiner Begegnungen aufbaut und mit dem Ehemann (Cyril Raymond) samt langweiligem häuslichen Kaminfeuer und der einengenden Geborgenheit konfrontiert – das ist schon nachhaltig beeindruckend; bis heute.

BEGEGNUNG (BRIEF ENCOUNTER) (Großbritannien 1945, Cineguild-Rank, sw., 86 Min.). Regie: David Lean. Produzenten: Noël Coward, Anthony Havelock-Allen, Ronald Neame. Drehbuch: Noël Coward, nach seinem Einakter »Still Life«. Kamera: Robert Krasker. Musik: 3. Klavierkonzert von Rachmaninoff.
Laura Jesson: Celia Johnson. Alec Harvey: Trevor Howard. Albert Godby: Stanley Holloway. Fred Jesson: Cyril Raymond. Barbedienung: Joyce Carey. Dolly Messiter: Everly Gregg.

Les Enfants du Paradis (1945)
Kinder des Olymp

Arletty, Jean-Louis Barrault

Wenn der Film beginnt, hebt sich auf der Leinwand ein Theatervorhang. Und wie in der Comédie-Française noch heute üblich, wird am Beginn der Vorstellung, also des Films, mit dem Stock auf den Bühnenboden geklopft. Am Ende senkt sich der Vorhang wieder, und das gleiche geschieht zwischen den beiden Teilen des Films, die »Boulevard du Crime« und »L'homme blanc« heißen, und zwischen denen, so ein Zwischentitel, Jahre verstrichen sind: Kino als imitiertes Theater, die Leinwand als Bühne.
Les Enfants du Paradis beschwört auf vielfältige Weise die Welt des Theaters, deren Vergangenheit in der französischen Restaurationszeit um 1840 in Proben, Kulissen, Vorstellungen,

Schauspieler-Extemporés, in den Zwischenrufen und dem Applaus der Zuschauer, vor allem derjenigen auf der Galerie, den »Kindern des Olymp« also, wiederbelebt wird. Und doch macht Marcel Carnés Theaterfilm wie kaum ein anderer Klassiker klar, daß Film, daß Kino nichts weniger als die fotografierte Fortsetzung des Theaters ist. Sondern die legitime technische Tochter des großen Romans aus dem 19. Jahrhundert – auf den Spuren der umfassenden Sittengemälde Balzacs, der gewaltigen historischen Kulissen Victor Hugos, der fundamentalen Gefühlsverwirrungen in umwälzenden Zeiten, wie sie Stendhal, der Gefühlskatastrophen, wie sie Flaubert beschrieben hat: Filmen, das heißt erzählen. Die Rolle des souveränen, alles durchschauenden und überblickend ordnenden Erzählers übernimmt die Kamera – sie ist das Erzählinstrument des Regisseurs, dem sie objektive Welt- und subjektive Gefühlssicht ermöglicht. So sehr also Carnés mehr als dreistündiges Meisterwerk von den Stilen und Gefühlen des Theaters, von seinen Mimen und Pantomimen erzählt – man hat es mit Recht als legitime Fortsetzung des großen realistisch-romantischen Romans gefeiert.

Der Film ist ein Kostümfilm, ein Werk in historischer Maske und geschichtlicher Kulisse – um rund 100 Jahre (zurück-)versetzt und um das Leben »wahrer« Figuren aus den Restaurationsjahren gruppiert. Er erzählt in der Hauptsache von vier Männern (zwei Theaterkünstlern und zwei Ideologen: also Künstlern, deren Material die menschliche Gesellschaft ist), die die Liebe und Leidenschaft für die gleiche Frau eint. Und er erzählt von zwei Frauen: die eine Objekt hingebungsvoller männlicher Leidenschaft in allen Schattierungen, die andere die personifizierte Hingebung an den einen, den bedingungslos geliebten Mann.

Garance heißt die eine Frau, die noch als armes, nacktes, begafftes Künstlermodell majestätisch, geheimnisvoll, unnahbar wirkt – gespielt wird sie von der wunderbar reifen, eleganten Schauspielerin Arletty, mit dunklen, tiefen Augen, in denen die Männer ertrinken. Der Pantomime Baptiste Debureau (Jean-Louis Barrault) vom Theater der Gaukler »Funambule« rettet sie vor dem Verdacht, eine Taschendiebin zu sein, beide verlieben sich ineinander. Aber als er vor der ersten Liebesnacht ihr Zimmer verläßt, weil er seine Träume nicht zerstören, sie erst seinen Vorstellungen angleichen will, verfällt sie den stürmisch-wortreichen Werbungen des energiegeladenen Schauspielers Frédéric Lemaître (eine Paraderolle für den unvergessenen Elegant und Kraftkerl Pierre Brasseur), wird dessen Geliebte, obwohl sie weiß, daß sie nur Baptiste liebt. Natürlich ist dieses Dreieck auch eine Konfiguration der klassischen italienischen (nach Frankreich importierten) Commedia dell'arte: Garance ist Columbine, Baptiste ist Pierrot und Frédéric ist Harlekin. Dazu kommt noch, daß Garance eine seltsame Beziehung zu dem Dieb und Mörder Pierre Lacenaire (Marcel Herrand) unterhält und daß ihr der reiche, mächtige und blasierte Comte Edouard de Montray (Louis Salon) aus Liebe ritterlichen Schutz und all seine Schätze anbietet. Als sie durch einen Raubmordversuch Lacenaires in Schwierigkeiten kommt, flieht sie auf Jahre mit dem Grafen aus den Gefühlsverwirrungen zwischen Frédéric und Baptiste – zumal Nathalie (Maria Casarès), Tochter des Theaterdirektors des »Funambule«, Baptiste mit einer geradezu hündisch ergebenen Zuneigung verfolgt.

Im zweiten Teil machen die Garance-Rivalen große Karrieren: Der eine, Frédéric, eine großzügige, verschwenderische, sympathisch eitle und alles vereinnahmende und sich gleichzeitig verausgabende Theaternatur, wird der Star des Vaudevilles, wo er sich in Extemporés über die Impotenz der Theaterautoren lustig macht, bis er sich, durch die Liebe zu Garance gereift, zum Othello-Darsteller seiner Zeit entwickelt. Der andere, Baptiste, wird der gefeiertste Pantomime seiner Epoche, ein Romantiker stummer Gefühle, ein verträumt-gefühliger Somnambuler, dessen Bewegungen im Pierrot-Kostüm die Galerie zu Begeisterungsstürmen hinreißen. Barrault, der in dieser Rolle die klassische Kunst Debureaus rekonstruierte und wiederauferstehen ließ, hat zweifellos mit dem Film die Nachkriegsrenaissance der Pantomime (also z. B. Marcel Marceau) inspiriert.

Garance kommt als verschleierte Dame zu Baptistes Vorstellungen, Abend für Abend. Frédéric entdeckt sie da und reift in seiner Eifersucht zum selbstlosen Künstler, ihr gräflicher Liebhaber will Frédéric im Duell ermorden, wird aber seinerseits von Lacenaire, dem Verbrecher-Künstler-Egomanen, todessüchtigen Revolutionär und de-Sade-Verwandten, im römischen Bad ermordet. Endlich erleben Garance und Baptiste eine Liebesnacht, werden von Nathalie entdeckt und gestellt – Garance flieht, um Frédéric vor dem Duell zu retten und um ihre große Liebe Baptiste auf immer zu verlassen. In der konfettiwerfenden, jubelnden Menschenmenge der Rue du Crime verliert Baptiste sie für immer.

LES ENFANTS DU PARADIS ist ein Film der großen Gefühlsaufschwünge, der romantischen Geständnisse, der schmerzlichen Entdeckungen des scheinbaren Verlierens, der skeptischen Einsichten – schon rhetorisch ein Meisterwerk, das Schauspieler, wie sie so grandios selten vereint waren, mit Komik und Herzblut, Lüge und Pathos erfüllen, Menschen in praller Vielfalt. Daneben ist es eine glutvolle Studie über das Leben im Theater und das Theater im Leben, ein Gefecht der Bühnenstile und Lebenshaltungen, wobei die Intimität der Beziehungen sich immer im Publikumsgewoge auf der Straße, in den Gefühlsregungen der überfüllten Ränge abspielt – es ist die Menge, von deren Beifall und Begeisterung das Theater lebt, die dem Film den Namen gibt. Aber nicht nur durch die Volksmassen, auch durch die Fülle stupender Details besticht der reiche, gefühlvolle Bilderbogen: Einen Mord zeigt er im verängstigten Blick des Komplizen, einen Ermordeten in dessen weiterqualmender Pfeife auf dem Boden.

Konzipiert im Vichy-Frankreich von 1942, war er wegen seiner hohen Entstehungskosten (»ein reicher Film in armer Zeit«) ein Ärgernis – Anekdoten berichten, wie die Statisten aus Hunger gefüllte Tische leer aßen, noch bevor sie abgefilmt waren. Carné zögerte das Ende hinaus: Der Film hatte seine Premiere im befreiten Paris am 2. März 1945. Dort lief er, ein Signal des Neubeginns, allein in einem Pariser Kino 54 Wochen.

Natürlich war das historische Thema auch aufgrund der gebotenen Flucht aus der Nazi-Wirklichkeit notwendig, die den Film auf die widersprüchlichste Weise beeinflußte. Der jüdische Emigrant Alexander Trauner (später Billy Wilders Partner) baute illegal und anonym die imposante historische Kulisse der Rue du Crime. Andererseits mußte während der Dreharbeiten Robert Le Vigan (der Darsteller des Vagabunden, Handlesers und Wahrsagers Jericho) fliehen – vor den Alliierten. Er war der offizielle Rundfunksprecher des Vichy-Regimes beim Exil-Sender Sigmaringen in Nazi-Deutschland gewesen und wurde im Film von 1944 an durch Pierre Renoir ersetzt.

Und die unvergleichliche Arletty, bei der Premiere war sie 47 Jahre alt, trat ihren Weg in den Weltruhm über einen zweimonatigen Umweg durch das Gefängnis an. Dorthin hatte sie das befreite Frankreich verbracht, als Kollaborateurin: Sie hatte nämlich vorher eine Liebesaffäre mit einem deutschen Besatzungsoffizier gehabt.

KINDER DES OLYMP (LES ENFANTS DU PARADIS) (Frankreich 1945, Pathé Cinéma, sw., 195 Min.). Regie: Marcel Carné. Produktion: Pathé Cinéma. Drehbuch: Jacques Prévert. Kamera: Roger Hubert. Musik: Maurice Thiriet, Joseph Kosma, G. Mouque. Bauten: Léon Barsacq, Raymond Gabutti, Alexander Trauner. Kostüme: Mayo.
Garance: Arletty. Baptiste Debureau: Jean-Louis Barrault. Frédéric Lemaître: Pierre Brasseur. Nathalie: Maria Casarès. Pierre Lacenaire: Marcel Herrand. Graf E. de Montray: Louis Sadon. Avril: Fabian Loris. Jericho: Pierre Renoir.

The Best Years of Our Lives (1946)
Die besten Jahre unseres Lebens

Fredric March, Myrna Loy, Teresa Wright

Drei Männer kommen aus dem Zweiten Weltkrieg nach Hause, ein Infanterie-Sergeant, der den Krieg im Fernen Osten durchlebt hat, ein Airforce-Captain, der seine Bombenangriffe über Deutschland flog, und ein Marine-Maat, der als Maschinist in einem explodierenden Schiff beide Hände verloren hat. Die drei, die sich bis zum gemeinsamen Warten auf den Heimflug in ihre Heimatstadt Boone City nicht gekannt hatten, verbindet auf dem Flug und den letzten Heimfahrtminuten im Taxi sofort Herzlichkeit und Kameraderie, obgleich sie aus sehr verschiedenen sozialen Schichten stammen, die der Krieg in ihren Militärkarrieren aufgehoben hat.

Der Airforce-Captain mit den vielen Streifen und Tapferkeitsmedaillen, Fred Derry (Dana Andrews), war nicht mehr als ein kleiner Soda- und Eiscremeverkäufer in einem Drugstore, den eine hastige Kriegsheirat an eine vergnügungssüchtige schöne Blondine (Virgina Mayo) gebunden hat. Der Infanterist, der Sergeant Al Stephenson (Fredric March, ein eindringlich sanfter Nachkriegsrebell und charmanter Problemtrinker), war leitender Angestellter der heimischen Bank, hat seit 20 Jahren eine Frau (Myrna Loy), eine erwachsene Tochter (Teresa Wright) sowie einen heranwachsenden Sohn (der dem Film allerdings nach ein paar altklugen Schulbemerkungen über den Krieg und die Atombombe, die den Vater fuchsen, bald verloren geht). Der zum Krüppel geschossene Marine-Maat, der bei seinen Eltern lebte, bevor er in den Krieg zog, ist seiner Jugendfreundin Wilma Cameron (Cathy O'Donell), einem Nachbarskind, das er seit Sandkastentagen kennt und liebt, versprochen.

Die drei haben Angst und Magendrücken vor der Wiederbegegnung mit ihrer Heimat, die sich in ihre Freude mischen – der Film, *das* amerikanische Heimkehrerepos nach dem Zweiten Weltkrieg, zeigt die Enttäuschung, die sich nach der Rückkehr bei dem Versuch, beruflich und privat an die früheren Verhältnisse anzuknüpfen, breit macht. Und er zeigt die Entfremdung, die sich auftut zwischen denen, die »die besten Jahre ihres Lebens« dem Vaterland opfern mußten, und den Daheimgebliebenen, die sich durch die Rückkehrer genötigt fühlen, wie jene sich ihrerseits in ihren angestammten Plätzen und Berufen längst ersetzt fühlen.

Wylers Film, der laut Goldwyn-Biograph A. Scott Berg »einen heilsamen Einfluß« auf die durch den Krieg geschlagenen »Wunden der Nation« hatte, wirkt heute, fast 50 Jahre danach, in seiner schlichten, aufrichtigen Erzählweise (Wyler erweist sich als perfekt unauffälliger Handwerker und glänzender Charakterzeichner mit dem feinsten Stift) im angenehmsten Sinne des Wortes rührend und anrührend. Er schildert, wie die Ehe des Kriegshelden a. D. und schlichten Sodawasserverkäufers scheitert, weil seine Frau, die sich im Krieg eine nur am Vergnügen orientierte Freiheit angewöhnt hat, seines schmalen Einkommens wegen verdrossen wird, nachdem sie ihn nicht ständig als ordensgeschmückten Uniformträger herumzeigen kann. Er verliebt sich in die Tochter des Bankers, ein Mädchen, deren Darstellerin die Kritik zu Recht vorwarf, sie verharre in süßlicher Unschuld und anhimmelnder Bewunderung für den unselig Verheirateten und schließlich Geschiedenen.

Der Banker steigt zwar auf, erregt aber Ärger in seinem Unternehmen, als er Kriegsteilnehmern Darlehen auf Treu und Glauben und aufgrund seiner im Krieg erworbenen Menschenkenntnis leiht. Der schwer kriegsversehrte Homer Parrish (von dem Kriegsinvaliden Harold Russell mit größter Eindringlichkeit gespielt: er zeigt die »Handfertigkeit« seiner Zangenprothese, über die nur die Zivilisten sich sentimental entsetzen) wird durch die unerschütterliche Zuneigung seines Mädchens schließlich davon überzeugt, daß sie ihn nicht aus Mitleid heiratet: Die Hochzeit, bei der ihre Hand in seine Zangenhand gelegt wird, ist gleichzeitig zart, aufrichtig, gefühlvoll und realistisch – sie zeigt, wie der Krieg Menschen verstümmelte.

Wyler, selbst Kriegsteilnehmer und als Bordkanonier einer »Fliegenden Festung« schwer kriegsbeschädigt (er kehrte fast taub aus den Luftschlachten um Deutschland und Italien zurück), versteht sich vor allem meisterhaft auf die leisen, unspektakulären Irritationen zwischen Daheimgebliebenen und Heimkehrern: Das beginnt mit dem Warten auf den Heimflug, wo luxuriös zahlende Golfer natürlich schneller zu ihrem Ticket und ihrem Flug kommen. Es setzt sich fort in der alkohollärmenden Frontkameraderie, die zu Hause auf beträchtliches Befremden stößt. Zum Eklat kommt es, als ein daheimgebliebener Kommunistenfresser den Invaliden anrempelt, man habe mit den Deutschen den falschen Gegner bekämpft (»das falsche Schwein geschlachtet«, hieß die entsprechende Redensart der McCarthy-Ära), und daraufhin vom Ex-Captain zusammengeschlagen wird.

Während Charles Higham sich über die dem Film angedichtete »Radikalität« lustig machte (»etwa so radikal wie ein Manifest der John-Bircher-Society«), war der Film, dessen Grundidee sich Produzent Sam Goldwyn nach der Betrachtung eines Heimkehrer-Fotos in der Illustrierten »Life« einfallen ließ (nach einer anderen Version kam seine Frau Frances auf die zündende Idee), in der McCarthy-Ära als kommunistischer Ideenträger verschrien. Dem größten Nachkriegskinoerfolg (sieben Oscars) und größten Kassenschlager nach Vom Winde verweht (10 Millionen Dollar) wurde 1947 von der »Motion Picture Alliance for the Preservation of American Ideals« vorgeworfen, er enthalte »beträchtliche Mengen kommunistischer Propaganda«. Wyler damals: »Heute dürfte ich den Film nicht drehen.« Inzwischen ist der Film ein Klassiker der amerikanischen Geschichtsschreibung.

Man hat von Hollywood gesagt, daß es die »Schule der Nation« gewesen sei. Auch Die besten Jahre unseres Lebens beschreiben die USA einer bestimmten Phase nicht bloß – sie formulierten und prägten das Selbstverständnis der Staaten.

Die besten Jahre unseres Lebens (The Best Years of Our Lives) (USA 1946, Samuel Goldwyn, sw., 182 Min.). Regie: William Wyler. Produzent: Samuel Goldwyn. Drehbuch: Robert Sherwood, nach dem Text »Glory for Me« von MacKinlay Kantor (auf Anregung Goldwyns verfaßt). Kamera: Gregg Toland. Musik: Hugo Friedhofer.

Milly Stephenson: Myrna Loy. Al Stephenson: Fredric March. Fred Derry: Dana Andrews. Peggy Stephenson: Teresa Wright. Marie Derry: Virgina Mayo. Wilma Cameron: Cathy O'Donnell. Homer Parrish: Harold Russell.

The Big Sleep (1946)
Tote schlafen fest

Lauren Bacall, Humphrey Bogart

Im Jahr zuvor hatten sie sich bei den Dreharbeiten zu To Have and Have Not unter der Regie von Hawks kennen- und liebengelernt und danach auch gleich geheiratet. Jetzt spielten sie zum zweitenmal zusammen – Bogart & Bacall, eines der Traumpaare des Kinos der vierziger Jahre und des Kinos überhaupt.
Ganz so ideal wurde die zweite Filmpaarung der beiden von den Zeitzeugen nicht empfunden. Chandler (nach dessen berühmtem Roman der Film gedreht wurde) berichtet in einem Brief, wie die Szenen zwischen Bogart und Martha Vickers – sie spielte die nymphomanische jüngere, verdorbene Schwester der Bacall – die Szenen der Bacall in den Schatten gestellt hätten und deshalb bis

auf eine herausgeschnitten wurden, was Chandler sehr beklagte. Und Bosley Crowther, der Kritiker der »New York Times«, befand, nachdem er Bogey für seine ungerührte, lakonische Art gerühmt hatte: »Miß Bacall wirkt gefährlich, doch hat sie ihr Handwerk immer noch nicht gelernt.«

Heute sehen wir in den Szenen und vor allem in den Dialogen zwischen dem rauhbeinigen Detektiv Philip Marlowe und der verwöhnten, ihm anfangs feindselig begegnenden Millionärstochter die typische Schwarze-Serie-Variante der gegenseitigen Zähmung zweier Widerspenstiger. Das, was sie sagen, ist ebenso wichtig wie das, was sie verschweigen, wie sie sich mit Blicken Lügen strafen, wie die Tonfälle, wie die Gesten ihre Worte korrigieren.

Schon die erste Begegnung intoniert das glänzend: Er ist zu General Sternwood (Charles Waldron) gerufen worden, einem verlebten Greis, der nur in der Wärme seines Treibhauses im Rollstuhl überleben kann und in Sorge um seine leichtsinnigen, gefährdeten Töchter die Hilfe eines Detektivs braucht, akut wegen einer Erpressung. Bevor er zu dem General kommt, wirft sich die jüngere Tochter (Martha Vickers) dem Schnüffler an den Hals, als er den General verläßt, bittet ihn die ältere (eben Lauren Bacall) zu sich:

Er (Marlowe): Sie wollten mich sprechen?
Sie (Vivian): Sie sind Privatdetektiv? Ich wußte gar nicht, daß es die wirklich gibt, außer in Krimis – dreckige, kleine Kerle, die in Hotels herumschnüffeln. Besonders anziehend sehen Sie nicht aus.
Er: Ich bin 'n bißchen klein geraten. Das nächste Mal komm' ich auf Stelzen, trag' 'ne weiße Fliege und 'nen Tennisschläger unterm Arm.
Sie: Glaub' nicht, daß das viel helfen wird . . .

Und mit diesen ständig auf Herausforderung angelegten Wortgefechten reden sie sich durch alle Gefahren bis zum Happy-End nach einer Serie von Bluttaten.

Chandlers Geschichte und Hawks' Film (an dem Drehbuch schrieb

William Faulkner mit) spielt unter verdorbenen und gelangweilten Millionärstöchtern, unter Erpressern, kleinen Ganoven, Pornographen, Berufskillern, Leuten, die ihren Wunsch nach einem Schnäppchen mit dem Tod bezahlen. Mitten unter ihnen Philip Marlowe, Chandlers schwarzer Ritter, der geschubst, belogen und zusammengeschlagen wird, sich für seine Klienten mit der Polizei und, wenn's sein muß, mit ihnen selbst anlegt. Und am Ende einen bitteren Sieg feiert.

Gespielt wird dieser Einzelgänger von Humphrey Bogart mit obligater Zigarette, obligatem Schlapphut und Trenchcoat (denn in dem Film regnet es soviel wie sonst in L. A. in einem ganzen Jahr), schleppendem Slang – ein beinharter Romantiker, der sich beim Nachdenken ans Ohrläppchen faßt, beim Erkennen mit den Fingern schnippt. Chandler, dem nach eigenem Bekunden für seinen Marlowe Cary Grant als Idealtyp vor Augen stand, schwärmte dennoch für Bogart, er sei als *tough guy* natürlich viel besser als jeder andere und würde die Ladds und Powells zu Landstreichern degradieren: »Er wirkt auch ohne Kanone *tough*. Außerdem hat er Sinn für einen Humor, der den bekannten heiseren Unterton der Verachtung enthält.«

Hawks hat die Geschichte, deren verworrene und verschlungene Wege zahlreiche rätselhafte Leichen pflastern, im gefährlichen Dunkel der Nacht, in Villen in den Bergen, an belebten regennassen Straßen, in anonymen Apartmenthäusern und bei nächtlichen Autofahrten gedreht. Wenn Bogey nicht kämpft, fallen ihm die Frauen zu: so eine Buchhändlerin (Dorothy Malone), die sich ihm im Laden kurz nach seiner Frage nach zwei Erstausgaben »in Rekordzeit« (Kael) hingibt.

Ein beißender Witz, ein beträchtliches Tempo und eine skeptische Einsicht in das verluderte Treiben der Menschen zeichnen den Film aus – an dessen Plot (wer hat wen warum wo und wann umgebracht?) sich Generationen von Zuschauern die Zähne ausgebissen haben – ohne daß es dem Ruhm des Films Abbruch getan hätte.

Tote schlafen fest (The Big Sleep) (USA 1946, Warner Brothers, sw., 114 Min.). Regie und Produktion: Howard Hawks. Drehbuch: William Faulkner, Leigh Brackett, Jules Furthman, nach dem gleichnamigen Roman von Raymond Chandler. Kamera: Sid Hickox. Musik: Max Steiner.

Philip Marlowe: Humphrey Bogart. Vivian Rutledge: Lauren Bacall. Carmen Sternwood: Martha Vickers. General Sternwood: Charles Waldron. Eddie Mars: John Ridgeley. Buchhändlerin: Dorothy Malone. Harry Jones: Elisha Cook jr.

Gilda (1946)
Gilda

Rita Hayworth

„Ein langsamer, fahler, kaum aufregender Film«, so lautete das Urteil der »New York Times« über GILDA. »Langweilig und ziemlich verwirrend«, kommentierte die »New York Herald Tribune«, und die »Daily News« nannte den Film »*High-class trash*« – Schund, Müll, Abfall, aber erster Klasse.
Das war 1946, zur Uraufführung des Film-noir-Melodrams von der Tänzerin, die den Nachtklub- und Spielkasinoboß geheiratet hat, der den Mann, den sie wirklich liebt und verlor (warum, weiß der Himmel und der Drehbuchautor, beide verraten es nicht), als seinen Leibwächter, Vertrauten, Adjutanten und Erben engagiert: Das Dreieck à la Tristan und Isolde (und Marke) in Amerika und in Buenos Aires kann seine scharfen Ecken zeigen.
Aber auch danach, später, längst nach dem Kassen- und Welterfolg von GILDA, längst nachdem der Film Rita Hayworth zur meistfotografierten Frau der Welt und zur »Göttin der Vierziger« hochkatapultiert hatte, blieben die Urteile ungnädig: Der Film »balanciere zwischen Spannung und Absurdität«, fand Halliwell – und gab ihm dennoch drei Sterne. »Melodramatischer Unsinn«, urteilt Pauline Kael – und schwärmt trotzdem für Rita H. in der Gilda-Rolle. »Ein Meisterwerk des Kitschs«, urteilen Charles

Higham und Joel Greenberg, und über die »schwachsinnige Handlung« mokiert sich Hayworth-Biograph Gerald Peary, der noch dazu, aus lauter Hayworth-Verehrung, ihren sado-masochistischen Partner Glenn Ford in der Rolle des Glücksspielers Johnny Farrell »einen grinsenden, sich anbiedernden Affen mit Pomadenhaar und kleinen schwarzen Augen, einen miesen Knülch« nennt und sich über dessen »ausgepolsterte Schultern« lustig macht.

Trotzdem ein Meisterwerk? Trotzdem, so Halliwell, der »archetypische Hollywood-Film-noir«? GILDA hat eine blöde Geschichte und eine faszinierende Sub-Story, die Geschichte unter der Geschichte. GILDA hat eine irrsinnige, idiotische, kindische Handlung und hat eine dichte, »logische«, unausweichliche Atmosphäre voll unterdrückter, verbogener Erotik.

GILDA, das ist nicht die Frau zwischen zwei Männern, von denen der eine reich und mächtig und der Boß des anderen ist, der ihm hündisch treu und dankbar dient und die Frau dafür haßt, daß sie eine Versuchung für diese Treue ist. GILDA, das ist vielmehr die atmosphärische Beschreibung einer Welt, in der männliche Kumpanei sich in Gewalt, Impotenz, Haß, in infantilen Machtphantasien ausdrückt, in der Männerbeziehungen durch eine latente, nie ausgesprochene Homosexualität formuliert werden, in die die Frau als Störfaktor einzubrechen droht. Durch sie geraten die Männer in Gefahr, erwachsen werden zu müssen – und also versuchen sie die Frau als infantiles Ding, als Sache zu halten: In dieser verqueren Welt sagt Johnny (Glenn Ford) über Gilda (Rita Hayworth) zu seinem Boß und Gildas Mann Ballin Mundson (George Macready) den misogynen Satz: »Die Statistik sagt, daß es mehr Frauen auf der Welt gibt als irgend etwas anderes – ausgenommen Insekten.«

Es ist eine verquere Welt, die Nachkriegswelt von 1946, in deren überhitzte Männer- und G. I.-Phantasien Charles Vidor seine Gilda als (Alp-)Traum platzen und in Kameraeinstellungen à la CASABLANCA einfangen läßt: mit unverschämt nackten Schultern, lockigem, sich widerspenstig kringelndem Haar, wiegenden Hüften und langen Beinen, die kurz aus geschlitzten Röcken aufblitzten, um Männer rasend zu machen.

Die Geschichte, die in Kasinos und Hotelbars zu Hause ist und im Karneval von Buenos Aires kulminiert, spielt unter Ganoven, die noch 1945 mit Nazis Geschäfte mit Wolfram (ja, so idiotisch ist die Story wirklich!) und um die Weltherrschaft machen. Gildas Mann muß nach einem Mord verschwinden, er stirbt scheinbar bei einem Flugzeugunfall; Johnny, sein Leibwächter, übernimmt das Geschäft und heiratet Gilda, aber nur, um sie sadistisch mit Liebesentzug zu foltern (und sich, einen verbissenen Kettenraucher, zu quälen). Der Totgeglaubte kommt eifersüchtig und mordlüstern zurück, ein treuer Klomann tötet ihn für das Liebespaar, und die gerührte Polizei in einem Südamerika, das zu seinem Glück nie die schützenden, absichtlich künstlichen Studiowände verläßt, gibt Gilda und Johnny endlich den Segen.

Schön ist es, wie der Film den impotenten Kasinoboß und Weltherrschaftsaspiranten (Macready) als Voyeur hinter falschen Spiegeln und heimlichen Jalousien und als Impotenzling mit einem Dolch im Spazierstock vorführt.

Höhepunkt des Films (eine einmalige Schlüsselszene der Vierziger, Salomé als G. I.-Traum, der die Männer kopflos macht) ist Rita Hayworths Auftritt als Nachtklubsängerin, die »Put the Blame on Mame, Boys« mit bebender (und erborgter Synchron-)Stimme singt und dazu eine der erregendsten Stripszenen aller Zeiten tanzt – dabei zieht sie im schulterfreien Satinkleid nur die schwarzen langen Satinhandschuhe unter dem Johlen der Männer von dem weißen Fleisch ihrer Arme –; es war in dieser überhitzten Zeit der Zensur der Strip der Strips: Und so wirkt er noch heute, obszön durch Unterlassen und Andeuten.

Es mag ein bezeichnendes Licht auf den Zustand der Sexualität jener Jahre werfen, daß sich die einander Verfallenen förmlich in Verbalorgien des Hasses suhlen. Rita zu ihrem Johnny: »Würde es dich interessieren, wie sehr ich dich hasse, Johnny? Mein Haß ist so stark, daß ich mich selbst zerstören könnte, nur um dich zu demütigen.«

Die Epoche verstand die verquere Botschaft. Rita Hayworth wurde als Pin-up-Girl auf die erste Atombombe aufgemalt, die nach dem Krieg zu Testzwecken abgeworfen und gezündet wurde. Der Name der Bombe: »Gilda.«

GILDA (GILDA) (USA 1946, Columbia, sw., 110 Min.). Regie: Charles Vidor. Produzentin: Virginia Van Upp. Drehbuch: Marion Parsonnet, adaptiert von Jo Eisinger nach einer Originalstory von E. A. Ellington. Kamera: Rudolph Maté. Kostüme Gildas: Jean Louis. Songs: »Put the Blame on Mame, Boys« und »Amado Mio« von Doris Fisher und Allan Roberts. Musik: Hugo Friedhofer.
Gilda: Rita Hayworth. Johnny Farrell: Glenn Ford. Ballin Mundson: George Macready. Uncle Pio (der Toilettenmann): Steven Geray.

It's a Wonderful Life (1946)
Ist das Leben nicht schön?

Donna Reed, James Stewart

Dieser Film, Frank Capras und auch James Stewarts liebster Capra-Film, hatte eine seltsame Karriere: Nachdem Capra – wie Wyler und Stevens aus dem Zweiten Weltkrieg und aus dem Militärdienst zurückgekehrt, der sie jahrelang aus ihrer Arbeit und ihren Hollywood-Verbindungen gerissen hatte – am gleichen Tag wie Wyler mit The Best Years of Our Life die Dreharbeiten zu It's a Wonderful Life begonnen hatte, verlor er am Ende das Oscar-Finish gegen den Kriegskameraden haushoch. Der »Golden Globe« konnte ihn nicht entschädigen, der Film wurde finanziell (von Capra als erster auf eigenes finanzielles Risiko und mit Bankkrediten gedreht) ein Mißerfolg. Und obwohl es auch begeisterte

Kritiken gab, schmerzte Capra der Verriß von Bosley Crowther in der »New York Times« (»ein bißchen zu klebrig für unsern Geschmack«) und im »New Yorker« die Bemerkung, daß die Schauspieler sich »niedlich aufführen wie Märchenkobolde«.

Für James Stewart, wie Capra ein Weltkriegsheimkehrer mit vierjähriger Filmpause, war It's a Wonderful Life der glänzende Start zu einem glänzenden Comeback, für Capra, wie sein Biograph McBride konstatiert, der Anfang vom kreativen Ende. Der Film galt schon bei der Uraufführung als veraltet, überlebt, er paßte, so Kael, nicht in die rauhe Wirklichkeit nach dem Zweiten Weltkrieg, ja, hätte eigentlich schon nicht in die nach dem Ersten gepaßt.

Und doch erlebte der Film eine glänzende Wiederauferstehung – und das im Anti-Kino-Medium schlechthin: Mehr als 20 Jahre nach seiner Uraufführung wurde er der stetige und ständige Weihnachtshit des Fernsehens, der menschliche Wärme und Trost und Hoffnung in den Kerzenschein der Festtage verstrahlte – It's a Wonderful Life wurde in den USA wie in Deutschland (und in anderen Ländern sicher auch) eine feste Weihnachtsgewohnheit Jahr für Jahr: wie die Weihnachtsgans, das Weihnachtsgebäck, die Weihnachtslieder ...

In der Tat basiert der Film auf einer geschriebenen »Weihnachtskarte«, wie Capra sagte: auf Philip Van Doren Sterns rührseliger Engelsgeschichte »The Greatest Gift«, die dem Autor 1938 von sämtlichen Verlagen zurückgeschickt wurde, bis er sie, in bescheidener Auflage, im Selbstverlag herausbrachte und als Weihnachtsgeschenk an Freunde versandte.

Im Film wird daraus das Porträt einer biederen amerikanischen Kleinstadt mit ihren biederen, putzigen, redlich-rührenden Bewohnern, die durch die große Depression gehen, im New Deal Hoffnung schöpfen, im Krieg zu patriotischer Anstrengung fähig werden und die harschen wirtschaftlichen Herausforderungen des Nachkriegs zu bestehen haben und dabei von einem guten Menschen wie Kinder an die Hand genommen werden. Insofern ist es die optimistische, die gezuckerte Gegengeschichte zu Wylers bitteren Best Years of Our Life.

Held des kleinen Nestes Bedford Falls ist George Baily (James Stewart), Sohn eines Hypothekenbänkers für die vielen kleinen Leute, der immer wieder von dem Weg in die große, weite Welt träumt, zum Studium in die Großstadt will, dort seine beruflichen Chancen sieht und wenigstens auf Hochzeitsreise sich einen Ausflug dorthin leisten will – und der doch immer wieder in Bedford Falls hängenbleibt: weil er das Erbe seines Vaters gegen den skrupellos raffgierigen Kapitalisten und Grundstücksspekulanten Potter (Lionel Barrymore) verteidigen und als sozialer Wohnungsbauer das Kindermädchen der kleinen Leute spielen und weil er die unendlich liebe Mary Hatch (Donna Reed) heiraten und mit vier Kindern segnen muß.

Sein Leben, idyllisch, bescheiden, voller Opfer und Entbehrungen, schrammt immer am Rande des Ruins entlang, während er seine Mitmenschen beschützt. Als schließlich sein schusseliger Onkel (Thomas Mitchell) am Weihnachtsabend und kurz vor der Prüfung durch die Bankaufsichtsbehörde die mühsam zusammengekratzten 8000 Dollar verliert und George Baily damit seinen moralischen und existentiellen Ruin befürchten muß, will er seinem Leben ein Ende setzen und von einer Brücke springen. Die Familie soll wenigstens die Lebensversicherung haben.

Aber ein rührend unvollkommener alter Engel (Henry Travers, zuckersüß und zugleich doch ziemlich komisch), der sich seine Flügel verdienen will, rettet ihn am eisigen Fluß, indem er dem sympathischen Querkopf und Philantropen vor Augen führt, was aus seiner Stadt ohne ihn geworden wäre – »Potterville«, ein Ort der Hurenhäuser, Tingeltangellokale und Spelunken, die Schreckensvision eines Las Vegas anstelle von *our little town*. So taumelt der lebensmüde Held überglücklich, dieses Schreckbild vor Augen, in sein reales Leben rechtzeitig zum Weihnachtsfest zurück.

Das Glück jedes Menschen ist das, was er seinen Mitmenschen Gutes tut – diese Botschaft verbreitet der Film mit Glockenklang und weihnachtlichem Schneegestöber. Aber so zuckerwattig und spießig-amerikanisch sich das Werk auch ausnimmt, niemand wird sich seinem Zauber ganz entziehen können, seiner entwaffnenden

Unschuld, seiner technischen Noblesse und Perfektion, seinem filmischen Feingefühl und sicherem Gespür für Schauspieler und Zeitabläufe. So ist der Film die Summe aller Capra-Werke, in der man das filmische Genie des Meisters erkennt, mit den er amerikanisches Selbstgefühl und amerikanisches Selbstbewußtsein exemplifiziert und geschaffen hat – auch als sentimentale Lebenslüge. Wer das gesunde Amerika mit seiner nüchternen Romantik sehen will, wie es sich selbst sah (und sieht), wird es in diesem Blick auf die kleine Welt, die liebevoll und akkurat ausgemalt ist, am besten tun; er wird dabei beispielsweise einen Schülerball von 1928 sehen, dessen Jitterbug tanzende Paare fröhlich in ein sich unter ihnen öffnendes Schwimmbad springen – ein bleibendes Filmbild übermütiger Unschuld, made in USA. Und schließlich begreift man, daß der Film den Kampf des amerikanischen Traums gegen die amerikanische Wirklichkeit aufzeichnet, den zwischen der kleinen heilen Welt und der großen, großstädtischen Wirklichkeit – bei Capra behauptet sich die Idylle: Aber auch sie besteht aus dem nötigen Haufen Geld: Habe Mut, dann hilft dir Gott!

Ist das Leben nicht schön? (It's a Wonderful Life) (USA 1946, Liberty-Film Frank Capra im Verleih der RKO, sw., 131 Min.). Regie und Produktion: Frank Capra. Drehbuch: Frances Goodrich, Albert Hackett, Frank Capra, nach der short story »The Greatest Gift« von Philip Van Doren Stern. Kamera: Joseph Walker, Joseph Biroc. Musik: Dimitri Tiomkin.
George Baily: James Stewart. Mary Hatch: Donna Reed. Mr. Potter: Lionel Barrymore. Onkel Billy: Thomas Mitchell. Engel Clarence: Henry Travers.

THE KILLERS (1946)
Rächer der Unterwelt

Burt Lancaster, Ava Gardner

Hemingways short story »The Killers« liefert dem gleichnamigen Siodmak-Film nur die Ouvertüre, nur den Prolog. Und den unnachahmlichen (obwohl oft kopierten) hartgesottenen Dialog, mit dem zwei gedungene Mörder in ein Kaff einfallen, in einem *diner*, einem billigen Eßlokal, auf ihr Opfer warten, das nicht kommt, weil es seinerseits mit fatalistischer Ergebenheit in seinem abgedunkelten Zimmer auf die Hinrichtung wartet.
Wie die beiden Killer sich etwas zu essen bestellen, wie sie sich über die Köpfe des Wirtes, eines Gastes und des Kochs, der hinter der schmierigen Durchreiche in der Küche steht, hinweg über ihr blutiges Geschäft unterhalten, knapp, brutal und frei von jeder

Regung, wobei sie die entsetzten Zuhörer, die sie wie Luft behandeln, in immer größere Panik versetzen, das ist *hardboiled as hardboiled can be* – ein Konzentrat aller Chandler-, Hammett-, Cain- und Hemingway-Dialoge.

Doch wofür Hemingways Meistererzählung keine Gründe nannte (weder für den Einbruch der Killer in die Kleinstadtdämmerung noch für die Opferlammhaltung des »Schweden«, der hier seit einiger Zeit an der Tankstelle arbeitet und seinem Tod, »es hat keinen Zweck«, obwohl gewarnt, nicht mehr davonlaufen will), dafür erfindet der Film eine geradezu exemplarische Film-noir-Vorgeschichte, die er in musterhaften Rückblenden, die in ihrem geschickt konstruierten Aufbau mit den Meisterrückblenden aus Orson Welles' CITIZEN KANE verglichen worden sind, erzählt.

Um einer lächerlich kleinen Versicherungssumme willen geht der Versicherungsdetektiv Reardon (Edmond O'Brien) dem Mord an dem Schweden nach.

Der Schwede, es war die erste Rolle Burt Lancasters und sein Durchbruch zum Erfolg, war einst Boxer, der aufgrund seines zerstörten rechten Handgelenks zum Dieb und Gangster wurde und einer Frau (der dämonisch und betörend schönen und hier auch noch mit überraschenden Schauspielfähigkeiten aufwartenden Ava Gardner) verfällt.

Als er, um sie vor der Polizei zu retten, für sie stellvertretend ins Gefängnis geht, wo er drei Jahre abbrummt, wird sie ihm mit einem Gangsterboß namens Colfax untreu. Als der Schwede aus dem Gefängnis kommt, gerät er wieder in den Bann der Frau und damit in die Gang des Mobsters, der einen großen Fischzug um eine viertel Million Dollar plant.

Die Frau, die so tut, als würde sie aus Liebe zu dem Schweden alle anderen austricksen und mit ihm und der ganzen Beute abhaut, hat ihn natürlich in Wahrheit als Komplizin des Bosses getäuscht. Er wird von ihr auf der Flucht in einem Hotelzimmer in Atlantic City ohne das Geld zurückgelassen – von da an ein gebrochener, verzweifelter, entehrter Ganove, der schließlich seinen Tod als gerechtes Ende erwartet.

Während der Versicherungsdetektiv sie und ihren reich und anständig gewordenen Ehemann verfolgt und aufspürt, zeigt Siodmaks düster-realistischer Film die Stationen des strauchelnden Boxers und dessen wortkarge Traurigkeit und Verlassenheit. Alle Motive des Film noir – also Szenen brutaler, untergründiger Gewalt, der Wut, der Verzweiflung und der hoffnungslosen Verfallenheit – werden hier zu einer eindringlich freudlosen Lebensbahn vereint, die der eifernde Spürsinn des Detektivs (auch eine Art heroisch-sinnloser Verfallenheit) nach und nach rekonstruiert: ein Universum an Korruption, dessen Femme fatale noch den sterbenden Ehemann und Komplizen um die Lüge, sie sei unschuldig, anwinselt.

RÄCHER DER UNTERWELT (THE KILLERS) (USA 1946, Universal, sw., 105 Min.). Regie: Robert Siodmak. Produzent: Mark Hellinger. Drehbuch: Anthony Veiller, nach der short story von Ernest Hemingway. Am Drehbuch hat, ohne Erwähnung in den *credits*, John Huston mitgeschrieben. Kamera: Elwood Bredell. Musik: Miklós Rózsa. Ausstattung: Jack Otterson, Martin Obzina.
Reardon: Edmond O'Brien. Kitty Collins: Ava Gardner. Colfax: Albert Dekker. Der Schwede: Burt Lancaster. Al: Charles McGraw. Max: William Conrad.

Notorious (1946)
Berüchtigt

Cary Grant, Ingrid Bergman

Als ich den Hitchcock-Film zum erstenmal in einem deutschen Kino sah und mich lebenslang in ihn verliebte, das war in den fünfziger Jahren, hieß er nicht BERÜCHTIGT, sondern »Weißes Gift« und handelte nicht von unverbesserlichen Nazis nach 1945, die Uran in Brasilien schürfen und in Weinflaschen horten, sondern von Kokain-Dealern, von Rauschgiftschmugglern. Auf diese (für das deutsche Publikum) unverfängliche Version hatte man NOTORIOUS umgetitelt und umsynchronisiert – um die Gefühle der deutschen Zuschauer nicht kinokassenfeindlich zu strapazieren.

So war das damals, im (West)Deutschland der rücksichtsvollen Besatzer, und auch aus CASABLANCA flogen rund 15 Minuten heraus, in denen die »Krauts« als »Nazis« vorgeführt wurden. Im Fall von NOTORIOUS war es zwar opportunistisch feige, aber für den Film und seine Story eigentlich nicht weiter von Belang, ob die martialisch disziplinierten Exil-Deutschen und ihre Sympathisanten in Rio de Janeiro, die höflich, aber gnadenlos miteinander umgehen, rund um den Zuckerhut mit Kokain dealen oder Atombomben basteln wollten – das in Weinflaschen versteckte sandige Zeug war für Hitchcock nur der *Mac Guffin* (also nur ein Köder, nur ein austauschbarer Trick, um das Publikum zu fangen), denn in BERÜCHTIGT geht es in erster Linie um Liebe und Verrat, um Stolz und verleugnete Gefühle, um Spannung und Bewährung – dieser Film noir ist auch eine Liebesprobe. Oder, mit Hitchcocks Worten: »Es geht einfach um einen Mann, der verliebt ist in eine Frau, die in offiziellem Auftrag mit einem anderen Mann geschlafen hat und gezwungen ist, ihn zu heiraten.« Das ist fast richtig und nahezu wahr.

Dennoch war der *Mac Guffin*, das Uran, um das Ben Hecht und Hitchcock den Plot bereichert hatten, 1944 eine verrückte Idee, damals, als man von der Atombombe munkelte, die in der Wüste von Los Alamos gebastelt wurde. Dieser Einfall war Grund genug, daß Selznick das ganze Paket (Hitchcock plus Hecht plus Geschichte) an RKO verscherbelte. Und Grund genug, daß Hitchcock drei Monate lang Hoovers FBI an der Hacke hatte (die Grant-Biographen Higham und Mosley vermuten allerdings, die Tätigkeit des britischen Schauspielers für den britischen Geheimdienst sei der eigentliche Grund der Beschattung gewesen). 1946, als der Film in die Kinos kam, war das Uran, nach Hiroshima und Nagasaki, jedenfalls mehr als nur eine verrückte Idee.

Cary Grant spielt in diesem, laut Truffaut perfektesten Hitchcock-Film (»ein Minimum von Elementen ergibt ein Maximum von Effekten«) einen FBI-Agenten, Ingrid Bergman die deutschstämmige Tochter eines Nazikollaborateurs in Florida, der gerade wegen Landesverrats verurteilt wurde. Beide Rollen liegen nahe an der Wirklichkeit der Akteure, Grant spionierte während des Weltkrieges patriotisch für die Briten, Bergman sympathisierte kurzzeitig mit den Nazis, mauserte sich dann zur entschiedenen Antifaschistin.

Devlin (Grant) gewinnt Alicia Huberman (Bergman) dafür, mit ihm nach Rio zu fahren: Sie soll dort Kontakt zu Nazifreunden ihres Vaters aufnehmen, deren Aktivitäten für das FBI ausspionieren. Der Plan klappt: Sebastian (Claude Rains), das Zentrum einer Nazi-Uran-Bande in Rio und ein reicher Grundbesitzer in Brasilien, verliebt sich (zum zweitenmal) in den Lockvogel Alicia. Der Plan klappt nicht: Die hat sich inzwischen gründlich in Devlin verguckt und der in sie. Dennoch gehorchen die beiden ihrer patriotischen Pflicht (und dem Film-noir-Gesetz, sich gegenseitig aus Liebe zu quälen): Alicia gibt Sebastian nach einem Heiratsantrag ihr Ja-Wort. Auf einer Party findet sie mit dem eingeladenen Devlin heraus, daß Uran die Sache ist, um die sich alles dreht. Sebastian und seine Mutter finden heraus, daß Alicia und Devlin alles herausgefunden haben. Um nicht als Verräter bestraft zu werden, beschließen sie, Alicia allmählich und langsam zu vergiften, damit die anderen Nazis keinen Verdacht schöpfen.

Fast gelingt der Plan, denn Devlin, von Eifersucht und Vorurteilen verblendet, glaubt, Alicia, die er anfangs als lebensfreudige, promiske Alkoholikerin kennengelernt hat (daher der Titel NOTORIOUS), sei wieder in ihre alte Trinkgewohnheit zurückgefallen, als er sie schwach und hinfällig antrifft. Doch in letzter Minute rettet er die langsam dem Gifttod Geweihte, indem er sie aus der Höhle des Löwen holt – Sebastian, um sich nicht selbst zu verraten, kann ihn nicht hindern: und wird doch für seine Liebe zu Alicia sterben müssen.

NOTORIOUS ist wahrscheinlich Hitchcocks geglücktester Thriller in seinem Gleichgewicht von Suspense und Gefühl, von Freiheit und Notwendigkeit.

Nicht nur beim Paar Grant/Bergman stimmt die Chemie auf das Perfekteste: er, ganz der Verliebte, der aus Stolz und Vorurteil seine Gefühle verachten, zumindest verbergen zu müssen meint; sie grenzenlos in ihrer Hingabe, die sie, aus Trotz und Enttäuschung, auf einen Dritten überträgt. Auch Rains als »kleiner Mann, der eine große Frau liebt« (Truffaut), ist in seiner tragischen Zuneigung glänzend besetzt; sein Verhältnis zur dominierenden Mutter (mit kaltem Blick und eifersüchtig-hellsichtiger Liebe: Leopoldine Konstantin) ist ein psychologisches Glanzlicht des Films.

Dessen Höhepunkt ist zweifelsohne die Partyszene, bei der Alicia Devlin mittels des Schlüssels, den sie ihrem Mann geraubt hat (ein deutliches »Blaubart«-Motiv von der verbotenen Tür, die in die Erkenntnis und also ins Verderben führt), den Weinkeller und damit das Uranversteck zeigt. Die Kamera, die auf einen riesigen Kran montiert war, zeigt zuerst, in einem extremen Weitwinkel, die ganze Party von oben, um dann in einer ebenso extremen Nahaufnahme auf Alicias Hand mit dem darin verborgenen Schlüssel zu fahren. Die Kamera (ver-)führt den Zuschauer vom Allgemeinsten zum Besonderen, macht ihn zum Voyeur und Komplizen des Geheimnisses, um das es geht.

Das gleiche schafft die Kamera (Ted Tetzlaff, der eifersüchtig auf Hitchcocks Eingriffe in sein Handwerk reagierte) auch mit den vergifteten Kaffeetassen, die sie an den Zuschauer heranzoomt.

Auf der Party entsteht eine schier unerträgliche Spannung aus der Tatsache, daß die Champagnerflaschen zu Ende zu gehen drohen und daß das Agentenpaar das Geheimnis im Keller zu lüften sucht: Wie das Abnehmen der Flaschen, das Servieren der Gläser gegen die Unruhe der beiden liebenden Komplizen, gegen das Mißtrauen des Ehemanns gefilmt ist – das sucht in der Filmgeschichte seinesgleichen.

Legenden bildeten sich auch um die Kußszene, die Grant und Bergman beim abendlichen Tête-à-tête vor dem Horizont der Copacabana zeigen: Es ist die längste Kußszene der Filmgeschichte (zumindest vor Einbruch der ungehemmten Sexualität). Während die beiden lüstern, verliebt, gierig und unersättlich aneinander herumschnäbeln, unterhalten sie sich über das Abendessen, das Kochen, den anschließenden Abwasch. Hitchcock soll diese verbalen Unterbrechungen eingebaut haben, um der Zensur formal mit diesen Interruptionen Genüge zu tun. Er selbst erzählte, wie er in Frankreich ein Paar aus dem Zugfenster beobachtet habe, das sich durch das Pinkeln des Mannes nicht habe aus der Zärtlichkeit bringen lassen. Wie dem auch sei: Die Szene schmiedete aus den beiden ein unvergeßliches Traumpaar. Schon allein, weil Hitchcock sie danach nicht ins Bett, sondern in die tragische Trennung schickte.

BERÜCHTIGT (NOTORIOUS) (USA 1946, RKO, sw., 101 Min.). Regie und Produktion: Alfred Hitchcock. Drehbuch: Ben Hecht. Kamera: Ted Tetzlaff. Musik: Roy Webb. Ausstattung: Albert S. Agostino, Carroll Clark. Devlin: Cary Grant. Alicia Huberman: Ingrid Bergman. Alexander Sebastian: Claude Rains. Madame Sebastian: Leopoldine Konstantin. Dr. Anderson: Reinhold Schünzel.

Ladri di Biciclette (1948)
Fahrraddiebe

Lamberto Maggiorani, Enzo Staiola

Die Geschichte ist die denkbar einfachste, und doch resultiert aus ihr das absolute Gipfelwerk des italienischen Neoverismo, des Neorealismus der letzten Kriegs- und ersten Nachkriegsjahre: Ein Arbeitsloser aus einem grauen Heer von seinesgleichen in einer der tristen römischen Vorstädte, deren Betonklötze noch nicht einmal an die Wasserleitung angeschlossen sind, bekommt die Chance zur Arbeit, als Plakatkleber. Einzige Voraussetzung: Er muß ein Fahrrad haben. Aber er hat sein Rad versetzt, verpfändet.

Seine Frau befreit ihn kurz entschlossen aus dem Dilemma, indem sie ihre letzte Habe, die Bettwäsche, von den Betten reißt, verpfändet und damit das Fahrrad auslöst. Der Ernährer der Familie, Vater zweier Kinder, kann wieder, nach langer Arbeitslosigkeit, Brot verdienen.

Doch nachdem Antonio Ricci seinen neunjährigen Sohn Bruno zur Tankstelle gefahren hat, wo der Kleine ein paar Lire verdient, und während er sein erstes Plakat zu befestigen versucht – es ist schwer, Rita Hayworth ohne Falten an die Wand zu kleben –, wird ihm sein Fahrrad von routinierten Fahrraddieben gestohlen.

Was jetzt beginnt, ist eine von absurder Hoffnung angetriebene Odyssee der Hoffnungslosigkeit durch das Rom der Trödelmärkte (vor allem der an der Porta Portese), der Vorstädte mit ihren Trattorien und Tavernen, Laientheatern, Fußballstadien, Bordellen, den damals hoffnungslos überfüllten Straßenbahnen, neben denen die Heerscharen von Fahrradfahrern im Morgengrauen ihrer Arbeitsstätte zuströmten.

Rom, das Nachkriegs-Rom bürokratischer Polizeireviere, gockelhafter Carabinieri und eines unübersehbaren Gewimmels aus Not und Armut, das in de Sicas Film nichts Pittoreskes hat, sondern mit dem Scharfblick dokumentarischer Wahrhaftigkeit gedreht wurde, ist neben dem Vater, der mit seinem neunjährigen Jungen die Stadt nach seinem Fahrrad durchsucht wie einen Heuhaufen nach einer Stecknadel, der Hauptakteur: eine Stadt, deren Armut Gauner, Betrüger sowie Aristokraten des Elends produziert, Stolz, Hilfsbereitschaft und Güte sowie Gemeinheit und Niedertracht. Das Fehlen von Brutalität ist die einzige Sentimentalität, die der Film sich leistet.

Mit einer schnörkellosen Kamera, scheinbar wie eine Wochenschau gefilmt, vertieft sich de Sicas Film immer wieder in die Gesichter seiner Menschen: im bestohlenen Vater flackert im hageren Blick eine abgrundtiefe Verzweiflung auf; der Sohn (er vor allem liefert dem Film die kindlichen, unbestechlichen, illusionslosen Augen der Liebe) wird zum eigentlichen Helden dieser verzweifelten Irrfahrt, bei der der Vater zum Schluß selbst zum

Fahrraddieb wird, zum erfolglosen obendrein, den nur die Tränen des Sohnes vor der Schande, ein angezeigter Verbrecher zu werden, retten.

Ich muß gestehen, daß ich mir jedesmal einen Ruck geben muß, um mich der Wahrheit dieses Films auszusetzen, die ohne Schonung ist und ohne Illusionen. Und doch zeigt er in den ungerechten und ruppigen Zärtlichkeiten zwischen Vater und Sohn, in der fassungslosen Liebe, mit der der Mann den Aberglauben seiner Frau (ihre letzte Hoffnung ist eine Wahrsagerin, zu der er, am Boden seiner Verzweiflung, auch geht) entdeckt, auf unsentimentale Weise die Familiensolidarität dieser Ärmsten der Armen: Sie macht ihren Stolz und ihr Selbstbewußtsein aus.

Der realistische Sarkasmus, mit dem de Sica bourgeoise Wohltätigkeit zeigt, die von verstockten Armen mit religiöser Heuchelei bezahlt werden muß, ist im Kino sonst nur noch von Buñuel in dieser Schärfe gezeichnet worden. Und auch den faulen Zauber einer bigotten Wahrsagerin, die die Armen mit dummen Sprüchen abspeist und das Geld, das sie an deren Dummheit und Verzweiflung verdient, scheinbar angeekelt verachtet, hat man so genau nur in Buñuels Filmen gesehen. Schwer zu glauben, daß dieses so absolut in sich selbst erfüllende Meisterwerk ein »Anti«-Film ist. De Sica, der nach eigenen Worten den Film mit der Absicht drehte, das Kino zu »entromantisieren«, läßt als einzigen Star Rita Hayworth als GILDA auftauchen – ein Plakat, mit dem die triste römische Wirklichkeit zugekleistert werden soll, ist »schuld« an der Fahrraddiebstahltragödie.

De Sica, der vergeblich nach amerikanischem oder französischem Kapital für die Realisierung des Films suchte, besetzte die Hauptrollen mit »Laien«. Den arbeitslosen Nichternährer der Familie, Antonio, spielte ein Fabrikarbeiter aus Breda namens Lamberto Maggiorani mit der Überzeugungskraft der eigenen Biographie, seinen Sohn Bruno der Sohn eines Blumenverkäufers: Enzo Staiola. Es ist eine der unvergeßlichsten Rollen der Kinogeschichte.

Wer das Kino liebt und auch nur zwei Hände zum Zählen gebraucht, wird diesen Film zu den besten rechnen können; ja selbst, wer nur bis drei zählen will, müßte wohl auf die FAHRRADDIEBE nicht verzichten, der 1958 in Brüssel »zum besten Film aller Zeiten« deklariert wurde. So olympisch das Urteil klingt – es fordert zu keinem Widerspruch heraus: Längst hat der Film die unverstaubte, überwältigende Einfachheit eines Klassikers.

FAHRRADDIEBE (LADRI DI BICICLETTE) (Italien 1948, PDS-ENIC, sw., 90 Min.). Regie: Vittorio de Sica. Produzent: Umberto Scarparelli. Drehbuch: Cesare Zavattini (unter der Mitwirkung von Suso Cecchi D'Amico, Oreste Biancoli, Adolfo Franci, Gherardo Gherardi und Gararado Guerrieri) nach der Erzählung von Luigi Bartolini. Kamera: Carlo Montuori. Musik: Alessandro Cicognini.
Antonio Ricci: Lamberto Maggiorani. Seine Frau: Lianella Carrell. Sein Sohn Bruno: Enzo Staiola.

Red River (1948)
Red River – Panik am roten Fluß

John Wayne, Montgomery Clift

Frauen sind im klassischen Western dazu gut, dem Mann den gefüllten Teller hinzuschieben, Kaffee zu kochen und ihm Kinder zu gebären. Kinder? Söhne! Und auch Kaffee kocht ein männliches Faktotum besser.
Sieht man Red River von 1948 (die Nachkriegszeit brachte eine Renaissance des Pferdeopern-Genres), der mit High Noon und Stagecoach zur Trias der unangefochtenen Klassiker gezählt wird, dann vertritt der Film nicht nur diese Ideologie, sondern er erklärt sie auch (nämlich aus den rauhen Zeiten um 1860 im urbar zu machenden Westen), und er verklärt sie – zur Mythologie.
Anfangs, als Tom Dunson (John Wayne) allein in die Prärie zieht, sich mit zwei Stück Rindvieh, Pferden und einem Planwagen vom

großen Treck in den Westen an der Grenze von Texas abkoppelt, um sich Land anzueignen und dort Vieh zu züchten, will das ihn liebende Mädchen mit. Doch er will den kruden Anfang erst allein bestehen, stößt sie zurück: Sie soll später nachkommen.

Kurz darauf sieht er mit seinem getreuen Weggenossen, Koch und Knecht Nadine Groot (fabelhaft der zahnlos bissige Walter Brennan), daß Indianer den Treck samt Braut am Horizont in Rauch haben aufgehen lassen. Doch vor dem Überfall hat sich ein Junge gerettet, den Dunson praktisch als Sohn adoptiert: eine Kopfgeburt im Wilden Westen, wie sie sich die griechische Sage als männliche Omnipotenzphantasie nicht deutlicher hat träumen lassen.

Zwischen Ziehvater und Wunschsohn (Montgomery Clift in seinem ersten Film) kommt es 14 Jahre später zum Showdown. Der Vater, dank seiner brutalen, zähen Zielstrebigkeit inzwischen Herr über rund 10 000 Rinder, muß die Tiere dort hintreiben, wo er sie verkaufen kann – nach Missouri, wie er glaubt. Der Zug, entbehrungsreich und von wilden Stampeden, Indianerüberfällen, Durst und Hunger begleitet, wird zum immer rücksichtsloseren Unternehmen Dunsons, der seine Leute schindet, um sein Ziel zu erreichen, und ihren Ungehorsam mit drakonischer Strenge unterdrückt. Dickschädelig hält er an dem von ihm einmal eingeschlagenen, sich als falsch erweisenden Weg fest und behandelt jene als Meuterer, die ihm dabei nicht folgen wollen. Dabei empfiehlt sich ein anderer Weg, der Chisholm Trail über den Red River von Texas nach Kansas, wo in Abilene, so wissen es die Viehtreiber von Berichten her, eine Eisenbahnlinie enden soll. Als Dunson zwei Rebellen aufhängen lassen will, putscht Ziehsohn Matthew Garth (von Montgomery Clift als feinnerviger Pistolero gespielt), reißt Herde und Mannschaft an sich – und erreicht am 14. August 1865 nach dreißigtägigem entbehrungsreichem Ritt die Bahnstation: Es ist ein historisches Datum, eine bahnbrechende Tat; von nun an kann Texas die Welt mit seinem Rindfleisch versorgen.

Doch zurück von der Historie in den Western: Der abgehalfterte Vater hat seinen aufständischen Sohn mordschnaubend verfolgt,

der hat inzwischen eine liebende Frau unterwegs aus den gleichen
Gründen zurückgelassen wie einst Dunson: Erst das Vieh, dann
die Frau. Doch Dunson nimmt die liebende Tess (Joanne Dru) mit
zu seiner Ranch. Statt zum tödlichen Duell kommt es zur Gaudi
der Zuschauer zu einer Riesenschlägerei: Also wird nach Westernlogik alles gut, die Frau kann die beiden Männer zusammenstauchen und, Wilder Westen, Phase zwei, das Regiment übernehmen.
Die mythologische Zeit ist vorüber, der Viehzuchtkapitalismus,
gemeinsam von Vater und Sohn mit gemeinsamen Brandzeichen
ausgeübt, kann beginnen, und der braucht die Familie.
Hawks' Western, episches Meisterwerk und Heldensage der Pionierzeit, besticht nicht nur durch die stimmungstypischen Bilder:
Silhouetten von Planwagen gegen den Horizont, weite Täler,
durch die Hufe klappern, Lagerfeuer, an denen aus Blechnäpfen
Kaffee getrunken wird. Und nicht nur durch die geduldige, nicht
unwitzige Genauigkeit, mit der der Film die Rauhbeine und ihre
Beziehungen, die viel komplizierter als ihre Worte sind, charakterisiert; es gibt da wunderbare Schnörkel: den Alten, der sein Gebiß
verpokert, den Jungen, der mitzieht, um seiner Frau endlich ein
paar rote Schuhe kaufen zu können, und der dafür stirbt. Die
Helden werden nicht veredelt, sondern in ihrer egoistischen Verbohrtheit ungeschminkt gezeichnet.
Vor allem überzeugt der Film durch die realistische Genauigkeit,
mit der der Viehtrieb der rund 10 000 Rinder geschildert und
bebildert wird: Die Kamera findet sich mitten unter den wirbelnden Hufen der Stampede. Oder zeigt geduldig und schön, wie die
Herde an einer Furt über den Red River getrieben wird.
Hawks beschäftigte rund 6000 Rinder, die er für 10 Cent pro
Stück und Tag gemietet hatte. Als es während der Drehzeit zu
regnen anfing und nicht mehr aufhören wollte, stiegen die Kosten
von 1,75 Millionen Dollar rasch auf 3,2 Millionen. Dem HappyEnd machte das nichts, weil der Film allein im ersten Jahr in den
USA 4 Millionen einspielte.

RED RIVER – PANIK AM ROTEN FLUSS (RED RIVER), (USA 1948, United Artists, sw., 133 Min.). Regie und Produktion: Howard Hawks. Drehbuch: Borden Chase, Charles Schnee, nach der Erzählung »Blazing Guns on the Chisholm Trail« von Borden Chase. Kamera: Russell Harlan. Musik: Dimitri Tiomkin. Second Unit Regie: Arthur Rosson.
Tom Dunson: John Wayne. Matthew Garth: Montgomery Clift. Tess Millay: Joanne Dru. Nadine Groot: Walter Brennan. Fen: Coleen Gray. Melville: Harry Carey sen. Cherry Valance: John Ireland.

The Third Man (1949)
Der dritte Mann

Joseph Cotten, Orson Welles

Heute ist Carol Reeds Film, abgesehen davon, daß er ein Meisterwerk an Spannung, Melancholie und Ironie ist, längst auch ein unschätzbares Zeitdokument: über das Nachkriegs-Wien, dessen Innenbezirke von den vier Besatzungsmächten gemeinsam (vier im Jeep) verwaltet wurden. Aus den düsteren Trümmern wächst das Schwarzmarktleben; überlebte Schmarotzer blicken mit dekadenter Verachtung auf die neuen Herren der Weltordnung; keifende Wirtinnen, die »bessere Tage« erlebt haben, wohnen in absurd gewordener herrschaftlicher Pracht, die sie mühsam beheizen und beleuchten und mit unwillkommenen Untermietern teilen – eine Atmosphäre barocker Vergänglichkeit, blanker Not und blasierten Zynismus herrscht in der Stadt.

In dieses Wien von 1945/46 kommt der naive, leicht versoffene amerikanische Westernautor Holly Martins (Joseph Cotten), finanziell auf dem Zahnfleisch, in der Hoffnung, sein Freund Harry Lime (Orson Welles), der in Wien mit dubiosen Geschäften Erfolg hat, könne ihm wieder auf die Beine helfen. Doch der ist angeblich tot, von einem Lastwagen überfahren worden, und Holly kommt gerade zur Beerdigung zurecht, wo er vom britischen Major Calloway (Trevor Howard) erfährt, was er nicht wahrhaben will: daß Harry Lime durch den Schwarzmarkthandel mit gepantschtem Penicillin zum skrupellosen Mörder an Kindern und Kranken geworden ist.

Holly Martins macht sich auf, den Tod des Freundes aufzuklären, woran ihn Harrys Wiener Freunde merkwürdigerweise hindern wollen. Er verliebt sich dabei in Harrys Freundin Anna Schmidt (Alida Valli), die mit falschem Paß als tschechischer Flüchtling in Furcht vor der Abschiebung durch die Russen lebt und als Schauspielerin in süßlichen Wien-Operetten auftritt.

Graham Greenes archetypische Story, die ihre unausweichliche Wucht mit Understatement vorträgt, ist eine Ödipus-Variante aus der Welt der Nachkriegs-Unordnung und des Chaos der Werte: Anstatt seinen Freund zu entlasten, findet Martins ihn am Leben und so ins Verbrechen verstrickt, daß er ihn mit der Polizei jagt und selbst tötet – und damit nicht nur ihn, sondern auch seine Liebe verliert.

Carol Reeds Geniestreich arbeitet mit der unvergeßlichen Wiener Trümmerkulisse um die Hofburg, dem (von den Besatzern beschlagnahmten) »Sacher«, dem rostigen Prater und dem von gestürzten Treppen umrahmten Stephansdom – die Figuren werfen expressionistisch lange Schatten in die düsteren Straßen, überlebensgroß drohend, bevor sie erscheinen.

Welten stoßen schon in der Besetzung zusammen: Orson Welles und Joseph Cotten (erstmals seit CITIZEN KANE wieder zusammen auf der Leinwand) sowie der ungeheuer elegant und kühl spielende Trevor Howard treffen auf die Crème Wiener Schauspielkunst: Ernst Deutsch, Erich Ponto, Paul Hörbiger, Siegfried

Breuer – alle mit Wiener Studien zwischen Balkan, Heurigen und Nachkriegsüberlebenskunst von stupender Eindringlichkeit.
Viele Szenen kann man nie vergessen: so harmlos komische wie die der kulturellen Begegnungen, wo der tumbe Westernautor auf das existentialistische Kulturgeschwätz der »Umerziehung« stößt. So aber vor allem der erste Auftritt des totgeglaubten Harry Lime, der im dunklen Hauseingang steht und um dessen Schuhe das Kätzchen seiner Freundin schnurrt, bevor Licht aus einem Fenster plötzlich auf sein Gesicht fällt. So die Riesenradfahrt, auf der Orson Welles seine zynische Nachkriegsmoral verkündet: »Im Italien unter den Borgias herrschten 30 Jahre lang Terror, Mord und Blutvergießen, aber die Zeit brachte Michelangelo, Leonardo da Vinci und die Renaissance hervor. In der Schweiz herrschten brüderliche Liebe, 500 Jahre Demokratie und Frieden. Und was haben sie hervorgebracht? Die Kuckucksuhr.«
Der Film kulminiert, als Holly den Lockvogel spielt, um Lime aus dem sowjetischen Sektor zu locken, in einer Verfolgungsjagd durch die Wiener Kanalisation, eine rauschende Kloake labyrinthischer Gänge, aus denen das Echo der Suchtrupps hallt, der Atem als Rauch aufsteigt – und Harry schließlich die Hände in einer expressiv gefilmten Verzweiflung vergeblich zum letztenmal durch einen Gullydeckel schiebt: Dann, auf ein Kopfnicken des Opfers hin, gibt ihm sein Freund den Gnadenschuß.
Der Film endet, wie er begann, auf dem riesigen Wiener Zentralfriedhof. In einer kahlen, schier endlosen Allee gestutzter Winterbäume geht Harrys Freundin mit stummer Verachtung an Holly Martins vorbei.
Zu der dichten, detailprallen Atmosphäre trägt natürlich entscheidend die inzwischen längst zum Ohrwurm avancierte Zithermusik von Anton Karas bei, den Carol Reed bei der Suche nach Motiven zufällig in einem Wiener Beisel hörte – bedrohlichere und daher perversere Volksmusik war nie zu hören, das Wort von der Wiener Gemütlichkeit hat in dem Film auf einmal eine tödliche Fratze.

DER DRITTE MANN (THE THIRD MAN) (Großbritannien 1949, London Films, sw., 104 Min.). Regie: Carol Reed. Produzenten: Alexander Korda, David O. Selznick. Drehbuch: Graham Greene. Kamera: Robert Krasker. Musik: Anton Karas.

Holly Martins: Joseph Cotten. Anna Schmidt: Alida Valli. Harry Lime: Orson Welles. Major Calloway: Trevor Howard. Und Bernard Lee, Ernst Deutsch, Erich Ponto, Siegfried Breuer, Paul Hörbiger, Wilfred Hyde-White, Hedwig Bleibtreu.

All about Eve (1950)
Alles über Eva

Gary Merrill, Anne Baxter, Bette Davis

Ähnlich wie bei dem im selben Jahr 1950 gedrehten SUNSET BOULEVARD Wilders gibt es in Joseph L. Mankiewicz' ALL ABOUT EVE eine ganze Reihe Insider-Witze und Insider-Anspielungen auf das produzierende Studio (Darryl F. Zanuck, der Produzent, wird beispielsweise im Film genannt: weil er den erfolgreichen Broadway-Regisseur und Geliebten der Broadway-Duse Margo Channing [Bette Davis] zum Filmen nach Hollywood lockt).
Ähnlich wie in SUNSET BOULEVARD geht es in ALLES ÜBER EVA um das Altern und Abtreten einer Schauspielerin – Bette Davis, die als 42jährige Filmdiva eine 40jährige Theaterdiva spielt (eine fulminante, ergreifende, vor Energie knisternde, den Film souve-

rän beherrschende Rolle), findet schließlich Halt in der Tatsache, daß sie die wichtigere Rolle als liebende und geliebte Ehefrau sucht.
Ähnlich wie Wilder war auch Mankiewicz (der übrigens in den dreißiger Jahren als US-Journalist auch in Berlin lebte) lange »nur« Drehbuchautor, ehe er als Regisseur arbeiten durfte, und war auch ähnlich künstlerisch mit Lubitsch verbunden.
Ähnlich wie in SUNSET BOULEVARD sieht der Filmanalytiker Gordon Gow die »Angst« der Filmbranche vor ihrem nahen Untergang in ALL ABOUT EVE artikuliert: In der Tat markieren einige flapsige Bemerkungen über das Fernsehen (TV-Spielen ist wie dauerndes Vorsprechen) die Angst der Industrie, das Pfeifen im Walde. Aber was für ein Pfeifen! ALL ABOUT EVE ist eine der hinreißendsten *Backstage*-Geschichten: Der Film, der »hinter der Bühne« spielt, vermittelt dem Zuschauer die Illusion, einen Blick hinter die Kulissen, in die ungeschminkte Wahrheit des Theaters zu werfen – und die weitere Illusion, daß das Publikum mit wohliger Erleichterung erkennt: Hinter dem Glanz und Glamour geht es nicht weniger traurig, boshaft, gemein und intrigant zu als im »richtigen Leben«, das Altern macht auch (und gerade) vor der Kunst nicht halt, Darwin bestimmt auch die Bühnengesetze von Aufstieg, Erfolg und Abgang.
Zu Beginn schleimt und schmarotzt sich die theaterversessene Eve (stählern gespielt von Anne Baxter) mit bewegenden Augenaufschlägen, servilen Dienstleistungen und erlogenen Rührgeschichten in das Leben und die Dienste des Broadway-Stars Margo Channing und damit in das Beziehungsgeflecht zu deren Regisseur und Geliebten Bill Sampson (Gary Merrill) und zu ihrem Stückeschreiber Lloyd Richards (Hugh Marlowe) und dessen Frau (Celeste Holm), deren blonde Gutgläubigkeit und Rührseligkeit sie kalt als Türöffner zur Glamourwelt des Theaters benutzt.
Wie ein Parasit versucht Eve die alternde Margo von allem, was sie hat, zu trennen: vom Ruhm, von den Rollen, von der Zuneigung der Freunde und der Liebe des Partners. Bei ihrem kaltschnäuzig und wirksam inszenierten Aufstieg intrigiert sie sich mit Hilfe des

Kritikers Addison de Witt (für die Rolle des eleganten Menschenverächters erhielt George Sanders einen Oscar) als Zweitbesetzung in Margos Rolle, becirct dann den Autor Lloyd, die nächste Rolle für sie zu schreiben, nachdem ihre Sexattacke auf den Regisseur der großen Rivalin gescheitert war. Am Schluß erhält sie den höchsten New Yorker Theaterpreis – und wird zu Hause von einer jungen, erfolgsversessenen Anbeterin heimgesucht: Der Darwinismus um Bühne und Bett kann in die nächste Runde gehen ...
Was den Film, den Pauline Kael in spöttischer Bewunderung mit dem deutschen Begriff »Ersatz«-*art* (Ersatz-Kunst) klassifizierte, auszeichnet, ist sein geschliffener Dialog, den exzellente Schauspieler immer wieder in großen Ausbrüchen und Auseinandersetzungen explodieren lassen oder in eleganten Florettgefechten auskämpfen. Das Schönste an ALL ABOUT EVE ist, daß Bette Davis als Margo nicht so sehr nur gegen die ausgeklügelten und mit tödlicher Präzision arbeitenden Intrigen ihrer jüngeren Rivalin kämpft, sondern noch stärker und eindrucksvoller gegen das eigene Alter – und mit Einsicht melancholisch siegt (soweit es da einen Sieg geben kann). Und daß Eve zwar als total skrupelloses, kaltes, verlogenes Biest dargestellt ist, aber daß sie alles nur einem Moloch zuliebe tut, dem des (Theater-)Spielens.
Der Film spielt nebenbei mit formvollendeter Ironie den ewigen amerikanischen Gegensatz zwischen Broadway (also dem Theater) und Hollywood (also dem Kino) aus und gibt dem Theater (im Kino) mit souveränem Lächeln recht und den Vorzug. Und was das damals neue existenzbedrohende Medium Fernsehen betrifft: Die junge Marilyn Monroe stellt in winzigen Episoden begabt eine unbegabte Blondine dar, die es zur Bühne drängt und der von den Theaterleuten blasiert das Fernsehen als letzte Chance empfohlen wird – ausgerechnet M. M., die Hollywoods letzte Star-Bastion gegen die TV-Gefahr wurde!

ALLES ÜBER EVA (ALL ABOUT EVE) (USA 1950, 20th Century Fox, sw., 138 Min.). Regie und Drehbuch: Joseph L. Mankiewicz. Produzent: Darryl F. Zanuck. Kamera: Milton Krasner. Musik: Alfred Newman.

Margo Channing: Bette Davis. Addison de Witt: George Sanders. Eve: Anne Baxter. Karen Richards: Celeste Holm. Lloyd Richards: Hugh Marlowe. Bill Sampson: Gary Merrill. Birdie: Thelma Ritter. Theaterdirektor Max Fabian: Gregory Ratoff. Miss Caswell: Marilyn Monroe.

La Ronde (1950)
Der Reigen

Adolf Wohlbrück, Simone Signoret

Beim REIGEN dreht es sich um eine sexuelle Kette, deren Ringe durch flüchtige Liebesvereinigungen miteinander verbunden werden; es dreht sich ein Liebeskarussell, es vollzieht sich ein Stafettenlauf der Liebe, die selbst im sexuellen Akt weitergereicht wird – uff:
Zuerst treibt es die Dirne mit dem Soldaten. Im Stehen unter einer Brücke.
Dann verführt der Soldat das Stubenmädchen. Nach dem Tanzen auf einer Parkbank.
Dann gibt sich das Stubenmädchen ihrem jungen Herrn hin. Die Eltern sind verreist, der Nachmittag ist schwül, die Jalousien werden geschlossen.

Anschließend verführt der junge Herr die verheiratete Frau. Oder sie ihn. In einer Absteige, die er dafür gemietet hat.

Danach schläft die verheiratete Frau mit ihrem Mann. Im Ehebett, und weil es sich so ergibt.

Anschließend führt der Mann das »Süße (Wiener) Mädel« in das Séparée. Er füllt sie mit einem mehrgängigen Souper und viel Champagner ab, der Champagner dient auch als ihre Ausrede.

Das »Süße Mädel« (ein von Schnitzler geprägter Begriff für die im Wien des Fin de Siècle meist von verheirateten Männern ausgehaltenen, einfachen jungen Kleinbürger- und Proletariermädchen, die im französischen Film auch »Midinette« oder »Grisette« heißen und Halbhuren im Begriff der Doppelmoral der damaligen Zeit sind), das »Süße Mädel« also läßt sich anschließend vom Dichter in seinem Atelier berauschen. Er opfert und zelebriert sie auf dem Altar seiner Eitelkeit.

Der Dichter wiederum verfällt der Schauspielerin in der Garderobe. Nach der Vorstellung eines seiner Stücke.

Die Schauspielerin ihrerseits vernascht am hellichten Tag den Grafen. Sie hat ihn sich in der Vorstellung ausgeguckt und er sich sie.

Schließlich fällt der betrunkene Graf des Nachts zur Dirne ins Bett. Von der Vereinigung hat er kaum etwas mitbekommen, danach bemerkt er ihre schönen Augen.

Von der Dirne über den Soldaten, das Stubenmädchen, den jungen Herrn, die verheiratete Frau, ihren Ehemann, dessen »Süßes Mädel«, deren Dichter und dessen Schauspielerin führt der Reigen über den Grafen wieder zur Dirne zurück: zehn sexuelle Vereinigungen, zehnmal ein Beischlaf – alle Personen denken nur an das eine, trachten nur nach dem einen; es ist für sie das Wichtigste, ja, das einzige von der Welt, und doch degradieren sie es zur flüchtigen Episode. Truffaut hat von Ophüls gesagt, er zeige in seinen Filmen den »traurigen Morgen nach einer rauschenden Ballnacht« (Victor Hugo) – aber auch das Davor ist nicht froh, sondern offenbart die Obsession von Getriebenen.

Max Ophüls, der vor seiner Emigration nur ein paar Monate in Wien Theatermann war, bevor er zum Film ging, und der nach seiner Emigration für ein Jahr nach Wien zurückkehrte, bevor er in Frankreich seine meisterhaften Kostümfilme nach Maupassant und eben Arthur Schnitzler drehte, hat mit dem REIGEN, einem Stück Wiener Nostalgie aus dem Jahr 1900, seinen vollendetsten Film geschaffen: ein wunderbar leichtes, wunderbar elegisches, von zarter Bosheit, sanftem Spott und viel Zuneigung und Sehnsucht getragenes Werk, das eine sanft kreisende, samtenweich fahrende, stets eine respektvoll-ironische Distanz wahrende Kamera in einen Zustand des flirrenden Schwebens versetzt – ohne daß der Film dabei seine fast geometrische, scharfumrissene Kontur und seine soziale Genauigkeit verliert.

Oder wie es sein »Reigen«-Kameramann, Christian Matras, formuliert hat: »Die Wirklichkeit, die Ophüls den Zuschauern offenbarte, war so verletzbar, daß das direkte Eingreifen des Regisseurs sie zerstört hätte. Das ist die Rechtfertigung für die vielen verschlungenen Wege und die langen Kamerafahrten, die die Wirklichkeit nur streifen, sie zärtlich berühren, ohne daß sie Schaden nimmt.«

Man muß sich nur vor Augen führen, wie Ophüls das im Bett liegende Ehepaar, das über die trennende Ritze hinweg die Hände ineinanderschlingt, durch eine Uhr und ihr Pendel filmt, wie er den Grafen und die Schauspielerin in einem kurzen Augenblick, dem des Übereinanderbeugens, im Deckenspiegel über dem Bett einfängt – dann hat man die Finesse und Delikatesse, mit der Ophüls arbeitete: Es gibt das unerbittliche Zeitmaß des Pendels (wie jeder Reigen ist auch dieser ein Totentanz der Vergänglichkeit), es gibt die elegische Distanz des Spiegels; Erleben gibt es nur gebrochen, reflektiert.

Arthur Schnitzlers »Skandal«-Stück »Der Reigen« bildet die Grundlage; nach den Theaterskandalen 1921 in Berlin und Wien und den anschließenden Sittlichkeitsprozessen (die Bühnen wurden vom Vorwurf der Obszönität freigesprochen) hat Schnitzler das Werk, verbittert über die falschen und antisemitischen Reaktionen, für die Bühnen gesperrt; sein Sohn Heinrich hat sich an dieses Verbot des Vaters gehalten, erst nach Heinrichs Tod 1982 war die Sperrfrist erloschen. Die Filme in Frankreich (der von

Ophüls, 1950, und der von Roger Vadim, 1964, Drehbuch immerhin Jean Anouilh), waren ausgenommen, weil die französische Übersetzung nicht unter das rechtliche Verdikt fiel.

Das Kino fungierte damals also auch als Theaterersatz. Obwohl der Film nichts weniger als verfilmtes Theater ist, sondern einer der filmischsten Filme (wenn dieser paradoxe Superlativ erlaubt ist), die ich kenne.

Ausgerechnet 1950, in der Zeit der totalen Prüderie, der freiwilligen und unfreiwilligen Selbstkontrolle, der strikten Zensur, wurde dieses Werk, das von nichts anderem als vom (um die damalige Polizeisprache zu zitieren) »HwG«, vom häufig wechselnden Geschlechtsverkehr, handelt, gedreht und gezeigt. Aber in Wahrheit passen Schnitzlers Drama und Ophüls' Film genau in die Zeit der Doppelmoral und ihrer restriktiven Auswirkungen. Es ist das Verbot und die Unterdrückung, die sich die Lust schaffen, die dieses Fin de Siècle durch und durch erotisiert und durchtrieben gemacht haben. Und: Stück wie Film zeigen nur das »Davor« und das »Danach«, nie den Akt selbst, ja, nicht einmal das unmittelbare Vorspiel oder das Ausziehen. Im Textbuch des Stückes standen immer da, wo die Leute miteinander schliefen, Gedankenstriche, auf der Bühne fiel der Vorhang, im Film wird schwarz abgeblendet, wird geschnitten: Die Sinnlichkeit des REIGENS findet durch Aussparung der Sinnlichkeit statt. Er spielt auf der enthemmtesten Bühne, auf der freizügigsten Leinwand – der der Phantasie.

Für den Film hat Ophüls eine herrliche Figur erfunden, ein bißchen Conférencier, ein bißchen Regisseur, ein wenig Gelegenheitenmacher und Kuppler, ein wenig melancholisch-ironischer Zuschauer, der in sämtliche Geheimnisse, durch sämtliche Schlüssellöcher gucken darf (für das Publikum): Es ist der unnachahmlich elegante Adolf Wohlbrück, ein Herr von großer Noblesse, ein Roué und Elegant, ein blasierter Beobachter und passionierter Menschenkenner, ein Melancholiker und Spötter, der uns diese Maskerade zur Demaskierung vorführt: als Walzer (von Oscar Straus), der in die Wiener Melodie des »Lieben Augustin« mündet: das Lied der Pestjahre, mit dem Refrain: »Alles ist hin!«

Die exquisit mit der Crème des Pariser Films besetzten Rollen, gefangen in ihren Posen, drapiert in ihren plüschigen Vorstellungen, führen einen komischen Kampf der Konventionen und Requisiten: mal stört ein Säbel oder Helm beim Lieben, mal stört die Wahrheit die stimulierenden Schleier der Lüge. Die Entflammten werden seltsam kalt und brutal in ihrem Ungestüm gezeigt: Während der Sex im Verlauf des Reigens die soziale Leiter hinaufsteigt, wird er wortreicher, verlogener, müder und resignativer. Schmerz darüber, wie entfremdet das intimste Gefühl ist, beherrscht das Liebesspiel. »Davor« herrscht Drängen, »danach« Davondrängen, Ruppigkeit, verletzende Gleichgültigkeit. Und doch wird in dieser Welt verlogener Gespinste eine Art betrauertes, verlorenes Paradies gezeigt; allerdings eines, das die eigene Vernichtung, die künftigen Katastrophen aus sich selbst heraus erzeugte.

Und merkwürdig: Der zärtlichste und intimste Moment spielt sich ausgerechnet zwischen dem blasierten Grafen und der Dirne ab, »danach« und nach einem Liebesakt, der sich im Suff verflüchtigt hat: Als er sie bittet, ihre Augen küssen zu dürfen, spiegelt sich in ihrem und seinem Gesicht einen Augenblick lang die Zärtlichkeit großer Liebe. Die beiden sind am aufrichtigsten miteinander. Am verlogensten jedoch: das verheiratete Paar!

DER REIGEN (LA RONDE) (Frankreich 1950, Sacha Gordine, sw., 97 Min.). Regie: Max Ophüls. Produzent: Sacha Gordine. Drehbuch: Jacques Natanson, Max Ophüls, nach dem Bühnenstück »Der Reigen« von Arthur Schnitzler. Kamera: Christian Matras. Musik: Oscar Straus. Liedtexte: Louis Ducreux. Ausstattung: Jean d'Eaubonne. Kostüme: Georges Annenkov.
Spielführer: Anton Walbrook (das ist Adolf Wohlbrück). Léocadia, Dirne: Simone Signoret. Franz, Soldat: Serge Reggiani. Marie, Stubenmädchen: Simone Simon. Alfred, junger Herr: Daniel Gélin. Emma Breitkopf, Ehefrau: Danielle Darieux. Charles Breitkopf, Ehemann: Fernand Gravey. »Süßes Mädel«: Odette Joyeux. Robert Kühlenkampf, Dichter: Jean-Louis Barrault. Charlotte, Schauspielerin: Isa Miranda. Graf: Gérard Philipe.

Sunset Boulevard (1950)
Boulevard der Dämmerung

William Holden, Gloria Swanson

Polizeisirenen heulen den nächtlichen Sunset Boulevard entlang, dort, wo er sich kurvenreich durch die Villenviertel von Westwood, Beverly Hills, Bel Air, schlängelt, Polizeiautos biegen in eine Einfahrt, die zu einer verborgenen Prachtvilla führt, deren verkommener, verschrobener Luxus in eine vergangene Epoche Hollywoods deutet. Man sieht einen Swimmingpool, in dem bäuchlings eine männliche Leiche in einem Anzug schwimmt, die Arme leicht abgewinkelt, die Beine leicht gespreizt. Und dann fängt der Tote aus dem Off an zu reden: Er habe sich schon immer einen Pool gewünscht und ihn zuletzt auch bekommen ...

Mit diesem ungeheuren Auftakt beginnt Billy Wilders Schwanengesang auf das Hollywood der Stummfilmjahre, ein hellsichtiges Werk über Starwahn und Ruhmvergänglichkeit, über die Filmmetropole als Jahrmarkt der Eitelkeiten, der Käuflichkeit und Vergeßlichkeit, der tödlichen Illusionen. Der Tote, es ist der Drehbuchautor Joe Gillis (William Holden in der Rolle seines entscheidenden Durchbruchs), erzählt in filmischer Rückblende die Geschichte seines Lebens und Sterbens: wie er, als erfolgloser Schreiber von seinen Gläubigern gejagt, sein nicht abbezahltes Auto zu retten suchte, indem er es in der Garage der verfallenen, scheinbar verlassenen Villa versteckte. Wie er sich dadurch in das bizarre Leben des Stummfilmstars Norma Desmond verstrickte, erst für den Bestatter ihres toten Affen gehalten, dann als Drehbuchautor für ihr groteskes »Salomé«-Projekt engagiert und von ihr schließlich mit Haut und Haar vereinnahmt wurde, als ihr Partner, Opfer, ausgehaltener Gigolo, bis ihn die Eifersüchtige am Schluß aus Angst vor der endgültigen Desillusionierung erschoß, als er sie verlassen wollte und ihr die traurige Wahrheit ihres längst verblaßten Ruhmes, ihrer längst vergessenen Karriere ins Gesicht schrie.

Am Ende rettet sie sich in ihren Wahn und verwechselt endgültig Illusion und Wirklichkeit, Filmwelt und Realität: Während die Mörderin im Scheinwerferlicht der Wochenschauen die herrschaftlich vermoderte Treppe ihres Hauses zur Verhaftung herunterschreitet, ja heruntertanzt, vermeint sie die Salomé für Cecil B. De Mille zu spielen.

Wilder hat sein (zusammen mit seinem langjährigen Drehbuch-Partner Charles Brackett geschriebenes) düsteres, grandios sarkastisches Meisterwerk 1950 gedreht, als die Angst in Hollywood umging, das Fernsehen könnte der Filmindustrie ähnlich an die Gurgel fahren, wie es der Tonfilm mit dem Stummfilm tat. Das zu Stummfilmpathos aufgewölbte, von zynischem Realismus und nüchterner Menschenkenntnis durchsetzte Melodram, in dem Hollywood über die eigenen Gespenster nachdenkt und der Paramount-Regisseur dies am fiktiv-realen Beispiel der Paramount exemplifiziert, setzt sich aus drei Erfahrungswelten zusammen:

Die Erfahrung Billy Wilders als junger, (erfolgs)hungriger Drehbuchautor, der zwischen Wahrheit und Anpassung zu wählen hat, spiegelt sich in Holdens Joe Gillis wider, der sich einerseits von der erloschenen Größe und dem besitzheischenden Reichtum der in ihre Illusionen verbissenen Norma Desmond Schritt für Schritt zu ihrem ausgehaltenen Partner und Liebhaber machen läßt und andererseits mit der jungen Drehbuchdramaturgin Betty Schaefer (Nancy Olson) Hollywoods neuen realistisch-aufrichtigen Film kreieren möchte. Gillis, dessen Verhältnis zu der Stummfilmdiva Holden in einer unentwirrbar faszinierenden Mischung aus Ekel, Selbstekel, Hingezogenheit, Spott und Leichtsinn spielt, gerät in Normas Abhängigkeit wie in ein Spinnennetz: Bei einem einsamen Silvesterball, wo eine altmodische Kapelle in dem düsteren Palast nur für die beiden spielt, bindet sie ihn in einem Selbstmordversuch endgültig an sich, um ihn, als er sich endlich zur Wahrheit und Freiheit von Wohlleben und Illusionen durchringt, in den Tod zu entlassen.

Wilders zweite Erfahrung, die dem Film seine schillernde Authentizität gibt, ist die der Vermischung von Traum und Wirklichkeit in der Filmmetropole: Der Film vermengt schon in der Besetzung und der Geschichte wirkliche und erdachte Figuren, Fiktionen und Fakten.

So spielt Gloria Swanson mit den imposant übersteigerten Ausdrucksmitteln ihrer eigenen Stummfilmvergangenheit eine Norma Desmond, deren Augen dämonisch blitzen, die den Kopf herrisch in den Nacken wirft und die Hände theatralisch spreizt und auf den Satz »Sie waren groß« antwortet: »Ich bin immer noch groß. Es sind die Filme, die klein geworden sind!«

Ihr Partner, Max von Mayerling, jetzt ihr Butler und stoischer Sklave, ist der in seiner steinernen Würde grandiose Erich von Stroheim, der große Stummfilmregisseur, der sie in Wahrheit entdeckte; der Film zeigt, während Norma Desmond Gillis zärtlich in ihrem Privatkino an sich drückt, QUEEN KELLY (»Wir hatten noch Gesichter!« sagt die Desmond stolz), die Filmruine, die beider Karriere unter sich begrub. Die »Wachsfiguren«, mit denen sie Bridge spielt, sind reale Heroen der Stummfilmzeit: H. B. Warner, der Christus in De Milles KÖNIG DER KÖNIGE, Anna Q. Nilsson, die erste Schwedin, die es in Hollywood zu Starruhm brachte, und Buster Keaton, der Komiker mit dem Pokerface, der nie lachende Konkurrent Chaplins. Hedda Hopper, die einflußreiche Klatschkolumnistin, spielt sich selbst als skandalfleddernde Reporterin am Tatort des Mordes.

Und Cecil B. De Mille, den Wilder bei dessen realen Dreharbeiten zu SAMSON UND DELILAH gewissermaßen dokumentarisch filmte, der mit der Swanson viele Stummfilmerfolge drehte, läßt als Cecil B. De Mille Swansons Norma auf den Set, wo sie in einer großen Szene noch einmal erlebt, wie die Scheinwerfer sie strahlend und voll für einen Augenblick erfassen – nachdem sie vorher den Mikrofongalgen angeekelt aus ihrem Blick geschoben hatte: ein Symbol ihrer Verachtung für den Tonfilm.

Die entscheidende Erfahrung jedoch, die SUNSET BOULEVARD auffängt und bewahrt, ist die gnadenlose Erfolgsverdammnis Hollywoods, die mit dem Verlust von Würde und Realität bedroht, mit krankhafter Verfallenheit an Illusionen erkauft ist. Nur den in Wahrheit längst Gefallenen und Vergessenen, also der Desmond und ihrem einstigen Regisseur, Liebhaber und Gatten Max von Mayerling, erlaubt der Film eine unantastbare Würde – wenn auch im Wahn entrückt. Es wird verständlich, warum der Filmmogul Louis B. Mayer den Regisseur Wilder beim Verlassen der Premiere angiftete: »Man müßte Sie teeren und federn lassen! Sie haben nach der Hand gebissen, die Sie ernährt hat.«

BOULEVARD DER DÄMMERUNG (SUNSET BOULEVARD) (USA 1950, Paramount, sw., 110 Min.). Regie: Billy Wilder. Produzent: Charles Brackett. Drehbuch: Billy Wilder, Charles Brackett, D. M. Marshman jr. Kamera: John F. Seitz. Musik: Franz Waxman. Ausstattung: Hans Dreier, John Meehan. Kostüme: Edith Head.
Joe Gillis: William Holden. Norma Desmond: Gloria Swanson. Max von Mayerling: Erich von Stroheim. Betty Schaefer: Nancy Olson. Und als sie selbst: Cecil B. De Mille, Hedda Hopper, Buster Keaton, Anna Q. Nilsson, H. B. Warner.

THE AFRICAN QUEEN (1951)
African Queen

Humphrey Bogart, Katharine Hepburn

Er ist Kapitän eines verrotteten, verrosteten Flußdampfers mitten in Afrika auf dem Kongo, tränkt sich mit Gin und imprägniert sich mit Zigarrenrauch gegen Hitze, Fährnisse, Einsamkeit und Insekten und bringt ihr die Post. Sich rasieren ist nicht seine Sache. Und Hemdenwaschen offenbar auch nicht. Sie ist die Schwester eines englischen Methodistenpfarrers in einem sonst gottverlassenen Urwaldnest namens Kwagda, in der Zeit, als aus Afrika die »Kolonialwaren« kamen sowie Bodenschätze und Holz und die Schwarzen von ihren Herren im Gegenzug dazu angehalten wurden, am Sonntag fromm und frisch gewaschen in die Kirche zu kommen, wie es sich für Christenmenschen gehörte. Ihr Bruder, rund, rosig, zufrieden die Zuversicht des Glaubens aus-

strahlend und diese Zuversicht mit mißtrauisch kugelnden Augen kontrollierend (eine herrliche Episodenrolle: Robert Morley), unterrichtet die Wilden in der Sonntagsschule, während sie in den Tropen zur ältlichen Jungfer vertrocknet ist: sehr mager, mit einem sehr großen Hut und sehr großen Zähnen.
Als er ihr die Post bringt und der Zuschauer sie zum erstenmal zusammen sieht, sitzen sie beim Tee und haben sich nicht viel zu sagen, so daß in der peinlichen Stille herzlicher Abneigung sein Magen laut hörbar zu knurren und zu brummen beginnt. Vor Verlegenheit? Vor Gin-Genuß? Sie bietet ihm eine Tasse Tee an, der Magen wird still, doch dann fängt er wieder an. Darauf sagt er: »Komisch, was? Ich meine, was bringt den Magen eines Mannes eigentlich dazu, sich so aufzuführen?«
Doch der Film schreibt das Jahr 1914 an die Leinwand; es ist Krieg. Und so bleibt die hinreißende Benimm- und Konversationsszene zwischen dem unzivilisierten Rauhbein und der Missionarsfregatte Episode, ganz offenkundig der Szene aus MODERN TIMES nachempfunden, in der Chaplins rebellierend knurrender Sträflingsmagen der neben ihm sitzenden Pfarrersfrau signalisiert, daß es neben der Religion auch noch die Natur gibt. Die Deutschen brennen die britische Missionarssiedlung nieder, der Bruder stirbt, und das ungleiche Paar, das die Not und Gefahr zusammenschmiedet, begibt sich auf dem wackligen Kahn namens »African Queen« auf die Flucht, flußabwärts durch Stromschnellen, Wasserfälle, Untiefen, Schilfdickicht, lauernde Krokodile, Insektenschwärme, Blutegel.
In Wahrheit kann ein umwerfend komisches Zweipersonenstück vor der Kulisse des Urwalds und seiner furchterregenden Geräusche beginnen: als eine »Cook Tour« in Technicolor, bereichert durch das Spiel von Bogart und Hepburn, »die nie in ihrem Leben so gut waren wie hier« (Pauline Kael). So gesehen ist das Spiel der wechselseitigen Zähmung zweier Widerspenstiger eine späte Fortsetzung der Screwball-Komödie der dreißiger Jahre. Noch einmal stiegen 1951 die beiden alten Schlachtrösser des klassischen Hollywood-Kinos in die Arena. Zum erstenmal zusammen, zum ersten-

mal in Technicolor, zum erstenmal erhielt Bogart für die Rolle seines Captains Charlie Allnutt einen Oscar. Er war damals 52 (hatte noch sechs Jahre und zehn Filme zu leben), Katharine Hepburn, unvergeßlicher Screwball-Star von BRINGIN' UP BABY und Spencer-Tracy-Partnerin, war, als sie Rose Sayer spielte, 44. Ihr Partner setzte einen hinreißenden Charme und eine Riesenenergie in ihr frei, sie beflügelte seinen Spielwitz, seine Selbstironie, seine Laune.

Zu Beginn bringen sich die beiden zur Abenteuerreise auf Leben und Tod Zusammengeketteten eine herzliche Abneigung entgegen, vor allem, nachdem der Versoffene merkt, daß »Rosie« (wie er sie bald zärtlich nennen wird) entschlossen das Kommando ihres Fluchtunternehmens an sich gerissen hat. Die Wende tritt ein, als Allnut sich sinnlos besäuft, nachdem Rose beschlossen hat, aus seinem Dynamit und seinen Sauerstoffflaschen Raketen zu bauen, um ein deutsches Kanonenboot aus dem Fluchtweg zu schießen. Er flucht: »Sie verrückte, psalmensingende, dürre, alte Jungfer«, bevor er, endgültig besoffen, das Bewußtsein verliert. Sie gießt daraufhin seine Gin-Vorräte allesamt in den Fluß. In einer herrlichen Einstellung sieht man die unverwechselbaren (leeren) »Gordon's«-Flaschen flußabwärts treiben – eine Flaschenpost drohender Abstinenz. Der irischstämmige trinkfeste John Huston wußte genau, was er da zu drehen, und Bogart, Mitglied des trinkfreudigen »Ratpack« in Hollywood (zu der sich neben ihm auch so trinkfeste Kumpane wie Frank Sinatra und Dean Martin zählten), exakt, was er zu spielen hatte.

In der Gefahr erlebt Rosie einen sensationellen neuen Kick. Ihr altjüngferlicher Panzer schmilzt dahin, und auch Bogart verliebt sich in ihre energisch erwachende Lebens-, Liebes- und Abenteuerlust – »Kiss Me Kate« im Kongo, während sie das Boot durch das Wasser ziehen, im Sumpf versacken und er mit Salz ganze Blutegel-Scharen aus seinem Körper treiben muß.

Huston war gut beraten, die Dreharbeiten aus dem Studio ins wilde Afrika zu verlegen, die Aufnahmen im Busch als eine Art Abenteuerurlaub abzuwickeln, denn man merkt den beiden Ak-

teuren die Anstrengungen und den Spaß an den Anstrengungen an – und dieser Spaß überträgt sich, bis heute, auf die Zuschauer. Daß das Ende, wo die beiden knapp dem deutschen Galgen entkommen und doch noch das feindliche Boot in die Luft jagen, unwillentliche Sieger, ziemlich weit hergeholt wirkt – sei's drum; der Film bleibt der späte Triumph eines späten Paares, von dem man denkt, daß die beiden immer schon zusammengehörten.
Natürlich konnte nicht alles naturgetreu im dichten Urwald gedreht werden: So sind die Mückenschwärme, die Bogey und Katharine überfallen, in Wahrheit wild aufgewirbelte Teeblätter in einem Aquarium – so einfach funktionierten damals noch die Trickkisten.
Um den Film ranken sich viele Legenden, so die, daß Huston in Wahrheit nur in Afrika drehen wollte, um endlich einen Elefanten zu jagen, ein Wunschtraum des passionierten, nicht sehr tüchtigen Großwildjägers. Aufgeschrieben hat die aufregende Geschichte der Dreharbeiten zu AFRICAN QUEEN der Mitdrehbuchautor Peter Viertel. Sein Buch, »White Hunter Black Heart«, ist 1990 von Clint Eastwood (recht unerheblich) verfilmt worden. Merkwürdig genug, gibt es über Hustons Dreharbeiten zu dem Filmflop THE RED BADGE OF COURAGE aus dem gleichen Jahr 1951 von der »Life«-Reporterin Lilian Ross ebenfalls ein fesselndes Buch, das die wohl genauesten Einblicke in die Eingeweide des Molochs Filmindustrie aufgezeichnet hat.

AFRICAN QUEEN (THE AFRICAN QUEEN) (Großbritannien 1951, United Artists, Technicolor, 103 Min.). Regie: John Huston. Produzent: Sam Spiegel (hier als: S. P. Eagle). Drehbuch: James Agee, John Huston, nach dem Roman von C.S. Forester. Dialoge (ohne Nennung im Vorspann): Peter Viertel. Kamera: Jack Cardiff. Musik: Allan Gray.
Charlie Allnutt: Humphrey Bogart. Rose Sayer: Katharine Hepburn. Reverend Samuel Sayer: Robert Morley. Deutscher Kapitän: Peter Bull. Offizier: Theodore Bikel.

An American in Paris (1951)
Ein Amerikaner in Paris

Gene Kelly, Leslie Caron

Anfang der fünfziger Jahre begann die Filmindustrie in Hollywood im Zweikampf mit dem neuen Medium Fernsehen, um in der Boxersprache zu sprechen, Wirkung zu zeigen. Die Kinokunden liefen zum neuen Medium über. Um sie zurückzuholen, wiederzugewinnen, mußten sich die Studios die Frage stellen: Was kann das Fernsehen nicht, was wir können? Und eine Antwort, die ihnen einfiel: Wir können farbig, opulent und verschwenderisch sein, wir können auf der großen Leinwand mit dem ganzen Prunk unserer Ausstattung prahlen, die Leute können sich bei uns in bunte, schwelgerische Visionen, in üppige Phantasieländer wegträumen. Wo hätten sie das besser gekonnt als bei der MGM, dem reichsten, glanzvollsten Studio *(More stars than there are in heaven)* und seiner reichen Musical-, Revue- und Ausstattungsfilm-Tradition.

1951 drehte Vincente Minnelli für die MGM den AMERIKANER IN PARIS. Natürlich in Technicolor. Natürlich mit dem besten Kinotänzer seiner Zeit, mit Gene Kelly. Natürlich mit den besten Gershwin-Evergreens von »I Got Rhythm« über »Embraceable You«, »Tralala«, »By Strauß« und »It's Wonderful« bis »I'll Build a Stairway to Paradise«. Selbstverständlich waren die Songs pfiffig und lässig-mondän arrangiert als Begegnung Paris-New York. »I'll Build a Stairway to Paradise« zelebrierte der französische Gesangsstar Georges Guétary auf einer der schönsten Metro-Goldwyn-Mayer-Treppen, deren Stufen aufblitzten, wenn er schmelzend, mit unwiderstehlich französischem Akzent singend, auf- und abstieg: im strahlenden Schlußakkord von langbeinigen, phantastisch gekleideten Folies Bergères umringt.

Die große Schlußtanznummer (Pauline Kael findet sie überladen und übertrieben; sehr zu Unrecht) choreographiert auf einem Pariser Künstlerfest des verlassenen Gene Kellys schmerzhaften Liebestraum zu Gershwins »An-American-in-Paris«-Musik als eine Ballettphantasie, in der ein Ami, den der Krieg und der Sieg in Paris zurückgelassen, an Paris verloren hat, seine Liebesvision in der Bilderwelt der großen Fin-de-siècle-Malerei erlebt – delikate, üppig ausstaffierte Bilder im Stil Dufys, Renoirs, Utrillos, des »Zöllners« Rousseau, van Goghs und, vor allem, Toulouse-Lautrecs, der damals die Wiederentdeckung der Stunde war. Allein dieser getanzte Liebestraum, diese Schlußapotheose (sie war acht Wochen geprobt worden) vor dem Happy-End, kostete 600 000 Dollar – eine für damalige Verhältnisse ungeheure Summe.

Die Rechnung ging auf. Seit THE GREAT ZIEGFELD von 1936 hatte kein Musical einen Oscar gewonnen. Und jetzt hagelte es gleich sechs, auch den für den besten Film. Der AMERIKANER IN PARIS triumphierte immerhin über die Theodor-Dreyser-Verfilmung der »Amerikanischen Tragödie«, die unter George Stevens' Regie unter dem (sozialkritischen) Titel A PLACE IN THE SUN mit Montgomery Clift und Elizabeth Taylor besetzt war. Und er siegte über die gleichfalls nominierte Tennessee-Williams-Verfilmung A Streetcar Named Desire (Endstation Sehnsucht) von Elia Kazan mit der Superbesetzung Marlon Brando und Vivien Leigh.

War die »Academy« übergeschnappt, hatte sie in opportunistischer Panik ein Musical der hehren, noch dazu sozialkritischen Kunst vorgezogen? Ich glaube nicht. Wenn ich mich richtig erinnere, habe ich mir damals, als frischer Student, mit pflichtschuldiger Bewunderung A Streetcar Named Desire angesehen (wobei ich von Brandos Naturgewalt überwältigt war) und mit gerechten Tränen der Wut A Place in the Sun. In An American in Paris war ich, wenn mein Gedächtnis richtig zählt, siebzehnmal und verliebte mich noch zu allem Überfluß in eine norwegische Studentin, bloß weil sie so große Zähne und kurze dunkle Haare (das gibt es in Norwegen dank der französischen Matrosen) wie Leslie Caron hatte. Ich gestehe diese Liebe zu diesem Musical gern, zumal mir Billy Wilder erzählt hat, er habe sich in zwei Krisen seines Lebens in Musicals erholt: einmal in 42nd Street (1933) und das andere Mal in La Cage aux Folles (1978): »Das hat mir Psychiater-Besuche erspart«. Ich war damals in der Krise, jung zu sein. Am Schaufenster der Träume des Amerikaners in Paris habe ich mich satt gesehen.

Heute weiß ich, daß man sich auch nachträglich seiner »billigen« Vorlieben nicht zu schämen braucht. Von Endstation Sehnsucht bemerkt Halliwell heute skeptisch, der Film sei »hochtheatralisch« und in vager Sternberg-Manier fotografiert; von Ein Platz in der Sonne spöttisch: »Ein Film, der so eindeutig darauf abgestimmt ist, ein Meisterwerk zu werden, kann die Langeweile kaum verfehlen.« Und An American in Paris? Vier Sterne, höchste Wertung!

Sicher, die Handlung ist idiotisch, sie ist von jener »heiligen Dummheit«, von jenem »monumentalen Idiotismus«, den der Dramatiker Witold Gombrowicz für die Operette konstatiert hat. Man kann sie nicht treffender in blödsinniger Operettenführer-Manier wiedergeben, als das die kürzlich erschienene »Chronik des

Films« getan hat: »Der amerikanische Maler Jerry (Gene Kelly) lebt in bescheidenen Verhältnissen in Paris. Die reiche und schöne Milo will ihn für sich gewinnen, doch er ist in Lisa (Leslie Caron) verliebt. Obwohl Lisa seine Gefühle erwidert, fühlt sie sich verpflichtet, bei dem Sänger Henri zu bleiben, der ihr einmal das Leben gerettet hat. Als Henri davon erfährt, gibt er Lisa frei.«
Genau so ist es. Doch was ist Handlung? In der Operette, im Musical ist Handlung Schall und Rauch; Vorwand zum Tanzen und Singen und zum Freisetzen einer Stimmung, die das Publikum erfaßt, weil sie aus dessen Wünschen, Hoffnungen, Sehnsüchten stammt. Die Stimmung war die des Aufbruchs der USA in die Welt, nach Europa, das es befreit hatte, wo die GIs hängengeblieben waren, wohin die dollarpotenten Touristen reisten, die in einem Sightseeing-Schnellkurs europäische Kultur und französisches Savoir vivre lernten. Der Film ist liberal, leger, weltoffen – trotz all seiner freundlichen Klischees vom guten alten Paris mit seinen Künstlern und Conciergen, Cafés und Liebesromanzen. Er hat eine Botschaft: Der moderne, unbekümmerte, unkonventionelle Amerikaner (Gene Kelly tanzt und steppt in *loafers* und Hosen ohne Bügelfalte) löst das Idealbild des Latin Lovers mit seiner graumelierten Eleganz, seinem Schmalz und seinen Umgangsformen in Smoking und Zylinder ab. (Deshalb wollte Maurice Chevalier die Rolle des Henri nicht übernehmen; er wollte keinen Verlierer spielen.)
Der Film ist komisch und offenherzig. Komisch vor allem in der Rolle des Pianisten, wie ihn Oscar Levant spielt: ein schlagfertiger Bohemien und zynischer, herzlicher Freund, der in einer bravourösen Nummer seinen Pianistenerfolg mit Gershwins »Klavierkonzert in F« herbeiträumt: Er sitzt im vollbesetzten, prächtigen Konzertsaal am Klavier, er dirigiert, er schlägt die Pauke und das Becken; vor allem aber: Er klatscht sich mit wilden Da-Capo-Rufen zu – Künstlers rührend-hemmungsloser Erfolgstraum in der ärmlichen Dachkammer.
Und der Film ist offenherzig. Er zeigt, wie sich reiche Dollardamen Liebe und Kunst kaufen wollen – in aller zupackenden Unschuld.

Leslie Caron, die man in einer Pariser Tanztruppe aufstöberte, eher ein häßliches Entlein als ein stolzer Ballettschwan, eroberte, durch die großen Zähne reizend radebrechend und hinreißend mit Kelly tanzend, die Herzen der Zuschauer – sie war reif dafür, das als die mit Puppen spielende Gigi noch rührend zu steigern. Aber nur der »Amerikaner« hat Gershwins göttliche Musik.

EIN AMERIKANER IN PARIS (AN AMERICAN IN PARIS) (USA 1951, MGM, Technicolor, 113 Min.). Regie: Vincente Minnelli. Produzent: Arthur Freed. Choreographie: Gene Kelly. Drehbuch: Alan Jay Lerner. Kamera: Al Gilks, John Alton. Musik: George Gershwin. Texte: Ira Gershwin. Ausstattung: Cedric Gibbons, Preston Ames.
Jerry, der Maler: Gene Kelly. Milo: Nina Foch. Lisa: Leslie Caron. Henri, der Sänger: Georges Guétary. Adam, der Pianist: Oscar Levant.

Miracolo a Milano (1951)
Das Wunder von Mailand

Unter den Filmen des sozialkritischen, von linkem Engagement geprägten italienischen Neoverismo nimmt sich Vittorio de Sicas WUNDER VON MAILAND von 1951 zugleich fremd und vertraut, freundlich und verstörend wie ein Märchen in der Wirklichkeit aus – ein Märchen von der schier unwiderstehlichen Kraft der Güte und Freundlichkeit.

Es ist die Geschichte eines Findlingsjungen namens Toto (herangewachsen dargestellt von dem entwaffnend naiven, anrührenden Francesco Golisano, der eine Chaplin-Figur, entkleidet von deren Bosheit und Triebkraft, spielt), der von seiner Ziehmutter (der spinnert-gütigen Emma Gramatica) in einem Kohlfeld gefunden wird.

Francesco Golisano

Sie erzieht ihn mit Güte: Läßt er die Milch überkochen, so macht sie aus dem Rinnsal am Boden einen Fluß, über den beide hüpfen. Und sie erzieht ihn zum Wissen: Noch auf dem Totenbett bringt sie dem Kleinen unbeirrbar das Einmaleins bei.

Toto, der anschließend das Waisenhaus gut übersteht und nicht als harter Kiesel, sondern als fleischgewordene Offenheit und Güte verläßt, allen Menschen ernsthaft einen »guten Tag« wünscht und dem Dieb seiner Tasche diese wie ein Heiliger überläßt, dieser Toto wird zum Lehrer der Obdachlosen und Armen, denen er am Rand von Mailand eine Slumsiedlung bauen und beziehen hilft: ein rumpeliges, seliges Gefilde inmitten von Hunger und Schmutz.

Das geht lange gut – bis aus dem kargen Barackengebiet Erdöl hochschießt. Jetzt naht der Reiche, der vorher, uninteressiert am Boden, propagandistisch so tat, als sei er für die menschliche Gleichheit – und vertreibt die Armen mittels einer Polizei, die dem Kapital aufs Wort gehorcht.

Das heißt: Er versucht es. Denn die Ziehmutter sendet ihrem Sohn vom Himmel eine Taube, mit deren Hilfe er Wunder vollbringt: Polizeigeneräle beginnen Opernarien zu schmettern statt zu kommandieren; das Tränengas wird vom Wind gegen die Angreifer getrieben, die das Areal zu »säubern« suchen; auf plötzlich vereisten Flächen rutschen Polizisten aus.

Auch Weihnachtswunder bewirkt die Taube: Die Armen erhalten auf Wunsch Zylinder, Nähmaschinen, Radios; sie werden größer, hören auf zu stottern. Das traurig-schönste Wunder: Ein Schwarzer, in eine Weiße verliebt, wünscht sich, weiß zu werden. Sie hat sich, aus dem gleichen Liebesimpuls heraus, inzwischen in eine Schwarze verwandeln lassen.

Am Schluß, der Staat ist auf die Dauer nicht zu besiegen, sprengen die verhafteten Armen auf der Piazza del Duomo auf wundersame Weise ihren Gefängniswagen und reiten auf Reisigbesen vor der Kulisse des Doms, des »achten Weltwunders«, schnurstracks in den Himmel.

Moral der Geschichte: Der Schlechtigkeit der Erde wäre nur durch ein Wunder abzuhelfen und beizukommen – ein Brecht-naher Parabelschluß.

Vittorio de Sica drehte den Film seinem langjährigen Kompagnon, dem Drehbuchautor Cesare Zavattini, zuliebe – nach dessen Novelle als Dank für die FAHRRADDIEBE. Der Film, in seiner Technik der naiv-volkstümlichen Erzählweise an Chaplins Stummfilmen und René Clairs Sozialmärchen geschult (und dafür vom Filmtheoretiker Pudowkin in höchsten Tönen wegen der wiederversammelten Wucht des Stummfilms gerühmt), fährt haarscharf, aber sicher am Rand des Sozialkitschs entlang – und breitet seine technischen Wunder mit entwaffnender Unschuld, sozusagen »hölzern« (wenn dieser Ausdruck für Filmtechnik erlaubt ist) aus. Aus der Distanz fand Pauline Kael seinen »Mangel an Unschuld« schon wieder »ergreifend absurd«. Während de Sica, der seinen Film auf Mailands Straßen und in den römischen Studios von Cinecittà drehte, die Reichen mit den grotesken Mitteln der Theatersatire verhohnepiepelt, gelingen ihm bei den Kamerablicken auf die Armut Szenen, die in ihrer schnörkellosen Eindringlichkeit auf Buñuel weisen: ein zahnloser Alter, der mit Genuß und Gier öffentlich ein Huhn verzehrt, das er in einer Lotterie gewonnen hat; es macht ihn ganz menschlich, daß er unmenschlich nichts abgibt und, satt und zufrieden, prasselnden Applaus erntet.

DAS WUNDER VON MAILAND (MIRACOLO A MILANO) (Italien 1951, PDS/Enic, sw., 101 Min.). Regie und Produktion: Vittorio de Sica. Drehbuch: Cesare Zavattini, Suso Cecchi d'Amico, Mario Chiari, Adolfo Franci, nach einer Novelle von Zavattini. Kamera: G. R. Aldo. Musik: Alessandro Cicognini.
Der gute Toto: Francesco Golisano. Die alte Lolotta: Emma Gramatica. Der Reiche: Giuglielmo Barnabo.

Rashō-Mon (1951)
Rashomon – Das Lustwäldchen

Toshiro Mifune

»Das habe ich getan‹, sagt mein Gedächtnis. ›Das soll ich getan haben?‹ erwidert mein Stolz und bleibt Sieger.« Die psychologische Erkenntnis über die die Wahrheit korrigierende Selbstachtung stammt von Nietzsche und könnte doch als Quintessenz von Akira Kurosawas Film Rashō-Mon gelten, der gleich zu Anfang, noch ehe die Geschichte erzählt wird, die Frage stellt: »Wie ist die Geschichte wirklich gewesen?«, und am Ende, nach vier Augenzeugenberichten und vier Tatversionen, nur weiß, daß jeder Erzähler seine Wahrheit besitzt, die von seinem Stolz, seiner Selbstachtung geprägt ist. Das klingt philosophisch, und in der Tat ist Kurosawas frühes Meisterwerk ein philosophischer Film. Wer allerdings Angst vor des Gedankens Kinoblässe hat, kann beruhigt werden: Der Film ist voll von praller, kruder Handlung, ihn als Actionfilm zu bezeichnen, wäre keine Täuschung; er philosophiert mit bewegten Szenen, belegt seine Gedanken mit Geschichten von Gewalt, Mord und Totschlag, er philosophiert durch den Kontrast der Geschichten, durch die Spannung, die aus ihren Versionen entsteht.

Und so prall, direkt, ja brutal der Film zur Sache kommt, die eine Vergewaltigung und ein Mord ist, er ist dennoch formal in einen distanzierenden, wenn auch von starker emotionaler Anteilnahme geprägten Rahmen gesteckt. Was er erzählt, erzählt er in Rückblenden.

Der Rahmen: Unter das halbzerstörte Tempeltor Rashō-Mon in Kyoto (das damals schon die Hauptstadt des Landes war) haben sich vor einem wütenden Platzregen drei Männer geflüchtet, sie brechen sich Latten aus der Ruine, um sich ein wärmendes Feuer zu machen, wringen ihre klatschnassen Sachen aus, unterhalten sich: Es sind ein Holzfäller, ein Mönch und ein Bürger, wahrscheinlich ein Marktbesucher, und sie sprechen bewegt und entsetzt über ein gräßliches Verbrechen, das sich kurz zuvor in einem nahegelegenen Wäldchen ereignet hat. Ihr Gespräch hebt sich eindrucksvoll von der wuchtig-düsteren Tempeltorsilhouette ab, wird untermalt von den platschenden Geräuschen des sintflutartigen Regengusses. Der Mönch hat das Paar gesehen, um das es geht: die Frau, von zierlicher Gestalt, zu Pferde, mit breitem Hut und tief bis über den Körper verschleiert, der Mann, ein Samurai, mit umgegürtetem Schwert, das Pferd den schmalen Waldpfad entlangführend. Der Holzfäller hat, mit geschulterter Axt, das Entsetzliche entdeckt, nach und nach: erst den Hut und Schleier der Frau in einem Gebüsch, dann ihr Täschchen auf dem Weg, schließlich die Leiche des Mannes.

Der Täter ist auch schon gefaßt, es ist der die Gegend unsicher machende Räuber Tajomaru. Seine Geschichte, mit stolzer Wildheit vorgetragen, wobei der sich in seinen Fesseln wie ein gefangenes Raubtier Aufbäumende gar nicht versucht, sich reinzuwaschen, ist die erste Version der Tat. Die erzählt er, Rahmen im Rahmen, vor Gericht, das aus einer Mauer mit einem schwarzen Querbalken besteht, vor der ein Wächter kauert. Der Kinozuschauer wird als imaginärer Richter angesprochen, die Erzählung wird zur unmittelbar visuell erlebten Tat.

Er habe, berichtet der Räuber, während er immer wieder von einem tierisch-fauchenden, wilden Lachen geschüttelt wird, unter einem Baum geschlafen, als der Ritter und seine Frau des Weges kamen. Durch ein Geräusch geweckt, sieht er für einen Augenblick einen Bruchteil des weißbestrumpften Beines der reitenden Frau, ahnt ihr Gesicht, als der Wind kurz den Schleier hebt, schon sind die beiden vorüber. In ihm erwacht eine wilde Begierde nach der Frau, er stürzt eine Wegabkürzung hinunter, stellt sich den beiden in den Weg, lockt den Mann zu einem angeblich verborgenen Schatz, fesselt ihn dort, führt dann die Frau zu dem Gefesselten und vergewaltigt sie. Aber mitten in der Vergewaltigung beginnt die Frau, so die gockelhafte Schilderung, ihn ebenfalls zu begehren – man sieht, wie sie den Dolch fallen läßt, wie ihre Hände seinen Rücken zärtlich umklammern. Danach stürzt der Räuber davon, die Frau ihm nach: Er müsse entweder sterben oder ihren Mann töten, der alles mit ansehen mußte. Daraufhin habe er, so der Räuber, den Mann von seinen Fesseln befreit. Es entbrennt ein heftiger, ritterlicher Zweikampf, von den Baumblättern mit Schattenmustern überworfen. »Dreiundzwanzig Mal haben wir die Schwerter gekreuzt, er hat gut gekämpft, bevor ich ihn tötete«, prahlt der Räuber. Die Frau sei inzwischen geflohen, das Pferd habe noch auf der Wiese gegrast.

Ein ganz andere Version erzählt die Frau dem Gericht, eine Geschichte, so der Erzähler am Rashō-Mon-Tor, in der sie nichts von der eben gehörten sexuellen Wildheit hatte, vielmehr sanft wirkte und die Herzen rührte. Untermalt von der europäischen Musik eines Boleros, zeigt sie, wie ihr Mann sie nach der Vergewaltigung, die sie nur erduldet habe, um ihm das Leben zu retten, voll kalter Verachtung angeblickt habe, nachdem der Räuber entflohen sei. Sie habe ihm gesagt: »Wenn du es nicht erträgst, werde ich dich töten und dann mich.« So ersticht sie ihn, aber, als sie sich selbst töten will, verläßt sie der Mut.

Nun fängt auch der Tote an zu reden, durch eine bauchrednerische Geisterbeschwörung zum Leben erweckt und als Zeuge vor Gericht beschworen.

Danach hat er erleben müssen, wie der Räuber nach der Vergewaltigung die Frau angebettelt habe, ihm zu folgen, nachdem sie jetzt ehrlos geworden sei. Sie habe daraufhin zum Räuber gesagt, er solle sie hinführen, wo er wolle, aber vorher ihren Mann töten. Der Räuber habe sie daraufhin verachtet und ihn, den Mann, gefragt,

ob er sie töten solle: »Du brauchst nur mit dem Kopf zu nicken!« – »Allein wegen dieser Worte«, so der Mann, »wollte ich dem Räuber verzeihen.« Doch der Räuber tötet die Frau nicht, nachdem er sie weggeführt hat, weil sie um ihr Leben weint. Der alleingelassene Samurai begeht Harakiri, indem er sich den Dolch von oben in die Brust stößt. In dieser Version gibt es, ähnlich wie in der des Räubers, zwei edle, stolze Männer und eine gewissenlose, hündische Frau.
Doch auch der Holzfäller hat die Tat gesehen, sie als erschrockener Beobachter sehen müssen. Er gibt vor, sie vor Gericht nur deshalb verschwiegen zu haben, weil er nicht in den Streit der Großen verwickelt werden wollte. Seine Version zeigt zwei klägliche Männer. Der Räuber will die Frau zunächst behalten. Als sie ihn bittet, er müsse mit ihrem Mann um sie kämpfen, sagt der Mann, daß er für »so eine« sein Leben nicht aufs Spiel setze. »Ich will diese Dirne nicht haben, du kannst sie dir nehmen.« So voll Verachtung weggeworfen, will sie auch der Räuber nicht mehr. Aber es kommt, mehr aus Versehen, doch zum Zweikampf, den die beiden als elende, kriechende, winselnde Feiglinge und schlechte, in Panik blind um sich schlagende Kämpfer führen – bis der Räuber den Ritter, der wehrlos am Boden liegt, ersticht. Die Frau rennt kreischend davon. Ist dies die Wahrheit? Diese Version kommt ihr wahrscheinlich am nächsten. Aber auch der Holzfäller lügt, zumindest in einem Teil seiner Geschichte. Er verschweigt, daß er auf dem Schlachtfeld den zurückgelassenen kostbaren Dolch gestohlen hat.
Wieder am Tempeltor Rashō-Mon. Der Regen versiegt, die drei Männer, über die Schäbigkeit der diversen Wahrheiten deprimiert, hören ein Baby schreien. Es ist ausgesetzt worden. Der Holzfäller beschließt, es zu sich zu nehmen, obwohl er schon sechs Kinder hat und bitterarm ist. Mit diesem versöhnlichen, man ist versucht zu sagen: christlichen Ausklang endet die gleichzeitig streng und wild erzählte Geschichte, die gleichzeitig karg wirkt und doch vor wilder Leidenschaft immer wieder bedrohlich explodiert.
Kurosawa hat sie in eine tiefe Vergangenheit verlegt. Sie spielt, laut Pauline Kael, im 9. Jahrhundert, laut »Virgin Film Guide« im 11.

Jahrhundert, während sich Halliwell mit der Bezeichnung »mittelalterlich« begnügt, obwohl ich nicht wirklich weiß, ob Japan das hat, was in der christlich-abendländischen Geschichte zwischen Antike und Moderne, zwischen Altertum und Neuzeit als Mittelstück angesiedelt ist. Ich halte mich lieber an Keiko Yamanes Buch über das japanische Kino, in dem es heißt: »Die Geschichte spielt in der späten Heian-Zeit (794–1191), einer Epoche, die durch Kriegswirren, Epidemien und Naturkatastrophen gekennzeichnet war.«
Die Epoche, ihr beschworener Geist, liefert dem Film die malerischen Kostüme, gibt ihm seine archaische Wildheit, verleiht den Charakteren ihre grob gehobelten, aber wirksamen Züge: dem Räuber, der die Insekten auf seinem schweißbedeckten Körper erschlägt, eine imponierende Wildheit, dem Samurai einen verschlagenen und verschlossenen Stolz, eine arrogante Attitüde der Verachtung. Die Frau, ganz zur Larve verpuppt und verschnürt, darf erst im haltlosen Schmerz zum Menschsein erwachen. Ihr »Winseln« sei, so Kael nüchtern, dazu angetan, einen »zum nächsten Kinoausgang zu treiben«.
Der Einfluß dieses mit einem Oscar als bestem Auslandsfilm ausgezeichneten Werkes auf das westliche Kino war enorm, vor allem wegen der perspektivischen Schärfe seiner entschieden kontrastierten Versionen. Nicht nur, wie Kurosawa, der »westlichste« der japanischen Filmmeister, seine Handlung kunstvoll und streng rahmt und damit parabolisch zuspitzt, ist imposant. Auch daß er die vier subjektiven Versionen nicht etwa mit subjektiver Kamera erzählt, sondern zur stets unmittelbaren und gültigen Filmwahrheit objektiviert, gibt dem Film seine Wucht, Kraft und gedankliche Tiefe.
Es scheint ein karger Film zu sein, auf drei simple Schauplätze beschränkt: das Tempeltor, die Gerichtsmauer, das Wäldchen. Auch das Personal ist im Grunde auf sieben Darsteller, wie ein strenges Theaterstück, beschränkt. Aber diese Reduktion hat Kurosawa mit einem Reichtum an Blickwinkeln und Einstellungen (bis zu zehn verschiedene Kamerawinkel bei ein und derselben Szene) beantwortet. Aus Ästen und Zweigen, Blättern und Bäumen schafft er ein flirrendes, flimmerndes Gitterwerk, die Szenen der Gewalt

zeigt er in totaler Draufsicht, in erschreckender Nähe, aus den angstvollen Blicken der Beteiligten und Beobachter, von immer wieder überraschenden Seiten. So ist die Wirkung bis heute enorm, Bilder, die den Zuschauer unmittelbar anspringen und die doch präzisen Gesetzen der Ästhetik unterworfen sind.

RASHOMON – DAS LUSTWÄLDCHEN (RASHŌ-MON) (Japan 1951, Daiei, sw., 90 Min.). Regie: Akira Kurosawa. Produzent: Jingo Minoura. Drehbuch: Shinobu Hashimoto, Akira Kurowa, nach den beiden Erzählungen »Yabu no Naka« (»Im Wäldchen«) und »Rashō-Mon« von Ruyunosuke Akutagawa. Kamera: Kazuo Miyagawa. Musik: Fumio Hayasaka. Ausstattung: So Matsuyama.
Der Räuber Tajomaru: Toshiro Mifune. Die Frau Masago: Machiko Kyo. Der Ritter Takehiro Kanazawa: Massayuki Mori. Holzfäller: Takashi Shimura. Mönch: Minoru Chiaki. Bürger: Kichijiro Ueda. Totenbeschwörer: Fumiko Homma.

High Noon (1952)
Zwölf Uhr Mittags

Mitten im kältesten Krieg, im Jahr 1952, hängte ein Marshal in der verschlafenen Frontierstadt Hadleyville seinen Colt samt Halfter und Stern an den Nagel, weil er eine junge, blonde, puppige Quäkerin geheiratet hatte, die gegen jeglichen Gebrauch von Schußwaffen war; sie hatte ihren Vater und ihren Bruder verloren, beide tot, die hatten für die gerechte Sache gekämpft, auf der guten Seite – und was hatte es ihnen genützt? Nichts! Da wurde sie aber im Kino, und mit ihr der Zuschauer, eines Besseren belehrt!

Gary Cooper

Denn ihren Mann, den Marshal (in der deutschen Synchronisation Sheriff genannt, was falsch ist und ein himmelweiter Unterschied, denn ein Sheriff im Western vertritt einen Distrikt, und ein Marshal sorgt in einer Stadt für Ruhe und Ordnung), beschäftigen andere Sorgen, gleich nachdem der Richter in Anwesenheit der dankbaren Bürger von Hadleyville die Hochzeit vollzogen hat, die es ihrem scheidenden Gesetzeshüter danken, daß er ihre Stadt so clean und friedlich gemacht hat. Dem Marshal wird mitgeteilt, daß um 12 Uhr, also in knapp eineinhalb Stunden, ein gewisser Miller in die Stadt zurückkehren wird. Mit dem Zug, von drei seiner Komplizen, die schon aufreizend durch das sonntägliche Städtchen reiten, erwartet.

Der Marshal hat ihn einst, vor Jahren, für den Galgen verhaftet, doch die humanen Gerichte haben ihn jetzt begnadigt, liberale Spinner die; und er wird Punkt 12, *high noon* also, blutrünstig, racheschnaubend in die Stadt kommen ...

Das ist die Voraussetzung der Geschichte von Fred Zinnemanns Western, den die einen als Western der Western, als den Genre-Klassiker schlechthin preisen, während ihn andere als das Hohelied des Anti-McCarthyismus feiern (Autor Foreman stand auf der berüchtigten »Schwarzen Liste«) und noch andere ihn als das heimliche Aufrüstungswerk des Kalten Krieges abtun, das da, frei nach Schiller, parabolisch predigte: »Es kann der Beste nicht in Frieden leben, wenn es dem bösen Nachbarn nicht gefällt.«

Zuerst reist der Marshal a. D. ab, er hat ja den Dienst quittiert, die meisten sind erleichtert, daß er geht, so wird es keinen Lärm, keine Schießerei geben. Doch dann hält er, kurz hinter der Stadt, seinen Planwagen an: Es hat keinen Zweck, davonzulaufen, er muß seinen Mann stehen, selbst wenn ihn die Frau daraufhin, friedfertig und pazifistisch aus Religion, wie sie ist, zu verlassen droht.

Er sucht in der Stadt Hilfsmarshals, Deputierte auf Zeit, die mit ihm die Sache bereinigen, wenn es sein muß. Aber er findet niemanden. Alle sind zu feige, zu bequem, zu selbstsüchtig, nur Ramirez, die mexikanische Ex-Geliebte, ein leicht anrüchiges Weib, die in der Stadt einen Saloon betreibt, würde zu ihm halten und schilt seinen ehrgeizigen Nachfolger als unreif und des Marshals Frau als feige. Der Marshal bleibt allein, als der Zug ankommt und die vier Ganoven sich auf den menschenleeren Straßen in der Mittagshitze daranmachen, ihn zu erledigen. Zwei kann er noch zur Strecke bringen, die anderen zwei räuchern ihn aus, und wäre seine blonde Frau nicht auf den ersten Schuß hin umgekehrt, um ihm zu helfen, er wäre verloren. Doch so erschießt sie den einen aus dem Hinterhalt, den er ihrem Mann bereiten will, und hilft, als Geisel, den letzten im Duell zu töten.

Die erleichterten ehrbaren Bürger strömen herbei, aber der Marshal wirft ihnen verächtlich seinen Amtsstern vor die Füße in den heißen Staub und verläßt endgültig das träg-feige Gemeinwesen.

Es ist wahr: Diesen Western par excellence hat ein Wiener Emigrant gedreht als eher beiläufig billiges Produkt – aber es sollte der bahnbrechende *adult*-Western werden, der die Gattung für Schauspieler, Regisseure und Publikum zur Kinokunst adelte.

Es ist richtig: Begeisterte US-Kritiker haben das Werk, indem sie ein bißchen zu hoch griffen, mit der Ilias verglichen – aber es stimmt, daß es ein Film ist, in dem gespielte und wirkliche Zeit eins sind: Während die leere, ängstliche Stadt, der vergeblich nach Verbündeten suchende Gesetzeshüter und die wartenden, saufenden, stoppelgesichtigen Ganoven und die ins Unendliche sich perspektivisch verjüngenden Eisenbahnschienen mit archetypischer Wucht gegeneinander und ineinander geschnitten werden (Schnittkünstler: Elmo Williams), läuft unerbittlich die Uhr und zeigt die reale Zeit an, die dem Marshal bleibt: Der Film wahrt streng und mit spannungsgeladener Konsequenz die drei aristotelischen Einheiten. Zudem ist er von Floyd Crosby, wie Zinnemann es ausdrückte, so abgefilmt, als hätte es damals, um 1870 wahrscheinlich, schon Wochenschauen gegeben: authentisch, lakonisch, unverschnörkelt und dokumentarisch. Kameramann Crosby orientierte sich an den Bürgerkriegsfotos von Mathew Brady.

Den müden Marshal, alt, angestrengt und in seiner kargen Moral ein lebendiger Anachronismus, spielte der staksige, schon von seiner Krankheit mit tiefen Gesichtskerben gezeichnete Gary Cooper – für viele der »menschlichste« Marshal, der je auf der Leinwand zu sehen war. Daß er angstvoll durch die Stadt streift und um Hilfe bettelt, bevor er den einsam-heroischen Showdown wagt, war dem Regiekollegen und Westernrauhbein Howard Hawks ein Greuel: Er glaube nicht, daß ein guter Marshal feige im Ort herumrennen würde, um andere Leute zu bitten, ihm bei seinem Job zu helfen, sagte Hawks. Sagte es und drehte als Antwort RIO BRAVO – mit John Wayne, wem sonst?

Als Frau des Marshals spielte die damals blutjunge verkörperte Unschuld Grace Kelly, mit Häubchen und einem Lächeln, das keinem unsauberen Gedanken Raum gab, so hoch geschlossen war es. Sie konfrontierte der Film mit der dunkelhaarigen, radebrechenden

Katy Jurado, einer stolzen, sinnlichen Frau mit Vergangenheit – die duldete man in den Fünfzigern, wenn sie mit bedingungs- und selbstloser Hingabe für den Helden gekoppelt war, den Zinnemann wirksam mit einem Panoptikum ehrbarer Schwächlinge, typengerecht nach Westernklischee besetzt, umgeben hatte.

Den Rest besorgte Dimitri Tiomkins oscargekrönte Musik, die aus dem Werk erst die Pferde-Oper (zu Fuß) machte: Das Lied »Do not forsake me, oh my darling« sang mit männlich tiefer Western-Stimme Tex Ritter nach den Worten von Ned Washington: Es war ein Ohrwurm jener sentimentalen Kalten-Kriegs-Zeiten.

Zwölf Uhr Mittags (High Noon) (USA 1952, United Artists/Stanley Kramer, sw., 84 Min.). Regie: Fred Zinnemann. Produzent: Stanley Kramer. Drehbuch: Carl Foreman, nach der Erzählung »The Tin Star« von John W. Cunningham. Kamera: Floyd Crosby. Musik: Dimitri Tiomkin.
Marshal Kane: Gary Cooper. Amy: Grace Kelly. Marshal-Stellvertreter: Lloyd Bridges. Ramirez, Kanes ehemalige Geliebte: Katy Jurado.

Niagara (1952)
Niagara

Marilyn Monroe

Die Niagara-Fälle, deren Naturwunder-Attraktion auf Touristen sich die USA und Kanada (nach einer verlorenen Schlacht der Yankees, lang ist's her) teilen, sind in Amerika das beliebteste Reiseziel von »Honeymoonern«, von Hochzeitsreisenden – mag sein, daß das gewaltige Brausen eine ähnlich stimulierende Wirkung auf Frischvermählte ausübt wie das Schaukeln der venezianischen Gondeln in Europa.

Obwohl sie in Henry Hathaways nach ihnen benanntem Film gleich zu Beginn in einer imposanten Totale zu sehen sind, ihre Gischt optisch und akustisch den Film durchtränkt und sich zu

Regenbogeneffekten verfärbt, nimmt sich dieses Ziel fröhlicher Lustreisender hier seltsam freudlos, düster, beengend und beängstigend aus. Das beginnt mit den Zollkontrolleuren, die miesepetrige Fragen stellen (»Führen Sie Alkohol mit sich?« – »Nein, Bücher.« – »Bücher?!?«), setzt sich fort in den abweisenden Regenkleidungsvermummungen, bei denen Frauen zu gelben, Männer zu asphaltschwarzen, herumstiefelnden Kapuzenträgern werden, in diesen seltsamen Uniformen kaum voneinander zu unterscheiden – was die Thriller-Elemente dieses Films unterstützt: Wer kommt von einem Mordanschlag lebendig zurück, der Mörder oder das gedachte Mordopfer?

Auch die Fröhlichkeit der Touristen wirkt aufgekratzt künstlich, wenn sie zu Schallplattenmusik herumswingen und Cola trinken, die cleanen Geschöpfe der Fünfziger. Und die beiden Paare, um die es geht, sind um Jahre verspätete Hochzeitsreisende. Das eine kann sich die Reise erst jetzt leisten, weil der Chef des Mannes, ein Keksfabrikant, sie eingeladen hat. Als Belohnung dafür, daß der Mann den umwerfenden Werbeslogan »Knäckebrot macht Wangen rot« erfunden hat – von dem die Konkurrenz vor Neid grüne Backen bekommt.

Und die anderen, die es versäumen, für das Kekswerbepaar ihren Bungalow mit dem Wasserfallblick rechtzeitig zu räumen, führen bereits eine so kaputte Ehe, daß auch die Wasserfälle nicht mehr helfen. Oder doch: Die Frau ist hier mit ihrem Liebhaber verabredet, der ihren Mann in den tödlichen Strudel stürzen soll – so daß es wie ein Unfall oder noch eher wie ein Selbstmord aussieht. Denn der Mann, eine gestrandete Existenz und Koreakrieg-Veteran, war in einem Militär-Nervenhospital. Und daß er an seiner Frau leidet, der er hoffnungslos verfallen ist, kann jeder sehen, der Augen hat.

Den Mann, George Loomis, spielt Joseph Cotten (seit CITIZEN KANE und DER DRITTE MANN der ewige zweite Mann und von Skrupeln geplagte Verlierer). Und seine Frau Rose spielt Marilyn Monroe. Am Anfang liegt sie rauchend, mit knallrot geschminkten Lippen im Bett, während ihr Mann im Morgengrauen unruhig zu den Wasserfällen wandert; wenn er nach Hause kommt, stellt sie sich schlafend. Später sehen wir sie schemenhaft nackt unter einer Dusche, kurz darauf, wie sie, am Bettrand sitzend, ihre Nylons anzieht, dann in einem hautengen Kostüm.

Und schließlich, wie sie in einem engen, reizvoll kurzen und aufregend tief ausgeschnittenen, aufreizend scharlachroten Kleid in die harmlose Swing- und Cola-Party der Bungalow-Feriengäste tritt: Es war der erste, entscheidende Auftritt der neuen Sex-Göttin; in einem schier endlosen, laszivlässigen Wackelgang stakst sie auf hohen schwarzen Stöckelschuhen durch die sie anstarrenden Gäste, geht auf das Grammophon zu, gibt dem, der den Plattenspieler bedient, die Platte »Kiss me!«, er möge sie für sie spielen. Er legt sie auf, sie lehnt sich in die schmalzige, schwüle Musik zurück, ihr Mund, feucht und brennend rot geschminkt, öffnet sich in einer Art wollüstig träumendem Zuhören, dann singt sie den (für die damalige Zeit) anzüglichen Text mit ihrer rauchig hauchenden Stimme (es ist das erste Monroe-Lied) mit: »Take me ... take me in your arms ... darling don't forsake me ... kiss me, hold me tight, love me, love me tonight.« Aber mitten in ihre träumerisch versunkene Hingabe platzt ihr Mann. Er tritt aus seinem Bungalow, geht zum Plattenspieler, reißt den Tonarm weg und zerbricht wütend die Platte, wobei er sich an den Händen verletzt.

Das Lied ist das Leitmotiv und das Signal des Films. Roses Liebhaber Ted Patrick, ein Mann in schwarzweißen Schuhen, die ebenfalls, nach dem Mord, zum verwirrenden Signal werden, pfeift es. Und »Kiss me« tönt vom alles in Niagara überragenden Glockenspielturm, der in einen Briefschlitz eingeworfene Wünsche erfüllt: Da klingt das Lied, ein falsches Zeichen, leer, traurig, mechanisch, wenn es über die seltsam kahle, grünblaue Fremdenverkehrslandschaft im Morgengrauen hallt.

Um diesen ersten berühmten M.M.-Auftritt ranken sich viele Legenden: so die, daß sie ihren Wackelgang hier »gelernt« habe, als sie mit Stöckelschuhen über Kieswege gegangen und dabei stolpernd umgeknickt sei. So die, daß Cotten die Platte »Kiss me« erst zerbrechen mußte, als eine Frauenvereinsvertreterin den Set besucht hatte und über das Lied empört war. Man wollte die Szene

durch den Bruch als Zeichen der moralischen Mißbilligung retten – was gelang. Zum Glück.
Auch sonst hatte der Film moralisch lange Zeit keinen guten Stand. Es sei ein schmutziger Film, der die Monroe gezwungen habe, eine durch und durch triebhaft verkommene Frau zu spielen, die nur Niedriges im Sinn habe. Nur Truffaut, damals noch Filmkritiker, bekannte: »Ich liebe Marilyn Monroe seit NIAGARA.« Und recht hat er!
Im Film stellt sich nach und nach die Vorgeschichte der Ehe von Rose und George heraus. Sie war Bierkellnerin in Minnesota, er Schafzüchter. Er verpachtete seine Farm, scheiterte in mehreren Berufen, ging nach Korea, kam nervenkrank aus dem Krieg zurück. Sie quält ihn mit ihrer Kälte, er sie mit seinem Jähzorn und seiner Eifersucht. Ihr Plan, ihn durch einen Liebhaber umbringen zu lassen, scheitert. Er bringt statt dessen ihren Liebhaber um. Als sie das im Leichenschauhaus entdeckt, wo man ihr die vermeintliche Leiche ihres Mannes zeigt, erleidet sie einen Nervenzusammenbruch. Als sie in Panik fliehen will, ermordet sie ihr Mann im Glockenturm (bei der Mordszene zeigt die Kamera, beeindruckend, nur die Metallkörper des Glockenspiels). Bei der Flucht in einem Boot stürzt er den Hufeisen-Wasserfall hinunter.
Sieht man den Film heute, dann heben sich Marilyn Monroe und der wunderbare Joseph Cotten in ihrer Gefühlsverstörung und in ihrem menschlich groben, menschlich verständlichen Handeln erhaben und groß von der sie umgebenden Normal- und Durchschnittswelt ab: Sie sind Leidenschaft und Verhängnis in einem schrecklich optimistischen Spießertum. Der Film kontrastiert sie mit dem sonnigen, patenten Ehepaar Ray und Polly Cutler (Casey Adams und Jean Peters). Wenn die Monroe im Abendkleid auftaucht, sagt Ray, während ihm die fröhlichen Glubschaugen schier aus dem Kopf fallen: »Das haut ja den stärksten Eskimo vom Schlitten!« Und dann: »Warum trägst du so was nie?« Und Polly antwortet: »Man müßte ja mit 13 Jahren anfangen zu üben, um so ein Kleid tragen zu können.«
Die beiden, die in den Mordfall mehr und mehr verwickelt wer-

den, sind von einem geradezu gräßlich fröhlichen Keksfabrikanten, Mr. Kettering, der dick und dröhnend seine selbstgefälligen Scherze belacht (Don Wilson), und seiner ihn spöttisch-ergeben kommentierenden und ihm hinterherschlurfenden Gattin (Lurene Tuttle) eingeladen. Und der karrierebewußte Sonnyboy von Ehemann nickt den beiden so servil zu, daß er dabei die Ängste seiner Frau übersieht, ja, brutal beiseite wischt – so daß sie von George Loomis bei seiner Flucht in den Selbstmord erst fast mitgerissen, dann gerettet wird.

Es ist auch die geheime Beziehung und unterschwellige Anziehung zwischen Joseph Cotten und Jean Peters (sie ist mit ihrem schrecklich netten Mann emotional sichtlich unterversorgt), die den Film spannend und untergründig revolutionär macht. Mit dem verstörten Mörder wider Willen und den beiden Frauen um ihn herum hebt sich der Film hell gegen das zum Fürchten normale Pandämonium der Fünfziger-Jahre-Spießigkeit ab, die in NIAGARA mit scheinbarem Wohlwollen porträtiert wird. Und die beiden Verlorenen, die auf den ersten Blick nichts mehr verbindet, gehören in Wahrheit fester und bis in den Tod zusammen als die Frau und ihr schmalzig-pfeifender Liebhaber (Richard Allen), der die Katastrophe bestenfalls auslöst. NIAGARA ist ein gewaltiges melodramatisches Naturereignis in der hygienischen Erfolgswelt von damals – mag sein, wider Willen.

NIAGARA (NIAGARA) (USA 1952, Twentieth Century Fox, Technicolor, 89 Min.). Regie: Henry Hathaway. Produzent: Charles Brackett. Drehbuch: Charles Brackett, Walter Reisch, Richard L. Breen. Kamera: Joseph MacDonald. Musik: Sol Kaplan. Bauten: Lyle R. Wheeler, Maurice Ransford. Kostüme: Dorothy Jenkins.
Rose Loomis: Marilyn Monroe. George Loomis: Joseph Cotten. Polly Cutler: Jean Peters. Ray Cutler: Casey Adams. Inspektor Starkey: Denis O'Dea. Ted Patrick, Roses Liebhaber: Richard Allen. Mr. Kettering: Don Wilson. Mrs. Kettering: Lurene Tuttle. Motel-Besitzer Charles Ana: Russell Collins.

Singin' in the Rain (1952)
Du sollst mein Glücksstern sein

Gene Kelly

Am Anfang war der Titelsong, war »Singin' in the Rain«, den das Paar Nacio Herb Brown (Musik) und Arthur Freed (Text) 1929 geschrieben hatte – für den Film Hollywood Revue, einen der ersten *talkies* der MGM und natürlich gleich ein Musical.
1952 (der Evergreen war inzwischen in drei anderen Filmen erklungen, in Speak Easily, 1932, in Little Nellie Kelly, 1940, und in Hi, Beautiful, 1944) überredete der inzwischen zum Produzenten avancierte Freed das erfolgreiche Autorenpaar Betty Comben und Adolph Green, um den Song herum ein Musical zu schreiben: Das am stärksten gepriesene, am meisten bewunderte Musical aller Zeiten war geboren, das seither einen festen Platz in der Kritikerliste der zehn besten Filme aller Zeiten behauptet. Liste

hin, Liste her: SINGIN' IN THE RAIN ist ein Film voller Drive und Herzlichkeit, voller Witz und Perfektion: ein Musical, das als beste Komödie der fünfziger Jahre bestehen kann; eine Komödie, deren musikalische Tanznummern organisch aus der Handlung erwachsen, sie kommentierend brechen, satirisch erläutern, die Verbindung zwischen (Film-)Bühne und Wirklichkeit dieser *Backstage*-Komödie aus dem Hollywood der Übergangszeit vom Stummfilm zum Tonfilm und der »Revolte« des JAZZSINGER (1929) in spritzigen Schlaglichtern belegen.

Im Zentrum, wie gesagt, steht »Singin' in the Rain«, jener Plansch- und Pfützentanz, den Gene Kelly übermütig in den Regen steppt und samtstimmig durch das Regenrauschen singt, während das Arrangement (tipp-da-da, tapp-da-da) den Regen rhythmisch imitiert. Eben hat er seine privaten und beruflichen Zukunftspläne geschmiedet, da geht er optimistisch durch die Regennacht nach Hause, klappt den Schirm zu und kann vor Freude nicht anders – er beginnt auf einsamer Straße, in regennasser Nacht zu tanzen. Wie er auf blauer, leerer Straße die Laternen (im New Yorker Empire-Stil) umarmt, den Schirm schließt und herumwirft, über den nassen Asphalt wirbelt und sich vor Lebensfreude aus einer Regenrinne überschütten läßt – das ist eine Tanznummer voll Zuversicht, Schwung und Lebenslust; selbst der Polizist, der diese ausgelassene Verrücktheit durch sein Kopfschütteln beendet, kann sie nicht trüben.

Diese Szene, aus einem Winkel aufgenommen, der sie zur angeschrägten Bühne macht, und in langen Einstellungen kontinuierlich gefilmt (ein Meisterwerk cinematographischer Choreographie), wurde in eineinhalb Tagen in den MGM-Studios in Culver City abgedreht. Schwierigkeiten gab es nur am späten Nachmittag, als das Wasser nur noch spärlich tröpfelte, weil die Bürger von Culver City (glückliches, sonniges Kalifornien!) da allesamt ihre Rasen wässerten.

Die Story, die sich um diese verregnete Glanznummer rankt, ist eine Film-im-Film-Geschichte aus der Zeit, als die laufenden Bilder sprechen lernten. Nie ist Kunst, oder sagen wir bescheidener:

Unterhaltung, reizvoller, als wenn sie sich mit sich selbst beschäftigt, in sich selbst spiegelt; wenn sie also, wie hier, nostalgisch in die eigene Vergangenheit blickt, sie dabei liebevoll parodiert und mit gutmütiger Satire verspottet.

Der Film erzählt in turbulenten Szenen rauschender Premierenfeiern, schweißtreibender Filmproben und üblicher Liebesverwicklungen von dem Stummfilmstarpaar Lina Lamont und Don Lockwood, dem der Hollywood-Klatsch und die Studiopropaganda auch ein privates Liebesglück angedichtet hat, obwohl sich die beiden außerhalb des Drehens nicht riechen können. Denn Don (Gene Kelly), der sich als *stuntman* hochgedient hat, verliebt sich in ein kleines nettes Chorus-Girl namens Kathy Selden (Debbie Reynolds), das nicht viel vom Film hält – weil er eben so dumm und stumm ist. Und Lina (hinreißend dämlich, zickig und bis zur Selbstentäußerung schrill: Jean Hagen, das komische Ereignis des Films) ist wirklich schreiend blöd – und das auch noch mit einer schrecklich kreischigen Stimme und einer vulgären Aussprache.

Während die Tonfilmrevolte Hollywoods Studios (die fiktiven des Films heißen »Monumental Studios«) in den Grundfesten erschüttert und denjenigen, der sich nicht in das neue Tonmedium rettet, wirtschaftlich ruiniert, müssen die beiden Stars umsteigen: Aus ihrer stummen Mantel-und-Degen-Plotte »The Duelling Cavalier« wird das beredte Musical »The Dancing Cavalier«. Es gibt nur ein Problem: Die Diva lernt und lernt das Sprechen nicht, verfehlt das Mikrofon und singt wie eine Säge. Bis der Held und sein Freund Cosmo Brown auf den genialen Einfall kommen, sie durch die bescheidene und wohlklingende Kathy synchronisieren zu lassen. Das klappt vorzüglich, die Premiere wird zum Riesenerfolg – aber: Jetzt pocht das dumme blonde Gift auf seinen Vertrag und will die stimmgewaltigere Liebeskonkurrentin zur ewigen Tonsklavin, zur Stimme hinter dem Vorhang degradieren.

Doch diese Bosheit wird mit einer Gegenbosheit zum Happy-End gebracht. Als das Publikum von dem Star, »live« gesungen, ein Lied verlangt und Kathy sie hinter der Bühne stimmlich doubelt, reißen die erbosten Männer den verschleiernden Vorhang zur Seite und lassen die verhüllte Wahrheit ans Licht: Der Star der überlebten stummen Zeit bleibt mit der blechernen Stimme im Regen des Gelächters stehen – wie die blamierte Stiefmutter aus dem Märchen. Gene Kelly schließt Debbie Reynolds in die Arme, die beiden singen sich der Tonfilmzukunft entgegen.

Der Film empfand das Erdbeben der anbrechenden Tonfilmära in der Zeit der Fernseherschütterungen nach, die der Filmindustrie zusetzten (1952 war das schlechteste Geschäftsjahr der MGM seit 1933, gegen den kleinen TV-Kasten hatte man erstmals die große Cinerama-Leinwand eingesetzt, die Filme sechsfach größer als bisher zeigen konnte). Aber es ist der ganz und gar nicht wehleidige Galgenhumor optimistischer Überlebenskünstler, der den Film in seine, das Publikum ansteckende gute Stimmung versetzt. Aus dem komisch dekuvrierten Gegensatz zwischen Schein und Wirklichkeit gewinnt er seine satirischen Effekte: also aus dem Kontrast von Double und Akteur, von *stunt* und Aktion, von Schweiß und Vergnügen, von gespieltem Gefühl und unverstellter Gefühllosigkeit.

Das alles kulminiert immer wieder in grandiosen Nummern. Der tanzende Komiker und atemberaubend durchtrainierte Donald O'Connor hat als Klavierspieler Cosmo Brown eine getanzte Slapstickstuntnummer »Make 'em Laugh« (»Bring sie zum Lachen«), die sämtliche *pratfalls* der Stummfilmzeiten (also alle Katastrophenstürze) zur technischen Bravour steigert; in den Ballettszenen wird bewundernd der Busby-Berkeley-Stil der Zwanziger in Charleston und Black Bottom persifliert. Und dann gibt es die Gesangsparodie auf den hektischen Sprachunterricht, dem sich die verstörten Stummfilmstars zu unterziehen hatten – wie Dicke einer Diät: *Moses supposes his toeses are roses, but Moses supposes erroneously* – ein gesungenes englisches Äquivalent zu »Fischers Fritz fischt frische Fische«, nur enorm komisch: ein Juwel!

Merkwürdig ist nur, wie sexuell keimfrei sich auch im Musical-Glanzstück der fünfziger Jahre Gene Kelly und Debbie Reynolds zugeneigt sind, die zarte, kurzhaarig gelockte Debbie hat die sexuelle Ausstrahlung eines Pfefferminzbonbons. Und nur im 16minütigen Ballett-Traum, einer rundum erneuerten Reprise der »Broadway Melody« von 1929, einem 600 000 Dollar teuren Fünfziger-Jahre-Rausch aus Farben, Kostümen, Rhythmen und Bewegungen, dringt in der Nummer »Broadway Rhythm« durch die atemberaubend langbeinige und sich lasziv bewegende Cyd Charisse so etwas wie Sinnlichkeit in den Film. Aber bezeichnenderweise ist dieses stimulierende Geschöpf eine böse kalte Gangsterbraut, die es nicht auf Liebe, sondern auf Diamantenarmbänder abgesehen hat.

Du sollst mein Glücksstern sein (Singin' in the Rain) (USA 1952, MGM, Technicolor, 102 Min.). Regie: Stanley Donen, Gene Kelly (Choreographie). Produzent: Arthur Freed. Drehbuch: Betty Comden, Adolph Green. Kamera: Harold Rosson. Ausstattung: Cedric Gibbons. Musik: Nacio Herb Brown. Texte: Arthur Freed. Dirigent: Lennie Hayton.
Don Lockwood: Gene Kelly. Lina Lamont: Jean Hagen. Kathy Selden: Debbie Reynolds. Cosmo Brown: Donald O'Connor. Studio-Boß: Millard Mitchell. Regisseur: Douglas Fowley. Tänzerin: Cyd Charisse.

From Here to Eternity (1953)
Verdammt in alle Ewigkeit

Burt Lancaster, Deborah Kerr

Kaum zu glauben, wie kurz in Wahrheit die beiden berühmtesten Filmszenen der fünfziger Jahre sind: der über dem Luftschacht der New Yorker U-Bahn hochgewehte Rock der Monroe. Und Deborah Kerr und Burt Lancaster in einer einsamen Bucht auf Hawaii, wie sie sich liebend in der Gischt der anrollenden Brandung umarmen: er muskulös mit *crew-cut*-Haarschnitt, sie im schwarzen Badekostüm mit kurzem, blondgefärbtem Haar. Beide Szenen dauern nur Sekunden. Ein Luftstoß, eine kurze Umarmung. Aus. Fertig. Schluß.
Und doch haben beide Szenen Filmgeschichte gemacht, der laszive Windstoß, der die Oberschenkel der MM für einen Augenblick den lüsternen Blicken preisgab; und die ehebrecherische Umar-

mung, symbolisiert in der Naturgewalt des Pazifiks: Sie haben einen Film-Augenblick lang den Schleier der biederen fünfziger Jahre vor der sexuellen Wahrheit gelüftet: Und Wilders THE SEVEN YEAR ITCH von 1955 zitiert den Film seines einstigen Wiener Schulfreundes Zinnemann von 1953 zudem exakt mit der Liebesszene am Hawaii-Strand: als Wunschtraum und Phantasie des biederen Ehemanns Tom Ewell.

Zinnemanns Film, nach dem Antimilitärroman von James Jones, steckt auch sonst tief in den Beschränkungen und dem verlogenen Biedersinn der Fünfziger – doch teils bewußt, teils unfreiwillig offenbart er wie kein anderer Film die engen Grenzen jener Zeit: Figuren, in Alkohol und Vorurteile verstrickt, die sie für gültige Lebensregeln halten.

Es geht um eine Kompanie in den Schofield Barracks auf Hawaii, Wochen vor dem japanischen Überfall auf Pearl Harbor im Dezember 1941. Der Kompaniechef, Captain Dana Holmes (Philip Ober), ist ein Schürzenjäger und Säufer, der seine Truppe dem Sergeant Milton Warden (Burt Lancaster) überläßt und im übrigen nur daran interessiert ist, daß seine Soldaten als Boxchampions die Trophäen der Army abkassieren. Er holt Private Prewitt (Montgomery Clift) zu seiner Truppe, weil der ein Mittelgewichtsboxer von Klasse ist. Aber Prewitt, der sich auf 30 Jahre der Armee verschrieben hat, will, nachdem er einen Kameraden durch einen Boxhieb zum Krüppel gemacht hat, nicht mehr boxen. Deshalb wird er auf Geheiß des sadistischen Captains bis aufs Blut geschliffen und gepiesackt. Zu ihm hält Maggio (Frank Sinatra), ein lebenslustiger Italoamerikaner, beide erholen sich im Nachtleben von Honolulu von den soldatischen Strapazen.

Sergeant Warden hat eine heimliche Affäre mit der Frau seines miesen Captains, Prewitt verliebt sich in ein Animiermädchen (Donna Reed), Maggio wird von einem sadistischen Rassisten, der der Aufseher des Militärgefängnisses ist (Ernest Borgnine), zu Tode gequält: Die Soldatenwelt auf Hawaii besteht aus Suff, Frust, verkorksten Liebesgeschichten, militärischen Schindereien und den schwachen Lichtblicken militärischer Kameraderie.

Obwohl Columbia-Chef Cohn weder bei der US-Army noch bei dem damals hochsensiblen Productions Code anecken wollte, macht der Film die Korruption der Militärs und das sexuelle Ausgehungertsein der Soldaten deutlich: Was heute brav und bieder wirkt, war damals unerhört, trotz aller besänftigenden Wendungen – so betrügt die Frau ihren Captain nur, weil dieser ihr Baby hat sterben lassen, und strebt schnellstens eine Scheidung und neue Ehe an, und auch Prewitt will, sobald er sein Callgirl (deren Beruf man eher verschämt erraten darf) liebt, nur eines: sie heiraten. Und die Army: Sie setzt einen Prozeß der Selbstreinigung in Gang und entfernt den korrupten Captain mittels eines Disziplinarverfahrens.

Und doch geht der Film tragisch aus, Prewitt stirbt im Kugelhagel, die Geschiedene will, daß ihr Sergeant etwas Besseres wird, und verläßt ihn, als er sich als Kommißkopf erweist. Das eigentliche reinigende Gewitter bringt nicht die Moral, sondern der japanische Luftangriff auf Pearl Harbor, unter dem die Soldaten zuerst wie wimmelnde Ameisen in Panik davonstürzen – um sich dann patriotisch zu besinnen: Zinnemann zeigt, daß der Krieg gegen Japan und Deutschland den USA ihre Moral und ihr moralisches Recht zurückgab.

Was heute noch beeindruckt, sind vor allem die schauspielerischen Leistungen: feinnerviger und sensibler als Montgomery Clift, der einen sanften Querkopf darstellte, kann man einen Berufssoldaten nicht spielen, und wenn er für den toten Sinatra, der einen quirligen, lebenslustigen Soldaten darstellte, der sich nur auf seinen Ausgang freut, um auf die Pauke zu hauen, unter Tränen auf der Trompete den Zapfenstreich blies, blieb kein Auge trocken.

Der Film war Sinatras Comeback aus der Talsohle der ersten Karriere. Darum, wie er die Rolle bekam, ranken sich Legenden. Zum Beispiel die, daß die Mafia ihrem Schützling half und den Produzenten durch Horror und einen abgeschnittenen Pferdekopf im Bett erpreßte. Aber das ist wieder ein anderer Film, nämlich der

Pate, der auf den Start von Sinatras zweiter und endgültiger Karriere in From Here to Eternity anspielt. Sie begann jedenfalls mit einem Oscar.

Verdammt in alle Ewigkeit (From Here to Eternity) (USA 1953, Columbia, sw., 118 Min.). Regie: Fred Zinnemann. Produzent: Buddy Adler. Drehbuch: Daniel Taradash, nach dem gleichnamigen Roman von James Jones. Kamera: Burnett Guffey. Musik: George Duning.
Private Robert E. Prewitt: Montgomery Clift. Sergeant Milton Warden: Burt Lancaster. Angelo Maggio: Frank Sinatra. Captain Dana Holmes: Philip Ober. Alma Lorene: Donna Reed. Karen Holmes: Deborah Kerr. Sergeant »Fatso« Judson: Ernest Borgnine. Corporal Buckley: Jack Warden. Sergeant Leva: Micky Shaughnessy.

Le Salaire de la Peur (1953)
Lohn der Angst

Yves Montand, Charles Vanel

Vier Europäer, die in dem gottverlassenen zentralamerikanischen Nest Las Piedras gelandet sind, am Arsch der Welt, wie die Gestrandeten sagen würden, bekommen die einmalige Chance zu einem Himmelfahrtskommando: Weil eine Ölquelle in 500 Kilometer Entfernung brennt, bietet die Ölgesellschaft, die in dem Kaff tonnenweise Nitroglyzerin lagert, den vieren, die sie nach Robustheit, Skrupellosigkeit und Fahrfähigkeiten in darwinistisch-kapitalistischem Schnelltest ausgelesen hat, die Chance, für den Transport 2000 Dollar zu verdienen – und damit die verzweifelt ersehnte Gelegenheit, die heiße Einöde zu verlassen. Allerdings um den LOHN DER ANGST, denn die beiden Lastwagen sind nur

primitiv gefedert, die Straße zum Ölfeld ist in einem katastrophalen Zustand, der hochexplosive, stoßempfindliche Sprengstoff wird in einfachen Kanistern transportiert – jede Erschütterung kann die Fahrer in den Himmel und damit ins Nichts pusten.
Clouzots Meisterwerk, wahrscheinlich der vollkommenste und geradlinigste Thriller der Filmgeschichte, könnte mit dieser Todesfahrt der vier, zu zwei Teams gebündelten Desperados seinen Anfang nehmen – aber er beginnt mit Szenen vom trostlosen Hinvegetieren der gescheiterten Europäer (die ein Hauch von Fremdenlegion umgibt) in dem ausgedörrten Drecksnest unter Indios, wo der erbettelte Schnaps und das Radio in der Kneipe die einzigen Lichtblicke sind. Mario (Yves Montand), ein Korse, der zuletzt in Paris lebte und als wertvollste Erinnerung einen Metrofahrschein wie eine Reliquie des früheren Paradieses aufhebt, wird von der Kellnerin (Vera Clouzot) hündisch geliebt, sein gutmütig-dummer Zimmerkumpel Luigi aus Kalabrien (Folco Lulli) hat Arbeit als Maurer, spart eisern Geld – bis er erfährt, daß er eine Zementlunge hat. Bimba (Peter van Eyck) ist ein schweigsamer Deutscher, der Furchtbares hinter sich hat, über das er sich ausschweigt, ein Nachkriegs-Outcast mit stoischer Haltung. In diese Öde platzt Jo (Charles Vanel), der mit seinem weißen Anzug und seinem Macho-Gehabe noch so tut, als wäre er obenauf, hätte eine große Vergangenheit hinter sich; als Pariser übt er auf Montand große Faszination aus, der Jüngere bewundert den Alten und gibt für ihn seine Freundin und seinen Freund auf – das Schwelgen in der Erinnerung an Paris macht sie zu etwas Besserem. Sie brauchen sich nur Straßennamen zu nennen.
Clouzots Film hat hier als erster gnadenlose Bilder aus der Dritten Welt, ihren kolonialen Strukturen, der vorherrschenden Desperado-Mentalität, der latent homoerotischen Männerbünde, deren letzter Stolz die Frauen- und Eingeborenen-Verachtung ist, eingefangen – lange vor Taverniers SAUSTALL. Vor allem aber braucht der Film diese Einleitung, um zu zeigen, wie sich die Machtstrukturen auf der Todesfahrt verändern, die sozialen Wertigkeiten umkehren: Denn während in dem Kaff der schamlos schwadronie-

rende Vanel obenauf ist, weil er ungehemmt Cognac auf Pump bestellt, wird auf der Todesfahrt aus dem Alten, der schon längst alles zynisch weiß, der alte Mann, den die Furcht besiegt, der zum kläglichen Jammerlappen wird, zum Feigling: ein Mann, der vor seinem Tod tausend Tode stirbt.

Als die Fahrt beginnt, sich mit drohend röhrenden Motoren ankündigt, wird der Film nämlich zur existentialistischen Parabel schlechthin, ohne (das ist das Wunder von Clouzots Drehbuch und Clouzots Handwerk) sich auch nur für eine Sekunde aus dem eindringlichsten Verismo in die Theorie zu verabschieden. Anders als Camus' Romane oder Sartres Theaterstücke bleibt Clouzots unerbittliches Gleichnis auf dem holprigen Straßenboden der Realität – wie die schwer greifenden, holpernden, dann wieder durchdrehenden Reifen der Nitro-Lastwagen. Und wenn der Zuschauer schier den Atem anhält (und das auch, wenn er den Film zum zehntenmal sieht), sobald die schweren Räder den Boden nicht fassen oder die Haftung verlieren, dann zeigt das die imaginative Sprengkraft des Kinos: Weil Clouzot die explosive Ladung ins Zuschauerhirn verfrachtet hat, erzittert auch das Publikum bei jeder Bodenerschütterung.

Es ist eine Fahrt der Bewährung, Männer auf das nackte Nichts ihres Mutes und ihrer improvisierenden Geschicklichkeit zurückgeworfen. Hier zählt nicht mehr Ansehen und Erfolg, sondern die Bewährung in jedem Augenblick – das bravourös oder fatalistisch bestandene Abenteuer ist schon wieder in der nächsten Sekunde nichts wert –, man hat es als »*suspense* unter dem Damoklesschwert« beschrieben oder als Clouzots veristische Version des Sisyphos-Mythos: Die Straße wird zur fortgesetzten Bewährungsprobe, die dennoch sinnlos bleibt.

Immer wieder erklimmt die Handlung atemberaubende Höhepunkte: wenn die Wagen über dem Abgrund auf einer brüchigen glitschigen Holzbrücke rangieren müssen; wenn die Männer einen Felsbrocken aus dem Weg sprengen müssen und dabei mit dem hochexplosiven Stoff hantieren, immer kurz davor, sich selbst in die Luft zu jagen.

Schließlich fliegt ein Wagen in die Luft. Der Zuschauer erlebt es in einer Nahaufnahme – auf die Hand Vanels im zweiten Wagen, der gerade eine Zigarette dreht und dem der ferne Explosionsdruck den Tabak vom Papier bläst.

Dann, grausiger Höhepunkt, Schrecken der Schrecken: Montand und Vanel müssen durch die Öllache fahren, die die Explosion des ersten Lkw's hinterlassen hat: Als Vanel durch die Pfütze vorauswatet und stürzt, fährt ihm Montand ein Bein ab – er kann den Wagen nicht halten, glaubt ihn auch, im Wahn des verfolgten Erfolgsziels, nicht anhalten zu können.

Wie der ölverschmierte Vanel, eine dunkel-abstruse Maskerade des Todes in den Armen seines weiterfahrenden Kumpels, von einem Bretterzaun in Paris phantasiert, während ihn der Wundbrand tötet – das ist eines der bleibenden Zeichen des nihilistischheroischen Existentialismus: die Wand, hinter der nichts ist.

Clouzot läßt seinen Film mit einer grotesk-finsteren Volte vom Sein ins Nichts enden: Während der überlebende Montand zu Donauwellen-Walzerklängen die Rückfahrt mit seiner Doppelprämie von 4000 Dollar antritt (er bekommt auch den Lohn seines toten Partners), kariolt er den Wagen übermütig in den Abgrund. Das letzte Bild sind seine in absurdem Schrecken weit aufgerissenen Augen – und die im Tod verkrampfte Hand: mit dem Pariser Metro-Fahrschein vom Pigalle. Ob feig, ob tapfer, ob dumm oder klug, kaltblütig oder hitzig – ins Gras beißen sie alle, aber Clouzot gibt den auf den Hund Gekommenen im Moment des Sterbens eine fatalistische Größe und tragische Würde zurück.

LOHN DER ANGST (LE SALAIRE DE LA PEUR) (Frankreich/Italien 1953, CICC, Filmsonor/Vera Film, sw., 131 Min., Langfassung 156 Min.). Regie: Henri-Georges Clouzot. Produktion: Filmsonor-CICC/Vera Film. Drehbuch: Henri-Georges Clouzot, nach dem gleichnamigen Roman von Georges Arnaud. Kamera: Armand Thirard. Musik: Georges Auric. Mario: Yves Montand. Luigi: Folco Lulli. Bimba: Peter van Eyck. Monsieur Jo: Charles Vanel. Linda, die Kellnerin: Vera Clouzot. O'Brien, Erdölmanager: William Tubbs. Smerloft: Jo Dest. »Boss«: Centa. Bernardo: Luis de Lima.

On the Waterfront (1954)
Die Faust im Nacken

Heute ist kaum noch vorstellbar, obwohl noch spürbar, welche Wirkung und Kraft von Elia Kazans Film Mitte der fünfziger Jahre ausgingen: ON THE WATERFRONT war eine Explosion, die die Kinolandschaft aufriß, durcheinanderwirbelte und veränderte. Und diese Explosion trug vor allem einen Namen: Marlon Brando. Mit dem Thema des Films, der mafiosen Korruption in den amerikanischen Gewerkschaften, brachte Brando die amerikanische Realität nach Hollywood.

Marlon Brando

Schon das Thema wollte zunächst niemand in der Filmmetropole anfassen: Die Geschichte von den Mobstern an der Spitze einer Hafenarbeitergewerkschaft, die ihre Mitglieder buchstäblich verkaufen und jede Bedrohung ihrer korrupten Herrschaft mit Mord und Terror ahnden, um potentielle Verräter zum Schweigen zu bringen – diese Geschichte war als (pulitzerpreisgekrönte) Artikelserie von Malcolm Johnson in der »New York Sun« erschienen. Als sich Budd Schulberg (der sich übrigens, ähnlich wie sein Regisseur Kazan, als ehemaliger Kommunist während der McCarthy-Verhöre wegen »unamerikanischer Aktivitäten« als »freundlicher Zeuge« erwies und Kollegen bereitwillig wegen ihrer Nähe zum Kommunismus denunzierte) an den Stoff machte, hatte die Industrie

Angst, das Thema mit der Kritik an korrupten Gewerkschaften könne als »kommunistische Indoktrination« gelten. Erst der eigenwillige Sam Spiegel mit seinem Riecher für ungewöhnliche Erfolge war bereit, den Stoff zu produzieren, nachdem Schulberg ihn dann doch hollywoodgerecht glattgeschliffen hatte.

Es ist die Geschichte des ehemaligen Boxers Terry Malloy, eines unbeholfenen, nicht sehr hellen, tapsigen Muskelpakets (Typ: ungeschliffener Edelstein), der den korrupten Hafengewerkschaftsbossen, zu denen auch sein gewitzter Bruder Charley zählt, als Handlanger dient. Zu Beginn des Films lockt Terry einen Freund, Taubenzüchter wie er, aufs Dach, von wo ihn die Gangstergewerkschafter in den Tod stoßen: Er wollte gegen ihre Machenschaften aussagen. Malloy, der dachte, seinem Kumpel sollte nur ein Denkzettel verpaßt werden, fühlt sich schuldig, und sein Gewissen erwacht besonders, als er sich in des Ermordeten Schwester, die zum Begräbnis aus ihrer Nonnenschule in das Hafenviertel zurückgekehrt ist, verliebt. Ein katholischer Priester redet den Arbeitern zudem ins Gewissen, der mörderischen Korruption ein Ende zu setzen, und endlich entschließt sich Terry, als Zeuge des Mordes vor Gericht gegen seine Bosse und Gönner auszusagen. Auch als man versucht, ihn umzubringen, weicht er von dem eingeschlagenen Weg nicht mehr ab und muß erleben, wie sein Bruder ermordet wird, nachdem dieser sich als zu weich erwies, Terry entweder noch einmal umzudrehen oder aus dem Weg zu räumen.

Nach seiner Gerichtsaussage ist die Macht des Bosses Johnny Friendly zwar schon zerbrochen, aber es kommt zum Schluß noch zu einem persönlichen Showdown, bei dem Terry zwar im Zweikampf gegen Friendly siegt, aber von dessen Leibwächtern zu einem blutigen Klumpen Fleisch zusammengeschlagen wird – die Hafenarbeiter schauen tatenlos zu. Doch dann verweigern sie ihrem Peiniger und Herrn Friendly die Gefolgschaft und gehen erst an ihre Arbeitsplätze, als Terry Malloy, vom Priester angefeuert, mit weichen Knien, aber entschlossenen Schritten zur Arbeit schreitet – eine neue (zumindest am Anfang), korruptionsfreie Gewerkschaft wird sich formieren.

Es sind nicht diese pathetischen Schlußszenen, mit denen Kazan und Schulberg die Geschichte ins Exemplarisch-Gleichnishafte zu stemmen suchten, die den Film in unserem Kinogedächtnis aufbewahren. Auch Karl Maldens eifernder katholischer Priester ist es nicht, der selbst, wenn er zum Zeichen der Solidarität ein Bier mit den Hafenjobbern kippt, wie im religiösen Schwersteinsatz wirkt, obwohl der Schauspieler mit seiner Actors-Studio-Erfahrung und seiner überbreiten Nase der arienschmetternden Rhetorik flammender Christlichkeit entgegenwirkt; man hat den Eindruck, Kazan hat diesen Priester aus vorsorglich antikommunistischen Tendenzen (für den heutigen Geschmack zumindest) mit einem solchen Fünfziger-Jahre-Idealismus übertrieben.

Nein, was dem Film bis heute seine schier ungebärdige, faustschüttelnde Kraft verleiht, ist der realistische Blick für die vitale Macht des Bösen (etwa in der Darstellung des Gewerkschaftspaten Friendly durch Lee J. Cobb), die nie verleugnet, daß sie ihre Kraft aus der harten Schule ihrer ärmlichen Herkunft gewinnt.

Und es sind Szenen wie die, in der der junge Terry erstmals mit der weißblonden Schwester des Ermordeten in einer Kneipe ein Bier trinkt: Wie da die spärlichen, aber geradlinigen Gedanken sichtbar in Brandos Gesicht aufleuchten, in Widerstreit zu seinen simplen Boxergesten geraten und seine schwere, rauhe Zunge in Bewegung setzen – das ist wirklich poetischer Realismus, vor allem aber war es damals ein radikal neuer Ton und Stil.

Der gleiche neue Charakterisierungswille kennzeichnet die Szene, in der die beiden Brüder zum letzten Mal zusammen sind, in einer Autofahrt, in der der ältere den jüngeren eliminieren soll – und, als er das nicht vermag, sein eigenes Todesurteil spricht.

Sowohl der junge Brando mit den hängenden Augenbrauen, der zerbrochenen Nase, den vollen Lippen, ein männliches Tier, in Unschuld gefangen und gezähmt, als auch sein eleganter, durch die Korruptionsschule gestählter Bruder, wie ihn Rod Steiger spielt, machen diese Szene zu einem unvergeßlichen Höhepunkt des Films.

Beide kamen, wie auch Malden, aus dem New Yorker Actors Studio, das, 1948 von Kazan in New York gegründet und auf den

Lehren Piscators (der Brando fürs Theater entdeckte) aufbauend, die Schauspieler zu der Entdeckung ihrer radikal realistischen, mit Intensität erfühlten Mitteln ermutigte. Lee Strasberg wurde der Mentor des neuen *method acting*. Mit diesem ungewohnten Realismus eroberte eine ganze Generation von Stars Hollywood (allen voran der neue Star der Stars: Brando, Hollywoods Enfant terrible, den Kazan 1947 in ENDSTATION SEHNSUCHT zum Broadway-Hit gemacht hatte), und der mit acht Oscars preisgekrönte Kazan-Film ON THE WATERFRONT war ihr trojanisches Pferd. So bemerkte Joan Crawford, Star des alten Hollywoods, voller Abscheu über diesen neuen Schauspielstil, den man »The Method« nannte: »Wir nennen diese neue Art des Spielens Waschbrettspielen *(shuffleboard-acting)*. Ich glaube nicht, daß man ins Kino gehen will, um jemanden zu sehen, den man im Nachbarhaus so auch sehen kann. Für eine derartige Unterhaltung wird kaum jemand sein Geld rauswerfen wollen; man klopft statt dessen einfach an die nächste Tür und trifft seinen Nachbarn.« Sie hatte ziemlich unrecht.
Auch die Atmosphäre des Films, den Kazan im winterlichen Hoboken in New Jersey mit seinen häßlichen Hafenhäusern, den müllverschmutzten Straßen, durch die ein eisiger Wind fegte, und seinem ewig grauen Himmel drehte, ist mit dem Tuten der Nebelhörner und den Geräuschen der Sirenen von einem damals unerhört kraß empfundenen Realismus. Den peitschenden Rhythmus des Films, der mit gefährlicher Ruhe abwechselt, bestimmt auch die Musik Leonard Bernsteins, die die Verwandtschaft des Milieus mit dem der »Westside Story« offenbart.

DIE FAUST IM NACKEN (ON THE WATERFRONT) (USA 1954, Columbia, sw., 108 Min.). Regie: Elia Kazan. Produzent: Sam Spiegel. Drehbuch: Budd Schulberg, unter Zugrundelegung der Reportagen von Malcolm Johnson. Kamera: Boris Kaufman. Musik: Leonard Bernstein.
Terry Malloy: Marlon Brando. Edie Doyle: Eva-Marie Saint. Priester Barry: Karl Malden. Johnny Friendly: Lee J. Cobb. Charley Malloy: Rod Steiger.

La Strada (1954)
La Strada – Das Lied der Straße

Giulietta Masina, Anthony Quinn

Dem Schausteller und Wanderkünstler Zampano, der auf Jahrmärkten und Straßen mit seinem gewaltigen Brustkorb durch bloßes Einatmen zentimeterdicke Eisenketten sprengt, ist seine Partnerin Rosa gestorben, die für ihn gekocht, die ihn mit Trommelwirbel angesagt, die mit ihm komische Nummern gespielt hat. Also kauft er sich bei einer armen, kinderreichen Frau, die in einer Bruchbude am Meer haust, deren Tochter Gelsomina für 10 000 Lire. Gelsomina, arm im Geiste, aber mit einem großen kindlichen Gemüt und einem lachenden Herzen, ist weder schön noch tüchtig, jedoch das, was man eigentlich als Vagabund auf der Straße braucht: ein Kumpel und Partner.

Zampano, ein klobiges Mannsbild in verschlissen-schmuddligen Hosen, mottenzerfressenem Pullover, struppigem Haar mit Wollmütze, der sie in seinen Karren hinter seine Harley-Davidson packt, merkt das erst später, zu spät. Anfangs bringt er ihr, erst geduldig, dann grob und mit Rutenhieben auf die Beine, den für sie schwierigen Text: »Jetzt kommt der große Zampano!« bei. Das dumme Ding, das dazu trommeln muß, möchte immer sagen: »Zampano ist gekommen.« Abends, wenn sie ihre Nummern vor Straßenpublikum beendet haben (er seine Kettensprengung, beide gemeinsam einen trostlos unkomisch-komischen Sketch) und sie das Geld mit dem Teller eingesammelt hat, nimmt er sie mit in eine billige Trattoria und spendiert ihr großzügig etwas zu essen, während er sich mit Rotwein die Hucke vollsäuft. Dann bändelt er schon mal mit einer üppigen Braut an oder mit einer frischgebackenen Witwe, die ihm danach einen Anzug und Hut ihres Seligen stiftet (es war Nestroy, der boshaft fragte, warum ausgerechnet verstorbene Ehemänner als »selig« gelten).

Wenn Zampano also des Nachts bei wechselnden Orten und wechselnden Gelegenheiten ein ganzer Kerl ist, dann stellt er seine winzige Gelsomina mit dem »Rettichkopf«, dem Clownsgesicht und den riesigen Klimperaugen einfach wie einen Gegenstand am Straßenrand ab und vergißt auch, sie wieder abzuholen. So muß sie ihm und seinem Motorrad nach, das er an irgendeinem Rand der Stadt samt Schlafkarren abgestellt hat. Das tut ihr weh, da sie den Kerl inzwischen mag, und so versucht sie auch abzuhauen. Aber dann bleiben die beiden doch zusammen, denn ohne, daß sie darüber reden und auch nur nachdenken müßten: Sie brauchen einander; sie gehören schnell so zusammen, als wären sie schon immer zusammen gewesen.

Einmal kommen sie zu einem Zirkus, bei dem mehrere Artisten arbeiten, jeder mit seiner Nummer, jeder auf eigene Kappe, indem er nach seiner Nummer mit dem Hut oder dem Klingelbeutel die Zuschauer abgrast. Und bei diesem Zirkus ist ein Clown beschäftigt (Matto, der Narr, heißt er), der wunderbar auf einer kleinen Geige spielt. Natürlich spielt er »La Strada«, was denn sonst? Und weil er nicht so ein klotziger Grobian wie ihr Zampano ist und weil er viel lacht und viel erzählt und dauernd zu Späßen aufgelegt ist, fühlt sich Gelsomina, die auch gern lachen würde, aber nicht viel zu lachen hat, zu Matto hingezogen, ein bißchen nur. Und die beiden scherzen miteinander, sehr zum Mißfallen von Zampano. Da Matto zu allem Überfluß den Kraftprotz und Muskelmann ärgert, ja, ihm sogar durch Witze seine Nummer versaut, will Zampano ihn verprügeln. Als er Matto mit dem Messer bedroht, kommen die Carabinieri; der Zirkusdirektor, der solchen Ärger nicht will, schmeißt beide raus.

Wieder zieht Zampano mit seiner Gelsomina weiter, die inzwischen von Matto das Trompetespielen gelernt und eine Trompete geschenkt bekommen hat (auch sie spielt, versteht sich, »La Strada«). Gelsomina ist trauriger als früher, auch muß sie erleben, wie ihr Zampano Nonnen, die ihnen ein Nachtlager gewährt haben, roh bestehlen will – silberne Herzen aus der Kapelle. Das Unglück will es, daß sie auf einer Straße Matto treffen, der eine Reifenpanne hat. Es kommt zu einem Streit, bei dem Zampano so brutal zuschlägt, daß Matto kurz darauf stirbt. Panisch versteckt Zampano Leiche und Auto, während er stammelt, er habe ihn nicht töten wollen. Doch Gelsomina wird darüber wahnsinnig, immer wieder murmelt sie wirre Sätze über die Tötung, bis Zampano sie eines Morgens heimlich in den winterlichen Bergen verläßt. Die Trompete legt er neben sie.

Monate später. Zampano hört jemanden »La Strada« summen. Als er sich nach Gelsomina erkundigt, erfährt er, daß sie gestorben ist. Nun erst begreift der grobe Mann, was er verloren hat. Wir erleben ihn in den Schlußszenen als einsamen, verzweifelten, herumlärmenden Säufer.

Fellinis Film war einer der großen, nachhaltigen Kinohits der fünfziger Jahre. Der Name Zampano wurde zum geflügelten Begriff (jemand mimt den großen Zampano, oder jemand ist, beispielsweise, ein Theater-Zampano, also ein unbekümmerter Kraftkerl und Berserker), die »La-Strada«-Musik wurde zum Ohrwurm, und die winzige Giulietta Masina, bis zu seinem Tod am 31. Oktober 1993 Fellinis Partnerin und Ehefrau, die ihm bereits im April 1994 nachstarb, wurde »die Masina« mit ihren Kulleraugen, ihrem kurzen Wuschelhaar, ihrem Clownslachen so etwas wie ein Markenzeichen der Fellini-Filme, ja, des italienischen Kinos. LA STRADA ist ein bis heute anrührender, auch sentimentaler Film; es ist ein Künstlerdrama, bei dem sich Fellini in seinen niedrigsten, am wenigsten geachteten Kollegen spiegelt, den schäbigen Artisten der Straße, den Gauklern, Taschenspielern, Jahrmarktsakrobaten. Diesem Thema ist Fellini bis zum Schluß treu geblieben, bis zu GINGER UND FRED (1986), wo die Masina und der Mastroianni zwei abgetakelte und abgewrackte Unterhaltungskünstler spielen. LA STRADA beschwört, und das ist Fellinis ureigenes Thema, die Poesie der Armut, die Schönheit des Häßlichen, die Vollkommenheit des Unvollkommenen. Und, man kann sagen: Er beschwört die Gefühle der scheinbar Gefühllosen.

Denn natürlich ist LA STRADA vor allem die Geschichte einer großen, unmöglichen Liebe, die erst, nachdem sie sich verloren hat, weiß, was sie verloren hat. Anthony Quinn ist das Porträt des südländischen Machos, der dumpf zerstört, was er am meisten braucht. Es ist schon seltsam, welche poetische, ja, sentimentale Kurve der Neorealismus in LA STRADA rund zehn Jahre nach seinen Anfängen genommen hat: Die Sozialkritik ist zur Einfühlung in die reinen, unverbildeten, einfachen Herzen der kleinen Leute geworden; klar, daß dies auf der Gefühlsklaviatur der fünfziger Jahre einen starken Akkord hervorbrachte. Bestechend ist dennoch, wie die Straße der Vagabunden durch ein Italien führt, das Lichtjahre von der Postkartenwelt der Touristen des »Bella Italia« entfernt ist.

Da sieht man müllübersäte Stadtränder, auf denen häßliche, halbfertige oder halbabgerissene Betonklötze wie faulige Zahnstummel herumstehen, da sieht man die Wohnsilos der Armut in einer grauen, baumlosen Landschaft, da sieht man verdorrte Winterbäume und häßliche Industrieanlagen, vor denen die Gaukler mit ihren billigen Nummern der einzige Lichtblick sind. »Fellinesk« ist vor allem eine Kirchweihe mit einem Umzug mit Monstranz und

Heiligenbildern, Lämpchenketten an den Kirchen und einem Seiltänzer, der seine Nudeln in schwindelnder Höhe auf schwankendem Seil verzehrt.

Und die Masina? Man hat sie als Gelsomina mit Charlie Chaplin, Harry Langdon, Stan Laurel, den großen Pantomimen Jean-Louis Barrault und Marcel Marceau verglichen. Später hat man andere, um sie in ihrer komischen Kraft (vis comica) zu rühmen, wiederum mit ihr verglichen. Ich muß sagen, daß ihr hochgerühmtes Spiel auf mich heute etwas bemüht, angestrengt, überakzentuiert wirkt, mir klimpert sie etwas zu auffällig mit den Augen, verzieht ihr Gesicht zu sehr zu einem gütigen Lächeln. Aber es mag sein, daß ich ein Fünfziger-Jahre-Geschädigter bin, der auf seine Erinnerungen immer noch allergisch reagiert. Der Film erhielt auch einen Oscar, der zeigte, was für ein mächtiges Filmland Italien war, damals. Die deutsche Synchronisation ist mit ihrem schamlos übertriebenen italienischen Akzent teilweise unerträglich, heute.

LA STRADA – DAS LIED DER STRASSE (LA STRADA) (Italien 1954, Trans-Lux, sw., 102 Min.). Regie: Federico Fellini. Produzenten: Carlo Ponti, Dino De Laurentiis. Drehbuch: Federico Fellini, Tullio Pinelli, Ennio Flaiano, nach einer Geschichte von Fellini und Pinelli. Kamera: Otello Martelli. Schnitt: Leo Catozzo, Lina Caterini. Musik: Nino Rota. Ausstattung: Mario Ravasco, E. Cervelli.

Gelsomina: Giulietta Masina. Zampano: Anthony Quinn. Matto, der Narr: Richard Basehart. Columbiani: Aldo Silvano. La Vedova (die Dicke): Marcella Rovera. La Surina (die Witwe): Livia Venturini.

Paths of Glory (1957)
Wege zum Ruhm

Kirk Douglas

In einsamer Düsternis und Helle zugleich ragt Stanley Kubricks zweiter großer Film (nach dem Schwarze-Serie-Krimi THE KILLING von 1956, der einen Überfall auf das Wettbüro einer Pferderennbahn mit finster exaktem Fatalismus schilderte) aus der trostlos planen Filmlandschaft der fünfziger Jahre hervor.
Düster, weil der Film die Abgründe dessen, was Menschen Menschen antun, wenn es die Umstände (zum Beispiel der Krieg) erlauben, ohne Schonung und ohne Hoffnung zeigt. Hell, weil der Film in seiner humanen Idee, in seiner luziden Technik, in seiner klugen Montage und seiner vielschichtigen Schauspielerführung die Kunstform Film in ihrer vollen Wucht und Kraft offenbart. Vielleicht, ohne es zu wissen, hatte Kubrick mit seinem Griff zu einem kompromißlos antimilitärischen Stoff Glück, daß die Zeit ihm hierfür eine Pause des Aufatmens bot: In den USA war die McCarthy-Ära mit ihrem antikommunistischen Verfolgungswahn, der alles Liberale und Unangepaßte als »unamerikanisch« mit Feuer und Schwert auszulöschen trachtete, mit dem Sturz des korrupten Senators und seiner Spießgesellen zu Ende gegangen; und der beendete Korea-Krieg (seine Opfer und Risiken hatten sich als absurd sinnlos erwiesen) hinterließ ein Klima des Zweifels

und der pessimistischen Skepsis. Hollywood befand sich in der durch das Fernsehen verursachten Krise; eine kleine Produktion wie die der Firma Bryna, die dem Star und Kubrick-Hauptdarsteller Kirk Douglas gehörte (für ihn drehte Kubrick ein Jahr später als antikes Vehikel SPARTACUS mit zwei unter McCarthy verfolgten »Kommunisten« als Drehbuchschreibern), hatte ihre Chance. Um Geld zu sparen, wurde der Film übrigens in Deutschland, bei der Bavaria, produziert. Daher ist das Schloß, in dem Frankreichs Generäle residieren, trotz seiner imperial französischen Ausstrahlung à la Versailles das nahe bei München gelegene Schloß Schleißheim (das gleiche, in dem Alain Resnais LETZTES JAHR IN MARIENBAD drehte). Und daher läßt Kubrick am Schluß eine deutsche Gefangene, intoniert von einer Münchner Entdeckung, das Lied vom »Treuen Husaren« singen – von Susanne Christian, die er kurz darauf heiratete.

Trotz der günstigen historischen Zufälle ist es ein Wunder, daß mit den PATHS OF GLORY in einer Zeit fauler und bequemer Zugeständnisse (im selben Jahr erhielt ein Breitwand-Heldenepos wie THE BRIDGE ON THE RIVER KWAI den Oscar – sozusagen zum Mitpfeifen) einem der größten, weil kompromißlosesten Regisseure, dem Wahrheits- und Genauigkeitsfanatiker Kubrick, der Durchbruch gelang.

Der Film handelt von einer grausigen Episode während der deutsch-französischen Stellungskriege 1916, als sich der Erste Weltkrieg, nach dem anfänglichen Durchbruch der Deutschen, in mit Hekatomben von Menschenopfern bezahlten Materialschlachten von Schützengraben zu Schützengraben festgefressen hatte: Hundert Meter Geländegewinn wurden oft mit Tausenden von Menschenleben bezahlt. Es waren die sinnlosen, von den Generalstäben veranstalteten Schlachten, für die seither der Name Verdun als schrecklichstes Symbol steht.

Während ein Sprecher aus dem Off knapp und sachlich diese Situation des Kriegsjahres 1916 erläutert, nachdem die Marseillaise erklungen war, sieht man vor einem hochherrschaftlichen Schloß feierliches militärisches Zeremoniell (ein erstes Musterbeispiel von

Kubricks stupender Schnitt- und Montagetechnik, die an der Theorie und Praxis des glänzenden russischen Filmtheoretikers Pudowkin geschult ist): Vom französischen Generalstab ist General Broulard (Adolphe Menjou) beim Abschnitts- und Divisionskommandanten General Mireau (George Macready) eingetroffen. Während die Herren Generäle Artigkeiten über geschmackvolle Hauptquartierseinrichtungen in requirierten Schlössern in hohen, lichten Sälen austauschen (ein scharfer Kontrast zu den niedrigen, dunklen Verhauen der Schützengräben), wird rasch der militärische Zweck des Besuchs deutlich:
Die Division von General Mireau soll innerhalb kürzester Frist den »Ameisenhügel« (in der deutschen Synchronisation: die »Höhe 19«) einnehmen. Völlig ausgeschlossen und sinnlos mit seinen geschwächten Truppen, sagt der kommandierende General. Schade, sagt der vorgesetzte Abgesandte des Generalstabs, dabei hätte es doch eine Beförderung für Mireau gegeben. Aber natürlich habe das mit der Erstürmung des »Anthill« nichts zu tun. Von eitlem Ehrgeiz gepackt, kippt Mireau einen Cognac herunter, ohne seinem vorgesetzten Gast auch einen anzubieten, wie es der Comment erfordert: Natürlich lasse sich »Höhe 19« doch nehmen, natürlich habe das mit der in Aussicht gestellten Beförderung nichts zu tun!
Im krassen Schnitt zum feudalen Schloß geht die Kamera jetzt auf eine lange Fahrt durch die niedriggewundenen Schützengräben. Von Detonationen begleitet, unter denen er ängstlich zusammenzuckt, inspiziert der General die Stellungen, ermuntert seine Soldaten mit leeren Phrasen und hohlen Fragen und macht dem kommandierenden Oberst Dax (Kirk Douglas in einer seiner eindringlichsten Rollen) ein absurdes Kompliment für seinen Unterstand: »Schön haben Sie's hier!«
Kurz darauf, nach einem Stoßtruppunternehmen, bei dem der vom Krieg überforderte und angetrunkene Lieutenant Roget einen Untergebenen in panischer Angst umgebracht hat (wofür Corporal Paris, sein Schulfreund, ein unangenehmer Zeuge ist), erfolgt der sinnlose Angriff auf den »Ameisenhügel«. Die durchs Niemandsland zwischen Stacheldraht und Granatendetonationen unter der

Führung von Colonel Dax kriechenden Soldaten wurden mit drei Kameras und einer Handkamera (Kubrick) gefilmt: Die minutenkurze Szene stellt einen Höhepunkt gefilmten Krieges dar. »Feinde« kommen konkret nicht vor, denn der Feind, der wahre Feind, das sind die eigenen Vorgesetzten. Das sind deren sinnlose Befehle. Man ahnt, ohne daß es ausgesprochen werden müßte, daß es auf der anderen Seite nicht anders zugeht.

Der sinnlose Angriff erstickt in Blut und Explosionen. Die zweite Welle verläßt den Graben nicht. Ein vor Wut und Enttäuschung außer sich geratener General Mireau befiehlt daraufhin vom sicheren Divisionsstand aus, die eigene zögernde Truppe mit Artilleriefeuer zu belegen: Der Artilleriekommandant verweigert dies; dazu bedürfe es eines schriftlichen Befehls.

Nachdem der Angriff auf den »Ameisenhügel« gescheitert ist, ordnet der wütende Mireau ein Kriegsgerichtsverfahren an – auch um von seinem verbrecherischen Befehl, die eigenen Reihen zu beschießen, abzulenken.

Zuerst will er 100 Soldaten wegen »Feigheit vor dem Feind« dezimieren lassen, dann begnügt er sich, auf Zureden seines Vorgesetzten, mit drei Opfern, je einem pro Kompanie. Ausgesucht werden von ihren Chefs: der einfache Soldat Ferol (Timothy Carey), ein unangepaßter Außenseiter; der Soldat Arnaud (Joseph Turkel) durch das Los; und Corporal Paris (Ralph Meeker), mit dem sein Vorgesetzter Roget den unbequemen Zeugen der eigenen verbrecherischen Feigheit loswerden möchte. Der Kriegsgerichtsprozeß im Schloß ist eine juristische Farce; obwohl Colonel Dax, im Zivilberuf einer der angesehensten Strafverteidiger Frankreichs, die Fragwürdigkeit des Verfahrens schneidend deutlich macht, werden die drei als Opferlämmer in aller Eile verurteilt. Der Film schildert eindringlich die Angst der letzten Nacht und das grausige Schauspiel der Exekution, zu der einer der Delinquenten, auf die Bahre gebunden, aufgerichtet und, um für die Erschießung bei Bewußtsein zu sein, in die Wange gekniffen wird.

In einem aggressiven Schnitt läßt Kubrick auf die Exekution ein Gelage der Generäle folgen, die sich über die gelungene Erschießung und die dabei zutage getretene Haltung der Opfer zuprosten: So etwas sei wichtig für die Moral der Truppe. Doch General Broulard, von Oberst Dax längst über den verbrecherischen Artilleriebefehl von General Mireau unterrichtet, läßt jetzt auch den Divisionsbefehlshaber über die Klinge springen: Der düpierte Ehrgeizling stürzt zum soldatischen Selbstmord aus dem Saal. Zu seinem Erstaunen hört Broulard, daß Dax seinen Vorgesetzten nicht denunziert hatte, um Karriere zu machen, sondern um das Leben der drei zum Tode Verurteilten zu retten ...

Kurz vor ihrem erneuten Einsatz als Kanonenfutter begrüßen die Soldaten gröhlend und lüstern den Auftritt einer gefangengenommenen deutschen Sängerin. Als sie das Lied »Es war einmal ein treuer Husar« mit beteiligt-unbeteiligter Stimme singt, bemächtigt sich eine sentimentale Untergangsstimmung der Soldaten. Dax befiehlt, ihnen noch fünf Minuten vor dem befohlenen Angriff zu gönnen – ein Schluß, wie er aufrichtiger, knapper und ergreifender nicht sein könnte.

Kubricks Meisterwerk (ähnlich stark gelang dem Regisseur die erste Hälfte des »Vietnam«-Films FULL METAL JACKET, die Abrichtung von Menschen zu menschlichen Explosionsgranaten) hat keinen Oscar, keinen internationalen Preis errungen – im Gegenteil: Im Frankreich de Gaulles war der Film ebenso verboten wie in diversen europäischen Ländern und in den Filmtheatern der amerikanischen Streitkräfte. Wegen »Wehrkraftzersetzung«?

WEGE ZUM RUHM (PATHS OF GLORY) (USA 1957, Bryna/United Artists, sw., 86 Min.). Regie: Stanley Kubrick. Produzent: James B. Harris. Drehbuch: Stanley Kubrick, Calder Willingham, Jim Thompson, nach dem gleichnamigen Roman von Humphrey Cobb. Kamera: Georg Krause. Schnitt: Eva Kroll. Ausstattung: Ludwig Reiber. Musik: Gerald Fried. Ton: Martin Müller.

Colonel Dax: Kirk Douglas. Corporal Paris: Ralph Meeker. General Broulard: Adolphe Menjou. General Mireau: George Macready. Lieutenant Roget: Wayne Morris. Major Saint-Auban: Richard Anderson. Soldat Arnaud: Joseph Turkel. Soldat Ferol: Timothy Carey. Priester: Emile Meyer. Militärrichter: Peter Capell. Deutsches Mädchen: Susanne Christian.

Smultronstället (1957)
Wilde Erdbeeren

Viktor Sjöström, Ingrid Thulin, Bibi Andersson

In den mittelalterlichen »Jedermann«-Spielen (wir kennen sie in der modernen Version Hofmannsthals durch die Salzburger »Jedermann«-Rufe, die im Juli und August schaurig und touristenwirksam über den Domplatz hallen) wird am Ende des Lebens gemessen und gewogen, die bösen Taten sprechen Schuld zu, die guten Werke zeugen für den Himmel.

Bergmans Film aus der Hochzeit seines Schaffens, der große Magier aus dem Norden und filmende Bürgerschreck war damals noch keine vierzig Jahre alt, ist eine Art »Jedermann« in gottloser oder besser: gottferner Zeit. Der Held und Ich-Erzähler, Professor Isak Borg, ist 78, das war damals noch ein ganzes bißchen älter als heute, und steht an der letzten Schwelle des Lebens. Die guten

Taten und bösen Werke spüren ihn in Gestalt von Träumen, Heimsuchungen und Begegnungen auf und nötigen ihn, die Bilanz seines Lebens zu ziehen.

Äußerlich ist er wohl geachtet, gerade hat seine Universität Lund ihm den Jubiläumsdoktor zuerkannt, und der hochgeschätzte Arzt und angesehene Wissenschaftler soll am nächsten Morgen zu den Promotionsfeierlichkeiten von Stockholm nach Lund, also von Norden nach Süden, reisen. Er ist ein alter, vereinsamter Mann, von einer ihn knurrig liebenden Haushälterin rührend versorgt, er sagt von sich selber, daß er Pedant geworden sei. Seine Frau ist schon lange tot, mit seinem Sohn, der selber Arzt in Lund ist, hat er sich verkracht, wohl auch, weil der Sohn ein Darlehen nicht pünktlich (»gesagt ist gesagt«) zurückzuzahlen willens und in der Lage ist. Seine schöne Schwiegertochter, die ihm auch nicht gerade in Liebe zugetan ist, hat ihren Mann vor Wochen verlassen und beim Schwiegervater Unterschlupf gefunden. Grund: Sie ist, so wird sich herausstellen, schwanger, aber ihr verhärteter und todessüchtiger Mann will das Kind nicht und hat sie vor die Alternative gestellt: Trennung oder Abtreibung.

Das alles weiß man am Anfang nicht, man ahnt es aus der düsterunheilschwangeren Akkuratesse der großbürgerlichen Wohnung – es wird sich in wilden und jähen Schüben, in grausam offenen Gesprächen und Bekenntnissen offenbaren. Der greise Professor, eigentlich ein freundlicher, altersmilder, wenn auch zuweilen verschlossener Herr (Viktor Sjöström), wird in der Nacht vor der Reise von einem Todestraum heimgesucht: Er steht in menschenleeren, ausgestorbenen Straßen mit harten Schatten und toten Fenstern, die Uhr, die vor einem Haus hängt, ist blind, d. h. sie hat keine Zeiger (es ist, wie wir viel später sehen, die vergrößerte Taschenuhr seines längst verstorbenen Vaters), der einzige Mensch, von dem er zuerst nur den reglosen Rücken sieht, ist gesichtslos, bei der leisesten Berührung fällt er um, zerspringt wie ein Gefäß, Blut rinnt aus dem zerbrochenen Kopf. Da sprengen durch die stillen, nur von einem Herzpochen durchpulsten Straßen (es ist der Herzschlag des Träumers, und er klingt ängstlich) Pferde mit einem Leichenwagen, sie streifen eine Laterne, der Wagen birst, ein Rad löst sich und rollt auf den entsetzten Professor zu, dann rutscht der Sarg polternd zu Boden, öffnet sich, eine Leichenhand ragt heraus. Der Professor beugt sich über den Sarg und erblickt sich selber. Zerschlagen und voller Angst erwacht er, es ist heller Morgen, er beschließt, statt zu fliegen, sogleich mit dem Auto loszufahren, weg von seinen Alpträumen.

Der Traum, dessen hallende, bedrohliche Unwirklichkeit Bergman durch weite Winkel und tiefe Perspektiven meisterhaft gezeichnet hat, bedient sich, sparsam und ökonomisch, des Arsenals des Horrorfilms, dessen Grauen er eigentlich noch steigert, indem er es in die Irrealität des Träumens verlegt, wo man ihm hilf- und reglos, wie das ängstlich schlagende Herz beweist, ausgeliefert ist. Bergman ist mit Buñuel der andere große Traum-Seher und Traum-Beschwörer des Kinos. Ist Buñuel der Träumer einer katholischen Vergangenheit, die die Träume mit Beichtszenen und masochistischen und fetischistischen Vorstellungen heimsucht, so ist der evangelische Pfarrerssohn Bergman ein protestantischer, sehr nordischer Träumer. Die Träume sind von schneidender, anklagender Aufrichtigkeit, sie gestatten sich nicht das absurde Gelächter, das bei dem Surrealisten Buñuel angestimmt wird. Bergmans sexuelle Visionen sind seltsam verbissen, freudlos; ihre plötzliche Gier hat eine stark sadistische Komponente.

Am Morgen bricht der Professor mit dem Auto auf. Es wird eine Reise der gnadenlosen Abrechnungen, schmerzhaften Erinnerungen, bösen Konfrontationen, die mit dem glanzvoll-erstarrten, festlichen Zeremoniell der Promotionsfeier am Ende, dem äußerlich erfolgreichen Abschluß eines Lebens, scharf kontrastieren. Zuerst sagt ihm die mitfahrende Schwiegertochter mit brutaler Offenheit, was er für ein kalter, erstarrter Mensch ohne Liebe sei. Dann hält er am Haus seiner Jugend und erlebt noch einmal, wie sich seine große Jugendliebe Sara von ihm, dem bigotten, anständigen, aber unsinnlichen Mann, unter großen Schuldgefühlen abwandte, ihn bei den wilden Erdbeeren mit seinem leichtsinnig-lebensfrohen Cousin Siegfried betrog und dann vertauschte.

Ein als Anhalter mitgenommenes Studententrio (sie ein pfeifenrauchendes, lebenslustiges, plapperndes Mädchen namens Sara, der Jugendliebe täuschend ähnlich; die beiden Männer, ständig um die Existenz Gottes streitende Kampfhähne, ein Theologe und ein Mediziner) zeigt ihm eine Jugend, wie er sie nicht erleben konnte: fröhlich, frei, unbeschwert, wenn auch streitsüchtig.

Nach einem Verkehrsunfall nimmt er ein durch Haß aneinander gekettetes Ehepaar mit, das ihn in seinen hemmungslosen Versuchen, den anderen herabzusetzen, an seine Ehe erinnert. Zwar bezeugt ihm ein Tankwartspaar (ihn spielt der junge Max von Sydow, der spätere Bergman-Star) sein segensreiches Wirken als gütiger Arzt, aber die Begegnung mit der greisen Mutter, die er kurz besucht, ist wieder voll klirrender Kälte. Noch einmal suchen ihn Angstvorstellungen und böse Träume heim, die ihm ein gescheitertes Leben bilanzieren wollen: Er durchlebt ein medizinisch verbrämtes Lebensexamen, an dem er scheitert, und er sieht seine Frau, wie sie ihn mit einem Freund betrügt und danach über seine verzeihende Güte herzieht: Die sei in Wahrheit eine Maske seines unnahbaren Egoismus – man sieht, Bergman ist nicht nur durch die Hölle einer Pfarrhausjugend gegangen, sondern auch durch die gnadenlos den Geschlechterkrieg aufzeichnende Schule August Strindbergs.

Am Ende gibt es so etwas wie eine leise Hoffnung; es ist, als ob sein Besuch und die ihn ehrende Feier seinen Sohn und seine Schwiegertochter nicht nur ihm, sondern auch einander nähergebracht hätte – sie werden das Kind wohl gemeinsam behalten.

WILDE ERDBEEREN prägt sich durch seine eindringlichen Gesichter und Gesichte tief in das Gedächtnis des Zuschauers: Bergman ist der Meister des Schreckens, der aus der Idylle erwächst, wenn beispielsweise eine in der Erinnerung bildlich und leibhaftig beschworene Essensszene am Familientisch beim Geburtstag des schwerhörigen Onkels zunächst das freundlich-helle Licht eines harmonischen Sommertags zu verstrahlen scheint – bis man merkt, daß die Tante nur mit nörgelnder Erziehung (»Deine Fingernägel sind schmutzig!« – »Sitz ruhig!«) das Zusammensein dirigiert.

Die Kritik war und ist sich so gut wie einig, daß WILDE ERDBEE-
REN der geschlossenste und überzeugendste Bergman-Film ist –
trotz der größeren Vielfalt, dem milderen Altershumor und der
buchstäblichen Buntheit von FANNY UND ALEXANDER und trotz
der symbolischen Schärfe des SCHWEIGENS, das die Menschen der
ausgehenden fünfziger Jahre (die ja bis Mitte der sechziger dauer-
ten) tief aufwühlte und verstörte und schier unendlichen Diskus-
sionsstoff für »Ist Gott tot?«-Diskussionen in evangelischen Aka-
demien bot.
Wenn man sich's recht überlegt, sagt keiner zu den Früchten, die
dem Film den Titel gaben und bei deren Pflücken einst Vetter
Siegfried unserem Helden seine Sara küssend ausspannte, auf
deutsch »wilde Erdbeeren«, sondern vielmehr Walderdbeeren.
Aber könnte und dürfte ein Bergman-Film so sanft heißen?

WILDE ERDBEEREN (SMULTRONSTÄLLET) (Schweden 1957, Svenske
Filmindustri, sw., 90 Min.). Regie: Ingmar Bergman. Produzent: Allan
Ekelund. Drehbuch: Ingmar Bergman. Kamera: Gunnar Fischer, Björn
Thermenius. Schnitt: Oscar Rosander. Musik: Erik Nordgren. Ausstat-
tung: Gittan Gustafson. Kostüme: Millie Strom.
Professor Isak Borg: Viktor Sjöström. Sara: Bibi Andersson. Marianne
Borg: Ingrid Thulin. Evald Borg: Gunnar Björnstrand. Agda, die Haushäl-
terin: Juliane Kindahl. Anders: Folke Sundquist. Viktor: Björn Bjelven-
stam. Isaks Mutter: Naima Wifstrand. Berit Almann: Gunnel Brostrom.
Isaks Frau: Gertrud Fridh. Tankwart: Max von Sydow.

Vertigo (1958)
Aus dem Reich der Toten – Vertigo

Hitchcock selbst erinnerte sich mißmutig daran, daß Kim Novak »mit dem Kopf voller Ideen, die ich leider nicht teilen konnte«, zu den Dreharbeiten gekommen sei. Er habe Vera Miles haben wollen, »die ich zum Star gemacht hätte«, aber die sei unpassend schwanger geworden.
Und alle plappern es dem Meister nach. »Falsch besetzt in zentralen Rollen«, findet Halliwell VERTIGO, und selbst Robin Wood, der in seinen bahnbrechenden Hitchcock-Interpretationen (»Hitchcock's Films«)

James Stewart, Kim Novak

VERTIGO als geglücktes Werk empfindet (»nahezu perfekt«), nennt als einzige Schwäche Teile der Doppelrolle Kim Novaks.
Der Meister und alle seine gläubigen Interpreten irren: VERTIGO ist auch und gerade wegen Kim Novak Hitchcocks absolutes Meisterwerk. Kein zweiter Film des Spannungsperfektionisten hat so vielschichtige, rätselhafte, widersprüchliche, anrührende und nicht zu ergründende Hauptfiguren – die Schwäche von perfektem Suspense ist ja oft, daß er Menschen zu Funktionen degradiert, zu Schachfiguren reduziert.
Dabei haben die französischen Krimi-Theoretiker und Krimi-Konstruktivsten Boileau und Narcejac, die ihren raffiniert durchkomponierten und ausgerechneten Plot ausdrücklich als Köder für

Hitchcock geplant hatten, eine Geschichte von diabolischer Kälte geschrieben – eine Parallelaktion zu ihren LES DIABOLIQUES, die Henri Clouzot 1955 grausam-brillant inszeniert hatte.

So wirkt auch die Story von VERTIGO (die als Roman »D'entre les morts« heißt) wie pure Konstruktion: Ein Polizist, der seinen Dienst wegen eines aus seiner Höhenangst resultierenden Schuldgefühls quittiert, genau deswegen von einem ehemaligen Schulfreund, der eine reiche Reederin in Gestalt der letzten und einzigen Erbin geheiratet hat, als Privatdetektiv angeheuert wird, die (so der raffinierte Mordplan) vor den Augen des aus Akrophobie hilflosen und zur Hilfe unfähigen Bewachers scheinbar von einem hohen Kirchturm, auf deren schwindelerregend steiler Treppe ihr Beschützer ihr nicht folgen konnte, in den Tod stürzt. Scheinbar, denn in Wahrheit wird nur eine längst Ermordete vom Turm geworfen – die Todessehnsüchtige war dem sich rasch verliebenden Detektiv von einem zur Ehefrau zurechtgeschminkten Double vorgespielt worden, die ihn vorher glauben machte, sie wolle, von magisch-sinistren Kräften gezogen, einer selbstmörderischen Urgroßmutter hinterhersterben. Ein perfekter Mord – auf dem Papier.

Ein perfekter Film, der so sehr mit Stimmungen, Vergangenheitssehnsucht, der Bereitschaft zum Tagträumen, der Schönheit der Schwermut und Verzweiflung arbeitet – daß, um Hitchcock zu zitieren, die Wahrscheinlichkeit keine Gelegenheit erhält, ihr gräßliches Haupt zu erheben.

Der Film beginnt mit einem schwindelerregenden Prolog: Zwei Polizisten jagen einen Verbrecher über die Dächer von San Francisco, der eine, John »Scottie« Ferguson (James Stewart), strauchelt, hängt auf einmal an einer nachgebenden Dachrinne über einer gähnenden Häuserschlucht; als der andere ihn retten will, stürzt der in den Tod.

Die eigentliche Geschichte fängt mit einem lädierten Ferguson an, der den Dienst quittiert hat, weil er von Höhenangst heimgesucht, von Schuldgefühlen am Tod des Kollegen niedergedrückt ist. Er ist einsam, denn seine ehemalige Verlobte, die unheimlich prakti-

sche, patente, lebenstüchtige und ihn bemutternde Modezeichnerin Midge (Barbara Bel Geddes), die verkörperte praktische Vernunft Amerikas, kann ihn von seiner Schwermut nicht befreien.
Als er den Auftrag annimmt, Madeleine Elster (Kim Novak), die angeblich todessüchtige Frau eines Reeders, zu beschatten und zu behüten, gerät er in eine traumhafte Gegenwelt: Madeleine sucht alte Friedhöfe, stille Museen, abgeschiedene altmodische Häuser in San Francisco auf, und Ferguson folgt ihr heimlich, lautlos, mit wachsender Verfallenheit und mit diskreter, weher Distanz – es ist eine scheinbar ziellose Odyssee in die verdrängte, aus Schuldgefühlen beiseite geschobene spanische Vergangenheit Kaliforniens; allmählich kristallisiert sich heraus, daß Madeleine ein todessüchtiges Doppelleben mit ihrer, von einem Mann als verstoßene Geliebte in den Tod getriebenen Vorfahrin Carlotta Valdes sucht und mit tödlichem Ziel lebt.
Für mehr als eine Viertelstunde folgen wir diesen seltsam schwermütigen Fluchten aus der Wirklichkeit ohne Dialog; Madeleine, deren kühle, blonde, unnahbar traurige Schönheit wie aus Nebeln als blendendes Wunschbild vor Fergusons Augen erscheint, stürzt sich an der Golden Gate Bridge ins Wasser, wird von ihm gerettet, in seinem Zimmer, in seinen Morgenrock gehüllt, wacht sie wie aus einem Vergessen auf – die beiden sind, noch ehe sie ein Wort gewechselt haben, ein Paar, durch Schwermut, Ziellosigkeit und eine vage Sehnsucht miteinander verbunden. Nun durchstreifen sie auf der Suche nach der Vergangenheit gemeinsam ihre Tage (er verheimlicht ihr, daß er ihr Bewacher und bestellter Schutzengel ist, sie verheimlicht ihm alles), gelangen zu den 2000jährigen Baumgiganten des Yosemite-Parks, küssen sich am noch älteren, ewigen Meer – die Reise ins Vergangene führt ins Uferlose –, bis sie ihn, in Verfolgung eines besonders bedrängenden Todestraumas, in die alte spanische Klostersiedlung San Juan Baptista, 100 Meilen südlich von San Francisco, lockt, wo sie dann vor den Augen des Hilflosen scheinbar zu Tode stürzt: Die heftigen Zooms aus schwindelnder Höhe im engen Treppenaufgang des Turmes sind perfekte und bedrängende optische Entsprechungen der psychi-

schen Höhenangst, Kabinettstücke subjektiver Kamera – von Hitchcock in Wahrheit am waagerechten Modell mit einer gefahrenen Zoom-Kamera gemeistert: so mußte man das damals noch fingieren.

Zum zweiten Mal fällt Ferguson in einen ausweglosen Kerker aus Schuld und Verlassenheit. Aus dem Sanatorium ungeheilt entlassen, sucht er die Tote an all den gemeinsamen Orten, erblickt sie in jeder blonden Frau, bis die in der Nähe jede Ähnlichkeit verliert – und trifft schließlich Judy auf der Straße: ein rothaariges Double der im Tode Verschwundenen. Judy ist der Toten gleichzeitig zwillingshaft ähnlich und absolut entgegengesetzt: war Madeleine ätherisch, so ist Judy mit dick geschminkten Lippen und kräftig gezogenen Augenbrauen animalisch; hatte die eine die platinblonden Haare straff zurückgefaßt und wie in einem Sog, in den Ferguson geriet, geringelt, so hat die andere wildes, ungebändigtes rotes Haar. Ist die eine in ein schmuckloses, graues, elegantes Kostüm gezwängt, das sie unwirklich schön erscheinen läßt, so trägt die andere, Proletarierkind aus dem Mittleren Westen, keinen BH (Hitchcock ungnädig über die Novak: »Sie gab mächtig damit an«) und behandelt Männer mit schnoddrig durchschauendem Zynismus.

Nach und nach nötigt Ferguson Judy, sich in Kleidung und Frisur in Madeleine zu verwandeln. Während der Zuschauer von Hitchcock in einer ungewöhnlichen, vom Roman abweichenden frühen Enthüllung längst weiß, daß Judy Madeleine war, als Geliebte die Komplizin des Mörder-Ehemanns, versucht Ferguson verzweifelt, die Tote in der Lebenden wiederzufinden. Es sind Szenen einer bewegenden Nekrophilie, die gleichzeitig das kriminalistische Rätsel der Aufklärung zutreiben – bis Judy, bei der Rekonstruktion des Verbrechens, wirklich in den Tod stürzt. Ferguson ist von seiner Akrophobie geheilt – aber mit der Krankheit hat er das Leben, die Vergangenheit, die Liebe verloren.

Das schimmernde Geheimnis und Wunder des Films besteht darin, daß sich das zielstrebige Verbrechen erfolgreich als zielloses Träumen zu tarnen versteht, die Todessehnsucht, in einem romantisch verklärten, archaischen Kalifornien betörend eingefangen, ist in Wahrheit Tarnung für gemeinen Mord. Aber wie die Tarnung und Lüge zur eigentlichen Wahrheit wird, wie aus dem Betrug das stärkste und unwiderstehlichste wahre Gefühl entsteht, das macht den Zauber dieses komplexen Films aus, der den Sog sehnsuchtsvoller Fluchtträume auf den Zuschauer ausübt – bis heute.

Gerade die scheinbar schutzlose Anmut, die Verletzlichkeit und Unnahbarkeit der Madeleine heben die berechnende Lüge ihrer Rolle auf – als Judy ist sie banal, direkt, vulgär: wie die vordergründige, auf die Realität ausgerichtete Wahrheit. Kim Novak, von Hollywoods Industrie als Marilyn-Monroe-Nachfolgerin fehlgeplant und in vielen Filmen ruinös fehlbesetzt, in ihrer geheimnisvollsten, schönsten Rolle – trotz PICNIC.

Und auch James Stewart, ein sympathisch gebrochener Mann mit angegrautem Haar, spielt einen Detektiv, wie er nicht im Buche steht: Er ist der sensibelste, von Skrupeln und Schwächen am meisten geplagte Polizist der Filmgeschichte, kein aufklärender Akteur, eher ein Zeuge für das Scheitern und die Gebrechlichkeit der Welt.

AUS DEM REICH DER TOTEN – VERTIGO (VERTIGO) (USA 1958, Paramount, Farbe, Vistavision, 128 Min.). Regie und Produktion: Alfred Hitchcock. Drehbuch: Alec Coppel, Samuel Taylor, nach dem Roman »D'entre les morts« von Boileau und Narcejac. Kamera: Robert Burks. Musik: Bernard Herrmann. Titel: Saul Bass. Ausstattung: Hal Pereira, Henry Bumstead, Sam Comer, Frank McKelvey.
John »Scottie« Ferguson: James Stewart. Madeleine Elster/Judy Barton: Kim Novak. Midge: Barbara Bel Geddes. Gavin Elster: Tom Helmore.

WITNESS FOR THE PROSECUTION (1958)
Zeugin der Anklage

Agatha Christies erfolgreicher Bühnenkrimi war, so findet nicht nur der Filmhistoriker Ronald Bergan, eigentlich kein Stoff für den Regisseur funkelnder *bitter-and-sour*-Komödien, wie sie Wilder in seinem erfolgreichsten Jahrzehnt, den fünfziger Jahren, berühmt machten: In der Tat, Wilder wildert hier mit dem Gerichtssaal-Thriller eigentlich im ureigensten Terrain Alfred Hitchcocks – aber Wilder tut es auf seine souverän-unverwechselbare Weise: Er fügte dem Bühnenstück bissige Dialogrepliken zuhauf ein, weitete den Blickwinkel durch ausführliche Rückblenden, beispielsweise in das ihm aus eigener Erfahrung vertraute, in der Komödie A FOREIGN AFFAIR (1946) fixierte Trümmer-Nachkriegsdeutschland. Er nutzte weidlich jede Gelegenheit zu Kontrasten, die Gelächter produzieren, sowohl boshaftes wie zustimmendes, und er gab dem Ganzen eine dichte filmische Atmosphäre, die gespeist wird von Wilders neugierigem und bewunderndem Respekt für Englands Rechtssystem, Englands originelle Skurrilitäten und den eigenwilligen Individualismus der Briten, dem Wilders Film wohlwollend lächelnd zublinzelt.

Marlene Dietrich, Tyrone Power

Natürlich ist der Plot ein purer Reißer, und so schreibt die notorische Wilder-Feindin Pauline Kael, der Film sei »albern, leer«, aber, so muß sie dem überwältigenden Welt- und TV-Erfolg konzedieren, »in Maßen unterhaltsam«. Wilder wußte, daß die Christie eine pure Krimi-Konstrukteurin von hohen dramaturgischen Ingenieursgraden war, und auf den ersten Blick läuft der wirksame *courtroom*-Film auch wie ein exakt geöltes kriminalistisches Räderwerk.

Der gerade von einer Herzattacke rekonvaleszierende Anwalt Sir Wilfred Robarts (Charles Laughton), dem der Arzt Ruhe verordnet hat, will sich, als ein befreundeter Anwalt bei ihm mit einem Klienten auftaucht, eigentlich von dem Kollegen nur heimlich eine Zigarre erschnorren – und schon sitzt er in der Falle, schon hat der alte Fuchs Blut geleckt und verteidigt den des Mordes angeklagten Leonard Vole (Tyrone Power), vor allem, weil er ihn aufgrund der Kälte, mit der die aus Deutschland stammende kühle, blonde Ehefrau Christine (Marlene Dietrich) den angeklagten Gatten skrupellos in die Verurteilung zum Tode schliddern zu lassen, ja zu treiben scheint, für unschuldig hält.

In einer brillanten Prozeßführung kämpft Sir Wilfred den Angeklagten gegen ein erdrückendes Indiziengebäude frei – weil er vor Gericht zeigen kann, daß die Gattin ihn schuldig sehen will. Aufgefüttert wird der spannende Prozeßverlauf durch Sir Wilfreds Herzattacken und durch das Geplänkel, das er mit seiner ihn wie ein unartiges Kind bemutternden Krankenschwester Miss Plimsoll vorführt (die, Insider-Scherz, von Charles Laughtons Alibi-Gattin, der vortrefflich komischen Elsa Lanchester, gespielt wird).

Am Schluß schlägt der Film gleich drei überraschende Volten: Das Ehepaar hat, um den Mann zu retten, nur Komödie gespielt; der liebende Mann ist ein kaltblütiger Mörder und hat längst eine andere; die kalt erscheinende, ihn in Wahrheit liebende Frau übt an ihm aus Eifersucht tödliche Gerechtigkeit, und Sir Wilfred wird sie, so verspricht er, blendend vor Gericht verteidigen.

Aus diesen überraschenden Wendungen hat Wilder, wie der Zuschauer rückblickend versteht, dem Krimi die Tiefe einer Welt voller menschlicher Täuschungen und Schwächen gegeben – nichts ist so, wie es den Anschein hat, alles verändert sich unter dem

Blickwinkel der Liebe oder der Habgier, der Gerechtigkeit oder der tieferen Wahrheit.

Schon das bärbeißige Verhältnis des Star-Advokaten zu seiner Pflegerin verbirgt in Wahrheit Gefühl und Rührung. Charles Laughton treibt mit seinen wirksamen Mitteln, einem bissigen Humor und einer raumgreifenden Selbstsicherheit, seine Rolle bis unmittelbar vor die Grenze zur Schmiere – ein bewundernswertes schauspielerisches Abenteuer: Sein Anwalt ist davon überzeugt, ein Genie in Menschenkenntnis und im Durchschauen seiner Mitmenschen zu sein, optisch setzt er sein im Sonnenlicht funkelndes Monokel als Seelenmikroskop ein; in Wahrheit funktioniert er als Marionette des schwindelnden Paares, bei dem die böse, kalte, berechnende Deutsche, wie sie Marlene Dietrich in ihrer letzten großen vorgetäuschten Femme-fatale-und-Blondes-Gift-Rolle spielt, in Wahrheit nur aus Hingabe und Gefühl besteht. Und Tyrone Power (es sollte seine letzte Rolle werden) als ein in England nach dem Krieg in vielen Gelegenheitsjobs gescheiterter Ex-GI liefert eine sehr genaue Studie eines Herzensbrechers, der durch Schüchternheit und stammelnde Schwäche die Frauen betört – er zeigt, wie wenig weit ein sich treibenlassender, sympathischer Taugenichts vom Mörder entfernt sein kann.

So ist der Film, ohne seinen unwiderstehlichen Drive zu verlieren, reich an Charakterstudien, an Episoden voll amüsanter Menschenkenntnis und ermöglicht seinen Zuschauern einen gründlichen Blick auf den Jahrmarkt gieriger Schwächen und läßlicher Eitelkeiten.

ZEUGIN DER ANKLAGE (WITNESS FOR THE PROSECUTION) (USA 1958, United Artists, sw., 114 Min.). Regie: Billy Wilder. Produzent: Arthur Hornblow jr. Drehbuch: Harry Kurnitz, Billy Wilder, nach dem Bühnenstück und dem Roman von Agatha Christie. Kamera: Russell Harlan. Ausstattung: Alexander Trauner. Musik: Matty Malneck. Dietrich-Song »I May Never Go Home Anymore« von Ralph Arthur Roberts und Jack Brooks. Leonard Vole: Tyrone Power. Christine Vole: Marlene Dietrich. Sir Wilfred Robarts: Charles Laughton. Miss Plimsoll: Elsa Lanchester. Brogan-Moore: John Williams.

A bout de Souffle (1959)
Außer Atem

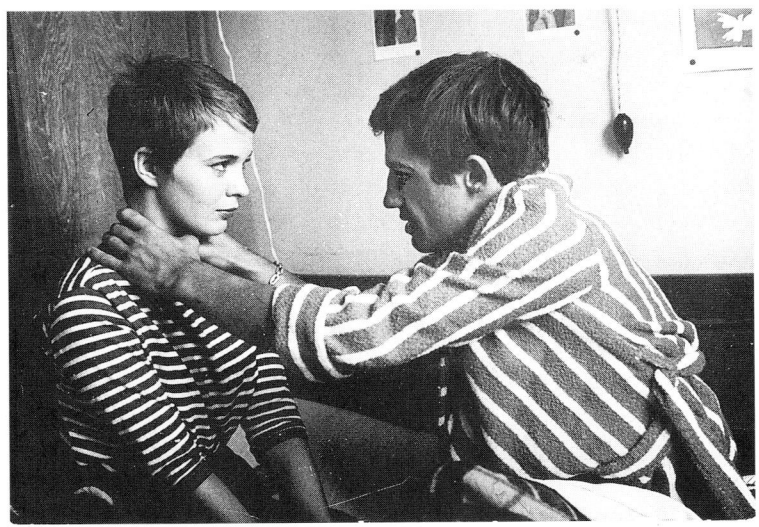

Jean Seberg, Jean-Paul Belmondo

Auf einmal steht der von dem 26jährigen Jean-Paul Belmondo gespielte Autodieb und Polizistenmörder, der sich durch Paris treiben läßt, getrieben und gejagt wird, vor einem Kino auf den Champs Elysées, erblickt ein Plakat mit Humphrey Bogart, bleibt stehen: Er schaut Bogey an, der den Hut ähnlich schräg-verwegen trägt wie er selbst, dann blickt er auf ein anderes Bogart-Foto im Filmschaukasten. Und Auge in Auge mit seinem Idol beginnt der junge Ganove Michel Poiccard alias Laszlo Kovacs sich mit dem Finger die wulstigen Lippen zu reiben, lässig, selbstverliebt und nachdenklich – wie er es von seinem großen Filmidol abgeguckt hat. Sieht man diese Szene heute, über 30 Jahre später, dann schaut in einem Kultfilm ein Kultheld den anderen an, der ungestüme Held der Sechziger den zynischen Helden der Vierziger. Damals pochte ein junger, revolutionärer Film trotzig auf seine neuen Ideale: Opas Kino war tot, es lebe Humphrey Bogart.

Das Schöne ist, daß Filme alt werden können und doch jung bleiben. Die Bilder in AUSSER ATEM wirken authentisch wie aus einer alten Wochenschau Ende der fünfziger Jahre; die Gefühle jugendlichen Trotzes und jugendlicher Verlorenheit wirken jung, kantig, unverbraucht: Jarmusch hat ähnliche Stimmungen eine Generation später artikuliert. Denn AUSSER ATEM ist ein Außenseiterfilm. Und Außenseiterfilme altern anders.

Außenseiter verweigern sich der als übermächtig empfundenen Norm der Gesellschaft, suchen sie zu sprengen. Außenseiterfilme verweigern sich der übermächtigen Norm des gängigen, des herrschenden Kinos. Die enorme Wirkung, ja, Sprengkraft von Godards Nouvelle-Vague-Signalfilm ergab sich aus der vollkommenen Übereinstimmung von Stil und Inhalt.

Außenseiter sind (im Kino) immer auf der Flucht. Michel Poiccard, mit einem gestohlenen Auto von Südfrankreich nach Paris unterwegs, erschießt auf der Flucht in einer panischen Überreaktion einen Polizisten. Er flieht nach Paris, setzt sich eine dicke Sonnenbrille auf, versteckt sich hinter Zeitungen, die er hektisch nach Meldungen über seine Tat durchstöbert. Er versucht, bei seinen Freunden und Ganoven Geld aufzutreiben, das die ihm noch schulden. Er hängt dauernd am Telefon, die Zigarette mit Maispapier klebt ihm ständig an der Lippe, den Hut schiebt er sich nervös in den Nacken oder zieht sich die Krempe ins Gesicht. Um sich was zu essen kaufen zu können, schlägt er einen Mann auf der Toilette zusammen, raubt ihn aus. Braucht er ein Auto, klaut er sich eines, es parken ja genug herum. Es ist wie verhext, aber er kann seine Kumpels nicht finden, also auch kein Geld auftreiben.

Dafür trifft er auf den »Champs« die junge kurzhaarige, seltsam unverklemmt-verklemmte amerikanische Studentin Patricia Franchini (Jean Seberg) wieder, die auf dem Prachtboulevard die »Herald Tribune« an Touristen verkauft; einerseits, um sich ihr Studium zu finanzieren, andererseits, weil sie Journalistin werden möchte. Dafür knutscht sie auch schon mal mit einem Redakteur herum. Michel und Patricia haben kürzlich vier, fünf Tage miteinander geflirtet, miteinander geschlafen. Jetzt, von der Polizei gehetzt, verliebt er sich in sie, möchte mit ihr zusammen sein. Sie möchte auch und möchte doch auch nicht, schon allein, weil es ihr nicht in den beruflichen Kram paßt.

Dann liegen die beiden doch mittags in ihrem Zimmer, flirten seltsam kantig und freudlos miteinander, verkriechen sich »wie Elefanten« unter dem Bettlaken, reden altklug, sprunghaft gehetzt von Gott und der Welt oder besser: von einer Welt ohne Gott. Sie zitiert William Faulkner: Vor die Wahl zwischen Leiden *(grief)* und das Nichts gestellt, würde sie das Leiden wählen. Er plädiert eher fürs Nichts. Er hat einen schwarzweiß längsgestreiften Bademantel von ihr an, sie einen schwarzweiß quergestreiften Pulli. Das ist filmisch ungeheuer einprägsam und hat Mode gemacht. Jugendmode. Sie legt Mozarts Klarinettenkonzert auf (da es das einzige ist, braucht es die nähere Bezeichnung A-dur, KV 622 nicht), es gefällt ihm. Ein paar Taktfetzen aus Mozarts Klarinettenkonzert, besonders aus dem zweiten Satz, dem Adagio, sollten zum Signal vieler Nouvelle-Vague-Filme werden: Oft wird zu dieser Musik geliebt und/oder gelitten.

Als Patricia merkt, wie ernst es um Michel steht, erfaßt sie zuerst so etwas wie eine räuberromantische Liebe, sie flieht und versteckt sich mit ihm auf Gedeih und Verderb, während die Polizei ihn jagt. Doch dann will sie diese lästige Bindung mit Gewalt loswerden und verpfeift sein Versteck. Von Reue über ihre Denunziation geplagt, warnt sie ihn: Er soll fliehen, ehe es zu spät ist. Doch obwohl ihm der endlich gefundene Kumpel jetzt das nötige Geld zusteckt und ihm eine Waffe zuwirft, ist er durch ihren Verrat wie gelähmt. Er provoziert auf der Flucht seine Erschießung. Wie ein waidwundes Tier torkelt er in einer pathetischen, mit einer langen Fahrt gefilmten Flucht durch eine schier endlose Straße in den Tod. Er knallt aufs Pflaster. Polizisten umringen ihn.

Michel sieht vom Boden aus die zwischen ihnen stehende Patricia.

Er sagt: »Du kotzt mich an!« Sie (die vorher schon immer nach der Bedeutung seiner Argot-Ausdrücke fragte: »Was heißt Grimassen schneiden?«) fragt: »Was hat er gesagt?« Ein Umstehender dolmetscht: »Er sagt, daß Sie ihn ankotzen!« Michel schneidet noch einmal wie zur Erklärung ein paar Clowns-Grimassen. Dann drückt er sich selbst die Augen zu.

Um zu merken, wie gut A BOUT DE SOUFFLE noch heute ist, braucht man sich nicht als Kontrastprogramm das traurige Remake BREATHLESS (1983) anzusehen, in dem Richard Gere mit rotem Polohemd und karierter Hose versuchte, proletarisch herumzutänzeln, eine schwuchtelige Peinlichkeit. Im Rückblick ist es auch nicht mehr wichtig, daß dieser Film schon der »Siebte Streich« der Nouvelle Vague war (Truffauts LES QUATRE CENTS COUPS von '58, Cannes-Regie-Palmengewinner, war der erste). Und daß an Godards Film die ehemaligen »Cahiers-du-Cinéma«-Kollegen Truffaut (am Szenario) und Chabrol (beratend und helfend) mitgewirkt haben. Das große Nouvelle-Vague-Vorbild Jean-Pierre Melville tritt als ein von der Seberg interviewter US-Romancier in einer Gastrolle auf und gibt Zynisches über Männer und Frauen von sich.

Wichtiger ist, daß Godard den Kameramann Coutard gefunden hatte, der mit authentischer Handkamera die authentischen Straßen, Cafés, Bistros von Paris drehte, Autofahrten aus einem verdeckten Lieferwagen, Passantengewimmel mit O-Tönen aus einem Rollstuhl, wobei er bewußt die »billige« Optik amerikanischer B-pictures riskierte und suchte. (Einmal vermeint man zwei Passanten in der Menge zu sehen, die sich nervös-neugierig nach der versteckten Kamera umdrehen.)

Der Film ist neun Jahre vor dem »Pariser Mai« entstanden, dessen Jugendrevolte de Gaulles autokratisches Regime hinwegwirbelte: Im Film fährt der Präsident in einer authentisch mitgefilmten Szene in vollem Staatsprunk zum Arc de Triomphe, man hört, sehr am Rand, die Marseillaise: Das gehetzte lebenshungrige Paar hat andere Sorgen. Godard geriet in den Strudel des Jahres 1968 und bezeichnete A BOUT DE SOUFFLE später als »faschistisch« – aber das war, als dieses Adjektiv die am verächtlichsten gemeinte und durch inflationären Gebrauch am stärksten sinnentleerte Vokabel der Linken war.

AUSSER ATEM (A BOUT DE SOUFFLE) (Frankreich 1959, SNC, sw., 90 Min.). Regie: Jean-Luc Godard. Produzent: Georges de Beauregard. Drehbuch: Jean-Luc Godard, nach einem Szenario von François Truffaut. Kamera: Raoul Coutard. Musik: Martial Solal.
Michel Poiccard (alias Laszlo Kovacs): Jean-Paul Belmondo. Patricia Franchini: Jean Seberg. Berutti: Henri-Jacques Huet. Parvulesco: Jean-Pierre Melville. Inspektor: Daniel Boulanger. Liliane: Liliane David. Autohändler: Claude Mansard. Spitzel: Jean-Luc Godard. Polizist: Michel Fabre.

NORTH BY NORTHWEST (1959)
Der unsichtbare Dritte

Cary Grant

Eben noch hatte Eva Marie Saint als US-Geheimagentin Eve Kendall in Cary Grants starker Hand in den Schluchten des Rushmore-Mountains zwischen Nase, Kinn und Wange eines steinernen US-Präsidenten gehangen, schier hoffnungslos über einem tödlichen Abgrund, und ein böser östlicher Agent hatte seinen Fuß auch noch auf Cary Grants andere, den Felsen umklammernde Hand gestellt, bevor ein Scharfschütze Grant von diesem bösen Fuß eines schlimmen Fingers befreite – da zog Grant die Saint auch schon in einer kühnen Überblendung ins obere Bett eines Schlafwagens, und dann sieht man, wie der Expreß-Zug, es ist der »Twentieth Century« zwischen Chikago und New York,

kraftvoll donnernd in einen Tunnel einfährt: »The End«. Man sieht: Hitchcock, der den Sex in jenen frugalen Zeiten, 1959 wurde DER UNSICHTBARE DRITTE gedreht, nicht zeigen durfte, fand für ihn doch, wenn man so sagen darf, eindringliche Symbole.
Ein paar Tage vorher hatte Eva Marie Saint den amerikanischen Werbebranchenmann aus New York, den Grant spielte, im gleichen Zug und gleichen Schlafwagen, nur in anderer Richtung (New York–Chikago), als meistgesuchten Mann und gesuchten UNO-Mörder vor den Häschern der ganzen Nation versteckt; aber in den vergnüglich lasziven Szenen im Speisewagen und in der engen Luxusschlafkabine, wo im Dialog mit der Gefahr geflirtet und mit dem Flirt gefährlich gespielt wurde wie mit dem Feuer seines Streichholzbriefchens, war es dann doch die große Sorge, dem prüden Publikum mitzuteilen, daß Grant bei nur einem vorhandenen Bett auf dem Boden zu schlafen hätte, basta, und am Schluß durch Grants Ausruf »Mrs. Thornhill!« (Thornhill heißt er nämlich) allen klarzumachen, daß er eine mit ihm Verheiratete ins donnernde Bett hievt.
Und wenn Grant die ihm kühl und weißgeschmückt Entgegenbebende zum erstenmal lang und innig küßt, dann bewegt das zwar die Kamera zu einer hinreißenden Fahrt um die beiden Häupter – Grants Hände aber bleiben, um Gottes willen!, vorsichtig am weißblonden Haar und nirgendwo sonst, und auch dort achten sie darauf, daß die tadellose Frisur, die auch mehrere Todesgefahren unbeschadet überlebt, nicht im mindesten derangiert wird.
Wenn schon nichts anderes, dann wäre NORTH BY NORTHWEST (der Titel, der die geographische Bewegungsrichtung angibt, in der sich Grant flüchtend und verfolgend bewegt, ist auch ein Hamletzitat, der von sich sagt, er sei nur, wenn der Wind »North by Northwest« wehe, wirklich verrückt; und »verrückt« ist alles in diesem schrecklich komischen, unendlich spannenden Agentenfilm) eine genaue Aufzeichnung des Codes der Sitten der Fünfziger, auf deren Brüchigkeit Hitchcock zum Ende des Jahrzehnts spöttisch anspielt – und wie! Cary Grant war wahrscheinlich der einzige Mann auf der Welt, mit dem man sich einen so blöden

Macho-Witz wie den folgenden leisten konnte, ohne (bis heute) peinlich oder lächerlich zu wirken: Grant steigt als Fassadenkletterer durch ein fremdes Schlafzimmer, in dem, natürlich, eine Blondine liegt. Erschrocken sagt sie »Stop!«, macht Licht an und setzt die Brille auf. Sieht Grant und wiederholt, während er das Zimmer verläßt, zärtlich flehend: »Stop!« Zu dumm, wie gesagt, aber nicht mit Grant. Der war damals noch so topfit in Form, daß man seine Mutter glaubhaft mit Jessie Royce Landis besetzen konnte, einer Frau gleichen Geburtsjahrgangs wie ihr Filmsohn. Aber der Film ist mehr. Er ist Hitchcocks Liebeserklärung an die verrückte Zivilisation Amerikas. Er ist die »Summe« seiner US-Filme, wie THE 39 STEPS die »Summe« seiner britischen Filme war – mit wunderbar abgewandelten, erweiterten »Zitaten« aus allen bisherigen Meisterwerken –, ein goldenes Alphabet (in Vistavision und Farbe) der Thriller- und Suspense-Sequenzen.

Und der Film ist, was man damals noch nicht wußte, in seiner Komik und Spannung das Meisterwerk über Agentenfurcht, Agentenhysterie in der Zeit, als der Kalte Krieg am kältesten (oder am heißesten, wie man will) war, als ein unsichtbares illegales Räderwerk von absurd-mörderischen Aktivitäten von Spionage und Gegenspionage die demokratische Zivilisation unterminierte – wie sehr, wissen wir erst heute, viel später. Sehen konnte man es damals schon in Hitchcocks kafkaesk-komischem Alptraum, der zeigt, daß Geheimdienste sich vor allem und eigentlich nur mit sich selbst beschäftigen und fieberhaft an der Beseitigung der von ihnen geschaffenen Realität arbeiten, egal, wen's den Kragen kostet.

Ausgangspunkt des Films: Was passiert mit jemandem, der mit jemandem verwechselt wird, den es gar nicht gibt, der aber dennoch für eine tödliche Gefahr gehalten und daher mit dem Tod bedroht wird? Der Fifth-Avenue-Werbemann Roger O. Thornhill (Cary Grant), ein angegrautes Muttersöhnchen, zweimal geschieden, mit einer ergebenen Sekretärin und einem übervollen Terminkalender, steht im New Yorker Luxushotel »Plaza«, in dessen Oak-Bar er ein *date* hat, unglückseligerweise in dem Augenblick auf, als ein »Mr. Kaplan« ausgerufen wird. Kaplan aber ist ein »Red

Herring«, eine erfundene Figur des CIA (oder FBI oder beider), ein Phantom, für das der Geheimdienst in den ganzen USA Hotelzimmer mietet, Anzüge in den Schrank hängt und ihn ausrufen läßt, um von einem echten Agenten abzulenken: der oder die nämlich ist Eva Marie Saint, die als Geliebte des (Sowjet-)Spions Philip Vandamm (maßlos finster und maßvoll elegant: James Mason) patriotisch-geheimdienstlich umgedreht wurde.

Der angebliche Kaplan wird also aus dem »Plaza« verschleppt, alkoholisiert, in einen gestohlenen Wagen gesetzt und soll an einer Küstenstraße nördlich New Yorks in rasender Fahrt über die Klippen ins Meer stürzen – er überlebt, landet bei der Polizei, die ihm seine Geschichte nicht glaubt, vor allem, da ihn in dem Haus, wo er die Nacht vorher war, jeder als netten Trunkenbold wiederzuerkennen vorgibt. In den Vereinten Nationen, wo er seinen Widersacher sucht, wird er Zeuge und Mordverdächtiger, als ein hoher UN-Diplomat durch einen Messerwurf in den Rücken (für ihn?) stirbt, er flieht mit dem Zug nach Chikago, gelangt aus dem Zug, als rotbemützter Dienstmann verkleidet aus dem Bahnhof (ein Kabinettstück ist die polizeiliche Fahndung, bei der zahllose rotbemützte Dienstmänner inspiziert werden) – und wird von seiner Retterin mit dem Bus in den scheinbar sicheren Tod geschickt.

Die Szene, wo ein verlassener, schutzloser Grant in staubiger Mittagshitze in der unendlichen, flachen Leere des Mittleren Westens steht (sein Zusammentreffen mit einem anderen Bus-Passagier ist eindrucksvoll wie ein Hopper-Gemälde), dann von einem Ungeziefer-Bekämpfungsflugzeug gejagt und im schützenden Maisfeld ausgeräuchert wird, bevor er sich vor einem rasenden Lastwagen rettet, der stoppt, worauf das Flugzeug sich und den Benzinlaster in einer Explosion in Brand setzt – diese Szene, einsamer Höhepunkt des Breitwandkinos, ist ein panisches Symbol für Ausgeliefertsein im Kalten Krieg.

Doch der Film hat sich mit diesem Highlight keineswegs erschöpft: Auf einer Kunstauktion rettet Grant sein Leben, indem er so verrückt bietet, daß ihn die Polizei abführt. Am Ende, als er endlich, um die Geliebte zu retten, freiwillig weiter mitmacht, werden mit einer Schreckschußpistole gleich in drei Situationen Scheintote erzeugt und wieder zum Leben erweckt, bis der Film, der von Hitchcocks perverser Lust an der Vermischung von Spionage und Sex gespeist wird, in der Verfolgungsjagd im absurd-imposanten Gesichtergebirge des Mount Rushmore happy-endet.

DER UNSICHTBARE DRITTE (NORTH BY NORTHWEST) (USA 1959, MGM, Farbe Vistavision, 136 Min.). Regie und Produktion: Alfred Hitchcock. Drehbuch: Ernest Lehmann. Kamera: Robert Burks. Musik: Bernard Herrmann. Titel: Saul Bass.
Roger Thornhill: Cary Grant. Eve Kendall: Eva Marie Saint. Philip Vandamm: James Mason. Clara Thornhill: Jessie Royce Landis. CIA-»Professor«: Leo G. Carroll. Leonard: Martin Landau. Valerian: Adam Williams. Lester Townsend: Philip Ober. Haushälterin: Josephine Hutchinson.

Some Like It Hot (1959)
Manche mögen's heiß

Tony Curtis, Marilyn Monroe

»Daphne, du führst schon wieder!« sagt vorwurfsvoll der Millionär Osgood (Joe E. Brown) zu seiner vermeintlichen Tänzerin, in der sich in Wahrheit der verkleidete Bassist Jerry (Jack Lemmon) verbirgt und tarnt: Das sogenannte »Rollenverhalten« schlägt unbewußt durch, und der virile Tenorsaxophonspieler Joe (Tony Curtis), als Mann ein echter Herzensbrecher und Schürzenjäger, muß sich, verkleidet als Josephine, selbst von einem kleinen Hotelboy sexuell anmachen lassen. So sehr Billy Wilders rasante Farce und Satire, die unverwüstlichste Komödie der Filmgeschichte, auch eine Variante zu »Charleys Tante« ist, indem sie Männer in Frauenfummel steckt, so sehr macht sie sich dabei die komischsten und tiefsinnigsten Gedanken über den kleinen Unterschied – und so gesehen nimmt sie das Rollenspiel auch furchtbar ernst.

Das muß sie auch, denn die beiden Musiker, die sich in panischer Hast in Frauenkleider und in eine weibliche Band stürzen, um aus Chikago ab nach Florida zu fliehen, tun dies nicht aus Übermut und auch nicht bloß aus Arbeitslosigkeit, sondern aus purer Angst und nacktem Überlebenswillen.

Der geniale Grundeinfall, den Wilder und Diamond in ihrem Drehbuch dem Remake des deutschen Kostüm-Juxfilms FANFA-

REN DER LIEBE zufügten, war nämlich der, die Geschichte als *period movie* in das Chikago der zwanziger Jahre und der Prohibition zu verlegen: Die beiden stellungslosen Musiker werden unfreiwillig Zeugen des St.-Valentins-Massakers unter den Alkoholgangstern und müssen so ständig um ihr Leben fürchten – während das Publikum über sie Tränen lacht, schnürt ihnen die Angst die Kehle und das weibliche Mieder zu. Wilder hatte erkannt: Komödien muß man schrecklich ernst nehmen, damit sie schrecklich komisch werden.
Daß sie auf ihrer Flucht der damals begehrtesten Frau der Welt (und der beim Drehen schwierigsten, seufzen Wilder, Curtis und Lemmon heute noch) über den Weg liefen, ist der einmalige Glücksfall dieses schönsten Monroe-Films: Während der eine, Lemmon, als Frau, widerwillig und geschmeichelt zugleich, sich den Nachstellungen eines Millionärs hingeben muß, kann der andere, Curtis, der sich zuerst vom Mann zur Frau und dann von der Frau zum Millionär verkleidet, auf dessen Yacht die Monroe verführen oder besser: von ihr verführt werden. Wilder und Diamond überlegten, daß es auf den Zuschauer noch besser wirken würde, wenn Curtis nicht die Monroe, sondern die Monroe Curtis zu verführen trachtet.
Entstanden ist eine der schönsten romantischen Komödienszenen Hollywoods, gebrochen durch Wilders ätzende Ironie, kontrastiert mit den Ball-Paradox-Tanzszenen zwischen Lemmon und dem froschmäuligen Millionär: Wie Curtis sich auf der fremden Yacht zurechttastet, wie er vorgibt, liebesunfähig durch einen tragischen Liebesunfall zu sein, um damit die Monroe in ihre erotische Samariterrolle zu drängen – das hätte schon mindestens einen Oscar verdient. Erst hebt sich unter ihrem Kuß bei dem sich gefühllos Gebenden das Bein, ein herrlich frivoles Zeichen in einer spießigen Zeit, dann beschlagen seine Brillengläser – aber den Oscar in diesem Jahr bekam dennoch Wylers Sandalenoper BEN HUR, ein Beispiel für die Benhurerei bei der Akademiepreisvergabe.
Die Komödie, von der synkopierenden Musik der Prohibitionszeit ebenso wirksam und schwungvoll angetrieben wie von den mord-

lüsternen Gangstern und der Liebestollheit der verkleideten Musiker, zeigt einen schier Shakespeareschen Übermut an Rollentausch, Verwechslung, Trug von Schein und Sein.

In S%%OME%% L%%IKE%% I%%T%% H%%OT%% kommt das Grundthema Wilders, die Maskerade, am glücklichsten zu sich selbst. Nichts ist, wie es scheint. Schon am Anfang: Ein Polizeiauto jagt einen Bestattungswagen und beschießt ihn – aus dem Sarg tropft Whisky. Das Fest der Liebe, der Valentinstag, wird zum Blutbad; eine Geburtstagstorte ist ein Maschinengewehrnest, ein Geburtstagslied ein Signal zum Morden. Ein Millionär auf einer Yacht in Wahrheit ein armer Schlucker; einer, der vorgibt, gefühllos zu sein, glüht und dampft in Wahrheit vor Begierde und Leidenschaft; ein Mädchen, das sich einen Millionär angeln will, liebt in Wahrheit den armen Schlucker, der ihn spielt.

Aber vor allem eben sind Frauen Männer und Freunde gnadenlose Rivalen. Wie Lemmon Curtis in die Pfanne hauen und vor Sugar Kane demaskieren will, das erfährt nur noch eine Steigerung darin, wie Curtis seinem Freund an die Gurgel geht und ihn für seine sexuellen Begierden beim Millionär einsetzt und ausbeutet: Es sind zwei großartig aufgelegte Charakterdarsteller, die hier mit dem Entsetzen Scherz treiben (wobei in der Originalfassung Curtis als falscher Shell-Erbe noch damit brilliert, daß er eine perfekte Cary-Grant-Parodie abliefert).

Und die Monroe, als Sugar Kane ist sie rührend und kitschig, sentimental und praktisch, versoffen und nüchtern, betrogen und heiß geliebt, ein Dummchen und eine Frau mit einem unendlich klugen Herzen, eine Komikerin, die einem die Tränen in die Augen treibt, ein Mädchen, das mit erotisch bibbernder, natürlich gleichzeitig den Sexkult um ihre Person parodierender Stimme singt, sie sei mit der Liebe durch, und das in dem Augenblick, als sie sich wieder falsch und doch richtig verliebt. Die Frau mit dem scheinbar transparenten Kleid, mit den aufregenden Kurven, der Schnapsflasche im Strumpfband – sie ist in Wirklichkeit ein kleines, geducktes Mädchen, das seinen Kummer ertränkt – die perfekte Maskerade der MM.

Es gibt Szenen, deren Übermut den Zeitenwechsel annoncieren, den dieser Film mit seinem tiefsinnigen Nonsense einläutete. Zum Beispiel, wo Lemmon dem entsetzten Curtis gesteht, er wolle Joe E. Brown heiraten. Zum Beispiel auch der Schluß, wo Brown sich durch Lemmons immer rigorosere Demaskierung nicht von seinem Heiratsantrag abbringen läßt und auf dessen finalen Einwand »Aber ich bin ein Mann!« sein berühmtes »Nobody is perfect!« antwortet – die Mutter aller berühmten letzten Filmsätze.

Hier, am Ende, bricht der Film auf einer Yacht mit absurdem Übermut wirklich in ein neues liberales Zeitalter auf: Wo nichts unmöglich und alles möglich erscheint, weil niemand sich für vollkommen hält.

MANCHE MÖGEN'S HEISS (SOME LIKE IT HOT) (USA 1959, United Artists, sw., 121 Min.). Regie und Produktion: Billy Wilder. Drehbuch: I. A. L. Diamond, Billy Wilder, nach einer unveröffentlichten Geschichte von R. Thoeren und M. Logan. Kamera: Charles B. Lang. Ausstattung: Ted Haworth. Musik: Adolph Deutsch. Überwachung der Songs: Matty Malneck. Songs: »Running Wild« (A. H. Gibbs, Leo Wood), »I Want to Be Loved by You« (Herbert Stothart, Bert Kalmer), »I'm Through With Love« (Matty Malneck, Gus Kahn).

Sugar Kane (Kowalsky): Marilyn Monroe. Joe (Josephine): Tony Curtis. Jerry (Daphne): Jack Lemmon. »Spats« Colombo: George Raft. Mulligan: Pat O'Brien. Osgood Fielding: Joe E. Brown. Little Bonaparte: Nehemiah Persoff. Poliakoff: Billy Gray. Sue: Joan Shawlee. Beinstock: Dave Barry.

THE APARTMENT (1960)
Das Appartement

Jack Lemmon, Shirley MacLaine

Billy Wilder sah 1946 den Lean-Film BRIEF ENCOUNTER, war beeindruckt und machte sich Gedanken über den Freund des Mannes, der dem heimlichen und anderweitig verheirateten Liebespaar seine Wohnung für ihre Begegnungen borgt. »Wie fühlt er sich, wenn er nach Hause kommt und das Bett vom Liebespaar noch warm ist? Darüber wollte ich einen Film machen«, so Wilder.

Wilder erinnerte sich ein bißchen falsch, glücklicherweise. Denn der Freund konnte es 1946 noch nicht wagen, den beiden das Bett zu überlassen. Die Zeit war dazu noch nicht reif. Aber aus der Idee hat Wilder sein APARTMENT entwickelt, eine der stabilsten, frivolsten und gleichzeitig herzzerreißendsten Filmkomödien aller Zeiten. Auch Wilder mußte warten. Bis 1960. Dann hielt er die Zeit für reif genug und die Zensurbehörde, das Hays Office, für schwach genug für seine Satire auf Büroleben, Doppelmoral und Großstadtpromiskuität.

Er hatte recht und unrecht. Recht, daß er das Publikum als erwachsen behandelte; es honorierte das, indem der Film über 5 Millionen Dollar Gewinn einspielte, für damalige Verhältnisse eine Riesensumme. Er behielt auch recht, weil der Film 3 Oscars einheimste. Unrecht gaben ihm nur manche pikierten Kritiker, darunter Pauline Kael vom urbanen »New Yorker« und Stanley Kauffman von der liberalen »New York Times«, die vor dem Werk, seiner Mischung aus Zynismus und Romantik, aus »süß und sauer, aus zärtlich und herzlos« (Ronald Bergan), kläglich und moralinsauer versagten.

Mit Billy Wilders Film begibt sich Hollywood in die Welt der kleinen Angestellten, in die anonymen Heere der in grauen Anzügen uniformierten Büromenschen, der Stenotypistinnen, Fahrstuhlführer und Bürohengste, die in Großraumbüros an Rechenmaschinen sitzen, eine Armee der Aufsteiger und Anpasser. Aus der Masse einer riesigen New Yorker Versicherungsgesellschaft hat sich Wilder (mit seinem bewährten Co-Autor Diamond) den kleinen ledigen Angestellten C. C. Baxter herausgesucht, einen sympathischen, gutmütigen und gewieften Tölpel, der sich gern anpassen und den Anforderungen der Hierarchie gefällig erweisen will, um aufzusteigen – dem jedoch sein Herz und sein Anstand und vor allem sein Gefühl endgültig beim Weg nach oben in die Quere kommen: eine Idealrolle für Jack Lemmon.

Baxter ist da in was hineingeschlittert. Er, der Junggeselle, hat ein gammeliges, bequemes und vor allem: »sturmfreies« Apartment mitten in Manhattan, um das sich seine Vorgesetzten reißen; sie betteln es ihm stundenweise für ihre Nach-Büroschluß-Amouren und Sex-Quickies ab; dafür wird er lobend erwähnt und befördert, hat permanent einen Schnupfen (da er in der Kälte draußen bleibt) und wird von dem Arzt Dreyfuss (Jack

Kruschen) für einen Sexmaniac gehalten – was für ein komisches Mißverständnis!
Baxter liebt heimlich die Fahrstuhlführerin Fran Kubelik (Shirley MacLaine), die, was er nicht weiß, die stundenweise Geliebte des obersten Firmenchefs J. D. Sheldrake (mit realistischer Ekelhaftigkeit und rücksichtslosem Ellbogencharme von Fred MacMurray gespielt) ist. Er erfährt es erst, nachdem sich die arme Fran Weihnachten, aus Liebeskummer und nach einer Demütigung durch ihren Boß und Liebhaber, in seiner Wohnung das Leben zu nehmen versuchte.
Baxter rettet sie, ruiniert seinen Ruf und steigt höher auf der Karriereleiter. Jetzt aber wird er aufmüpfig und verweigert seinem Chef, der inzwischen von seiner Frau vor die Tür gesetzt wurde, den Schlüssel für ein erneutes Techtelmechtel mit Fran. Er fliegt raus, Fran ihm um den Hals, die beiden ewigen Verlierer entdecken wenn nicht Liebe, dann doch Sympathie und Solidarität. Vorher hatte Wilder in einer brillanten Verkürzung Baxter durchschauen lassen, wer der Apartment-Geliebte seiner Fran war – im zerbrochenen Schminkspiegel der Fahrstuhlführerin erkannte er dasselbe Stück wieder, das er seinem Boß zurückgegeben hatte.
Überhaupt ist der Film, ein Meisterwerk des Timings und des spritzigen Dialogs, voll von optischen Überraschungen und filmischen Argumenten. Der Filmarchitekt Trauner hatte Wilder ein perspektivisch verkürztes Großraumbüro kunstvoll gebaut, das den Eindruck einer kafkaesken Ameisenwelt geschäftiger Angestellter kongenial vermittelt – zu dem kalten Wolkenkratzer, in dem Scharen von Angetrunkenen sich promiskuitiv für Weihnachten anwärmen, kontrastiert das gammelige Wohn-Manhattan mit freundlich-neugierigen Nachbarn und heimelig vollgeramschten Wohnzimmern: unvergeßlich, wie der ewige Junggeselle Lemmon Spaghetti durch einen Tennisschläger abgießt.
Die quirlige Schwarzweiß-Komödie (der letzte Schwarzweiß-Film vor SCHINDLERS LISTE, der einen Oscar erhielt) arbeitet mit Mißverständnissen und Mißdeutungen, die zeigen, wie wenig die Menschen noch miteinander anfangen können. Daß sie

nicht zur Tragödie wird, verdankt sie nur der Tatsache, daß die Selbstmorde komisch mißglücken – Lemmon, beispielsweise, hat sich zum Glück aus unglücklicher Liebe nur ins Knie ... geschossen.

DAS APPARTEMENT (THE APARTMENT) (USA 1960, Mirisch Company, sw., 125 Min.). Regie und Produktion: Billy Wilder. Drehbuch: Billy Wilder, I. A. L. Diamond. Kamera: Joseph LaShelle. Ausstattung: Alexander Trauner, Edward G. Boyle. Musik: Adolph Deutsch.
C. C. »Bud« Baxter: Jack Lemmon. Fran Kubelik: Shirley MacLaine. J. D. Sheldrake: Fred MacMurray. Dobisch: Ray Walston. Kirkeby: David Lewis. Dr. Dreyfuss: Jack Kruschen. Sylvia: Joan Shawlee. Miss Olsen: Edie Adams. Margie MacDougall: Hope Holiday. Mrs. Dreyfuss: Naomi Stevens.

Psycho (1960)
Psycho

Mit dokumentarischer Genauigkeit schreibt der Film über seine ersten Luftbilder einer amerikanischen Stadt Zeit und Ort fest: »Phoenix, Arizona«, »Freitag, den 11. Dezember« und »2 Uhr 43 p.m.« Dann fährt die Kamera voyeuristisch durch eine halbgeöffnete Jalousie in ein Hotelzimmer, in dem eine Frau im Büstenhalter und ein Mann mit nacktem Oberkörper auf einem Bett liegen – offenbar »danach«. Im Gespräch der beiden wird

Anthony Perkins, Janet Leigh

klar, daß sie sich nur in der knappen Zeit der Mittagspause sehen und lieben können: Es liegt am lieben Geld. Sie (Janet Leigh) ist Sekretärin in einer Immobilienfirma, er (John Gavin) besucht sie ab und zu in Phoenix, zur Scheidung und Heirat fehlt ihm das Geld. Als sie kurz darauf frustriert in ihr Büro zurückkommt, ist da ein beschwipster Kunde, der 40 000 Dollar in bar für ein Grundstück anlegen möchte. Marion Crane, die Sekretärin, soll das Geld, bevor sie ins Wochenende fährt, auf der Bank deponieren. Aber sie steckt es in einen Umschlag und setzt sich damit ab, indem sie mit dem Auto einfach losfährt. Unterwegs schläft sie im Wagen, worauf sich am Morgen ein mißtrauischer Polizist mit dunkler Sonnenbrille in ihr Fenster hängt, sich für sie interessiert, ihr nachfährt. Sie verkauft ihr Auto, kauft ein neues, fährt wieder endlos weiter, bis sie ein heftiger Regenguß zwingt, bei einem Motel, das plötzlich aus der Nässe mit seiner Neonreklame aufleuchtet, zu halten. Sie beschließt, in dem Motel zu übernachten.

Mit diesem berühmt-berüchtigten »Red Herring« (so nannte man in der Filmbranche ein Täuschungsmanöver, das das Publikum in die Irre führt und austrickst) beginnt das erfolgreichste und folgenreichste B-picture (ein unter billigen Fernsehbedingungen schnell und schwarzweiß gedrehter Film) der Filmgeschichte.

Denn das Publikum interessiert sich für das Geld und Janet Leigh: Wird sie erwischt? Wird sie durchkommen? Wird sie reuig, noch bevor das Wochenende herum ist, umkehren, das Geld unbemerkt zurückbringen? Doch kaum ist das erste Drittel des Films herum, da ist die Heldin tot, unter der Dusche im Motel in der wohl berühmtesten und schockierendsten Mordszene aller Zeiten von 14 Stichen erdolcht.

Diese Szene, die das Publikum beim ersten Sehen des Films mit unerwartetem Schock traf (der Star des Films war gegen alle Regeln des Thrillers ermordet worden, noch ehe sich der Zuschauer an ihn gewöhnt hatte), wirkt auch, wenn man sie zum zwanzigsten Mal sieht, erschreckend, verstörend – auch wenn sie heute nicht mehr, wie in den sechziger Jahren, eine Duschraum- und Badezimmer-Phobie und -Hysterie bei jungen Frauen auslöst.

Eine Woche lang, Tag für Tag, mit einem Double von Janet Leigh gedreht (von der Hauptdarstellerin sieht man nur den Kopf, die Schultern, die Arme), wurde der 45-Sekunden-Mord aus 70 verschiedenen Einstellungen gedreht und zusammenkombiniert. Dabei traf kein Messerstich den Körper wirklich und nicht ein einziges Mal war (wir schreiben das Zensur-Jahr 1960) ein »indezenter« Anblick des Frauenkörpers zu sehen. Wenn man bedenkt, wie Hitchcock in FRENZY (1972) mit ausführlicher Schamlosigkeit die Strangulierung einer füllingen Nackten mit in der Panik wabbelndem Körper und Brüsten zeigte, als die Zensur weggefallen war, wundert man sich bis heute, warum die PSYCHO-Szene so unendlich schrecklicher und eindrucksvoller ist – und ist der Zensur nachträglich dankbar, zu welchen Kunststücken und Anstrengungen sie die Regisseure animierte.

Das Verstörende des Mordes unter der Dusche ist das klaustrophobische Ausgeliefertsein des wehrlosen Opfers, ist die schreckliche Hygiene dieses Todes, während das Wasser aus der Dusche sprüht, gurgelt das Blut, nachdem das Opfer sich vergeblich an die weißen Kacheln zu krallen suchte und schließlich, im Fallen, den Duschvorhang herunterriß, als schwarzer Wirbel in den Ausfluß – es war, wie Hitchcock lakonisch verriet, Schokoladensauce.
Der Ermordung, offenbar durch die verrückte Mutter des netten, leicht stotternden, als Hobby Vögel ausstopfenden Motelbesitzers Bates (Anthony Perkins in der Rolle seines Lebens), folgt eine ebenso eindrucksvolle Badsäuberung durch das verstörte Muttersöhnchen – ein Hohn auf das hygienische Zeitalter, in dem alles nur eine Frage von Feudel, Wasser und Meister Proper war.
Und wieder wird das Publikum dieses Films, dessen Thriller-Technik ein Kritiker mit Recht »demagogisch« nannte, manipuliert: Es sieht, wie der brave Sohn die Tat der Mutter zu vertuschen sucht, wie er die Tote in ihrem Auto in einen Sumpf gleiten läßt: Als das Auto mitsamt den achtlos, weil nicht bemerkten 40 000 Dollar in bar einen Augenblick nicht weiter zu sinken droht, hält das Publikum mit Perkins komplizenhaft den Atem an (es ist neben dem »Fehlstart« des Mörderpaares in DOUBLE INDEMNITY von Billy Wilder das beste Beispiel der Manipulation des Zuschauers zum Komplizen) – dann versinkt der Wagen mit Leiche im Morast.
Ebenso überraschend wie die schöne Diebin aus Phoenix wird der Detektiv Arbogast (Martin Balsam), der sie und ihr Geld sucht, ermordet. In dem »gotisch«-unheimlichen Haus, in dem Bates und seine verrückte Mutter hausen und das eine drohende Vertikale zu der Horizontale des flachen Motels bildet (es ist in den Universal-Studios längst eine Touristenattraktion im Hollywood-Sightseeing), wird er, oben auf der Treppe angelangt, erdolcht und stürzt, ebenso erschrocken wie verletzt, mit blutspritzendem Gesicht rücklings zu Tode.
Am Schluß klären die Schwester (Vera Miles) und der Geliebte der Ermordeten (John Gavin) die Morde auf: Bates ist ein Schizophre-

ner, der im Namen seiner von ihm vor zehn Jahren aus Eifersucht getöteten und zu ewigem Leben einbalsamierten Mutter mordet – der mehrminütige Schlußvortrag eines Gerichtspsychologen ist die Achillesferse dieses Meisterwerks: Freud für den Thriller-Alltag.
Hitchcocks mit bohrender Eindringlichkeit und Einfachheit gedrehter Thriller (oder Horror-Film, da scheiden sich die Geister) bezog und bezieht seine Wirkung einmal aus der schier klassischen Simplizität seiner filmischen Erzählweise, zum anderen daraus, daß er den Schrecken aus dem ganz normalen US-Alltag, den Horror aus dem netten Nachbarn von nebenan und die drohende Atmosphäre aus einem Klima von alltäglichen Neurosen, Frustrationen und Enttäuschungen erwachsen ließ: die Schrecken einer gelangweilten mobilen Gesellschaft mit peinlich befolgter Hygiene in einem Motel eingefangen. PSYCHO buchstabiert den Schrecken mit perfider Perfektion. Hitchcock empfand das Werk als »humorvoll«: na, gut, wenn er meint . . .
Dem miesen Trick des billigen Romans, der dem Meisterwerk als Vorlage diente, folgt Hitchcock nur mit einer akustischen und einer optischen Filmlüge. Bates quasselt mit seiner Mutter laut und streitbar, als wäre sie wirklich existent. Und er trägt sie, nach einem Streit, als wäre sie wirklich am Leben, bildhaftig in den Keller hinunter.
Sonst aber schwindelt der Film nicht: Er hat keine Botschaft, kein Anliegen, keine hehren Ziele, keine aufbauenden Gefühle, er basiert auf keiner großen Literatur und verkündet keine Gesellschaftskritik – er ist nur eines: reines und bestes Kino und perfekte Publikumsmanipulation. Und die faszinierende, für den Sog des Films unentbehrliche Musik Bernard Herrmanns besteht und entsteht nur aus Streichinstrumenten – ein Äquivalent zu Hitchcocks Schwarzweiß-Reduktion.

PSYCHO (PSYCHO) (USA 1960, Paramount, sw., 108 Min.). Regie und Produktion: Alfred Hitchcock. Drehbuch: Joseph Stefano, nach dem Roman von Robert Bloch. Kamera: John L. Russell. Musik: Bernard Herrmann. Titel: Saul Bass.

Marion Crane: Janet Leigh. Norman Bates: Anthony Perkins. Lila Crane: Vera Miles. Sam Loomis: John Gavin. Milton Arbogast: Martin Balsam. Sheriff: John McIntire. Kollegin von Marion Crane: Patricia Hitchcock (die Tochter). Millionär: Frank Albertson. Dr. Richmond: Simon Oakland.

VIRIDIANA (1961)
Viridiana

Fernando Rey, Silvia Pinal

Ein alternder Adeliger, der einsam (seine Frau starb in der Hochzeitsnacht) mit einem sperrig-treuen Hausmeister, einer ihm servil ergebenen Haushälterin und deren seilhüpfender Tochter auf einem vergammelnden Herrensitz und Gut inmitten brachliegender Äcker und in zumeist von Spinnen und Ratten bewohnten Gemächern lebt, hat seine Nichte, Novizin in einem Kloster, unmittelbar bevor sie ihr Gelübde ablegt, zu sich eingeladen. Widerstrebend, aber gehorsam befolgt sie die Einladung.
Der Onkel, der sich des Nachts seltsam fetischistischen Ritualen hingibt (er probiert die Brautschuhe seiner lange verstorbenen Frau an, beugt sich über ihr Hochzeitskleid, legt ihr Mieder wie

zur Probe vor dem Spiegel an, während er Händels »Halleluja« vom Grammophon abspielt), möchte die blonde schöne Nichte Viridiana (ihr Name ist der einer wenig bekannten spanischen Heiligen) bei sich behalten, ja, heiraten. Sie stößt ihn brüsk zurück, in ihren Keuschheitsgefühlen zutiefst verletzt. Ihre Sexualität hat sie fast schon besiegt, indem sie sich kasteit und auf dem harten Holzfußboden schläft. Nur in makabren, somnambulen Wanderungen offenbart sich bei ihr noch ein verquerer Lebenstrieb: Sie streut dem Oheim Asche ins Bett.
Um sie dazubehalten, und sei es wenigstens noch für einen Tag, greift er zu einer List. Er bittet sie, ihm einen letzten Gefallen zu tun, für einen Abend die Brautgewänder der Toten (der sie, ein Gemälde beweist es, wie aus dem Gesicht geschnitten ist) anzulegen. Mit einem Schlaftrunk macht er sie wehrlos, nähert sich der auf dem Bett Liegenden in nekrophiler Anbetung – und schwindelt ihr am nächsten Morgen vor, er habe ihre Ohnmacht schändend ausgenutzt, widerruft das Geständnis wieder. Vergeblich. Sie reist ab, er hängt sich mit dem Springseil des kleinen Mädchens an einem Baum auf.
Viridiana, die Heilige aus Verklemmung, und ihr Halbvetter (ein unehelicher, bisher verschwiegener Sohn ihres Onkels) übernehmen das Gut. Er, der mit seiner Geliebten angereist ist, möchte alles modernisieren, umbauen, instand setzen, wirtschaftlich machen; sie lädt sich, von Schuld und religiöser Hoffart geplagt, Bettler, Krüppel, Vagabunden von der Straße ein, bewirtet sie und versucht sie auf den rechten, christlichen Weg zurückzubringen. Er, der unkonventionelle Libertin, der weltoffene Macho, der seine Macht über Frauen selbstgefällig genießt, in deren Gemächer er breiten Schrittes eindringt und seinen Zigarren- und Pfeifenqualm hinterläßt, verliebt sich in die (oder besser: wird scharf auf die) vor Abweisung glühende Cousine und vergnügt sich mit der vom Onkel geerbten Haushälterin, nachdem er sich seiner unbequemen, eifersüchtigen Gefährtin entledigt hat.
Als eines Tages die Herrschaften alle zu Besorgungen das Gutshaus verlassen und der Verwalter ob des Treibens der stinkenden,

in Lumpen herumlungernden Bettler gekündigt hat, sind die Ärmsten der Armen allein – und sie beschließen, sich der verwaisten Tafel der Herrschaften zu bemächtigen. Dieses Bettlerbankett, das allmählich mit Neugier und Freude beginnt, sich zu einem anarchischen Festmahl schmatzender, tanzender, saufender, das Zimmer verwüstender und einander verprügelnder und miteinander kopulierender Landstreicher steigert – eine Orgie von aggressiv zu Lebenswut verbogener Lebensfreude –, dieses Bankett ist zu Recht als eine der einprägsamsten Filmsequenzen berühmt; für ein Erinnerungsfoto der prassenden Tagediebe und Habenichtse stellte Buñuel Leonardos Abendmahl höhnisch und ehrfürchtig zugleich nach. Übrigens haben auch die Ärmsten der Armen noch ihre Opfer; hier einen Aussätzigen, den sie verscheuchen und verprügeln.

Die Herrschaften kommen früher als erwartet zurück; im letzten Augenblick, bevor die trunkene Gesellschaft alles kurz und klein geschlagen hat. Die meisten Bettler, vor allem die Frauen, stürzen, Entschuldigungen stammelnd, aus dem Haus. Der herrische Blinde, eben noch ein Monster aus Aggression und sexuellen Ansprüchen, verwandelt sich wieder in einen demütigen Bettler. Nur zwei gehen in der Revolte weiter; der eine schlägt den Herrn nieder, fesselt ihn an den Schrank. Der andere stürzt sich als erster vergewaltigend über Viridiana. Doch ihr Cousin rettet sie, indem er dem hechelnd zuschauenden Zweiten (»Ich komme auch gleich dran!«) ein Geldversteck verspricht, wenn er seinen Kumpel auf Viridiana niederschlägt. Das klappt, die Guardia Civil kommt, die Bettler werden vertrieben.

Die keusche Viridiana, die vor dem Spiegel ihr Haar locker kämmt und prüfend die eigene Schönheit betrachtet, klopft an die Tür des Vetters, der mit der Haushälterin beim Tête-à-tête ist und Jazzmusik hört, billige spanische Jazzmusik statt Mozarts »Requiem« und Händels »Messias« wie sein Onkel bei seinen schwarzen Messen. Die Haushälterin will weghuschen, der Herr bittet sie zu bleiben. Er bittet Viridiana zu Tisch: »Ich war ganz sicher, daß du eines Tages mit uns Karten spielen würdest.«

Ursprünglich wollte Buñuel Viridiana klopfen, den Vetter die Tür öffnen, sie einlassen und die Tür wieder schließen lassen. Das war der Zensur zu eindeutig unmoralisch. So drehte Buñuel, wie er grimmig anmerkt, diesen moralisch viel gewagteren Schluß der Ménage à trois: Im Spanischen heißt es statt »Karten spielen« »*tute* spielen« – ein Kartenspiel und ein sexuelles Spiel in einem doppeldeutigen Wort.

Der Film, mit dem Buñuel erstmals nach seinem mexikanischen Exil nach Franco-Spanien zurückkehrte (die Regierung wagte nicht, dem illustren Regisseur die Einreise zu verweigern), erregte gleich zwiefachen Skandal. Zuerst, bei Drehbeginn, nahmen Buñuels Gesinnungsfreunde im Exil Anstoß, daß er mit dem Regime seinen Frieden zu schließen schien; sie wußten (noch) nicht, was er mit dem Film vorhatte. Dann wurde der Film sofort verboten (Franco sah ihn sich persönlich an, fand ihn nicht ganz so schlimm, hob das Verbot aber nicht auf). Munoc Fontan, der oberste spanische Film-Bürokrat, der in Cannes die Goldene Palme für den Film entgegengenommen hatte, wurde entlassen. Es war übrigens in Mailand, wo Buñuel für den Film (zum Glück in Abwesenheit) zu einer Gefängnisstrafe verurteilt wurde. Wegen der blasphemischen Intentionen. In Spanien mochte man vielleicht in dem Film eine Art Gleichnis für den Zustand der späten, längst einer Agonie zusteuernden Franco-Gesellschaft sehen: Im Onkel den alten Zustand, in Viridiana den Versuch, die Ungerechtigkeiten im bigotten Eifer praktizierter Nächstenliebe (»Tropfen auf den heißen Stein«) zu heilen, im Neffen das neue Spanien im Aufbruch, bei Buñuel nicht in idealistischer Verblendung schöngezeichnet, sondern jener unsympathische, moralfreie Fortschritt, wie er mit breitem Stiefel und plattmachender Abrißbirne alles egalisiert und ausbeutbar macht. Die Bettler wären dann das anarchische Mittelalter, brutal, verschlagen, verstümmelt, zahnlos, blind, verkrüppelt und in Lumpen – eine Welt, die der Film mit (teilweise »echt« besetzten) Figuren wie von Goya (oder wie aus Buñuels mexikanischem Film Los Olvidados) unvergeßlich einprägsam schildert.

Aber abgesehen von dieser exemplarischen Bedeutung besticht

VIRIDIANA durch Charakterstudien von eindringlicher Tiefe und vielschichtiger Rätselhaftigkeit, in denen die Sexualität vom Herkommen wund- und freigescheuert wird. Alle Schauspieler sind wunderbar, sie haben eine schillernde Vielfalt und Wahrhaftigkeit wie sonst selten im Film.

Und Buñuels Film, den Robert Vas »eines der wenigen philosophischen Hauptwerke des Kinos« nennt, führt hinreißend höhnische und treffende Bildbeweise des Surrealismus an: Da wird ein Hund gezeigt, der hechelnd an einer Leine, unter einem zweirädrigen Fuhrwerk festgebunden, mit dem Wagen mitlaufen muß. Und der junge Gutsherr beendet diese Quälerei, kauft den Hund frei. In dem Augenblick fährt ein anderer Karren in Gegenrichtung vorbei, unbeachtet quält sich da hechelnd, an der Leine festgebunden, ein zweiter, gleicher Hund.

Oder: Als der junge Herr sich auf dem Dachboden zum erstenmal über die ihm vererbte Haushälterin hermachen wird, hört man ihn ein paar öde Komplimente machen (»So häßlich wärst du gar nicht, wenn du dich zurecht machtest!«), dann setzen sich die beiden, die Kamera fährt durch den vollgerümpelten Raum – man sieht eine Maus, dann eine Katze, die sie im Sprung packt: Es lebe die Zensur, die die Regisseure zu so phantasievollen Umwegen nötigte und dadurch den Film zum Film machte und nicht zur abfotografierten Wirklichkeit.

Als Vittorio de Sica VIRIDIANA sah, war er, so Buñuel, »hinterher bedrückt und entsetzt«. Kein Wunder, läßt sich doch kein größerer Gegensatz zwischen der verklärenden sozialromantischen Sicht der Armen in de Sicas WUNDER VON MAILAND und Buñuels gnadenloser Zeichnung der wölfischen Natur des Menschen in VIRIDIANA denken. Dennoch (oder: gerade deswegen) raubt auch Buñuel den Menschen nie ihre Würde.

VIRIDIANA (VIRIDIANA) (Spanien/Mexiko 1961, Uninci/Films 59, sw., 91 Min.). Regisseur: Luis Buñuel. Produzent: Juan Antonio Bardem. Drehbuch: Julio Alejandro, Luis Buñuel. Kamera: José F. Aguayo. Musik: Händel (»Messias«), Mozart (»Requiem«).

Viridiana: Silvia Pinal. Don Jaime: Fernando Rey. Jorge: Francisco Rabal. Ramona: Margarita Lozano. Lucia: Victoria Zinny. Rita: Teresa Rabal. Amalio: José Calvo. Zequiel: Joaquin Roa. El Poca: Luis Heredia. El Lojo: José Manuel Martin.

Lawrence of Arabia (1962)
Lawrence von Arabien

Anthony Quinn, Peter O'Toole

Die Geschichte der großen Monumentalfilme, der *epics*, ist die Geschichte ihrer Verstümmelungen durch rigorose Schnitte. In der Stummfilmzeit wurden beispielsweise Abel Gances Napoleon und Stroheims Greed bis zur Unkenntlichkeit gekürzt, Tonfilmgiganten wie Ophüls Lola Montez und Viscontis Ludwig II. erlitten ein ähnliches Los. Meist waren es die Produzenten, die den Film auf diese Weise für ein breites Publikum und damit für die Kassenträchtigkeit retten wollten – denn Monumentalfilme sind teuer. In Hollywood grassierte ein zynisches Bonmot über die Produzentenmentalität: »Alles ist zu lang – ausgenommen das eigene Leben und der eigene Penis.«

Auch Lawrence of Arabia, von Sam Spiegel für 13 Millionen

Dollar produziert, entging, ungeachtet der Tatsache, daß der Film sieben Oscars einheimste, diesem Kastrationsschicksal nicht. Gleich nach den festlichen Premieren in London und New York überredete Spiegel seinen Regisseur, zehn Minuten herauszuschneiden, »damit uns der Film in kleinen Städten nicht verreckt«. Das war im Januar 1963, und Lean hatte nicht erfahren, daß Spiegel heimlich weitere zehn Minuten gekillt hatte. 1971 kam Spiegel mit einem verführerischen Vorschlag: »Look, Baby«, sagte er zum gewinnbeteiligten Lean, »wenn wir noch'n paar Minuten rauswerfen, dann wirst du vielleicht, vielleicht etwas Geld sehen.« Jetzt war der Film schon um vierzig Minuten kürzer! Erst 1987 machten sich Jim Painten und Bob Harris (der schon den verhackstückten NAPOLEON von Gance rekonstruiert und restauriert hatte) mit der Unterstützung von Martin Scorsese, Steven Spielberg und Lean selbst daran, LAWRENCE wieder auf seine ursprüngliche Länge zu bringen – so daß wir jetzt wieder über das ungekürzte, 217 Minuten lange Meisterwerk verfügen (es ist nur wenige Minuten kürzer als GONE WITH THE WIND).

Das ist auch bitter nötig. Denn Leans großer Wüstenfilm gewinnt seine Kraft auch aus der Geduld atemberaubend langer Einstellungen. Da ist beispielsweise eine Szene in dem Breitwandwerk, bei der Lawrence und sein arabischer Führer auf Kamelen und unter unsäglichen Strapazen die jordanische Wüste durchqueren. Sie wollen beweisen, daß man durch die glühende Sandeinöde Akaba, den von den Türken im Ersten Weltkrieg gehaltenen Hafen, erreichen kann. Und die beiden kommen an eine Wüstenquelle, deren Wasser ihnen das Leben rettet. Plötzlich scheinen die beiden Männer an der Harith-Quelle irgend etwas bemerkt zu haben. Sie schauen in die unendliche Wüste, die sich in majestätischer Ruhe und Einsamkeit bis gegen einen schier unendlichen Horizont dehnt. Und der Zuschauer schaut mit ihnen. Und bemerkt in dem unendlichen Panorama zunächst lange nichts. Bis sich ein Punkt nähert. Der Punkt wird ganz, ganz langsam größer. Es ist Sherif Ali, Besitzer des kostbaren Quells, der den arabischen Masruh-Führer von Lawrence schließlich erschießt, als der die Pistole gegen ihn hebt.

Spannung, Wucht und Wirkung dieser Episode ergeben sich aus der scheinbar verwüsteten Zeit. Lean hat erzählt, daß ihn William Wyler zu diesem Verfahren inspiriert habe, denn der habe immer gesagt: »Wenn du das Publikum überraschen willst, mußt du es vorher fast zu Tode langweilen.« Lean hatte Wyler nach seinem Eindruck von PSYCHO gefragt und nach der Duschszene. »Sie ist sehr gut«, habe Wyler geantwortet, »aber die drei Minuten davor, die sind großartig.« Und genauso großartig ist die Szene am Harith-Quell. Während sich da etwas erst Unsichtbares nähert, trinkt Lawrence, setzt den Becher ab, nimmt den Kompaß aus der Tasche, bläst den Staub vom Kompaß – und das alles in der endlosen, bedrohlichen Weite der Wüste, deren Hinterhalt, so paradox es klingt, ihre totale Offenheit ist.

LAWRENCE OF ARABIA, zweifellos das absolute Meisterwerk Leans, auch in seiner Austariertheit zwischen psychischer Studie und monumentalem Breitwand- und Schlachtengemälde, handelt von der Wüste und ihrer bedrohlichen Schönheit, vom Ersten Weltkrieg auf der arabischen Halbinsel und von einer schillernden, historisch realen Figur: Es ist T.E. Lawrence, unehelicher und nicht anerkannter Sohn eines Adeligen, Gelehrter und Arabienkenner, Wüstenliebhaber und Abenteurer, eine Figur von hemmungslosem Opfermut und einem noch hemmungsloseren Geltungsdrang, ein weicher, ständig mit der eigenen Schwäche hart kämpfender, empfindsam um Männerfreundschaft Werbender, den es ab und zu in einen Blutrausch treibt.

An der Autobiographie dieses schillernden Mannes, von dem sich die britische Geschichtsschreibung bis heute nicht sicher ist, ob er ein Nationalheld oder ein sich selbst rühmender Scharlatan war, orientiert sich der Film lose: den »Seven Pillars of Wisdom«, den »Sieben Säulen der Weisheit«. Das Drehbuch schrieb der studierte Historiker und Dramatiker Robert Bolt. Zu Beginn fragt ein britischer General Lawrence konsterniert: »Ich kann nicht ausmachen, ob Sie nur schrecklich schlechte Manieren haben oder nur halb bei Verstand sind.« Und Lawrence antwortet: »Das gleiche Problem mit mir habe ich auch.«

Lawrence, der 1935 bei einem Motorradunfall in England ums Leben kam, entfesselte im Ersten Weltkrieg einen arabischen Aufstand gegen die mit Deutschland verbündeten Türken. Sein erstes großes, waghalsiges und wahnsinniges Abenteuer in dem Film: Er durchquert die Wüste in Richtung der Hafenstadt Akaba, wo er die Türken überraschend vernichtend in ihrer als uneinnehmbar geltenden Festung schlagen kann. Vorher hatte er im Sinne Prinz Feisals versucht, die Araber aus ihren Stammesfehden und Stammesegoismen für ein gemeinsames Ziel zu vereinen.
Wieder in einer Tour de force durchreitet er die Wüste zurück zum Suezkanal, um den Engländern den Sieg von Akaba zu vermelden. Er wird zum Major befördert, obwohl er sich weigert, seinen arabischen Burnus mitsamt der Kopfbedeckung abzulegen, und obwohl er sich für die nationalen Interessen der Araber gegen die kolonialen seiner Landsleute stark macht.
Die Engländer stimmen seinem Plan scheinbar zu, die vereinten arabischen Rebellen die Eroberung von Damaskus versuchen zu lassen – als Signal ihrer Einheit und Unabhängigkeit. In Wahrheit wollen die Briten die Araber nur als Hilfstruppen das entscheidende Blutopfer für den englischen Sieg zahlen lassen. Über die romantische Heldenattitüde, das Pathos eines Befreiungskrieges siegt am Ende das diplomatische Feilschen. Enttäuscht und angeekelt verläßt der zum Oberst Ernannte die Stadt.
Leans Film, der für ein Kolossalgemälde geradezu unerwartet filigranhaft die Konflikte zwischen kolonialer Überheblichkeit, politischem Kalkül und militärischer Notwendigkeit herausarbeitet, prägt sich natürlich durch seine Wüstenschlachten und Wüstendurchquerungen unvergeßlich ein. Scharen von Kriegern auf Kamelen, das Schnauben und brummende Blöken der Tiere, die imposanten militärischen Metzeleien (die jordanische Armee spielte als Statist mit) geben dem Film eine eindringliche Monumentalität, eine große historische Treue und einen unerhörten Farbenreichtum in Wüstentonschattierungen; Leans Gespür für den Wechsel von großen Massenszenen und Einzelepisoden ist enorm.

Unvergeßlich alptraumartig bleibt ein Moment, wenn Lawrences blutjunger Diener im Treibsand versinkt und sein Herr ihn auch nicht durch ein Tuch aus dem braunen Strudel retten kann. Unvergeßlich komisch und imposant die erste Rückkehr des Haudegens nach Kairo, wo er in arabischer Gewandung die Verachtung des kolonialen Hochmuts erfährt, um kurz darauf von denselben arroganten Offizieren als Kriegsheld gefeiert zu werden. Auch der Blutrausch, der Peter O'Toole in der Schlacht erfaßt (»Keine Gefangenen!« brüllt er immer wieder), ist deshalb besonders eindrucksvoll, weil ihm eine Episode vorausgegangen ist, in der er seinen zweiten geliebten Knabendiener als Verwundeten erschießen muß, um ihn nicht zurücklassen zu müssen und so den Foltern der Türken auszuliefern – denn die Araber gelten den Türken nur als »Rebellen«, die man grausam bestrafen durfte, und nicht als reguläre Kombattanten.

Wie es sich für einen Film gehört, dessen Held auch von unbewußten homoerotischen Neigungen in den Krieg getrieben wurde und dessen Tun und Treiben unter Arabern stattfindet, kommen Frauen nicht vor – einmal sieht man für Sekundenbruchteile eine britische Krankenschwester. Dafür erlebt man neben Peter O'Tooles vielschichtigem Lawrence-Charakter zum Beispiel einen Alec Guinness als Prinz Feisal, der im Original ein imponierend arabisches Englisch spricht und keine billige Parodie.

LAWRENCE VON ARABIEN (LAWRENCE OF ARABIA) (Großbritannien 1962, Horizon, Farbe, Technicolor, Breitwand, 217 Min.). Regie: David Lean. Produzenten: Sam Spiegel, David Lean. Drehbuch: Robert Bolt, Michael Wilson, nach dem Roman »The Seven Pillars of Wisdom« von T. E. Lawrence. Kamera: Freddie Young. Schnitt: Anne V. Coates. Musik: Maurice Jarre. Dekoration: John Box, John Stoll. Kostüme: Phyllis Dalton.
T. E. Lawrence: Peter O'Toole. Prinz Feisal: Alec Guinness. Auda Abu Tayi: Anthony Quinn. General Allenby: Jack Hawkins. Türkischer Bey: José Ferrer. Oberst Harry Brighton: Anthony Quayle. Mr. Dryden: Claude Rains. Sherif Ali Ibn El Kharish: Omar Sharif.

IL GATTOPARDO (1963)
Der Leopard

Burt Lancaster

Die unvergeßlichste Ballszene der Literatur ist für mich jener Moskauer Ball aus Tolstois »Anna Karenina«, bei dem der Offizier Wronskij inmitten all der Mazurkas, Quadrillen und Polonaisen Walzer mit Anna Karenina tanzt, dabei von seiner Verlobten Kitty beobachtet wird, die als erste begreift, was da passiert ist, was sich da anbahnt ...

Die eindrucksvollste, wohl auch opulenteste Ballszene des Kinos ist ganz gewiß die aus Luchino Viscontis Film DER LEOPARD, bei dem Fürst Salina, der Leopard (Burt Lancaster), zwischen all den Mazurkas, Quadrillen, Galopp-Tänzen und Polonaisen mit der Verlobten seines Neffen, Angelica Sedara (Claudia Cardinale),

Walzer tanzt, bewundert von der sizilianischen Haute volée, beobachtet von seinem Neffen (Alain Delon), der mit einer Mischung aus Eifersucht und Bewunderung die Grandezza seines Onkels und die Bewunderung seiner Verlobten für den Oheim erkennt und gleichzeitig begreift, daß dieser Walzer so etwas wie der Abschied Fürst Salinas vom Leben ist. Und damit der Abschied einer Epoche.

Das Fest, mit dem die Ballsaison von Palermo des Jahres 1862 eröffnet wird, ist in Viscontis Film eine Ausstattungsorgie, eine akribische, aber lebensvolle Studie versunkener Pracht, gezeigt im Augenblick ihrer letzten Blüte, eine Feier der sizilianischen Crème de la crème, für die das wohl edelste Statistenheer der Filmgeschichte aufgeboten wurde: Siziliens Adel spielte sich selber unter den Ballteilnehmern im Palazzo Gangi, dessen weiträumige Pracht mit schweren Vorhängen, kostbaren spanischen Leuchtern und einer Galerie erlesener Gemälde (eines, das Sterben in weißer, knochiger Farbe darstellend, betrachtet der Fürst mit melancholischer Sympathie mitten im Trubel) den Rahmen für die befrackten eleganten Herren, die pittoresk uniformierten Offiziere und die fächernden Damen in ihren Roben und mit ihren kunstvollen Frisuren bildet. Unter den Statisten: der Adoptivsohn des Fürsten, Tomasi di Lampedusa.

Visconti, der sich (nicht nur) mit dieser Ballszene bei Filmleuten den Spitznamen »Conte Rovina popolo« (Graf Volksausräuber) einhandelte, drehte diesen wohl auch längsten Ball der Kinogeschichte in 48 Tagen tagtäglich von 7 Uhr abends bis zum Morgengrauen. Hunderte von Statisten wurden historisch detailgetreu von Coco Chanel eingekleidet. Claudia Cardinale erinnert sich, daß sogar Riechsalz und Parfüm in ihrem kleinen Beutel »echt« waren. Es gab eine Bügelei und Wäscherei, in der die dauernd durchgeschwitzten weißen Handschuhe – man drehte bei echtem Kerzenlicht mit einer eigens installierten, aber die Hitze nicht bewältigenden Klimaanlage – ständig wieder weißgewaschen und glattgebügelt wurden; eine rund um die Uhr arbeitende Küche wurde neben dem Ballsaal eingerichtet, damit stets frische Platten gereicht werden konnten; das Geschirr war tatsächlich aus Gold und Silber, aus den ältesten Adelshäusern Palermos ausgeliehen; Ballettmeister gaben Unterricht in den historischen Tänzen, und aus San Remo wurden zentnerweise frische Blumen eingeflogen. Kein Wunder, daß der Film, der in den USA im Unterschied zu Europa kein Erfolg war, den Produzenten Goffredo Lombardo mit 5 Milliarden Lire Schulden in den Ruin trieb. Kein Wunder aber auch, daß diese kostbaren Szenen, die mit Fingerspitzengefühl, Delikatesse, einem großzügigen Hang zur Verschwendung und einem traumwandlerisch sicheren Timing für Wechsel, Fülle und Kontrast gedreht wurden, ein unvergeßlicher Höhepunkt des Kinos sind.

Ähnlich detailversessen hatte Visconti auch die Schlachtszenen des Anfangs gedreht, wo er für den Aufstand der »Rothemden« des Jahres 1860, als Italiens Freiheits- und Einigungsheld Giuseppe Garibaldi mit 1000 Mann bei Marsala gelandet und, im Zuge der Vereinigung Italiens, Sizilien rasch und blutig von der Bourbonenherrschaft befreit hatte, nicht nur zahllose Uniformen schneidern ließ. Auch die Statistenarmeen wurden typgetreu ausgewählt: groß und blond die Garibaldiner aus dem Norden, klein und mit schwarzen Schnurrbärten die Anhänger der Bourbonen aus dem Süden.

Dieser Ausstattungswille, ja, diese Ausstattungswut Viscontis war jedoch nie Selbstzweck, nie Mittel einer nur äußerlichen Prachtentfaltung und optischen Opulenz. Vielmehr beschwört dieser größte und imponierend geschlossene Film des großen Visconti wirklich den Geist einer Epoche – und damit den eigentlichen »Helden« des Films.

Denn Viscontis Film wie Lampedusas Roman rufen eine Periode des Übergangs und Untergangs wach; die Zeit, in der Italien vereinigt wurde und Sizilien, scheinbar befreit, endgültig in Anachronismus, Korruption und Bandenkriegen erstarrte. Die Feuerexplosionen der Kriege, in denen kurz der Anarchismus, das Chaos sichtbar werden, kontrastieren mit der welken, dennoch üppigen Pracht der Adelsgesellschaft, der kargen Öde der sonnenverbrannten Landschaft mit ihren schroffen Felsen und staubigen Straßen und dem unendlichen stumpf-pittoresken Elend der Menschen, die de facto in einer 2500 Jahre alten Ordnung leben, die in Wahrheit eine erstarrte Unordnung ist. So manifestiert der »rauschende Ball« (mit dieser Floskel ist er dennoch treffend beschrieben), von dem die bramarbasierenden Offiziere des Nordens direkt zu der Massenexekution der Aufständischen schreiten (man hört, in der Kutsche abfahrender Festgäste, den Knall der Salven), den Ausklang eines Zeitalters. Hatte Garibaldi 1860 für Sizilien ein kurzes Hoffnungsflackern der Freiheit bedeutet, so waren ihm die wieder etablierten Mächte und Kräfte Italiens bei seinem Zug gegen Rom und den Papst blutig in den Arm gefallen. Seine revolutionären Freiwilligentruppen waren von den noch vor kurzem mit ihnen gemeinsam kämpfenden regulären Militärs zerschlagen worden.

Im Film verkörpert sich diese Entwicklung in der Figur des Fürstenneffen Tancredi (Alain Delon), der am Anfang gegen den Willen seines Onkels, aber doch mit dessen Wohlwollen in die Freiheitskämpfe zieht – wobei er schon von vornherein weiß: Damit alles beim alten bleibt, muß sich etwas ändern. Am Ende ist sein Kämpferpathos verflogen, er billigt die Exekutionen und applaudiert den Militärs, die Garibaldi das Rückgrat gebrochen haben.

Noch deutlicher wird die skeptisch-melancholische, ja, zuweilen zynische Perspektive des Films, wenn sie die Entwicklung Don Calogero Sedaras zeichnet: Der Bürgermeister von Donna Fugata, dem Sitz des Fürsten, ist ein Liberaler, der sich auf die richtige Seite schlägt, die der Einigung Italiens, und dabei einen glänzenden Schnitt macht: Er bereichert sich und wird zum neuen Herrn der Region avancieren.

Die Heirat zwischen Tancredi und der schönen Tochter des neureichen Emporkömmlings legt das gesellschaftliche Kalkül der widerstrebend geschlossenen »Ehe« zwischen altem, konservativem Adel und neuer Geldbourgeoisie bloß. Und ist doch das Naturereignis des Films. Nicht nur, weil die sinnlich-wunderschöne Claudia Cardinale und ihre eingeschnürte und darum bebende Sinnlichkeit und Alain Delons kaltberechnende Leidenschaft eines der schönsten Paare des Kinos ergeben, sondern weil Visconti das Feuer zwischen den beiden in den strengen Rahmen bannte, um es um so heftiger lodern zu lassen.

Es gibt die Szene, in der sich die beiden zum ersten Mal näher kennenlernen, bei einer Tafel im Haus des Fürsten, bei der es streng, nobel und verstaubt zugeht. Er erzählt ihr, wie er mit seiner Truppe ein Nonnenkloster erobert hat, eine Geschichte voller machohafter, sexueller Anspielungen, die er in ein Kompliment für seine schöne Nachbarin münden läßt, ein frivoles Kompliment. Und da bricht sie in ein unbändiges, sinnliches, lautes, nicht endenwollendes Lachen aus, das das Festmahl wie ein peinlicher Zwischenfall beendet: Es ist der Ausbruch des ungefügen, wilden, unerzogenen Gefühls mitten in der erstarrten Etikette. Es ist der wahre Anbruch der neuen Zeit.

Der dies mit Bewunderung und Erschrecken am deutlichsten erkennt, ist der Leopard, ist Burt Lancaster in der eindrucksvollsten Rolle seines Lebens (trotz VERDAMMT IN ALLE EWIGKEIT, trotz RÄCHER DER UNTERWELT, trotz ATLANTIC CITY). Seinen heroischen, aber stillen Abschied von der Bühne der Geschichte und der Lebensgeschichte schildert der Film: das eindringliche Porträt eines großen, unabhängigen Mannes, der mit seiner zu Ende gehenden Zeit alt wird, ohne Schwäche und ungebeugt, wenn auch von skeptischer Einsicht bestimmt. Am Anfang läßt er sich von den Kriegswirren nicht davon abbringen, seinen gewohnten Bordellbesuch bloß wegen der Lebensgefahr auf dem Weg nach Palermo zu verschieben. Seinem Priester macht er in funkelndmaliziösen Gesprächen klar, daß er an die Ordnungsmacht der Religion, nicht aber an ihre Hoffnungsversprechen und Strafandrohungen glaubt. Er sieht die Geschäftemacherei der neuen Zeit, nimmt an ihr teil, obwohl er sie verachtet, indem er sich seinen Neffen als Hoffnungsträger auswählt.

Das Wunder von Viscontis Film besteht auch darin, daß er die gesellschaftlichen Konstellationen sinnlich in erotische Beziehungen und Lebenserfahrungen umsetzt: Am Schluß begegnen Onkel und Neffe einander beim Buhlen um das Leben (Claudia Cardinale) auch in Eifersucht, die allerdings bei Lancaster von Trauer und spöttischer Resignation umgeben ist, wenn er sich im Spiegel stumm eingesteht, daß seine Zeit abgelaufen ist und allein in die Nacht und den beginnenden Morgen (es ist der der Exekution der Revolutionäre) hinausläuft. Noch einmal kniet er nieder, vor einem Priester, der, von einem die Glocke klingelnden Ministranten begleitet, mit den Sterbesakramenten zu einem Todkranken unterwegs ist, dann entschwindet er in der Morgendämmerung. Natürlich war Visconti, der einem der ältesten und nobelsten Fürstengeschlechter Norditaliens entstammt und dessen Mutter aus einer der reichsten Industriellenfamilien Italiens kommt, der ideale Regisseur für Konstellation und Geist des Films nach dem Roman Lampedusas, der wiederum einem der vornehmsten sizilianischen Adelshäuser angehörte. In Schifanos Visconti-Biographie berichtet dessen Schwester, der Familienpalast in Mailand habe so viele Fenster besessen, daß es eigens Bedienstete gab, deren Aufgabe nur das Öffnen und Schließen der Fenster war. Daß der gleiche Visconti, ein ebenso bedeutender Theater- und Opernregisseur wie Filmemacher, neben seinen berühmt-üppigen Ausstattungsfilmen einer der Väter, wenn nicht, mit OSSESSIONE, der Vater des italienischen, sozialkritischen Neoverismo ist, sollte man nicht vergessen. Der spätere Partisan Visconti (die Nazis folterten ihn im Gefängnis) stand lange der KPI nahe, sein sozialkritisch engagiertes Meisterwerk ist ROCCO E I SUOI FRATELLI von 1960, ebenfalls mit Claudia Cardinale und Alain Delon, wer seine LA CADUTA DEGLI DEI (DIE VERDAMMTEN) gesehen hat, wird seine Darstellung des Röhm-Putschs, die Massenszenen, in denen die SS die schwule Maskerade der SA in Wiessee blutig beendet, nie vergessen.

DER LEOPARD (IL GATTOPARDO) (Italien/Frankreich 1963, Titanus, Eastman Color, Langfassung 205 Min., Kinofassung 165 Min.). (Der Film wurde 1962 im Technorama-Verfahren mit einer Kamera mit zwei anamorphotischen Objektiven gedreht. Dieses Verfahren setzte sich jedoch

nicht durch, so daß der Film 1991 mit großem Aufwand unter der Leitung Lina Wertmüllers in Technicolor restauriert werden mußte).
Regie: Luchino Visconti. Produzent: Goffredo Lombardo. Drehbuch: Luchino Visconti, Suso Cecchi D'Amico, Pasquale Festa Campanile, Enrico Medioli, Massimo Franciosa, nach dem Roman »Il gattopardo« von Giuseppe Tomasi di Lampedusa. Kamera: Giuseppe Rotunno. Musik: Nino Rota, Verdi. Dekoration: Mario Garbuglia. Kostüme: Piero Tosi, Schneiderei Safas.
Don Fabrizio Salina: Burt Lancaster. Tancredi: Alain Delon. Angelica Sedara: Claudia Cardinale. Maria Stella: Rina Morelli. Don Calogero Sedara: Paolo Stoppa. Pater Pirrone: Romolo Valli. Concetta: Lucilla Morlacchi. Don Ciccio Tumeo: Serge Reggiani.

Belle de Jour (1967)
Belle de Jour – Schöne des Tages

Cathérine Deneuve

In den »Modesalon« der Madame Anaïs (Geneviève Page), der in Wahrheit ein Puff ist (nein, dazu ist das Pariser Arrondissement zu fein, dazu sind die Preise zu hoch), also: der in Wahrheit ein Etablissement ist, in dem drei gepflegte, gutaussehende, junge Damen die seltsamen sexuellen Wünsche zahlungsfähiger und zahlungswilliger Herren zu erfüllen sich alle Mühe geben – in diesen Salon kommt als Kunde ein stämmiger Asiate, der ein seltsames Kästchen mit sich führt. Wenn er es öffnet, ertönt ungewöhnliche Musik, und er nötigt die Mädchen hineinzusehen. Die Mädchen, die von ihren Kunden (die meisten sind betuchte Stammkundschaft) allerhand gewohnt sind, wenden sich nach einem kurzen Blick in das Kästchen angeekelt ab.

Luis Buñuel erzählt in seinen Erinnerungen, daß er zu seinen Filmen viele »unnütze« Fragen gestellt bekommen habe; die meisten zu dem Kästchen, die meisten von Frauen: »Was ist in dem Kästchen?« Und Buñuel, der gesteht, daß er auch keine Ahnung habe, sagt, daß er meistens antwortete: »Was Sie wollen!«
Das ist keine düpierende, sondern eine aufrichtige Antwort auf eine nicht ganz unnütze Frage, denn wie fast alle Filme des großen Realisten und größten Surrealisten des Kinos handelt BELLE DE JOUR von der Phantasie und Vorstellungskraft; der Film öffnet seine Falltüren (und Kästchen) zwischen Sein und Schein – und wieder Schein und nochmals Sein, damit man sieht, was man sehen will, und phantasiert, was man nicht zu phantasieren wagt.
Am Anfang des Films fährt eine noble Kutsche im Fin-de-Siècle-Stil, zwei Kutscher auf dem Bock, durch einen gepflegten herbstlichen Park, zweifellos einen Schloßpark oder den Bois de Bologne. In der Kutsche sitzen zwei schöne, moderne Menschen, an dem roten Zweireiher-Kostüm der Frau als Zeitgenossen der späten Sechziger auszumachen. Ein Ehepaar, das zärtlich und rücksichtsvoll miteinander parliert und umgeht. Allerdings ist da eine leichte Irritation, ein geschmerztes Bedauern: Die Frau weist jede körperliche, noch so zarte Annäherung des Mannes, der ihr Ehemann ist, zurück. Plötzlich läßt er brüsk den Wagen halten, seine Domestiken steigen vom Kutschbock, schleifen die Frau, die er als »Miststück« und »dreckige Hure« beschimpft, mit Gewalt zu einem Baum, fesseln sie, peitschen sie aus und dürfen sich dann, auf Geheiß ihres Herrn, an ihr vergehen. Eine Szene wie von de Sade. Aber durch einen Schnitt in eine allzu gepflegte Pariser Wohnung, unverkennbar im 16. Arrondissement, wo ein Unfallchirurg in getrenntem Ehebett mit seiner vor sich hinträumenden Frau liegt, als Traum (Wunschtraum? Alptraum? Gar beides in einem?) auszumachen.
Wirklich? In der Folge versteht es Buñuel meisterhaft (und das kann er wie kein zweiter), uns darüber in Zweifel zu stürzen, was seine Titelheldin, die unnachahmlich vornehme, unnahbare Cathérine Deneuve, eine ätherische, fast anämische Platin-Blondine

mit fragilen Gliedern und Alabasterhaut und einer neurotischen Nervosität, als Wirklichkeit und was sie als Tag- oder als Nachttraum erlebt. Und uns keine Zweifel darüber zu lassen, daß beides mindestens den gleichen Wahrheits- und auch Wirklichkeitsgehalt hat. Der Film ist aus dem Stoff, aus dem die großbourgeoisen, aus dem die spätbourgeoisen Träume sind.

Handlung? Bitte sehr! Sévérine, mit ihrem Mann in unsagbar rücksichtsvoller Ehe lebend (er ist zärtlich, aber vorwiegend berufstätig; sie frigide, aber eigentlich besten Willens), erfährt von einem frivolen Freund, der als Spielmacher, zynischer Kommentator und verwöhnt-blasierter Immoralist direkt den moralischen Geschichten des französischen 18. Jahrhunderts entstiegen zu sein scheint und den Michel Piccoli mit diabolisch-elegantem Snobismus spielt, von einem Nobel-Bordell. Und als tagträumende Masochistin steht sie, getarnt im schwarzen Kostüm, schwarzen Hut und riesiger schwarzer Sonnenbrille, schnell vor der Tür dieser Exquisit-Absteige. Sie läßt sich von einem hemdsärmeligen, schmerbäuchigen Bonbonfabrikanten aus der Provinz demütigen und von dessen dröhnend-brutalem Stammtischcharme ins Bett legen. Sie versagt vor einem Professor, der sich als masochistischer Kammerdiener mißhandeln lassen will – hinreißend die Brüche, die Buñuel in diese Figur gefilmt hat, wenn der sexuelle Sklave als herrischer Kunde seinen servilen Wünschen Nachdruck verleiht: die hohe Schule in Schizophrenie bürgerlicher Rollenspiele.

Sie zeigt einen seligen, erfüllten Gesichtsausdruck, nachdem sie der primitiv mit seinen Muskeln und Glöckchen spielende Asiate scheinbar zerschmettert auf dem Bett zurückgelassen hat. Und: Sie wird die Geliebte eines Ganoven mit durchlöcherten Socken und eingeschlagenen Zähnen, der sich als brutaler Macho aufspielt, um ihr hoffnungslos zu verfallen. Aus Panik, in ihrer gewagten Doppelrolle (abends züchtig-verklemmte Chirurgengattin in bester Umgebung, von zwei bis fünf Hure für die dreckigsten Ansprüche) enttarnt zu werden, entflieht die bürgerliche Grenzgängerin dem dubiosen Nachmittagsmilieu, doch ihr zahnloser Gangster Marcel (mit den Metallstiftzähnen, den sie hingebungsvoll küßt, während

sie ihren eleganten, mit weißen Zähnen lächelnden Mann mit starrem Ekel von sich schiebt) lauert ihr auf, schießt ihren Mann zum blinden Krüppel und wird von der Polizei auf der Flucht zur Strecke gebracht. Sie sitzt demütig bei dem in den Rollstuhl gebannten Halbgelähmten, stickt und liest ihm die Zeitung vor.
Wirklich? Am Ende klingeln wieder die Glöckchen am Geschirr der Pferde vor der eleganten Kutsche, die leer am Haus der beiden Eheleute vorbeifährt. Der Mann steigt kerngesund aus dem Rollstuhl – was hat wer wann geträumt? Und was wirklich erlebt? Und was ist wirklicher? Und was ist der Unterschied?
Buñuels Film, ein meisterhafter Verschnitt aus Kindheitsobsessionen der Heldin, religiös-masochistischen katholischen Ritualen, fetischistischen Zwangshandlungen und der so überaus gepflegten Routine der Großbourgeoisie, ist trotz all seiner beklemmenden Kraft und dem Sog seiner erotischen Besessenheiten (die die Heldin, eine zweite Justine, als schier unverwundbares Opfer durchsteht, das seine Peiniger vernichtet) ein irrwitzig komischer Film – weil er männliche Perversionen nicht als schwülstige Pornographie, sondern als gnadenlos genaue Komödie vorführt. Bürgerliche Doppelmoral? Mindestens.

SCHÖNE DES TAGES (BELLE DE JOUR) (Frankreich, Italien 1967, Paris Film, Eastmancolor, 100 Min.). Regie: Luis Buñuel. Produzenten: Robert und Raymond Hakim. Drehbuch: Luis Buñuel, Jean-Claude Carrière, nach dem Roman von Joseph Kessel. Kamera: Sacha Vierny.
Séverine: Cathérine Deneuve. Pierre, ihr Mann: Jean Sorel. Henri Husson: Michel Piccoli. Madame Anaïs: Geneviève Page. Marcel: Pierre Clémenti. Hippolyte: Francisco Rabal. Charlotte: Françoise Fabian.

Bonnie and Clyde (1967)
Bonnie und Clyde

Warren Beatty, Faye Dunaway

Die Geschichte von dem jungen, wilden Paar, das Hals über Kopf die spießig-dumpfe, zukunftslose Enge des Provinzlebens hinter sich läßt und, indem es Autos klaut und Banken ausraubt, alle Brücken hinter sich verbrennt, traf den Nerv der Zeit: BONNIE UND CLYDE annoncierte 1967 die Jugendrevolte, den Bruch zwischen Jung und Alt, das Über-Bord-Werfen der Spießermoral.

Arthur Penn, der weder vorher noch nachher einen ähnlich brillanten und dynamischen Film gemacht hat, riskierte mit seinem unwiderstehlich unangepaßten, freien, ungebundenen, schönen Paar (Warren Beatty, Faye Dunaway) eine Orgie an blinder, panischer, blutiger Gewalt, die aus der trist-idyllischen Landschaft der Südstaaten, in denen die Zeit stillzustehen scheint, und der dumpfen, gleichzeitig biederen und explosiven Stimmung der Depressionsjahre der Dreißiger sich in jähen Ausbrüchen entlädt. Und das alles untermalt von der Banjo-Musik der Redneck-Zone.

»Macht kaputt, was euch kaputt macht!« sollte ein Slogan der 68er lauten, ein Slogan, der in Penns nihilistischem, visionärem Film vorformuliert ist: Dunaway und Beatty (der auch als Produzent Kopf und Kragen für das waghalsige Projekt riskierte) spielen zwei durch die Zukunftslosigkeit der Ordnung verstörte junge Leute, die kaum wissen, wie ihnen geschieht und was sie tun, denen es nur zu eng wird in der Welt und die hinaus müssen aus der Ordnung, um endlich Luft atmen zu können.

Der Film beharrt auf der Unschuld des Verbrechens (ohne daß er es zu verharmlosen sucht, Blut ist da schon mehr als Ketchup): schneller als gedacht führt für die beiden Ausreißer kein Weg mehr zurück, der erste tote Polizist markiert eher den Pfusch und Dilettantismus des ersten Banküberfalls als die brutale Rücksichtslosigkeit der Täter. Mord und Totschlag entstehen mehr aus Angst und Panik, aus überstürzter Unüberlegtheit und nicht aus sadistischer Mordlust. Wenn die Gewalt auch Explosion böser Lüste ist, dann stärker bei den Hütern von Recht und Ordnung, die das mit sich herumtragen, was man sich damals »Frust« zu nennen angewöhnte.

Freilich ist der Film (so sehr er vorweggenommene Wegbeschreibung der 68er sein mochte) auch guter, alter Kintopp: Bonnie und Clyde sind romantische schöne Helden, den Heiligenschein der Freiheit um ihr Haupt, die ihre Verfolger der Lächerlichkeit preisgeben, wenn sie ihnen ein Schnippchen schlagen und wie eine wilde Ahnung des Abenteuers (also des wahren Lebens) in die säuerlichen Spießerwelten einbrechen. Ein solches Leben verglüht heftig, schön und schnell. Am Schluß wird es sich selbst zur Legende und setzt sich selbst in holprig-schöne Poesie.

Neben dem Spott auf Hinterwäldlertum und bigott erstarrte Südstaatenordnung, neben den kurzen, aber scharf umrissenen Einblicken in das Elend der Südstaaten zeigt die Robin-Hood-Saga des Maschinengewehr- und Automobil-Zeitalters die Gleichgültigkeit der normalen Menschen für die staatliche Moral – zur Strecke gebracht werden die Gangster durch einen Rechtschaffenen, der seinen Sohn, einen Gefolgsmann der beiden, aus ihren Fängen retten möchte und ihnen eine miese Falle stellt: Als sie ihm bei einer Panne helfen wollen, werden sie niedergemäht.

Penns Film motiviert auch mit der Psychoanalyse: Anfangs weiß Bonnie im Bett mit dem schönen Clyde nichts anzufangen – die einzige Härte, auf die er sich verlassen kann, ist die seiner Pistole;

erst kurz vor dem Tod schenkt der Film den beiden auch sexuelle Befriedigung.

BONNIE UND CLYDE entstand zu einer Zeit, als der US-Film mickrig im Schatten der Innovationen des europäischen Films stand: mit einer befreiten Kamera, die mit falschen Schnappschüssen, Slowmotion, Weichzeichnern, vor allem aber explosiven Ausbrüchen aus der trügerischen Idylle arbeitet, holte dieser Film auch mit seinem Timing und seiner technischen Brillanz die Initiative wieder nach Amerika zurück.

BONNIE UND CLYDE (BONNIE AND CLYDE) (USA 1967, Tatira-Hiller-Warner-Brothers, Farbe, 111 Min.). Regie: Arthur Penn. Produzent: Warren Beatty. Drehbuch: David Newman, Robert Benton. Kamera: Burnett Guffey. Musik: Charles Strouse (unter Verwendung des Songs »Foggy Mountain Breakdown« von Flatt und Scruggs).
Bonnie Parker: Faye Dunaway. Clyde Barrow: Warren Beatty. C. W. Moss: Michael J. Pollard. Buck Barrow: Gene Hackman. Blanche: Estelle Parsons. Frank Hamer: Denver Pyle.

LE SAMOURAI (1967)
Der eiskalte Engel

Cathy Rosier, Alain Delon, François Périer

Heute so gut wie vergessen und in kaum einem Nachschlagewerk der besten Genrefilme, der Schwarzen Serie, der Gangsterfilme, geschweige denn in einer der Hitlisten zu finden, wurde Jean-Pierre Melville (bürgerlich: J. P. Grumbach), der seinen »nom de guerre« als Huldigung für den »Moby-Dick«-Autor wählte, Ende der Sechziger vor allem durch seine heroisch-tragische Gangster- und Killer-Elegie LE SAMOURAI als Kultfilmer gefeiert, als formstrenger Erneuerer der Vierziger-Jahre-Filme der Schwarzen Serie. Der deutsche Filmhistoriker Ulrich Gregor nannte den EISKALTEN ENGEL »ein wahres Meisterwerk« dieses Genres.

Daß der Film über einen Killer, der Auftragsmorde still, geräuschlos und ohne Spuren durchzuführen verspricht, im Original »Der Samurai« heißt, macht deutlich, daß es Melville nicht um Psychologie, sondern um Rituale, nicht um die Realität einer Gangstergeschichte geht, vielmehr um ihre optischen Zeichen.

Alain Delon, in seiner besten, kältesten Rolle, spielt den Killer Jeff (Joseph) Costello, der sich am Anfang des Films darauf vorbereitet, einen Mordauftrag auszuführen.

In seiner schäbigen Wohnung, die er nur mit einem zirpenden Vogel in einem Käfig teilt (das Zirpgeräusch eröffnet den Film akustisch und begleitet ihn), zieht Costello seinen Trenchcoat an, schlägt dessen Kragen hoch, setzt einen grauen Hut mit schwarzem Band auf, zieht die Krempe in die Stirn und streicht mit der Hand, während er sein ausdruckslos ernstes Gesicht im Spiegel überprüft, über den Hutrand – alles das vollzieht sich wie nach festen Regeln und Ritualen: mit dem Titel »Dressed to kill« könnte man diese Uniformierung des gedungenen Mörders umschreiben; später, kurz bevor er mit dem Trommelrevolver die präzise tödlichen Schüsse abgeben wird, wird er sich noch weiße Handschuhe zum Zeichen der Ausübung seines Gewerbes anziehen.

Costello versucht sich bei seiner ihm offenbar hörigen Geliebten Jeanne (gespielt von Delons damaliger Frau, der rotblonden Nathalie Delon) vorsorglich ein Alibi für seine Tat zu beschaffen, geht dann in einen Pokersalon und schreitet schließlich kühl und unbewegt zur Tat: Er erschießt den Boß eines Nachtlokals in dessen Hinterzimmer, wobei er von mehreren Angestellten des Etablissements, vor allem von der dunkelhäutigen Barpianistin Valérie (Cathy Rosier) gesehen wird. Nach der Tat veranstaltet der Polizeikommissar (François Périer), ein zynischer und zugleich skeptischer Perfektionist seines Gewerbes, eine Großrazzia – und Costello geht ihm mit 400 anderen mehr oder weniger zufällig ins Netz.

Zwar kommt er dank des Alibis seiner Geliebten, dank einer Aussage von deren reichem Freund und durch die Barpianistin, die vorgibt, ihn nicht zu erkennen, frei. Aber in den Augen seiner Hintermänner und Auftraggeber hat er einen Fehler gemacht: Er

ist künftig durch die Pianistin erpreßbar. Statt ihn zu bezahlen, versuchen sie ihn aus dem Weg zu räumen. Und auch der Kommissar setzt all seine Jagdinstinkte in schmutzige Tricks und personenaufwendige Fahndungen um, um Costello zur Strecke zu bringen. Die groß angelegte, unbarmherzige Verfolgung von zwei Seiten läßt das kalte Herz dieses rhythmischen Films schlagen, der das Paris der Bars, Hinterhöfe, Metrostationen mit den Verfolgungsjagden durch Züge und über die Gänge und Treppen kalt wie unbeteiligt einfängt, mit Zooms an verschlossene Fenster heranfährt, um die Menschen dahinter wie in Käfigen zu zeigen, wo sie sich zusätzlich belauern und Fallen stellen.
Costello, ein nervenstarker Profi seines Gewerbes, bringt es noch fertig, seinen Auftraggeber zu erledigen und für den Kontraktbruch zu bestrafen, aber als er sieht, wie er von allen Seiten gehetzt wird, beschließt er, eine Art Samurai-Harakiri zu begehen. Wieder zieht er sich zum Töten an, wieder streift er die weißen Handschuhe (sein Mordsignal) über, wieder betritt er den Nachtklub und richtet seinen Revolver auf die Barpianistin. Aber nicht, um sie zu töten, denn er hat vorher die Patronen aus der Trommel entfernt, sondern um getötet zu werden: Als er den Revolver hebt, der Frau signalisiert, sie brauche keine Angst zu haben, strecken ihn unzählige Polizeischüsse nieder: Er selbst hat bewußt und wortlos das Signal zu dieser letzten Jagd gegeben.
Melvilles wortkarges, verschlossenes Meisterwerk, das dem Zuschauer keinerlei Einblicke in seine Figuren ermöglicht, ihm vielmehr durch optische Zeichen nahelegt, selbst seine Schlüsse zu ziehen, ist eine Studie der Einsamkeit. Die einzigen Beziehungen, die der Film duldet, sind die der gegenseitigen Verfolgung; alle Verbindungen, die der »Samurai« mit Frauen eingeht, sind nur Funktionen: von der einen erwartet er sein Alibi, von der anderen möchte er wissen, in wessen Auftrag sie ihn gedeckt hat. Illusionen über Gefühle gibt es in diesem sentimental-unsentimentalen Film nicht. Und selbst den Vogel im Käfig hält sich Costello nicht, um seine Einsamkeit zu durchbrechen. Aus dem Zirpen und Piepsen des Tieres im Vogelbauer vermag er zu erschließen, ob er

unwillkommenen Besuch hatte oder hat: Der Vogel ist eine gefiederte Alarmanlage, statt sie an Strom anzuschließen, muß man sie füttern.

DER EISKALTE ENGEL (LE SAMOURAI) (Frankreich 1967, Filmel/C.I.C.C./Fida, Farbe, 98 Min.). Regie: Jean-Pierre Melville. Produktion: Filmel/C.I.C.C./Fida. Drehbuch: Jean-Pierre Melville, nach dem Roman »The Ronin« von Gowan McLeod. Kamera: Henri Decaë. Musik: François de Roubaix.
Jeff Costello: Alain Delon. Jeanne: Nathalie Delon. Kommissar: François Périer. Valérie: Cathy Rosier.

La Femme infidèle (1968)
Die untreue Frau

Stéphane Audran, Michel Duchaussoy, Michel Bouquet

Irgendwann in den sechziger Jahren begann es dem gehobenen Mittelstand in Westeuropa, der Bourgeoisie in Mailand, Paris, Düsseldorf oder Brüssel, schrecklich gut zu gehen wie nie zuvor: Sie besaß Häuser und eine Hausbar, Wohnungen in guter Lage mit teuren Bädern und Preziosen, sie machte Reisen, feierte Partys, frequentierte Luxusrestaurants, engagierte für die Geburtstage ihrer Kinder Zauberer und stellte den Mercedes abends in die Garage mit dem sich automatisch schließenden Tor. Eine relativ breite Schicht von Anwälten, Ärzten, Architekten, Werbemenschen, Journalisten, Ingenieuren und Technikern kam in den Genuß gutgeschneiderter Kleidung, exquisiter Whisky-Sorten und guter Umgangsformen, die sich in der Welt des Vergnügens und des Geschäfts bestens, wie gutgeölte Scharniere, bewährten: Die Rede ist von Claude Chabrols Film LA FEMME INFIDÈLE, ein

Film, der 1968 die imponierend weltgewandte, elegante Fassade einer großbürgerlichen Familie aus der Umgebung von Paris zeigt, um darunter Mord- und Totschlag aufzudecken – so als hätte der neue Wohlstand die Abgründe, die er verdeckt, geradezu erst produziert.

M. Desvallées hat in Paris ein Anwaltsbüro und draußen, in der Nähe von Versailles, ein reetgedecktes Haus mit Garten, Rosenbeeten und Hollywoodschaukel, einen zehnjährigen Sohn, der einen Preis im Geschichtsunterricht gewonnen hat, und eine Frau, die ihm sein luxuriöses Haus heimelig macht, die umwerfend elegant ist und noch dazu eine aufmerksame Gattin und liebevolle Mutter. Das Idyll strahlt die Problemlosigkeit, aber auch die Kälte eines Werbefilms aus; die Umgangsformen sind gepflegt wie der Garten, die Gefühle gut temperiert wie die Getränke. Schließlich sind wir in Frankreich, wo sich Charme und Eleganz auf Bourgeoisie und Contenance reimen.

Doch etwas irritiert in dieser Idylle. Madame will häufig nach Paris, wohin Monsieur täglich mit seinem cremefarbenen Mercedes ins Büro fährt, und er wird mißtrauisch, was sie dort tut. Also setzt er mit dem entsprechend erforderlichen Ekel und der nötigen Distanz einen Detektiv auf ihre Spuren an und erfährt: Sie hat in Paris einen Geliebten, den sie nachmittags stundenweise besucht. Nachdem er sich pitschnaß im Regen als Spion seiner Schande Gewißheit verschafft hat, macht er dem Galan seiner Frau am nächsten Morgen einen Überraschungsbesuch. Der ist von Haus aus begütert, geschieden und Schriftsteller, seine Bücherregale und seine Wohnung zeugen von gediegenem Geschmack und einem Hauch von Junggesellen-Boheme.

O là là, sagt er, leicht konsterniert, als ihm der betrogene Ehemann den Zweck seines Überfalls an der ebenerdigen Wohnungstür eröffnet: Er wisse alles. Der Ertappte bittet den Gehörnten herein: »Scotch oder Bourbon? Ja, ich ziehe am Vormittag auch den Bourbon vor.« Nachdem ihm der Mann vorgespielt hat, er führe mit seiner Frau eine liberale, offene Ehe, über ihre Eskapaden hätten sie keine Geheimnisse voreinander, reagiert der Galan er-

leichtert: Die beiden machen Small talk über Wohnen in Paris und außerhalb (»Glauben Sie mir, es war ein Fehler, Ihre Frau aufs Land zu verpflanzen!«); der Freund erzählt dem Gatten, wie er dessen Frau im Kino kennengelernt habe, daß sie sehr »anschmiegsam« sei, »sehr anschmiegsam«, natürlich liebe er sie nicht, nein, nein, das könne er sich nicht leisten als Geschiedener. Er zeigt dem Betrogenen, der mit mühsamer Beherrschung den Libertin spielt, dem nichts Menschliches fremd ist (»Sind Sie etwa pervers?« fragt ihn arglos sein Todfeind), das schmale, noch zerwühlte Bett. Und das Riesenfeuerzeug, das ihm die Geliebte geschenkt hat. »Das war ein Geschenk von mir zu unserem dritten Hochzeitstag«, preßt der Gekränkte gequält hervor. Sein unfreiwilliger Gastgeber sagt, daß er zwar beengt lebe, aber ein hübsches Bad und eine praktische Einbauküche habe. «Ich kann nicht mehr», stößt der Ehemann hervor. Ihm wird schwindlig. Sekunden später hat er seinen Nebenbuhler brutal mit einer Holzplastik erschlagen.
Aber auch nach dem Mord, der seltsam sinnvoll-überraschend den Austausch guter Umgangsformen unterbricht (sinnvoll, weil man merkt, welche Kraft nötig ist, die Konventionen zu wahren), geht der Film kühl und beherrscht unauffällig weiter. Ohne Panik und mit schier routinierter Akribie beseitigt der Mörder die Spuren seiner Tat, wischt Boden und Gläser, verwischt Fingerabdrücke, verpackt die Leiche in Wäsche und schleppt sie ungerührt, aber umsichtig im hellen Morgenlicht mitten in Paris zu seinem Wagen, verstaut sie im Kofferraum und läßt sich auch durch einen Auffahrunfall, bei dem ihm ein Minilaster sein Heck beschädigt und dessen Chauffeur die Polizei holt, nicht irritieren. Er versenkt die verpackte Leiche in einem Teich und kehrt, ganz liebevoller Familienvater, nach Hause zurück. »Entschuldige, ich bin aufgehalten worden! Irgend ein Idiot ist mir hinten reingefahren.«
Nach dem Mord gibt es zwei Szenen in Chabrols Film, die an Hitchcocks PSYCHO erinnern, ja, den Thriller fast zitieren. Einmal, weil beide Mörder den Tatort mit hygienischer Akkuratesse und Putzlappen perfekt säubern. Zum anderen die Szene, in der die Leiche nicht versinken, nicht verschwinden will: Wie das Auto bei

Hitchcock ragt der bandagierte Kopf des Ermordeten bei Chabrol lange aus dem Sumpf, bevor er untergeht. Es ist eine »verrückte« Gemeinsamkeit, die Chabrol durch diese »Zitate« zwischen Hitchcocks geisteskrankem Mörder und seinem gutsituierten Bürger und liebenden Ehemann stiftet; die besessene Professionalität, mit der der Ehemann die Spuren seiner Tat tilgt, macht deutlich, daß er auf möglichst sachliche und umfassende Weise die Störung aus seiner Ehe beseitigt.

Zu Hause angekommen, nimmt er einen Drink wie üblich (»Danke, Liebling, ich hole ihn mir selbst«). Als dem Sohn ein Stückchen zu seinem Puzzle fehlt, kommt es zur anderen gewalttätigen, unbeherrschten Szene des sonst so beherrschten Films: Neben dem Mord ist es die zweite Ausnahme von der totalen Kontrolle über die Gefühle. So wie der Ehebruch nach genau berechnetem Stundenplan die eheliche Ordnung nicht stören sollte, so soll der eheliche Friede auch nicht durch einen Mord in Frage gestellt werden. Auch die Polizei, die Madames Namen im Notizbuch des Verschwundenen entdeckt hat, parliert in den perfekten Floskeln des höflichen Bedauerns, wenn sie zuerst die Frau und dann das Ehepaar gemeinsam verhört.

Danach entdeckt die Frau im Jackett ihres Mannes die Fotografie ihres verschwundenen Geliebten mit den Angaben seiner Adresse (der Detektiv des Mannes hat sie ihm zugespielt). Sie ahnt, was sich ereignet hat. Die Ehe ist ein exquisites Statussymbol, für das ihr Mann den höchsten Einsatz zu zahlen bereit war. Und da freut sich die so Hochgeschätzte über den Wert, den ihr Mann ihr durch seinen Mord zubilligt. Am Ende holt die Polizei den rosenschneidenden Gatten aus seiner häuslichen Idylle. »Ich liebe dich über alle Maßen«, versichert er seiner Frau. »Ich liebe dich«, erwidert sie und küßt die Hand, die ihren Geliebten umgebracht hat. Stumm wird noch einmal der Mann zwischen den beiden Polizisten gezeigt, die ihn wegbringen; dann fährt die Kamera auf die Frau und ihren blonden Sohn, die mitten in den Blumenbeeten stehen, bis sie, von Laub überschattet, im Vogelgezwitscher verschwinden.

Chabrols frühes Spitzenwerk (der Regisseur war Mitbegründer der

»Nouvelle Vague« und wie seine Kollegen Truffaut, Godard, Rohmer und Rivette vorher Kritiker der richtungweisenden »Cahiers du Cinéma«) lebt von der Aussagekraft des im Film Unausgesprochenen, und er handelt von den imponierenden Anstrengungen, eine Fassade als Halt des Lebens um den Preis des Verbrechens zu bewahren. Der schmallippige, in seinen Gefühlen eher verkümmerte Michel Bouquet entwickelt in der Mordtat und der abstrusen Spurenbeseitigung eine grausig konsequente Gefühlskraft, die ihm die entglittene und entfremdete Gattin wieder zuführt – und sei es auch nur für den Moment der endgültigen (pathetischen und idyllisch getarnten) Trennung. Stéphane Audran (Chabrols Frau) ist die unnachahmlich elegante, apart schöne Ehefrau, in deren nervösen Zügen sich die Gefühle gleichzeitig verbergen und sichtbar werden. Ihren ausweichenden Blick auf der Leinwand zu beobachten, wenn sie lügt, ihre mühsam beherrschte Sinnlichkeit zu betrachten, wenn sie in stummer Trauer auf dem Bett liegt, macht nicht den geringsten Reiz dieses formvollendet beherrschten Films aus, bei dem man am Schluß tief verstört ist und doch vergessen zu haben scheint, daß man Zeuge eines grausam sinnlosen, reulosen Mordes wurde. Chabrol versteht es, Abgründe in der polierten Oberfläche sichtbar zu machen.

DIE UNTREUE FRAU (LA FEMME INFIDÈLE) (Frankreich, Italien 1968, La Boëtie/Cinegai, Eastmancolor, 98 Min.). Regie: Claude Chabrol. Produzent: André Génovès. Drehbuch: Claude Chabrol. Kamera: Jean Rabier. Musik: Pierre Jansen.
Monsieur Desvallées: Michel Bouquet. Seine Frau: Stéphane Audran. Ihr Geliebter: Maurice Ronet. Der Privatdetektiv: Serge Bento.

2001: A Space Odyssee (1968)
2001: Odyssee im Weltraum

Die immer noch berühmteste Filmreise in die Zukunft beginnt mit einem gewaltigen Rückgriff in die Vergangenheit, gleich um vier Millionen Jahre. Unter einem Himmel, dessen rosageränderte Wolkenformationen das Pathos einer Genesis, einer (noch) unberührten Schöpfung, ausstrahlen, in einer urtümlichen Steppenlandschaft, deren weite Horizonte von klobigen Felsen akzentuiert sind, kauern sich Affenhorden des Pliozäns, vor der Weite der Natur Zuflucht suchend, hinter Felsvorsprüngen. Oder sie schöpfen aus einem trüben Wasserloch lehmiges Trinkwasser, geben eine leichte Beute der Leoparden ab. Und um das Wasserloch müssen sie auch noch keifend, kreischend und böse grunzend mit anderen Horden streiten.
»Die Morgendämmerung der Menschheit« (»The dawn of man«), wie der erste Teil von Kubricks gewaltigem Filmentwurf heißt, ist

kein idyllischer Zustand, sondern beängstigend, dumpf, verloren. Plötzlich (und dazu ertönen die verstörend numinosen Chöre aus György Ligetis' »Requiem«) sehen die Affen einen schwarzen, glatt glänzenden Monolithen, den sie scheu berühren wie ein Heiligtum. In den nächsten Schritten entdeckt der Clanchef der Horde (daß er »Mond-Schauer« *[Moonwatcher]* heißt, wissen wir aus dem Buch, das Arthur C. Clarke, Co-Drehbuchautor, nach dem Film geschrieben hat, nachdem Kubrick zu seinem Film wiederum durch Clarkes kurze 10-Seiten-Erzählung »The Sentinel« [»Der Wachposten«] angeregt wurde) einen Knochen als Werkzeug, als Waffe: Er zertrümmert morsches Gebein, das zeitlupenhaft aufwirbelt, er erlegt Tapire; seine Horde, die sich bisher von Moos und Wurzeln nährte, verwandelt sich in Fleischfresser, die rohe, bluttriefende Fleischfetzen verschlingen. Und er zertrümmert beim Kampf um die Wasserstelle seine Gegner. Mit dem ersten Werkzeug der Menschwerdung ist eine Mord- und Kriegswaffe gefunden. Kubrick zeichnet den Entwicklungssprung vom Hominiden zum Menschen düster als Sprung in Mord- und Totschlag.

Es folgt einer der schönsten, bewegendsten Schnitte der Filmgeschichte: Triumphierend wirft »Mond-Schauer« den Knochen, mit dem er den ersten Feind erschlagen hat, in die Luft, wo er zeitlupenlangsam durch den Himmel wirbelt – und sich in ein knochenförmiges, langes Raumschiff verwandelt: die Pan-Am-Fähre »Orion«, die sich zu den beschwingt-getragenen Klängen des »Donauwellenwalzers« von Johann Strauß (in der »majestätischen« Interpretation Karajans), an der angeschnittenen Erde vorbei, auf eine als Riesenrad im Dreivierteltakt rotierende Raumstation zubewegt. Es ist eine Szene, in der sich das wehe und weitende Hochgefühl der 68er-Epoche wie in einem bei klarem Bewußtsein erlebten Rauschzustand ausdrückt: zumal im Leinwand-Format der Superpanavision.

Man kann die Bedeutung dieses optischen Signals für eine neue Zeitstimmung in ihrem Einfluß auf Sichtweisen und Bewußtseinsveränderungen nicht hoch genug einschätzen. Zusammen mit der »Swinging-London«-Ästhetik von Antonionis BLOW UP (1966) und der gewaltigen Bahnhofskranfahrt in Sergio Leones Western ONCE UPON A TIME IN THE WEST (1969) zu der pathetischen (Pferde-)Opernmusik von Ennio Morricone, hat Kubricks berühmter Schnitt, hat sein Film ein neues Zeitalter, die 68er-Epoche, (unbewußt) formuliert und eingeläutet.

Ähnliches gilt für den Schluß, in dem der Astronaut Bowman mit einer Raumgondel durch das »Sternentor« zum Jupiter gesaugt wird. »Jupiter – und dahinter die Unendlichkeit« heißt dieser vierte und letzte Teil: eine perfekte psychodelische Reise durch vielfarbige Lichtkorridore, die sich bald zu leuchtenden Kristallen wie in einem Kaleidoskop ordnen, bald zu blubbernden Farbblasen der kinetischen Kunst verwandeln, bald unwirkliche Landschaften in den Serienfarben Warholscher Drucke aufleuchten lassen, bald wie vergrößerte, eingefärbte biologische Befruchtungsbilder mit Eizellen, Embryonen und Samenzellen wirken, Landschaften von fahler Mondverlassenheit erzeugen, bald kosmische Gewitter mit Neonfarbigkeit entfachen. Vor allem aber wird der Sog einer schier unendlichen Geschwindigkeit und einer schier endlosen Weite erzeugt. Mit der Technik des Jahres 1968 entworfen und hergestellt, läßt Kubriks Phantasie alle Lucas-Kriegsspiele der Sterne in ihrer infantilen, phantasietötenden Perfektion immer noch weit hinter sich – weil sie die Phantasie des Zuschauers nicht erschlägt, sondern motiviert und in Gang setzt.

Der Film endet mit einer verstörend ruhigen Sequenz: Im Unendlichen gelandet, sieht sich der einsame Astronaut als alter Mann im Spiegel, bei Tisch, und als Greis im Bett, ehe er sich in einen leinwandfüllenden, weltraumfüllenden Embryo mit übergroßen Augen verwandelt. Das alles geschieht in einem grünlichen Louisseize-Interieur mit irritierenden Schäferidyllen als Bildern an den Wänden und der zeitlosen Entrücktheit eines Traums.

Vorher war Bowman zusammen mit einem fast zwillingsgleichen Kollegen (Teil 3: »Unternehmen Jupiter – 18 Monate später«) mit dem Raumschiff »Discovery« zum Jupiter geschickt worden, nachdem in Teil 2 ein amerikanischer Wissenschaftler, Dr. Heywood Floyd, in geheimer Mission erst zu einer Orbitstation gereist war (wo er russischen Kollegen seine wahren Absichten und Kenntnisse verschwieg und verschleierte) und dann zur Mondbasis Clavius, wo ein gleicher Monolith wie im ersten Teil samt seiner geheimnisvollen Signale entdeckt worden war. Nun schickt man die »Discovery« auf die Reise, ohne daß die Astronauten ihre Mission kennen, und zwar in Richtung der ersten Signale intelligenter Wesen im All, in Richtung Jupiter.

Ich will mich hier gar nicht auf die Labyrinthe der Deutungen, die Kubricks Weltraumfilm und Zukunftsvision gefunden hat, einlassen. Das Werk ist immer noch ein erratischer Riese im Meer der Science-Fiction-Filme, den selbst jemand, der, wie ich, dieses Genre eigentlich blödsinnig findet, jedenfalls meistens, einfach bewundern und als einen der schönsten je gedrehten Filme lieben muß. Ich verweise lieber auf den ausgezeichneten Artikel in Ronald M. Hahns und Volker Jansens »Lexikon des Science Fiction Films«, vor allem aber auf die kenntnisreiche, einfühlsame, faktenschwere Kubrick-Biographie von Thomas Allen Nelson, wo alles Wissenswerte und Deutungsschwangere versammelt ist, inklusive der weiterführenden Literatur, die längst Bibliothekenwände füllt.

Für mich ist das größte Wunder dieses Films, das er seine Geschichte in nie gesehenen Bildern erzählt, die sich nicht, ohne sie zu verflachen, zu verfälschen oder mythisch aufzuplustern, in Worten wiedergeben lassen. Es ist ohnehin ein schweigsamer Film, der optisch beredt erzählt: Nur in 40 der 141 Minuten hört man Dialoge. Sonst vernimmt man die Atemgeräusche der Astronauten, das Schweigen der Sterne, das sachliche Klappern der Computer. Und Musik! Leitmotivische Musik. Neben Johann Strauß und Ligeti die gewaltigen Auftakte von Richard Strauss' »Also sprach Zarathustra« und das melancholische, wie in Weiten verlorene Adagio aus Katschaturians Ballett-Suite »Gajaneh«. Um auch hier einen Vergleich zu bemühen: Ähnlich wirksam hat nur Visconti Musik eingesetzt: Mahler zu Beginn des Films TOD IN VENEDIG. Mit unvergleichlich einprägsamen Szenen optischen Scharfblicks breitet Kubrick seine Episoden von der an die Zukunft verlorenen Menschheit als satirisches Requiem aus: Die erste Reise ist eine

Satire auf die Pan-Am-, die Hilton-, die Howard-Johnson-Kultur, die unsere Erde mit rosafarbenem Komfort, sanft-unbeteiligt dienenden Hostessen, praktisch gesundem Fastfood und der leeren Höflichkeit freundlich nichtssagender Phrasen ausgedünnt hat: Ein Telefonat aus dem All mit der Tochter (von Kubricks Tochter Vivian gespielt) symbolisiert diese zu Komfort und luxuriöser Nichtigkeit ausgehöhlte Welt.

Für mich ist einsamer Höhepunkt das eifersüchtige Dreieck zwischen dem menschensimulierenden Computer HAL 900 und den beiden Astronauten Bowman und Poole, die, maschinengleich, die Einsamkeit im All, durch das Raumschiff joggend, mit HAL schachspielend und breiige Mahlzeiten in sich hineinschiebend, meistern. Als HAL einen Fehler macht, beschließen die beiden, ihn »auszuschalten«. Doch sein allgegenwärtiges, rotgelb glühendes Auge hat sie belauscht, hat ihren Plan von ihren Lippen abgelesen. Er tötet den einen Astronauten, indem er ihn in den Weltraum wegtaumeln läßt. Dem andern, Bowman, versucht er die Rückkehr zu verwehren, nachdem der zur Rettung seines Kollegen aus der »Discovery« ausgestiegen ist. In der Zwischenzeit tötete er die im Tiefschlaf wie in Särgen konservierten Wissenschaftler – ein Tod auf dem Monitor, ein Mord mit erlöschenden Herzrhythmussignalen; die eindrucksvoll grausige Metapher »technischen« Sterbens.

Schließlich wird HAL (ein Charakter nur durch Auge, Stimme und Wirkungen) besiegt. Bowman zerlegt sein Hirn, während HAL vergebens um sein Leben winselt und zuletzt, mit brechender, weil verlangsamter Stimme, in seine Kindheit retiriert und bittet, noch ein Kinderlied singen zu dürfen. Er darf und singt: *Daisy, Daisy, give me your answer true, I'm half crazy all for the love of you*, und verstummt dann – ein ergreifender Computertod. Der hinreißende Hintersinn dieser Szene: Der Computer ist auf der Reise das letzte menschlich reagierende (also zu Eifersucht, Bosheit, enttäuschtem Stolz, Mord und Trauer fähige) Wesen, während die ihn bekämpfenden Astronauten die fahle, technisch perfekte Sachlichkeit von komplizierten Rechenmaschinen haben.

Es soll nicht verschwiegen werden, daß viele den Film wegen seiner »unmenschlichen Kälte« (die in Wahrheit das Gegenteil, nämlich das Klagelied darüber ist) ablehnen. Halliwell vermerkt spöttisch, daß die »längliche Montage aus brillantem Modellbau und obskurem Symbolismus kurioserweise« die »Verehrung aller Langhaarigen« gefunden habe, die den Film als Trip benutzt hätten. Wie schwärmte doch John Lennon: »Man sollte dem Film einen Tempel errichten, um ihn dort 24 Stunden lang tagtäglich zu zeigen.« Auch das!

2001: Odyssee im Weltraum (2001: A Space Odyssee) (USA, Großbritannien 1968, Metro Goldwyn Mayer, Farbe, Technicolor und Metrocolor, Superpanavision, 141 Min.). Regie und Produktion: Stanley Kubrick. Drehbuch: Stanley Kubrick, Arthur C. Clarke, nach der Kurzgeschichte von Arthur C. Clarke: »The Sentinel«. Kamera: Geoffrey Unsworth, John Alcott. Spezialeffekte: Stanley Kubrick. Musik: Richard Strauss, Johann Strauß, Aram Katschaturian, György Ligeti.
David Bowman: Keir Dullea. Frank Poole: Gary Lockwood. Dr. Heywood Floyd: William Sylvester. »Mond-Schauer«: Daniel Richter. Stimme von HAL: Douglas Rain.

The Wild Bunch (1969)
Sie kannten kein Gesetz

Ben Johnson, Warren Oates, William Holden, Ernest Borgnine

Das erste, was den meisten zu Sam Peckinpahs Western einfällt, ist die blutige, brutale Gewalt, die dieser Film in geballter Kraft auf den Zuschauer losläßt: Er beginnt mit einer mörderischen Massenorgie, bei der eine Handvoll Banditen, als Ranger verkleidet, von Kopfjägern verfolgt, sich den Weg nach einem Banküberfall freischießt. Daß dieses Massaker genau zu dem Zeitpunkt explodiert, als eine Antialkohol-Prozession von Frauen und Kindern im Gefolge eines Guttempler-Predigers an dem Überfallort vorbeizieht, erhöht das blutige, grausame Durcheinander.

Und der Film endet mit einer ebenso kruden, bluttriefenden Massenschlächterei: Unter feiernden, betrunkenen mexikanischen Revolutionssoldaten fechten die Outlaws ihr letztes Gefecht, bei dem sie alle sterben, nicht ohne nach einer wilden Ballerei und dem Garbenfeuer eines Maschinengewehrs viele ihrer Gegner und Nichtgegner mit in den Tod gerissen zu haben.

Für seine Gewaltszenen wurde der Film schnell berüchtigt und berühmt: Er hat für das Sterben die (vorher schon bei BONNIE AND CLYDE eingesetzte) Slowmotion zum konsequenten Stilmittel entwickelt (das später oft kopiert wurde – auch von Peckinpah selbst, der daraus sein Markenzeichen machte): Langsam wirbelt Staub auf, das Blut wird in gleichsam halberstarrten Fontänen ins Bild gebannt, die Toten wirbeln in einem letzten Ballett durch die Luft.

Mitten im Film wird eine Brücke mit Rössern und Reitern in die Luft gejagt, das Bild, wie die Gesprengten in verlangsamter Bewegung ins Wasser stürzen, um sich dort chaotisch zu verknäulen, geht einem so schnell nicht aus der Erinnerung. Kein Zweifel, schrieb der Warner-Chronist Hirschhorn, Peckinpah verherrlicht die Gewalt – »*makes violence look good*«. Und die Kritikerin Judith Crist schrieb 1976: »Wir werden Augenzeugen endloser Gewalt, nur damit uns versichert wird, daß Gewalt von Übel ist.«

Und doch hat recht, wer den Film (wie keinen späteren Peckinpahs) wegen seiner traurigen Romantik im Gedächtnis behält: Das melancholisch verwitterte Gesicht William Holdens, der Pike, den Anführer der sechs Desperados spielt, das keinen Augenblick der blutigen Genugtuung, des sieghaften Triumphs kennt, vermittelt am stärksten das, was Pauline Kael an die Ambivalenz der Schrekkensszenen bei Goya erinnert hat.

Der Film beschreibt einen Ritt in den Tod. Die Desperados, die bei ihrem Überfall statt Geld nur Dichtungsringe aus Metall erbeutet haben, fliehen vor ihren Verfolgern (Kopfjägern, denen man für ihre Ergreifung Befreiung von ihren Zuchthausstrafen versprochen hat) über die mexikanische Grenze. Man schreibt das Jahr 1914. Eine marodierende Soldateska unter einem grausam-verrückten

Operettengeneral hat sich mit deutschen Vabanque-Spielern der Politik einen Teil der Provinz erobert. Sie heuern die Banditen an, ihnen Gewehre und Munition durch einen Überfall auf einen US-Militärzug zu beschaffen. Sie müssen einwilligen, aber Angel (Jaime Sanchez), der Mexikaner in der Gruppe, will einen Teil der Waffen für seine revolutionären Indios abzweigen, um sie gegen den General zu bewaffnen.

Immer verfolgt, Jäger und Gejagte zugleich, erobert sich der *wild bunch* die Waffenbeute, wobei Bilder des durch die Landschaft fahrenden Zuges, Ritte, Szenen am Lagerfeuer in nie vorher gesehener Schönheit (Peckinpah arbeitet auch mit zuckenden Zooms, mit Überblendungen, mit Gegenlicht- und Filteraufnahmen) die Stimmung von heroischer Verlorenheit, einem Sich-Aufbäumen längst anachronistisch Gewordener einprägten. Das Waffengeschäft kommt zustande, die Mexikaner kommen der Unterschlagung durch Angel auf die Schliche. Als die letzten verbliebenen vier den im protzigen Automobil durch den Staub Geschleiften befreien wollen, kommt es zum heroischen Showdown, bei dem den vieren nur ein nibelungenhafter Untergang bestimmt ist.

Das auffällige Automobil und das von den Soldaten und Banditen wie von grausamen Kindern eingesetzte Maschinengewehr markiert den Einbruch einer neuen Zeit, deren Schlächtereien (es sind die des Ersten Weltkriegs) die chaotischen Grausamkeiten dieser verstörten Kriegsindividualisten wie längst überholte Kindereien erscheinen lassen werden.

Es ist sicher nicht falsch, wenn Thomas Jeier in seiner Genregeschichte des Westerns in THE WILD BUNCH die verzweifelte Stimmung des Vietnam-Krieges gespiegelt sieht. Daß Peckinpahs Western auch eine künstlerische Reaktion auf den Italo-Western vor allem Sergio Leones war, ist ebenso unabweisbar. Der alte Bilderbuchkram von Gut und Böse mitsamt seiner Puritanermoral ließ sich angesichts der optischen und moralischen Explosionen in den Filmen seit FÜR EINE HANDVOLL DOLLAR (1964) nicht mehr aufrechterhalten. Was davon übriggeblieben ist, ist wenig: Es gibt einen traurigen, unaufdringlichen Blickwechsel zwischen Holden

und einer blutjungen, schönen mexikanischen Prostituierten, danach, im Bordell. Kurz darauf schießt das Mädchen ihm, dem »Gringo«, in den Rücken. Mag sein, daß auch dies männlichen Bilderbuchvorstellungen entspricht. Aber es sind gewiß andere als im herkömmlichen Western.
Peckinpahs trotz seiner blutigen Spur lyrisch gedrehter Film jedenfalls eroberte den Western aus Italien zurück – nicht ohne ihn dabei in die Luft zu jagen.

SIE KANNTEN KEIN GESETZ (THE WILD BUNCH) (USA 1969, Warner Brothers, Panavision, Technicolor, 145 Min.). Regie: Sam Peckinpah. Produzent: Phil Feldman. Drehbuch: Walon Green, Sam Peckinpah. Kamera: Lucien Ballard. Musik: Jerry Fielding.
Pike: William Holden. Dutch: Ernest Borgnine. Thornton: Robert Ryan. Sykes: Edmund O'Brien. Lyle Gorch: Warren Oates. Angel: Jaime Sanchez.

Le Cercle rouge (1970)
Vier im roten Kreis

Alain Delon

Wie in den meisten seiner Filme, so in Un Flic von 1972 oder bereits in Le Deuxième souffle von 1966, wird auch Melvilles kalter, technisch brillanter, melancholischer Gangsterabgesang Le Cercle rouge in seinem Zentrum von einem großen kriminellen Coup bestimmt: hier von einem präzise geplanten, mit handwerklicher Perfektion durchgeführten Einbruch in ein elegantes, hochmodern mit Lichtschranken, Alarmanlagen, TV-Überwachung abgesichertes Juweliergeschäft an der Place Vendôme in Paris; gute zwanzig Minuten hört man nur die gedämpften »Arbeits«geräusche der mit cooler Professionalität arbeitenden Ganoven, Fahrstühle, Ticken von Sicherheitsuhren, quietschende Autoreifen auf dem nächtlich leeren Platz.

Das Muster und Vorbild solcher Coups, die den Zuschauer gerade durch das Fehlen von Dialogen oder untermalender Musik in Atem halten, ist gewiß Jules Dassins RIFIFI von 1955, dessen raffinierter Bruch in eine Bank, ein imposantes Beispiel handwerklicher Schwerstarbeit unter lebensbedrohlichen Bedingungen, mit seinem stummen *suspense* oft kopiert worden ist: zum Beispiel auch in TOPKAPI von Dassin selbst in seiner Ambler-Verfilmung von 1964.

LE CERCLE ROUGE nimmt Dassins Muster auf, um es zu perfektionieren. Und um aus dem Juwelenraub das Vorher (die Vorbereitung der Tat, das Zusammenfinden der Täter) und das Nachher (die Jagd auf Beute und Täter) mit geradezu mathematischer Präzision zu konstruieren.

Ein junger Gangster (von einem schnurrbärtigen Alain Delon mit knapper, verschlossener Melancholie gespielt) ist nach fünf Jahren vorzeitig aus dem Knast entlassen worden, nicht ohne daß ihm ein Gefängniswärter den Plan zu dem Juwelencoup anvertraut und nicht ohne daß er seinen Schritt in die Freiheit mit neuer Verfolgung begonnen hätte: Er hat nämlich seinen alternden Ex-Boß und Komplizen aufgesucht, der ihn offenbar nicht nur fünf Jahre lang im Stich ließ, sondern ihm auch die Geliebte gestohlen und ihn bei seinem Besuch um Geld erleichtert hat. Das kann dieser schon aus Prestigegründen nicht auf sich sitzen lassen und hetzt dem Jungen Killer hinterher.

Gleichzeitig hat sich ein zweiter Gangster (von dem italienischen Schauspieler Gian-Maria Volonté mit terroristischer Energie gespielt) im Zug von Paris nach Marseille, wohin ihn der Kriminalkommissar (André Bourvil) mit Handschellen transportieren sollte, spektakulär befreit und ist geflohen. Der groß angelegten Polizeisuchaktion mit Straßensperren, Polizistenketten mit Spürhunden und Hubschraubereinsatz kann er nur entkommen, weil er sich durch Zufall in den Kofferraum des ebenfalls nach Paris fahrenden Strafentlassenen rettet: Die beiden hat der Zufall zusammengeführt, in einen schicksalhaften »roten Kreis«, den der Film im Vorspann ein wenig prätentiös mit einem Buddha-Zitat von Rama

Krishna beschwört. Beide töten gemeinsam Killer, die der Gangsterboß dem einen hinterhergejagt hat, beide also haben einander gerettet, vor der Polizei der eine den anderen, der andere den einen vor seinen verfolgenden Mördern. Künftig werden sie von zwei Seiten verfolgt werden.

Nach der Tat, zu der sie noch einen Ex-Polizisten, einen ehemals genialen Scharfschützen, anheuern (der große Yves Montand spielt diesen Jansen, der sich noch einmal durch den Coup von den Nachtgespenstern seines Alkoholismus befreit), werden sie gnadenlos verfolgt. Der Kommissar macht sich einen Nachtklubbesitzer (gespielt von niemand Geringerem als François Périer, ein Unterweltcharakter, der mittels erpreßter Vaterliebe zu einem teigigen Bündel Verrat umgeformt wird) zum Komplizen, der alte Gangsterboß klemmt sich hinter den Hehler – in einem Showdown werden die drei Einbrecher wie Hasen auf der Flucht abgeschossen.

Melvilles wortkarger, auf die Realistik von Originalgeräuschen setzender Film, auf nächtlich leeren Straßen im nebligen Morgendämmer, mit seinen bis auf Schwarzweiß-Schattierungen ausgelaugten Farben in dunklen Korridoren und Zimmern und dem kalten technischen Interieur der Siebziger aus Neon und Beton gedreht, ist, wie David Quinlan zu Recht festgehalten hat, »ein Schwarzweiß-Film in Farbe«, getragen von der nihilistisch-heroischen Stimmung des Film noir und des französischen Existentialismus. In der Welt mörderischer Männerbeziehungen (in der man füreinander stirbt oder füreinander tötet) haben Frauen keinen Platz: Nur als weggeworfenes Foto und als zerwuselter Schatten im Bett des Feindes kommt die Geliebte Delons vor, und als einzige Mann-Frau-Szene genügt vor dem tödlichen Ende, daß das Zigarettenmädchen im Nachtklub dem auf ein Ganoventreffen wartenden Delon eine rote Rose schenkt – sozusagen als Liebesgabe für die Todesreise.

Polizisten und Verbrecher sind hier durch keinerlei moralische Schattierungen mehr getrennt. Der oberste Polizeichef Frankreichs, ein Menschenverächter par excellence, hat das letzte Wort, wenn er am Schluß sagt, daß alle Menschen ausnahmslos verdorben seien – da hebt sich die stoische Todesverachtung der Gangster noch wohltuend von den polizeilichen Kopfjägern ab: Der Kommissar, wie alle anderen am grauen Hut erkennbar, auch als ein »Zitat« aus den US-Gangsterfilmen der Vierziger und später in MILLER'S CROSSING (1991) von Joel und Ethan Coen wieder aufgenommen, zeigt in seiner kalten Isolation auch nur ein Gefühl, wenn er in seiner menschenleeren Wohnung, nach Tagen zurückkehrend, seine drei Katzen mit Futter aus dem Kühlschrank versorgt.

VIER IM ROTEN KREIS (LE CERCLE ROUGE) (Frankreich, Italien 1970, Corona/Selenia, Farbe, 140 Min.). Regie: Jean-Pierre Melville. Produzent: Robert Dorfman. Drehbuch: Jean-Pierre Melville. Kamera: Henri Decaë. Musik: Eric de Marsan.
Strafentlassener: Alain Delon. Geflohener Häftling: Gian-Maria Volonté. Kommissar: André Bourvil. Nachtklubbesitzer: François Périer.

THE FRENCH CONNECTION (1971)
Brennpunkt Brooklyn

Gene Hackman, Marcel Bozzuffi

Den Hut, den Gene Hackman als New Yorker Rauschgift-Polizist Jimmy »Popeye« Doyle trägt, rund, flach, scheußlich, nannte man in Amerika *pork-pie-hat* (also: Schweinepastetenhut); er zeugte seit den zwanziger Jahren für unbekümmert schlechten Geschmack. Und wie der Hut, so ist der ganze Cop: Er sieht eigentlich immer ein bißchen ungewaschen und ausgefranst aus, mit schütter werdendem Haar und der käsigen Gesichtsfarbe wirkt er fast so unaufgeräumt und ranzig wie sein schäbiges Einzimmer-Apartment, in dem er sich schon mal von einer Gelegenheitsbekanntschaft, die er samt Fahrrad und Stiefeln (auf die steht er) auf der Straße aufgegabelt hat, mit seinen Polizeihand-

schellen ans eigene Lotterbett fesseln läßt: der berufliche Sadist als privater Maso.
Sieht so ein erfolgreicher Bulle aus, der Held eines Polizistenfilms? Zusammen mit dem besonneneren Kumpel und Kollegen Buddy Rosso (Roy Scheider ist der sanftmütigere der beiden, der seinen Kollegen schon mal bei Straßenverhören vor einem unüberlegten Totschlag bewahrt) sind dies zwei merkwürdige Gesetzeshüter – und doch hätten sie den spektakulärsten Rauschgiftschmuggelfall, der bis dato (also 1971) in den USA in die Gerichtsakten kam, beinahe bis zur Perfektion aufgeklärt. Beinahe!
Am Schluß entwischte ihnen bei der großangelegten Razzia, wo alle Gangster scheinbar in der Mausefalle saßen, bloß der Haupttäter und Drahtzieher, der Topdealer aus Marseille, Alain Charnier (Fernando Rey). Und »Popeye« Doyle hatte statt des Schuldigen aus Versehen einen FBI-Kollegen erschossen. Einen miesen Typ von Kollegen, aber immerhin.
Friedkins (semi-dokumentarisches) Spitzenwerk des Polizistenfilms (die Geschichte beruht auf dem Tatsachenbericht von Robin Moore, in dem die Taten der beiden Rauschgift-Cops Eddie Egan und Sonny Crosso festgehalten sind) ist, jedenfalls auf den ersten Blick, kein hohes Lied auf die unerschütterlich erfolgreichen Gesetzeshüter. Dafür ist der perfekt geschnittene, mit einer sirrend sparsamen Musik wirksam aufgeputschte Film eine mit der Kamera bravourös erzählte Geschichte von der Hoffnungslosigkeit der Rauschgiftkriminalitätsbekämpfung, bei der nur die Kleinen und Dummen gefaßt werden. Und von dem Frust der Polizisten, deren einzige Motivation im Kampf gegen die ihnen an Geld, Lebensstil und Vergnügen überlegenen Gauner der nackte Haß sozialer Underdogs und brutaler Rechthaber ist.
Eher durch Zufall, und weil sie sich noch ein Glas genehmigen wollen, kommen die beiden Bullen Doyle und Rosso auf die Spur einer italoamerikanischen Clique, die sie mehr aus rassistischer Abneigung und Langeweile denn mit guten Gründen beschatten.
So stoßen sie darauf, daß aus Marseille, im Auto eines dümmlichen

TV-Stars versteckt, eine große Ladung Heroin (oder ist es Kokain?) nach New York gelangt ist. Die Jagd kann beginnen.
Sie besteht zumeist aus trostlosen Beschattungen, wobei die Polizisten in der New Yorker Winterkälte herumstehen und sich einen abfrieren, bestenfalls einen Pappbecher dünnen Kaffees in der Hand, während die französischen Dealer, wirksam dagegen geschnitten, in besten New Yorker Restaurants kultiviert mehrere Gänge mit den passenden Weinen dinieren.
Der Film zeigt, wie die Vorgesetzten die fanatischen Bullen, deren Rausch und Kick die Menschenjagd ist, eher hemmen und bremsen, wie frustrierend die Verfolger oft von den Verfolgten trickreich abgehängt werden und Spuren sich im Nichts auflösen. Das Spektakuläre an FRENCH CONNECTION ist, wie es dem Film gelingt, die unspektakuläre Routinearbeit der Polizei darzustellen – und wie sehr er dabei ein atmosphärisch dichtes Bild von New York, dem Hafen, von Brooklyn und seiner vergammelten Vielfalt zu geben vermag. Höhepunkt des an Höhepunkten reichen (und sie geschickt vorbereitenden) Films ist die wohl spektakulärste, genial geschnittene und von dauernden Brems-, Reifenquietsch-, Hup- und ratternden U-Bahn-Geräuschen begleitete Autoverfolgungsjagd der Filmgeschichte – trotz James Bond und trotz Hitchcocks FAMILY PLOT.
Da rast Hackman mit einem beschlagnahmten Auto unter den Schienen der New Yorker Metro, die diese Strecke als Hochbahn fährt, seinem Attentäter (Marcel Bozzuffi) hinterher, abenteuerlich entgegenkommende Fahrzeuge rammend oder ihnen im letzten Sekundenbruchteil ausweichend. Währenddessen hat der verzweifelte, verfolgte Killer den U-Bahn-Fahrer als Geisel genommen und zwingt ihn mit vorgehaltener Pistole an der Stirn zur mörderisch rasenden Nonstopfahrt – bis eine Zugkarambolage die irrwitzige Fahrt bremst.
Ebenso bewundernswert wie solche technisch-atmosphärischen Bravourleistungen sind die genauen (leicht polemischen) Porträts der Kontrahenten. Fernando Rey spielt einen verfeinerten und hocheleganten Schurken europäischer Lebensart, der, obwohl ein

Emporkömmling, sich durch Welten von dem schmuddeligen, fritten- und pizzafressenden Straßenköter von Polizisten unterscheidet – so lange, bis man für den sich im Haß gegen die Dealer aufreibenden Dreckskerl eine unabweisbare Sympathie empfindet. Hackman trug sie einen von fünf Oscars ein, die der Film eroberte.

BRENNPUNKT BROOKLYN (THE FRENCH CONNECTION) (USA 1971, 20th Century Fox, Farbe, De Luxe Color, 104 Min.). Regie: William Friedkin. Produzent: Philip D'Antoni. Drehbuch: Ernest Tidyman, nach dem Tatsachenroman von Robin Moore. Kamera: Owen Roizman. Schnitt: Jerry Greenberg. Musik: Don Ellis.
Jimmy »Popeye« Doyle: Gene Hackman. Buddy Rosso: Roy Scheider. Alain Charnier: Fernando Rey. Sein Killer Pierre Nicoli: Marcel Bozzuffi. Sal Boca: Tony Lo Bianco. Henri Devereaux: Frederic De Pasquale. Mulderig: Bill Hickman. Marie Charnier: Ann Rebott. Jocl Weinstock: Harold Gary. Angie Boca: Arlene Farber. Eddie Egan und Sonny Crosso, die wirklichen Polizisten, spielten kleine Rollen in dem Film als Lieutenant Walt Simson und Officer Klein.

Le Charme discret de la Bourgeoisie (1972)
Der diskrete Charme der Bourgeoisie

Jean-Pierre Cassel, Julien Bertheau, Stéphane Audran

Eines Tages erzählte Serge Silberman (er war der Produzent der großen Altersfilme Buñuels) seinem 72jährigen Regisseur einen peinlichen Vorfall, der ihm kürzlich widerfahren sei: Er hatte ein paar Freunde und Bekannte an einem bestimmten Tag (»sagen wir an einem Dienstag«, schreibt Buñuel in seinen Memoiren) zum Diner, zum Abendessen, zu sich nach Hause eingeladen, habe dann vor Geschäftigkeit vergessen, diesen Termin seiner Frau mitzuteilen, und außerdem übersehen, daß er selbst an diesem Abend einen anderen, unaufschiebbaren Termin hatte: Er war woanders zum Essen eingeladen. Die Gäste kommen also mit dicken Blumensträußen und fein in Schale bei ihm gegen neun Uhr

abends an. Er ist nicht da, seine Frau wird im Negligé überrascht, als sie eigentlich schon ins Bett gehen will. Und gegessen hat sie auch schon. Und für die unerwarteten Gäste nichts vorbereitet. Und auch nicht genug im Kühlschrank.
Eine peinliche Petitesse, ein kleiner Unfall auf der glatten Bahn gesellschaftlicher Usancen! Und doch hat Buñuel daraus seinen heitersten Film gemacht, seine souveränste, weil gelösteste Abrechnung mit seiner Klasse, der Großbourgeoisie, die er so anteilnehmend-gnadenlos durchschauen konnte, weil sie Fleisch von seinem Fleisch, Geist von seinem Geist war: Gerade in diesem Film, in dem Buñuel eine Handvoll Bourgeois mit der gleichen liebevollen Genauigkeit seziert und botanisiert wie Linné einst die Pflanzen seiner Herbarien, kommt ein Mann vor, der den Gästen, als sie auf das Essen warten, einen Martini mixt, den er in snobistischer Überheblichkeit für den einzig richtigen, einzig trinkbaren erklärt. Als der Drink gemixt ist, bittet er einen Freund, Botschafter einer südamerikanischen Diktatur in Paris, seinen Chauffeur für einen Moment hereinzurufen. Dem Armen, der nicht weiß, wie ihm geschieht, wird ein Martini angeboten, man prostet ihm zu, dann schickt man ihn wieder hinaus zu seinem Auto. »Ich wollte euch nur vorführen, wie man einen Martini *nicht* trinkt«, sagt der mixende Herr triumphierend.
Eigentlich eine widerliche Szene, bei aller Komik ein Beispiel bourgeoiser Überheblichkeit. Und doch hat dieser blasierte Affe von einem Herrn den Martini genau nach dem Rezept gemixt, das auch Buñuels Lieblingsrezept ist. Und hier liegt das Geheimnis dieses Wunderwerks an Film, den ich, ohne zu zögern, zu meiner Handvoll an liebsten Filmen rechnen würde: Er ist atemberaubend genau aus Anteilnahme und Kenntnis; er durchschaut Schwächen so, wie man nur eigene Schwächen durchschaut. Und er verfügt kongenial über den Geschmack und das durch nichts zu irritierende Feingefühl, zu dem die Bourgeoisie (zumal in ihrer raffinierten Form: der romanischen, und in ihrer raffiniertesten Form: der pariserischen) fähig ist.
Es passiert nicht viel. Den ganzen Film hindurch versuchen ein

paar noble Freunde und ihre Frauen, die in mondänen Wohnungen in Paris oder in luxuriösen Landhäusern in der Umgebung leben, einander zum Essen einzuladen. Vergebens. Halliwells »Film Guide« kann die Handlung, ohne sie zu verfälschen, auf einen Satz komprimieren: »Die Bemühungen einer Gruppe von Freunden, zusammen zu dinieren, scheitern andauernd.«

Ein Film über die Frustration. Wer weiß, welchen Rang das Essen, das gegenseitige Einladen, das wechselseitige Füreinander-Kochen als Ausweis guten Geschmacks und gepflegter Beziehungen in gutbürgerlichen Kreisen spielt, wird den tragisch-komischen Schatten merken, der über diesen vergeblichen Versuchen lastet, gemeinsam zu tafeln. Am Anfang, wie gesagt, haben die Gastgeber das Datum verwechselt. Als man gemeinsam in ein Restaurant ausweicht, ist dort im Nebenzimmer der soeben verstorbene Wirt aufgebahrt. Man verliert den Appetit. Dann überkommt das gastgebende Ehepaar eine unbändige Lust auf Sex miteinander – sie stehlen sich in die Büsche, während die Gäste kommen. Als die Gäste annehmen, ihre Gastgeber seien geflohen (vor der Polizei? Alle schieben mit Kokain, das ihnen der Botschafter des lateinamerikanischen Phantasiestaats besorgt), eilen auch sie in Panik davon, ohne gegessen zu haben.

Und so geht es weiter. Mal bricht ein Manöver mit seinem Generalstab als Mitesser über die bereits an der Tafel Versammelten herein. Mal ohrfeigen sich zwei Gäste. Wie gesagt, es passiert nicht viel. Und doch passiert alles. Alles, weil Buñuel seine verstörten Bürger in Träume versinken läßt, in denen es ums Essen, das sie versäumen, geht. Und Träumen, daß sie es wieder versäumen. Oder Träumen, daß einer ihrer Freunde träumt, alle wären sie beim Essen, das dann nicht stattfindet. Es ist eine abenteuerliche Reise in ein Labyrinth der Träume und Traumesträume, der Wachträume in den Schlafträumen, der Alpträume in den Tagträumen.

Und immer mischt sich aus guten Gründen ihr schlechtes Gewissen als Alp in ihre geträumte Realität, in ihre realen Träume. Der korrupte Botschafter einer Bananenrepublik träumt vom Guerilla-Terror, Kokainschieber träumen davon, daß ihre Freunde Träume

von der Verhaftung träumen. Es sind bourgeoise Endzeitphantasien: manchmal kleinlich, manchmal überlebensgroß.
Aber der Frust, die Entbehrungen werden mit äußerster Contenance ertragen. Mit einem wunderschönen, leicht irren, leicht irritierten Lächeln quittiert Stéphane Audran (das Idealbild einer eleganten, schönen, sinnlichen, selbstsicheren Pariserin) in einem Café erst die Mitteilung des Obers, daß es keinen Tee gebe, dann, daß es auch keinen Kaffee gebe und Cognac sowieso nicht, und sie zeigt auch nur eine leise Verstörung, die ihre weltgewandte Höflichkeit nicht trübt, wenn ihr ein wildfremder Offizier unaufgefordert erzählt, wie er als Kadett seinen Vater ermordet habe, um seine Mutter zu rächen ... Alles ist möglich, ohne daß der Bürger seine Manieren, die ihn wie sein Luxus durch die Welt tragen, verliert.
Mit unnachahmlicher Eleganz spielt dieses Sextett, wie es Schwächen wie Alkoholismus, Eitelkeit, sexuelle Begierde, Nichtigkeit brillant kaschiert und hemmungslos dekuvriert. Die beiden vielleicht schönsten Episoden: Der Botschafter hat die Frau seines Freundes im Schlafzimmer, als dieser überraschend zu Besuch kommt. Und die Frau ruft in aller Unschuld aus dem Schlafzimmer: »Wer ist gekommen, Liebster?« Nur mit der verlogenen Formvollendung, die aus einer edlen Kinderstube resultiert, läßt sich diese Situation ohne peinliche Schrammen meistern.
Brutaler ist die folgende Szene: Man sitzt beim Essen, es gibt köstliche Lammkeule. Die Teller sind gefüllt. Da dringen Terroristen mit Kalaschnikows ein. Alle Gäste, bis auf den Botschafter, müssen sich an die Wand stellen, werden niedergemäht. Er hat sich, aus seiner Heimat terrorismuserfahren, unter dem Tisch, unterm schützenden Damasttischtuch verkrochen, in Sicherheit gebracht. Doch seine Gier läßt ihn mit der Hand nach der Lammkeule greifen. Schmatzend wird er ertappt. Und erschossen. Doch es war nur ein böser Traum, aus Hunger geboren. Er setzt sich in die Küche, verzehrt den kalten Braten aus dem Kühlschrank. Der große Fernando Rey spielt den Botschafter – es ist eine seiner eindrucksvollsten Rollen.

Dieser Film vom verfehlten Essen und schrecklichen Erwachen in Träumen heißt Der diskrete Charme der Bourgeoisie. Die Titel von Buñuels ganz frühen und ganz späten Filmen haben mit den Filminhalten, den Filmgeschichten, direkt nichts zu tun, sondern stiften, wie das auch bei Titeln surrealistischer Gemälde oft der Fall ist, einen neuen Sinn: Sie sind die erste Fährte für die Interpretation des Zuschauers, welche aus der Spannung, die sich zwischen dem, was er sieht, und dem, was ihm der Titel suggeriert, erwächst. Der Film könnte, treffender und schlechter, auch heißen: Erst kommt das Abendessen, dann die Moral.

Der diskrete Charme der Bourgeoisie (Le Charme discret de la Bourgeoisie) (Frankreich, Spanien, Italien 1972, Greenwich-Jet-Dean, Eastmancolor, 105 Min.). Regie: Luis Buñuel. Produzent: Serge Silberman. Drehbuch: Luis Buñuel, Jean-Claude Carrière. Toneffekte: Luis Buñuel. Kamera: Edmond Richard.
Don Raffael, Botschafter von Miranda: Fernando Rey. Alice Sénéchal: Stéphane Audran. Henry, ihr Mann: Jean-Pierre Cassel. Florence: Bulle Ogier. M. Thévenot: Paul Frankier. Bischof: Julien Bertheau. Privatsekretär: Michel Piccoli.

The Godfather (1972)
Der Pate

Was hat der damals 47jährige Marlon Brando nicht alles angestellt, um den mindestens 20 Jahre älteren Don Vito Corleone zu spielen! Er hat seine Stimme heiser verstellt und ihr den holprigen Singsang des Italoamerikanischen gegeben: Sie klingt, als sei sie von unzähligen Zigarren rauchgeraspelt, von zahllosen bitterschwarzen Espressos und hochprozentigen Grappas heisergespült. Er hat sich die Zähne schwarz gefärbt, Falten ins Gesicht geklebt und fürs Vorsprechen die Haare mit Fett an den Kopf geleimt.

Marlon Brando

Um seine Hamsterbacken zu bekommen, mit denen er seine Drohungen, Ermahnungen und Versprechungen zerkauen konnte, soll er sich Tempo-Taschentücher in den Mund gesteckt oder (laut Stanley Kauffman) Pudding in der Backe gespeichert haben. Dagegen legte ihm der Make-up-Zauberer Dick Smitt, den Coppola für seinen Film angeheuert hatte, ein Metallband um die Zähne und will ihm eine kaugummiartige Masse zwischen Kiefer und Wange geklemmt haben. Wie dem auch war, Brando spielte den Paten, den König einer der fünf beherrschenden »Familien« New Yorks, Oscar-würdig als grandioses Comeback fast 20 Jahre nach seinem letzten Triumph On the Waterfront.

Wenn Brando zu Beginn »Sprechstunde« hält, eine Katze in seinem Arm, die Lider scheinbar müde über den in Wahrheit gar nicht schläfrigen, sondern aus den Winkeln überwach, mißtrauisch und herrisch funkelnden Augen wie zum Schutz halb geschlossen, mit den Schultern zuckt, die fahrigen Handbewegungen gegen die Trägheit der Sprache ansetzt, den anderen tätschelnde Berührungen zuteil werden läßt, dann ist das Porträt des bäuerischen Bosses der Metropolen-Firma und -Familie grandios und beherrschend gezeichnet.

Der Pate lebt vom ethischen Sonderstatus der Italoamerikaner, die sich aus der ihnen entgegenschlagenden WASP-Verachtung in den Hochmut und die Familienwärme ihrer Herkunft gerettet haben und nur ihre eigenen archaischen Blutgesetze akzeptieren – und sie mit den Mitteln der Hochtechnik (Maschinengewehr, Autobomben) bestialisch vollstrecken. Das Geheimnis des Films ist sein Wechsel zwischen der herzlichen Atmosphäre familiärer Nähe beim Heiraten, Spaghetti-Essen oder der Kindstaufe, dem hemdsärmeligen Charme von Hosenträgern und Zigarren, mit den gnadenlosen Vendetta-Schlachten in den Straßen New Yorks.

Gleich in mehrfacher Hinsicht ist der Pate ein *period-movie*: In der Zeit nach dem Kriegsende von 1945 angesiedelt (Corleones Lieblingssohn Michael, gespielt von Al Pacino, kommt als hochdekorierter Kriegsheld, also als integrierter Amerikaner mit blonder WASP-Freundin zur Familienfete), wurde der Film von Coppola im Klima des Watergate-Schocks gedreht: Die liebenswürdige Verbrechersippschaft, die über Leichen geht, erscheint als Spiegel der korrupten, zur Gewalt neigenden US-Gesellschaft, die Mafia verkörpert die kapitalistische Wettbewerbsgesellschaft, nicht zufällig ist der Satz »*Let's talk business*« ein oft gebrauchter Kernsatz des Films – und danach geht es gewöhnlich blutig zur Sache.

Es ist die Geschichte einer Firmenübergabe. Michael, der für den anständigen, ethnisch gereinigten Job des Politikers vorgesehen ist, muß die »Familie« übernehmen, nachdem sein Vater niedergeschossen, sein Bruder massakriert worden ist.

Mit ausufernd epischer Breite, mit grob, fast dokumentarisch hart gegeneinander geschnittenen, einander überlappenden Bildern erzählt der Film, wie die Corleones ihr Revier und ihren Einfluß in New York, Las Vegas und Sizilien verteidigen und wiedererobern, wie sie sich als Machos durch die Nudeln wühlen, ihre Frauen nach sizilianischer Väterart glutvoll lieben, prügeln und belügen, nur Freund oder Feind, nur Ehefrau oder Hure, nur Niederschießen oder tränenreiches Umarmen kennen. Wobei eine herzliche Umarmung auch ein Abtasten sein kann, nämlich ob man unbewaffnet, clean ist.

Der Film kulminiert in Szenen von eindringlicher Lakonik. Da wird, in Anspielung auf Frank Sinatras Hollywood-Comeback, ein Filmproduzent mittels des abgeschnittenen Kopfes seines Lieblingspferdes, der ihm als blutiges Nachtmahr ins luxuriöse Hollywood-Bett gelegt wird, »überzeugt«, dem nach Sinatra geschnitzten Johnny Fontana (Al Martino) die begehrte Rolle zu geben: Coppolas New-York-Film spottet dabei en passant über das parfümierte Hollywood.

Da wird gezeigt, wie sich Michael als Killer bewährt, indem er (in einer Szene nach historischem Muster) einen korrupten Polizeicaptain und einen konkurrierenden Mafioso beim italienischen Essen niedermäht, nachdem er sich den Revolver dazu aus dem Klo des Restaurants geholt hat.

Vor allem aber die Schlußabrechnung des Erben Michael mit seinen Feinden, nach dem Tod des Vaters und während der Taufe seines Kindes generalstabsmäßig kalt vollzogen, ist ein Meisterwerk des kontrastierenden Schnittes mit überlappendem Dialog: Während man das Latein der Taufzeremonie kontinuierlich hört, sieht man, dazwischengeschnitten, die Vollstreckungen der Vendetta, deren Opfer überrascht und wehrlos auf Massagebänken, in Liebesbetten oder beim Öffnen der Wohnungstür geschlachtet werden – dichter läßt sich strikte Moral und bestialische Amoral nicht ineinander verweben.

DER PATE (THE GODFATHER) (USA 1972, Paramount, Farbe Technicolor, 176 Min.). Regie: Francis Ford Coppola. Produzent: Albert S. Ruddy. Drehbuch: Mario Puzo, Francis Ford Coppola, nach dem Roman von Puzo. Kamera: Gordon Willis. Ausstattung: Warren Clymer.
Don Vito Corleone: Marlon Brando. Michael Corleone: Al Pacino. Sonny Corleone: James Caan. Tom Hagen: Robert Duvall. Kay Adams: Diane Keaton. Apollonia: Simonetta Stefanelli.

L'ultimo Tango a Parigi/ Le dernier Tango à Paris (1972)
Der letzte Tango in Paris

Marlon Brando, Maria Schneider

Erst war es ein aufgeregtes Gerücht, eine lüsterne Mundpropaganda, dann ein handfester Skandal mit der Androhung polizeilicher Verbote und Zensurauflagen, schließlich ein in den Himmel gelobtes künstlerisches Meisterwerk, niemand Geringere als Pauline Kael nannte das Datum der ersten Vorführung einen »Markstein in der Geschichte des Films« und »endlich hat das Kino einen Durchbruch gefunden«. Das Gerücht, der Skandal, die hymnische Lobpreisung – das alles durcheilte Bertoluccis Letzter Tango, noch bevor ihn sein eigentlicher Adressat, das Publikum, auch nur zur Kenntnis nehmen konnte.

Nie war ein Ruf einem Film so laut und so werbewirksam vorausgegangen wie bei der dramatischen Geschichte von den beiden düster-leidenschaftlichen Fickern, die sich, drei Nachmittage lang, in einer zur Miete freien, kaum möblierten Wohnung auf der Matratze und sonstwo heftig penetrieren – in alle hierfür denkbaren Köperöffnungen und mit allen hierfür auch nur annähernd geeigneten Körperteilen. Trotzdem ist der Film nichts weniger als Pornographie. Dazu ist er zu ernsthaft und vor allem zu symbolisch. Während die platte und pure Pornographie den Menschen für vorwiegend heiter hält und für unbeschwert, tut es dieses Paar aus den denkbar düstersten Gründen, es verschmachtet zwar in der Lust nach der Begierde, aber es gewinnt daraus nur Verhängnis und Tod.

Alles fing damit an, daß Bernardo Bertolucci, der sein Skandalthema erst mit Dominique Sanda und Jean-Louis Trintignant drehen wollte, dann aber zu seinem und unserem Glück auf die Kindfrau Maria Schneider und auf Marlon Brando umstieg, im August 1972 Teile seines unfertigen Films auf einem Gegen-Festival der Regisseure in Venedig vorführte. Es waren die Jahre, in denen die Künstler und Intellektuellen das SPIEGEL-Adjektiv »aufmüpfig« trugen und zu rechtfertigen suchten, die Nachwirkungen des Pariser Mai und der weltweiten Jugendrevolte von Berkeley bis Berlin und Mailand. Venedig machte die Zensur wach und scharf auf den Film, noch ehe er fertiggestellt war. Am 14. Oktober 1972 wurde der LETZTE TANGO IN PARIS, als letzter Film des New-York-Filmfestivals in der total ausverkauften Tully Hall im Lincoln Centre uraufgeführt. Und von da an trug er den Stempel von Kaels enthusiastischer Begeisterung und kam als kühnes, von der Zensur bedrohtes Meistermonument in die Kinos.

Dann war die Hölle los. Szenen wie »die mit der Butter« (mit der Brando Schneider für den Analverkehr geschmeidig macht, den er als Lästerung der Familie vollzieht – oder sollte man treffender »vollstreckt« sagen?), Szenen wie die, in der Schneiders Fingernägel gekappt werden, damit ihre Finger, ohne ihn zu verletzen, rektal in ihn dringen können, solche Szenen machten die Runde und trieben die Leute ins Kino. Der LETZTE TANGO galt als Fanal der Freiheit, als Zeichen, daß von nun an keine Tabus zu gelten hätten, daß Menschen ihre Moral individuell, radikal und rücksichtslos in sexueller Selbsterfahrung experimentell erkunden mußten.

Dabei geht es im Kern des Films (der seine einzige und wahre Stärke ist) um eine archetypische, sexuelle Wunschphantasie: den total voraussetzungslosen Koitus, bei dem zwei Menschen, die sich nie zuvor begegnet sind, nie zuvor gesehen haben, sich wortlos und ohne Fragen und Erklärungen umarmen, ineinander-

dringen, befriedigt voneinander lassen und sich trennen, ohne mehr und ohne weniger voneinander erfahren zu haben als die körperliche Erfüllung im Orgasmus. Bertoluccis Werk schildert, radikal, eine solche Begegnung. Und es schildert, sentimental, deren tragische Konsequenzen. Es ist ein Jammer, aber jähes, kurzes, bedingungsloses Sexglück führt zu Syphilis (damals gab es noch kein Aids) und Schande, zu Trennung und Tod. Das totale Paradies ist die Hölle, ist das schnell verlorene Paradies.
Ein junges Mädchen aus begütertem Elternhaus und ein Amerikaner in Paris, ein Mann in den Spätvierzigern mit grauem, hinten langsam schütter werdendem Haar, finden auf der getrennten Wohnungssuche gemeinsam eine große, hohe, vergammelte bourgeoise Großwohnung (sie liegt in einem Haus in der Rue Alboni im Faubourg Passy, und hier hat übrigens mal einige Zeit Orson Welles gewohnt). Er trägt einen abgewetzten, braunen Mantel über einem kragenlosen Hemd, sie einen Riesenhut mit Blumen, einen Fellmantel und hohe Stiefel zum Minikleid, ein Wuscheltyp der Revolutionsjahre (später wird sie, oh Gott, ihren möglichen Sohn Fidel nach Castro nennen wollen). Beide tigern unruhig musternd durch die Wohnung, wechseln nicht viele Worte (»Wollen Sie sie mieten?« – »Ich weiß noch nicht so recht.«), ehe sie übereinander herfallen. Wortlos, gierig keuchend, ohne sich auszuziehen, im Stehen, wobei sie gestiefelt sein Becken umklammert, während er anfangs nur ihren Hut in die leere Wohnung geschleudert hat.
Von nun an werden sie sich hier treffen, ohne sich dazu auch nur verabreden zu müssen. Er läßt ein bißchen notdürftiges Mobiliar ranschaffen, vor allem eine breite Matratze. Und einen Kühlschrank. Für Butter und Käse. Sie werden ihr Glück mit dem Kalauer »Hap-penis« bezeichnen, doch das wird beim zweiten Mal sein, denn zunächst trennen sich die beiden und gehen jeder seinen Weg zurück in das Leben, in dem es Worte, Namen, Geschichten und vor allem eine biographische Vergangenheit gibt.
Sie holt, unmittelbar nach der heftigen Kopulation, so, als wäre nichts gewesen, ihren jungen Freund Tom ab, der, ohne sie zu

informieren, ihre Wiedersehensszene mit einer Handkamera und einem Tonmikrofon aufnehmen läßt. Er ist ein extrem präpotenter und narzistischer Jungfilmer (Jean-Pierre Léaud spielt dieses absurde Nichts) und wird in der Folge mit nerviger Intensität einen Film über ihre reale Vergangenheit drehen – das ganze ist eine ziemlich elende Parodie auf das damalige Dokumentarfilmerkino, bei dem jeder in die laufende Kamera erzählt, was ihm grade in den Sinn kommt und wie seine Kindheit war und überhaupt. Die Krankheit jener Jahre hieß Selbstverwirklichung und wurde auch noch, ungeschnitten, mit Kunst verwechselt.

Er, so erfahren wir, haust in einem düsteren Hotel, einer fragwürdigen Absteige, in der Fixer und Saxophonisten leben und das auch von abgewrackten Huren als Stundenhotel benutzt wird. Das Etablissement gehörte seiner Frau, die sich gerade umgebracht hat, indem sie sich die Pulsadern mit einem Rasiermesser aufschnitt. Auch hier herrscht die Vergangenheit: Die Schwiegermutter bahrt die Tote feierlich auf, ihr Geliebter sucht die Aussprache mit dem Mann. Kein Wunder, daß der aus den USA Stammende, eine eher gestrandete Existenz in der Liebe wie im Leben, die radikal anonyme Leidenschaft in der großen, leeren Wohnung mit der jungen Unbekannten sucht.

Diese Szenen, von einer brutalen, direkten, zupackenden Leidenschaft, von einer unwirsch-obszönen Sprache, die eine seltsame Zärtlichkeit provoziert, geben dem Film seinen Atem und seine Kraft. Paul diktiert die Bedingungen dieser Beziehung: keine Namen, keine Geschichte, keine Biographie. Je stärker sie sich in ihn verliebt, um so weiter treibt er sie in demütigende sexuelle Praktiken, desto stärker bindet er die bisher kindlich Wohlbehütete an sich. Bertolucci ist hier die düstere Geschichte einer glühend zerstörerischen Vereinigung geglückt, meist wortlos und von der Gier des Zugriffs bestimmt. Er hat, so weiß man, seinem Star Brando nur den Rahmen der Geschichte abgesteckt, in dem der mit der knapp zwanzigjährigen, animalisch-unschuldigen Schneider die eigene Beziehung improvisieren durfte – das gibt den Liebesszenen, die in braune Verwesungstöne getaucht sind, ihre manchmal erschreckende Spontaneität oder, wenn die beiden, nackt ineinander verschlungen, sich auf dem Boden hockend betrachten, ihre kontemplative (Lennon-Yoko-Ono-)Zärtlichkeit.

Höhepunkt des Films: Wenn Brando, der doch von der Vergangenheit vorgeblich nichts wissen und berichten will, Episoden aus seiner (realen) Jugend erzählt – von dem virilen, trunksüchtigen Vater und der poetischen, aber ebenfalls versoffenen Mutter. Und, ertappt bei dieser sentimentalen Erinnerung, sagt, es sei ja vielleicht alles nur gelogen.

Die Geschichte endet, wie sie enden muß: Die Leidenschaft hält den Kontrast zwischen radikaler Abgeschiedenheit und banaler Außenwelt nicht aus. Sie nimmt den Heiratsantrag des Jungfilmers an, er kündigt die Wohnung. Doch die beiden treffen noch einmal aufeinander, zu ihrem Unglück. Jetzt gesteht er ihr nicht nur seine gestrandete, mittelmäßige Existenz, sondern auch seine banale Liebe, schleppt sie zum letzten Tango in ein Lokal, in dem Paare an einem Tangowettbewerb teilnehmen, demütigt sich betrunken vor ihr und verfolgt die Flüchtende bis in ihre Wohnung – wo sie ihn erschießt, nachdem er ihren Namen wissen will. Sie wird den Tod vor der Polizei als Notwehr ausgeben: Ein Unbekannter habe sie verfolgt, zu vergewaltigen versucht ...

Das Hohelied auf die kurze, mörderische Amour fou, mit politischen und gesellschaftlichen Versatzstücken der 68er Jahre zeitgemäß aufgepeppt, lebt von der Aura Marlon Brandos, der Intensität seiner Szenen mit der sich ihm ausliefernden Maria Schneider und der kunstvollen Farbgebung und Schauplatzwahl Bertoluccis. Der Film nervt durch manchmal arg angestrengte Symbole von Hölle, Tod, Styx und Verdammnis. Für den Vorspann hat niemand Geringerer als Francis Bacon zwei Bilder zweier einsam zerstörter Kreaturen geliefert: Mann und Frau.

DER LETZTE TANGO IN PARIS (L'ULTIMO TANGO A PARIGI/LE DERNIER TANGO À PARIS) (Italien, Frankreich 1972, Les Artistes Associés/PEA/United Artists, Farbe, 128 Min.). Regie: Bernardo Bertolucci. Produktion: Les Artistes Assoc./PEA. Drehbuch: Bernardo Bertolucci, Franco Arcalli,

nach einer Geschichte von Bertolucci. Kamera: Vittorio Storaro. Schnitt: Franco Arcalli. Musik: Gato Barbieri.
Paul: Marlon Brando. Jeanne: Maria Schneider. Tom: Jean-Pierre Léaud. Marcel: Massimo Girotti. Rosas Mutter: Maria Michi. Rosa: Veronica Lazare. Jeannes Mutter: Gitt Magrini. Concierge: Darling Legitimus.

La Nuit américaine (1973)
Die amerikanische Nacht

Jacqueline Bisset, Jean-Pierre Léaud

Eine Film-im-Film-Handlung zeigt, nicht anders als ein Theater-im-Theater-Plot, die Täuschung, mit der die Wahrheit fabriziert wird; wohlgemerkt: die künstlerische Wahrheit, die durch Spiel, Täuschung, Lüge, Illusion entsteht.
Schon mit der »amerikanischen Nacht« des Titels ist ein filmischer Trick und Illusionszauber gemeint, ein Verfahren, das mit Unterbelichtung (durch Filter) bei Tageslicht auf dem Zelluloid den Eindruck von Nacht erzeugt und das folgerichtig auf englisch DAY FOR NIGHT heißt – so der englische Titel des Truffaut-Films.
Der Tag, der mit Hilfe einer Kameralinse zur Nacht gemacht wird,

ist nur eines der unzähligen Täuschungsmanöver, mit denen die Filmkunst arbeitet und die in diesem Film bei der Arbeit enttarnt werden: Desillusionierung der Illusionen. Da gibt es die Kerze, die mit versteckter elektrischer Birne das Gesicht der Darsteller mit magischem Schimmer anstrahlt, den Regen, der aus Duschen rauscht, den Schnee, den die Feuerwehr aus ihren Löschfahrzeugen versprüht, die Autos, die, von Kamerawagen gezogen, ihre freie Fahrt simulieren, die Stunts, in denen kühne Männer die Stürze zarter Frauen vorgaukeln, unter echter Lebensgefahr. Vor allem aber gibt es die falschen Tränen, die Trauer vortäuschen.

Und, noch schwerer: die Zärtlichkeit, die Schauspieler vorgeben füreinander zu empfinden, obwohl sie einander, privat, gerade auf das grausamste verletzt haben; die souveräne Heiterkeit, die sie dem Publikum zu vermitteln suchen, obwohl sie von Angst beherrscht und von Unsicherheit getrieben sind. Das Wunder dieses gewiß nicht ersten Films über ein sicher nicht neues Thema: Aus seinem desillusionierenden Blick gewinnt er auf das Strahlendste eine neue Illusion, die des die Gemüter und Herzen bewegenden Filmens. Selbst die gestrenge Pauline Kael vom »New Yorker«, gewiß keine glühende Anhängerin der (mit dem Oscar als bester Auslandsfilm 1973 ausgezeichneten) AMERIKANISCHEN NACHT mußte sich und ihren Lesern eingestehen, daß der Film von einer »tiefen und unschuldigen Liebe zur Magie des Filmemachens« erfüllt sei. Der Zauber aber entsteht (auch) durch den Schwebezustand, in den man gerät, wenn man als Zuschauer, halb unbewußt, wahrnimmt, daß auch die scheinbar nicht gespielten Szenen, also auch die vorgebliche Wirklichkeit, Fiktion sind – es entsteht ein unnachahmlicher Reiz des Bildes im Bild, Rahmen und Wirklichkeit beginnen graziös zu verflimmern.

Der authentische und doch spielerische Eindruck der AMERIKANISCHEN NACHT, der, so Clive Hirschhorn, sicher zwischen den Gefahren der Melodramatik und der Sentimentalität auf der einen und des kalt Dokumentarischen auf der anderen Seite seinen Weg findet, entsteht vor allem dadurch, daß François Truffaut, der Regisseur und Autor des Films, den Regisseur und Autor des Films im Film spielt, also sich selber und doch gleichzeitig eine fiktive Figur namens Ferrand, die vorgeblich einen Film mit dem Titel »Je vous présente Pamela« (»Meine Frau Pamela«) im Studio de la Victorine bei Nizza dreht, wo auch die AMERIKANISCHE NACHT tatsächlich gedreht wurde.

Mit dieser Besetzung wollte Truffaut die stärkste aller Kinoillusionen zerstören: den »Mythos des allmächtigen Regisseurs«: »Einen Film drehen«, so hört man die aus dem Off laut werdenden Ängste und Gedanken des Regisseurs während der Drehbarbeiten, »das ist wie eine Kutschfahrt durch den Wilden Westen: Zu Beginn hofft man auf eine schöne Reise, und sehr bald fragt man sich dann nur noch, ob man wohl am Ziel ankommen wird.«

Denn von Anfang an wüten Zufälle, Schwierigkeiten und Unfälle gegen den geplanten reibungslosen Ablauf der Dreharbeiten: Während das Liebes- und Eifersuchtsmelodram um die frischvermählte Pamela gedreht wird, die bei ihrem Besuch bei den Schwiegereltern in eine tödliche Liebesromanze mit ihrem Schwiegervater taumelt (ein Film, den übrigens Louis Malle 1993 unter dem Titel VERHÄNGNIS mit Juliette Binoche und Jeremy Irons dann auch wirklich so ähnlich realisieren sollte), stellen sich der Arbeit immer neue Hindernisse in den Weg: Der Dollarkurs fällt, und also vermindert sich der Wert der amerikanischen Beteiligung, verkürzt sich zwangsläufig die Drehzeit. Die Darstellerin der Schwiegermutter, Séverine, hat Alkohol- und Altersprobleme, die sich in Textunsicherheiten und »geschmissenen« *takes* (Szenen) entladen. Der ungezogene, verwöhnt-unsichere jugendliche Liebhaber, der den Sohn Alphonse spielt, vertreibt durch seine kindische Eifersucht die von ihm auf den Set mitgebrachte Freundin Liliane, die mit dem Stuntman durchbrennt. Daraufhin will der unbeherrschte Trotzkopf (endlich eine dem Truffaut-Star Jean-Pierre Léaud, dessen Unarten sonst oft sehr nerven, auf den Leib geschriebene Rolle) den Set verlassen. Die Hauptdarstellerin Julie Baker (die betörend schöne Jacqueline Bisset in ihrer Durchbruchrolle), seine Pamela im Film, selbst gerade einer Nervenkrise entronnen und von fragiler Psyche, steigt, halb aus Mitleid, halb, um kaltblütig den

Fortgang der Dreharbeiten zu retten, mit ihm ins Bett – was der Kindskopf ihr dadurch dankt, daß er ihrem Mann in Amerika, der auch ihr Arzt und Psychiater ist, diese Geschichte noch bettwarm am Telefon erzählt. Nachdem auch diese Krise mühsam gemeistert ist, die beiden sogar miteinander weiterspielen, kommt die eigentliche Katastrophe: Einer der Hauptdarsteller, Alexandre, der den Schwiegervater, also die männliche Hauptrolle, gespielt hat, verunglückt mit dem Auto tödlich.

Doch selbst diese irreparable Katastrophe meistert der Film, indem man die Dreharbeiten verkürzt: In künstlichem Schnee erschießt der Filmsohn ein Filmdouble des tödlich verunglückten Darstellers seines Vaters – die abrupte Filmtragödie ermöglicht ein abruptes Happy-End der Dreharbeiten.

Ein großer Reiz dieses kunstvoll ausbalancierten Films mit acht gleichwertig geführten und vorgeführten Hauptdarstellern liegt darin, daß die »Pamela«-Szenen und die Szenen der Dreharbeiten zu »Pamela« einander spiegeln, brechen, verstärken, ergänzen; es entsteht ein Kinomelodram zwischen Wahrheit und Illusion, zwischen gespielten und gefühlten Emotionen, deren Unentwirrbarkeit der Film mit großem Ernst und spielerischer Leichtigkeit zeigt. Dazwischen hat Truffaut in Träumen seine kindlichen Hoffnungen und erwachsenen Ängste eingeblendet: Anspielungen, Zitate zeigen seine Filmgötter Hitchcock, Carné, Bergman und Orson Welles, zu denen er sich in seiner Filmversessenheit zugehörig weiß. Der große Schriftsteller Graham Greene (z. B. »Der dritte Mann«) hat als Versicherungsagent Graham einen markanten Gastauftritt. Und nachträglich wird man den Eindruck nicht los, als habe Truffaut in den düster eingefärbten, unheimlich hallenden Traumsequenzen sich und uns auch eine Ahnung von seinem Tod vermittelt.

Als Truffaut mit der AMERIKANISCHEN NACHT seinen erfolgreichsten, am meisten spielerischen und scheinbar leichtesten Film drehte, waren im europäischen Kino harsche Gesellschaftskritik und die sexuelle Revolution die herrschende Mode. Truffaut macht sich darüber lustig, indem in seinem »altmodischen« Film ein hartnäckiger, lästiger Drehbuchschreiber Truffaut im Traum und auf dem Set mit den Fragen behelligt: Warum machen Sie keinen politischen Film? Warum machen Sie keinen erotischen Film?

LA NUIT AMÉRICAINE (DIE AMERIKANISCHE NACHT) (Frankreich 1973, Les Films du Carosse/PECF/Paris/PIC Rom, Eastmancolor, 116 Min.).
Regie und Produktion: François Truffaut. Drehbuch: François Truffaut, Jean-Louis Richard, Suzanne Schiffman. Kamera: Pierre William Glenn. Musik: Georges Delerue. Ausstattung: Damien Lanfranchi.
Julie Baker/Pamela: Jacqueline Bisset. Alexandre: Jean-Pierre Aumont. Séverine: Valentina Cortese. Alphonse: Jean-Pierre Léaud. Ferrand, Regisseur: François Truffaut. Bertrand, Produzent: Jean Champion. Joëlle, Scriptgirl: Nathalie Baye. Liliane, Script-Volontärin: Dani. Jean-François, Regieassistent: Jean-François Stévenin. Bernard, Requisiteur: Bernard Menez.

CHINATOWN (1974)
Chinatown

Den privaten Schnüffler J. J. Gittes, einen gestrandeten und geschaßten Polizisten aus L. A., lernt der Zuschauer gleich am Anfang von seiner schmuddligsten Geschäftsseite kennen: Er zeigt einem Fischer südländischen Temperaments die In-flagranti-Fotos von dessen Frau; mit einem Stöhnen betrachtet der Gehörnte seine fremdgehende Gattin auf Schwarzweiß-Bildern in wilden Verschlingungen – mit einem anderen.
Jake Gittes, in dem viele einen Nachfolger von Chandlers Phi-

Jack Nicholson

lip Marlowe sehen, macht genau das, wozu sich der schnüffelnde Ritter der Schwarzen Serie in Chandlers klassischen Romanen immer zu gut war: Er betreibt Scheidungs- und Betrugsgeschäfte, hilft beim Waschen schmutziger Wäsche, und kann sich dafür Maßanzüge und Maßschuhe, ein Büro und Angestellte leisten. Weil er schlechter ist als Marlowe, geht es ihm besser. Scheinbar. Mit einem solch schmierigen Auftrag (er soll den Chef der Wasserwerke von Los Angeles mit seiner jungen Geliebten aufspüren und überführen) hat er Pech! Die eifersüchtige Frau, die ihm den Auftrag erteilt, ist eine gemietete Schwindlerin, und die richtige Frau ertappt Gittes, nachdem seine Schnüffeleien zu degoutanten Bildern und Schlagzeilen in der Yellowpress geführt haben, als er seinen Angestellten einen zotigen Witz erzählt, der erläutert, wie die Chinesen bumsen. Die angeekelte Faye Dunaway erwischt den feixenden Jack Nicholson im Rücken – glänzender für einen Film und schlechter für einen Detektiv könnte eine Beziehung gar nicht entstehen.

Doch dann wird einem bald klar, warum dieses kleine, zotige Stehaufmännchen, dieser Stenz mit dem selbstgewissen Grinsen, dem vulgären Vokabular und dem geschniegelten Outfit dennoch zum Helden und romantischen Liebhaber taugt: Die Welt, in der er lebt und deren schmutzige Tricks er Zug um Zug aufdecken muß, ist um so vieles korrupter als alles Vorstellbare, daß sich sein scheinbar dreckiges Gewerbe davor blütenweiß abhebt – es ist der Anstand und die Moral, die er rein verkörpern kann, weil die Welt so auf den Hund gekommen ist.

Roman Polanskis Film nach Robert Townes genial durchkonstruiertem, von der Atmosphäre der Korruption durchglühtem Drehbuch spielt 1936 in L. A. Der 1974 unter dem Einfluß der Watergate-Erfahrungen gedrehte Film ist also ein *period-movie*, ein Nostalgiefilm aus den Dreißigern an der Westküste, wie der im selben Jahr entstandene GROSSE GATSBY (auch ein Paramount-Film) von Coppola und Clayton ein Nostalgiefilm aus den Zwanzigern an der Ostküste ist.

Aber Polanskis Film, der die Gelb- und Brauntöne der Epoche mit Gelbfiltern beschwört (worüber sich cineastische Puristen mokiert haben) und die Musik mit verschwimmenden Ira-Gershwin-Songs im Hintergrund und melancholischem Trompetenschmelz und -schmalz im Vordergrund, benutzt Nostalgie nicht, um zu seufzen, wie schön es doch früher war. Die Vergangenheit ist vielmehr die Wurzel allen Übels. Damals wurde das unentwirrbare Netz der Korruption ausgeworfen.

Und die Vergangenheit von Los Angeles hängt eng mit den Raubzügen, Dammbauten, Spekulationen und Betrügereien um das begehrte Wasser zusammen, eine Stadt, die ihre Umgebung zu Wüsten leergesoffen und dabei verbrecherische Spekulationen gigantischen Ausmaßes ermöglicht hat.

CHINATOWN, das in der Vergangenheit die vergifteten Adern der Gegenwart bloßlegt, Schritt um Schritt, ist ein analytischer Film. Wie »Oedipus« das erste analytische Drama ist, das das Gift der Gegenwart in der Schuld der Vergangenheit aufspürt, so riskieren auch Polanski und Towne einen gewaltigen Vorwurf – auch sie finden als Ursache Inzest, Blutschande, Machtrausch und Verderblichkeit.

Wie Gittes Schritt für Schritt die schreckliche Wahrheit aus dem Vergangenen herausschält, wie er der Tochter, Frau und Widersacherin des großen Spekulanten Cross (besetzt mit dem wuchtigen John Huston, auch als Hommage an dessen Filme der Schwarzen Serie) verfällt, sie schützt, verliert und zerstört, das macht den Sog und die Kraft von Polanskis atmosphärisch prallem Meisterwerk aus, das den zynischen, ja nihilistischen Realismus des Regisseurs in jeder Einzelheit belegt:

Etwa wenn man unter den verstörten Insassen eines Altersheims gleich zuerst en passant sieht, wie ein Greis handgreiflich eine Schwester begrapscht, wie Polizisten mißgünstige, im Dienst krumm gewordene Kreaturen geworden sind.

Die Dunaway mit modischer Dauerwelle der Dreißiger und in Breeches hat eine verblühende Schwermut und Sinnlichkeit, Nicholson einen trägen Zynismus – und, mehr als die Hälfte des Films, eine heftig lädierte, grotesk weiß bepflasterte Schnüfflernase (die ihm Polanski höchstpersönlich als zwergenhafter Killer zur Warnung zerschlitzt hat).

Wunderbar arbeitet der Film mit optischen Symbolen, vertrockneten Creeks, einem cremefarbenen Rolls-Royce, der, Zeichen des Luxus, mit quietschendem Leder poliert wird, Taschenuhren, die der Detektiv als Zeitmesser unter parkende Autos legt. Vor allem aber einem von Gittes zerschlagenen Rücklicht am Rolls, den er dann, am weißen Schein auf der rechten Rückseite erkennbar, verfolgen kann – L. A., seit Raymond Chandler und den Chandler-Verfilmungen die Stadt der langen, einsamen Autoverfolgungsjagden, in der einer, ein lädierter Privatdetektiv, das Unrecht noch erkennen, verfolgen, aber im Endeffekt nicht mehr verhindern kann: Der Wasserwerksingenieur, den Gittes anfangs beschimpft, wird ermordet. Die betrügerische Bodenspekulation, der er auf die Spur kommt, wird weitergehen. Und die Frau, die er schützt, wird (wieder ereilt ihn sein Unglück in Chinatown) auf der Flucht vor ihrem Vater erschossen, dem seine Enkelin, die zugleich seine Tochter ist, in die Krakenarme fällt, die auch die Stadt würgen. Ein zutiefst pessimistischer Film mit dem romantischen Flair des Hochmuts, der Vulgarität und der Schwermut.

CHINATOWN (CHINATOWN) (USA 1974, Paramount, Farbe Technicolor, Panavision, 130 Min.). Regie: Roman Polanski. Produzent: Robert Evans. Drehbuch: Robert Towne. Kamera: John A. Alonso. Musik: Jerry Goldsmith. Ausstattung: W. Stewart-Campbell.
J. J. Gittes: Jack Nicholson. Evelyn Cross Mulwray: Faye Dunaway. Noah Cross: John Huston. Lieutenant Lou Escobar: Perry Lopez. Yelburton: John Hillerman. Hollis Mulwray: Darrell Zwerling. Ida Sessions: Diane Ladd. Mann mit dem Messer: Roman Polanski. Claude Mulvihill: Roy Jenson. Loach: Dick Bakalyan. Walsh: Joe Mantell. Duffy: Bruce Glover. Sophie: Nandu Hinds.

THE GODFATHER, PART II (1974)
Der Pate, Teil II

Daß ein Fortsetzungsfilm niemals auch nur annähernd so gut ist wie der Erfolgsfilm, den er spekulativ um einen weiteren Teil erweitert, diese Faustregel Hollywoods bestätigen beispielsweise der PATE III oder FRENCH CONNECTION II. Glänzend widerlegt wird sie jedoch vom PATEN II, der seinem Vorläufer in nichts nachsteht – im Gegenteil. Der Film ist, wie Pauline Kael zu Recht vermerkt, »viel komplexer, schöner als der erste«, er ist »thematisch reicher, besser abgestuft, reicher und voller«. Er war auch geschäftlich erfolgreicher – und er erntete genau doppelt so viele Oscars wie die Nummer eins: sechs zu drei.

Francesca De Sapio, Robert De Niro

Coppolas zweiter PATE löste die schier unlösbare Aufgabe, einen Film fortzusetzen, der in der blutigen, dennoch erfolgreichen Firmenübergabe mit allen Dateien, Verbindungen und Verpflichtungen eines großen Familienunternehmens in sich nahezu perfekt geschlossen war, indem er dessen Geschlossenheit in zwei Richtungen aufsprengte, nach vorne und zurück, und die Geschichte dabei in einer kühnen Parallelkonstruktion ins Gestern wie ins Heute ausweitete. Die italoamerikanische Story des PATEN I, in den vierziger

und fünfziger Jahren der USA nach dem Zweiten Weltkrieg angesiedelt, wird in eine italienische (sizilianische) Vendetta- und Einwanderergeschichte um die Jahrhundertwende und in eine pur amerikanische Machtkampfgeschichte um das Glücksspielmonopol in Las Vegas und Havanna aufgesplittet, deren schmerzhafte Einschnitte durch Castros Silvester-Revolution von 1967 in Kuba und durch die Senats-Hearings zur Mafia markiert werden.
Der eine Filmstrang, meisterhaft mit dem anderen verzahnt und verschnitten, so daß sich epische Kontrapunkte ergeben, erzählt in gelbgrauen, nostalgischen Pastelltönen die Pioniertage der Cosa Nostra in Little Italy und ihre sizilianischen Bedingungen.
Der andere Filmstrang, in den pinkfarbenen Optimismus der wilden Neonjahre getaucht, erzählt in der Familiengeschichte der Corleones eine »Götterdämmerung« – den Zerfall der Familie, den Bruch der Bindungen und des Vertrauens, wo Liebesbeteuerungen und Umarmungen immer mehr zu leeren, panischen Beschwörungsformeln und -gesten werden und alte, dickgewordene Mafiosi von den besseren Tagen tönen, bevor sie im Kittchen oder im Grab landen.
Der teigig gewordene, wie von Dämonen getriebene Michael als Erbe, der das Mafiageschäft an die Gigantomanie verschleudert, wird von Al Pacino gespielt – ein harter Knochen, der am Ende von seiner einsamen Sentimentalität heimgesucht wird.
Den jungen Vito, der als Waise aus Corleone über den großen Teich vor der Rache der Mafia (die ihrerseits aus Angst vor Rache auch Kinder nicht verschont) nach New York fliehen mußte, spielt Robert De Niro. Auch er stand vor einer schier nicht zu bewältigenden Aufgabe: Er mußte Marlon Brandos *godfather* nicht »nachspielen«, sondern »vorausspielen« – er verjüngt den Padrone zum jungen Mann, entwickelt also Gesten, Blicke, Bewegungen zurück in ihre Anfänge und Ansätze –; eine stupende Leistung, die dennoch zu einer eigenständigen Figur (und nicht in eine Parodie oder Karikatur) führte. Der *Method-acting*-Schauspieler De Niro, der zudem noch, da er vorwiegend Italienisch zu sprechen hat, monatelang in Sizilien praktischen Sprachunterricht nahm, spielt einen

erstaunlichen Charakter: einen Parsifal des Verbrechens, einen Verschlossenen, dessen linkisches Auftreten Mut wie Vorsicht, Gefühlskälte wie Familiensinn zu repräsentieren in der Lage ist. Seine »Reifeprüfung«, der Mord an einem das Viertel aussaugenden Mafioso, mit Anschleichen durch den Stadtdschungel, der als Falle eingesetzten Glühlampe und der umwickelten Pistole, deren schalldämpfendes Tuch prompt Feuer fängt, ist eine Meisterszene des Gewaltkinos – auch sie wird (nach PATE-I-Vorbild) mit einem katholischen Messeritual kontrastiert.

Puristen des Genrekinos und des Genres »Gangsterfilm« haben schon beim PATEN I mit Entsetzen registriert, daß der Film die Traditionen plündernd zunichte mache, denen er entstamme; beim zweiten ist endgültig klar, daß es sich dabei um einen Familienfilm, um den Niedergang einer Dynastie handelt, die ebenso ein Herrscherhaus in Shakespeares Königsdramen oder ein Industrieunternehmen wie in Vicsontis VERDAMMTEN sowie eine Mafia-Sippschaft sein könnte.

Der Film, der seine Sequenzen oft wie unbehauene Quader aufeinandertürmt, seinen Ton dabei abrupt abbrechend, und der den weiten Atem epischer Geduld aufbringt, ist dann doch ein Film über die Mafia – falls man in der Mafia einen geradezu prägenden Einfluß der amerikanischen Geschichte sieht. Prägend sowohl in der Gewalt wie in der stilistischen Mafia-Folklore, die grell und unbekümmert mit der Gewalt korrespondiert. Amerika erscheint als korruptes Land, die Castro-Revolte als alarmierendes Signal gegen die exportierte Korruption.

DER PATE, TEIL II (THE GODFATHER, PART II) (USA 1974, Paramount, Farbe Technicolor, 200 Min.). Regie und Produktion: Francis Ford Coppola. Drehbuch: Francis Ford Coppola, Mario Puzo, nach Puzos Roman. Kamera: Gordon Willis. Musik: Nino Rota.
Michael Corleone: Al Pacino. Tom Hagen: Robert Duvall. Michaels Frau: Diane Keaton. Hyman Roth: Lee Strasberg. Senator: Roger Corman. Vater Corleone: Robert De Niro.

Jaws (1975)
Der weiße Hai

Der Statistik und der »Chronik des Films« ist zu entnehmen, daß der WEISSE HAI immer noch, während ich dies schreibe, die Nummer 8 unter den erfolgreichsten Filmen aller Zeiten ist. Spielberg, der mit JURASSIC PARK die Nummer eins stellt, wobei er nur sich selbst, nämlich E.T., auf Platz 2 verwiesen hat, nimmt in der Liste der zehn absoluten Kinohits allein fünf Plätze ein. Als der WEISSE HAI 1975 in die Kinos kam, brach er alsbald den lange gehaltenen Rekord des bis dato meistgesehenen Films, den von GONE WITH THE WIND. Immerhin hat der WEISSE HAI insgesamt 129,5 Millionen Dollar eingespielt. Zum Vergleich: JURASSIC PARK von 1993 brachte es auf 865 Dollarmillionen; VOM WINDE VERWEHT, bester Verkaufsschlager der guten alten Zeit, brachte es auf 80 Millionen.

Angesichts solcher Zahlen zitieren deutsche Cineasten und solche, die sich elitär dafür halten, gern feinsinnig den amerikanischen Slogan: »Eßt Scheiße! Milliarden Fliegen können nicht irren«, und verkriechen sich schmollend ins nächste Programmkino, um sich Jean-Marie Straubs NICHT VERSÖHNT anzusehen. Wahrscheinlich haben sie recht. Trotzdem, so einfach ist das im Fall Spielbergs nicht.

Natürlich stellte das mit dem WEISSEN HAI zum ersten Mal

erprobte Verkaufsprojekt eine neue Strategie dar, die versucht, die Kinder ins Kino zu locken, ohne die Erwachsenen zu vergraulen, und die Erwachsenen für das Kino zu interessieren, ohne die Kinder durch Verbote oder auch nur Überforderung auszuschließen. JAWS ist ein Film für die ganze Familie. Die entsprechende Bewertungs- und Zulassungsrate in den USA heißt »PG«, und das heißt: *parental guidance*, also in Begleitung der Eltern.

Auch eine neue Verkaufstaktik wurde erprobt, mit Spielzeug, T-Shirts, Begleitartikeln, dem Haifisch-Emblem auf Postern, Platten, Puzzles, vom Bestseller, nach dem der Film entstand, ganz zu schweigen. Die Nebenprodukte drohten schließlich das Hauptprodukt zu überwuchern, so sehr, daß die Universal-MCA sich genötigt sah, im »Wallstreet Journal« eine Anzeige aufzugeben: »Es ist *auch* ein Film!«

Und was für einer! Über dem ganzen Rummel sollte man nicht vergessen haben: Steven Spielberg ist, kein Zweifel, einer der ganz großen Filmemacher, Zeitstimmungskanonen und Stilpioniere – ein Feldherr der Statistenheere, ein Magier der Tricks und Spezialeffekte, ein Stratege der Verkaufsschlachten, aber auch ein Schauspieler-Regisseur – kurz: ein Genie der weltweiten Volkskunst und Popkultur Kino. Und JAWS ist ein glänzender, dauerhafter Beweis seiner vielfältigen und integrierenden Talente.

Ein Horrorfilm, gewiß, mit all den Übertreibungen des Genres. Aber so wie in vortechnischen und außerliterarischen Zeitaltern Märchen, Mythen und Sagen das kollektive Unterbewußte aufbewahrten, verarbeiteten und offenbarten, so geschieht das auch im Horrorfilm. In den Filmen der Horrorgattung meldet sich das schlechte Gewissen der hochzivilisierten, technisierten Welt, indem es sich die Schrecknisse ausmalt und verdeutlicht, mit denen die malträtierte, die gezähmte, die von Ausrottung bedrohte und die verdrängte Natur (innerhalb und außerhalb des Menschen) zurückschlagen könnte. Spielbergs JAWS spielt am Wasser, am Meer, und der Film zeigt immer wieder den Wechsel von Oberfläche und Tiefe, die Kamera zeigt die wellige Schnittlinie zwischen Luft und Wasser: Oben ist Licht, Luft, Klarheit, sind Geräusche;

unten ist geheimnisvoll-bedrohliches Dunkel, aus dem stumm die Gefahr schnellt. Unangestrengt bildet der Film mit seinen ureigensten Mitteln so gleichzeitig die sich kräuselnde Wasserfläche mit ihrer hellen bewußten und ihrer dunklen unbewußten Seite ab. Daß JAWS trotz seiner souverän riskierten Oberflächlichkeit, trotz seines akkuraten Realismus solche seelischen Wellenbewegungen beim Zuschauer auszulösen vermag, ist sicher ein Teil seines Erfolgs.

JAWS lebt von dem Kontrast zwischen einer scheinbar schier sorgen- und konfliktfreien Zivilisationsidylle, einem Ferienparadies an der US-Ostküste, und der bedrohlich-urtümlichen Natur, verkörpert im weißen Hai. Im Ferienort Amity mit seinem blauen Meer, dem endlos weißen Strand, den adretten weißen Holzhäusern, Andenkenläden, dem Yacht- und Fischereihafen herrscht der geschäftige Frieden der beginnenden Badesaison. Gedreht wurde diese Urlaubsidylle auf der exklusiven Insel Martha's Vineyard beim Cape Cod (ja, der noblen Heimatgegend der Kennedys, dort, wo Edward bei Chappaquiddick eine Gespielin in den Tod kariolte).

Der Film beginnt an einem nächtlichen Lagerfeuer unter Jugendlichen, die, braun gebrannt und gut gelaunt, Ferien machen. Ein Junge und ein Mädchen schauen sich verliebt an, der Funke springt über, die beiden stehen auf, laufen zum Strand, wollen allein sein. Das Mädchen zieht sich schon im Laufen aus, stürzt sich ins Wasser, dem Jungen zurufend, er solle ihr folgen. Sie ist allein im dunklen Meer, er entledigt sich am Strand seiner Kleider. Man sieht das Mädchen im Wasser, allein, gelöst, übermütig, die eben erweckte Leidenschaft abkühlend und anfachend. Da der Zuschauer den Titel und das Thema des Films kennt, überfällt ihn Unruhe und Angst. Ein paar Musikakkorde, bedrohlich in der Stille, künden Unheil an. Plötzlich beginnt das Mädchen panisch zu schreien, versucht hilflos schwimmend zu fliehen, kämpft einen kurzen, aussichtslosen Kampf gegen etwas Unsichtbares, geht dann schreiend unter. Es ist, auch und gerade, weil der übermächtige Gegner unsichtbar bleibt, weil er nur in den hilflos panischen Todeskampfreaktionen des Opfers sichtbar wird, eine der beeindruckendsten Horrorszenen der Filmgeschichte – von traumatischem Nachhall wie der Mord unter der Dusche in PSYCHO.

Und doch beginnt erst jetzt die eigentliche Story. Der Polizeichef von Amity möchte, nachdem man an den Strand gespülte Überreste des grausigen Hai-Mahls (einen von wimmelnden Ameisen bekrabbelten Armstumpf) gefunden hat, den Badeort sperren lassen. Der Bürgermeister möchte das nicht. Es ist der Vorabend des 4. Juli, des amerikanischen Unabhängigkeitstages, dem Hit der Badesaison. »Wir sind ein Sommerort und verdienen Sommerdollars«, argumentiert er. Der Polizeichef läßt sich breitschlagen. Es beginnt der Ferientag des »Independence Day«, Familien tummeln sich im Wasser, Kinder spielen kreischend, Alte liegen auf Luftmatratzen im Wasser, Liebende necken einander in den Fluten. Am Strand sitzt der Polizist und blickt unverwandt aufs Wasser. Man sieht eine Haiflosse. Panik bricht aus. Es ist ein Dummerjungenstreich. Eine Frau kreischt; es ist Ausdruck eines Liebesspiels mit ihrem Freund.

Meisterhaft, wie Spielberg Gefahren vortäuscht, die keine sind, einen *suspense* erzeugt inmitten ahnungslos sich freuender Badender – bis, ja, bis der Hai wieder zuschlägt. Dramaturgisch meisterhaft und technisch brillant hat Spielberg diese Massenszenen, wo der Zuschauer zusammen mit dem Polizisten angstvoll die ahnungslosen Badegäste beobachtet, gedreht. Als der Polizist eine Flosse des Haifisches zu erspähen vermeint, hat Spielberg Hitchcocks berühmten Zoom aus VERTIGO angewandt und überboten, beispielsweise.

Handelt der erste Teil von der Gefahr, die in eine Badeortidylle einbricht, von einem korrupt die Gefahr verharmlosenden Bürgermeister, der die Geschäfte seiner Stadt vor die Sicherheit stellt (in lärmenden Jackenmustern glänzend gespielt vom korpulenten Murray Hamilton), ein seit Ibsens Drama »Ein Volksfeind« beliebtes Thema, so ist der zweite Teil dem Kampf dreier entschlossener Männer gegen die übermächtige Bestie gewidmet. Die Männer haben die moderne Technik auf ihrer Seite, die Bestie ist in ihrem Element, dem Meer. Hier nähert sich der Film Melvilles Thema von »Moby Dick« und Hemingways »Der alte Mann und das Meer«.

Sicher ist dieser zweite Teil schwächer als der erste, auch weil der sichtbar werdende Hai ein Plastiktier bleibt, trotz der drei Polyurethan-Monster, die man zum Stückpreis von 150 000 Dollar baute, die 7,3 Tonnen wogen, einzeln, versteht sich, und mit Wartung, Modellbau und Bedienung 3 Millionen Dollar mit ihren gewaltigen Rachen verschlangen: ein Drittel der Filmkosten. Die sichtbare Bestie (obwohl Spielberg ihren Anblick geschickt zu dosieren weiß und auch jetzt noch auf ihre Wirkung, wie durchs Wasser geschleuderte Tonnen, zerrissene Drahtseile etc., setzt) bleibt hinter den Schrecken, die sie unsichtbar in der Phantasie freisetzte, zurück. Auch war sie längst noch nicht so perfekt wie die computeranimierten Saurier in JURASSIC PARK.

Trotzdem ist dies der Film einer seltsamen Männerkameraderie zwischen einander fremden, ja, feindlichen Typen. Roy Scheider, als wasserscheuer Polizist voller Skrupel und unheroischer Held glänzend besetzt, ist auf See alles andere als zu Hause. Robert Shaw als Captain Quint, ein proletarisch lauter, ständig Lieder gröhlender, auch angeberischer Seebär, ein vom rauhen Seewind gegerbtes Rauhbein, und der teddybärhafte Intellektuelle aus reicher Familie, der aus Idealismus und Abenteuerlust die Haie studierende Meeresbiologe Hooper (Richard Dreyfuss, das Alter ego Spielbergs in dem Film) verstehen einander schon aus Klassenunterschieden nicht. Zudem ist der eine ein zupackender, auch grober Praktiker, der andere ein eher tapsiger Gelehrter. Doch die See und die Gefahr schweißen die drei zusammen. Hinreißend komisch die Szene, in der sich die drei vom Suff animierten Machos ihre Narben als Heldenbiographien vorführen – bis Dreyfuss seine wollige Brust entblößt und auf sein von Liebe verwundetes Herz weist. Noch komischer der Kraftakt, als Shaw ihm beiläufig vorführt, wie man mit einer Hand eine leergetrunkene Bierdose zusammendrückt und Dreyfuss ihm (ein neues tapferes Schneiderlein) mit einem zusammengedrückten Pappbecher antwortet.

Die drei besiegen nach einem spektakulären, technisch aufwendigen Showdown auf hoher See den Hai. Einer geht dabei drauf. Es ist, klar, der Seetüchtigste und Haierfahrenste, der routinierte Hai-Jäger. So funktioniert Spielbergs Ironie auch noch mit einer Schlußvolte à la David und Goliath.

DER WEISSE HAI (JAWS) (USA 1975, Universal/MCA, Technicolor, Panavision, 124 Min.). Regie: Steven Spielberg. Produzenten: Richard D. Zanuck, David Brown. Drehbuch: Peter Benchley, Carl Gottlieb, nach dem Buch von Peter Benchley. Kamera: Bill Butler. Unterwasserkamera: Rexford Metz, Michael Duggan. Haiaufnahmen: Ron Taylor, Valerie Taylor. Spezialeffekte: Robert A. Mattey. Mechanische Effekte: Joseph Alves jr. Musik: John Williams.
Polizeichef Martin Brody: Roy Scheider. Captain Quint: Robert Shaw. Hooper: Richard Dreyfuss. Ellen Brody: Lorraine Gary. Bürgermeister Vaughn: Murray Hamilton. TV-Reporter: Peter Benchley.

Nashville (1975)
Nashville

Barbara Baxley, Henry Gibson

Don't mix politics and entertainment«, man soll Politik und Unterhaltung (Kunst) nicht vermengen. Das sagen die Showbiz-Größen und Unterhaltungsstars in Altmans Film NASHVILLE immer wieder, wenn die eiskalten Wahlkampfstrategen des Präsidentschaftskandidaten Walker sie als Zugpferde werbewirksam vor den Wahlkampfwagen des Außenseiters spannen wollen – und dann geben sie doch nach und »mixen«, aus Eitelkeit, aus Angst, out zu sein, um im gnadenlosen Kampf um das Publikum am Ball zu bleiben. Und auch Altmans Mammutfilm, die »witzigste und spannendste epische Vision von Amerika, die je die Leinwand

erobert hat« (Kael), mixt, entgegen allen Hollywood-Erfahrungen und gegen alle Hollywood-Tabus, Politik und Unterhaltung – wenn man unter Politik nicht Parteinahme für eine aktuelle Konstellation, sondern den Befund eines gesellschaftlichen Zustands, die Schilderung der inneren Verfassung eines Landes versteht.
Dazu bestand 1975 (der privat vorfinanzierte Außenseiter-, ja, Autorenfilm war dem 200jährigen Jubiläum der amerikanischen Unabhängigkeit entgegengedreht) auch jeder Anlaß. 1975 war der Vietnam-Krieg endlich zu Ende gegangen, unter Hinterlassung eines schweren Traumas im US-Selbstverständnis, der Vietcong war triumphierend in Saigon einmarschiert, die Amerikaner in hastiger Flucht schmählich getürmt. 1974 war Nixon als erster US-Präsident nach Watergate, der schwersten innenpolitischen Krise der Staaten, zurückgetreten. Und im Bewußtsein der Nation brannten drei Daten: 1963 die Ermordung John F. Kennedys; 1968 die Ermordung Robert Kennedys mitten im Wahlkampf des demokratischen Hoffnungsträgers; und 1968 auch die Ermordung Martin Luther Kings. Das konnte ein Regisseur, der zeigen wollte, wie es einer Nation zumute war, nicht übersehen. Aber Altman war so schlau, daß er wußte: Entertainment, das, was die Medien auf die Leute loslassen, das ist Politik. Und Politik, wie sie sich zu verkaufen sucht, das ist Unterhaltung. Daher nannte er seinen Film NASHVILLE.
In Nashville, Tennessee, schlägt das unverbrauchte Herz der USA. Jedenfalls in der Vorstellung der Unterhaltungsindustrie, die von dorther, aus zahllosen Studios und Musikagenturen, das Land mit Country- und Western-Musik vollpumpt. Hier sitzen die Fertigungsfirmen für Platten, hier siedeln die Instrumentenhersteller, hier haben die großen Medienkonzerne ihre Greifarme und Dependancen. Denn die Country- und Western-Musik ist, neben dem Rock und der Schwarzen Musik, *die* populäre Musikgattung der USA. Sie ist die Musik der »Rednecks«, der Konservativen und der Proleten, der Fernfahrer und der Spießer. Hier wird von Heimat und Familie, von Heimweh und Fernweh gefiedelt und gejault, hier reimt sich Amerikas Herz auf Amerikas Schmerz. Hier wird Natur

(die unverbildete Gefühlswelt) als Industrieprodukt verscherbelt. Und diese Seite hat Altman zum Sprechen und zum Singen gebracht. Das Ergebnis ist der amerikanische Alptraum einer Brave New World, die, vollklimatisiert, vollmotorisiert und elektronisch verstärkt, ihren eigenen Slogans, Werbespots, Wahlkampfparolen und TV-Moderationstönen so gründlich auf den Leim geht, daß man Plastik und Fleisch und Blut nicht mehr voneinander unterscheiden kann.

Altman hat NASHVILLE scheinbar als puren Dokumentarfilm gedreht: So kann sich das Verbrauchte scheinbar unverbraucht ausplappern. Er hat die Geschichten von 24 Hauptfiguren gleichberechtigt nebeneinander gestellt, verbunden und unverbunden, und sie durch fünf Tage lose ineinander verschränkt aufgezeichnet.

Nashville rüstet sich zum 200. Geburtstag der Staaten. In einem Tonstudio nimmt ein Topstar des Geschäfts (Henry Gibson spielt den in weiße Cowboy-Gala gekleideten Erfolgszwerg), dessen patriotische Töne so echt sind wie sein Haar (er trägt ein Toupet), einen Song auf, der das Land mit Dennoch-Trotz preist »*We must be doing something right / To last 200 Years*« – Wir müssen doch manches richtig gemacht haben, wenn es uns schon 200 Jahre gibt. Auf dem Flugplatz trudelt inzwischen das Wahlkampfteam des Kandidaten Walker ein, mit dröhnendem Lautsprecherwagen, der seine Phrasen in die Gegend kotzt, und uniformierten Jubel-Girls, die mit festgefrorenem Lächeln Poster und Sticker verteilen.

Mit den Politikern kommen die Country-Stars, die Mädchen und Hausfrauen, die von einer Karriere träumen, Stars, die mit diesem Traum bereits leben müssen, die Rockgruppe, die BBC-Journalistin. Während Gitarre und Banjo fröhlich klimpern, rollt man über den Highway der Stadt der Wunsch- und Alpträume entgegen – und landet in einem Knäuel aus verbogenem Blech. Und während die Stoßstangen noch krachen und die Scheiben noch splittern, sind schon Cola- und Eisverkäufer zur Stelle, werden die Stars schon von Autogrammjägern umlagert, laufen die Autoradios weiter auf vollen Touren.

Von solchen Brüchen aus der gelebten Reklamewelt in die Frustration handelt der Film fortwährend. Herzlichkeit und Public Relations sind nicht mehr auseinanderzuklammern. Altman zeigt lauter Leben, die sich in Nichtigkeiten verschleudern, um zu sich selbst zu kommen. In dieser Scheinwelt passiert eigentlich nichts und kann eigentlich auch nichts passieren. Strahlend erzählt eine Sängerin (Lily Tomlin) von ihren beiden taubstummen Kindern, die so unheimlich tapfer und tüchtig sind, mit der gleichen strahlenden Tapferkeit steigt sie in das Bett eines Sängers und Berufsbeischläfers (Keith Carradine, der für seinen Song »I'm Easy« dem er sich selbst und andere verführt, den Oscar bekam), der dabei seine eigenen Schnulzen vom Tonband abnudeln läßt und nach gehabter Vergnügungspflicht sofort das nächste Mädchen telefonisch ordert.

Eine andere Sängerin (die wunderbar nervöse, hysterische, »echte« Sängerin Ronee Blakley spielt sie mit fahrigen Gesten und Kleinmädchenhilflosigkeit) hat einen Nervenzusammenbruch, und ihr Krankenhausaufenthalt wird nur zu einer weiteren neuen Werbekampagne. Ihr dicker, hähnchenverzehrender Mann (wunderbar falsch und echt: Allen Garfield) managt die Blumenarrangements um ihr Bett ebenso perfekt wie ihre Bühnenauftritte. Bei einem Ehepaar fliegen die Fetzen, weil die Frau erst zum Frühstück nach Hause gekommen ist – da klopft es an der Hoteltür, und ein Manager mit einem TV-Vertrag tritt ein. Sofort spielen die beiden wieder ein Herz und eine Seele.

Die Country- und Western-Musik und die Politik gehen in NASHVILLE eine bizarre Ehe ein. Und rasch zeigt sich, daß die ausgelaugten Blut- und Bodenphrasen, von denen die Lieder tönen, im Grunde das gleiche Nichts verkünden, mit dem der unsichtbare Präsidentschaftskandidat um Stimmen hausieren geht. Auch seine Sprüche klingen ebenso vernünftig wie hohl, auch sie werben für ein Produkt, das in seiner Werbung eigentlich schon restlos aufgegangen ist.

Während der Lautsprecherwagen die Sprüche des Kandidaten durch die Gegend klopft (»Ich weiß, was Geld vermag, und ich weiß auch, was Geld nicht vermag«) und der inflationsgeängstig-

ten Nation scheinbar radikale Nichtigkeiten um die Ohren schlägt, sammeln seine Manager die Stars für den großen Auftritt ein, Vertreter, die mit der gleichen Geschicklichkeit agieren, als gelte es, ein Waschpulver an den Kunden zu bringen. Die Politik, die einem dabei dauernd vertraut ins Ohr rieselt, hat keinerlei Inhalt. Auch sie ist nur der bewußtlose Ausdruck des Bestehenden, so wie es die Lieder vom Cowboy, von Mutters Rühreiern und dem Mann, der seine Geliebte verlassen muß, weil er seine drei kleinen Kinder nicht verlassen kann, sind: Kitsch as Kitsch can!
Altmans Amerika, das dauernd singt, lacht, konsumiert und das auch seinen Sonntagmorgen in der Kirche noch als Musical-Show produziert, ist so voll harmloser Gefährlichkeit und berstender Leere, daß der sinnlose Schluß des Films eigentlich das einzig sinnvolle Ende ist.
Der große Augenblick ist da, in dem sich der Country-und-Western-Song und die Politik zu einem großen Show-Auftritt zusammenfinden. Als Schauplatz für die Mega-Show hat man sich das Pantheon in Nashville ausgesucht – einen neogriechischen Monumentaltempel, den sich die Stadt im Süden vor hundert Jahren, also zum 100. Geburtstag der Nation, spendiert hat. Um sich seither das »Athen des Südens« zu nennen.
Die noblen Autokolonnen der dunklen Limousinen rollen an, der weibliche Superstar wärmt das Publikum an. Da fallen aus der Menge tödliche Schüsse, ein verdrossen-verklemmter Junge mit einem Geigenkasten und Nickelbrille namens Kenny hat auf die Sängerin Barbara Jean (Ronee Blakley) gezielt. Seine Motive bleiben ungeklärt. Es sei denn, man nimmt den ganzen Film als ihre Erklärung. Die dauernd weggespielten, weggelachten, weggesungenen Frustrationen scheinen geradezu nach dieser krankhaften Explosion, nach dieser sinnentleerten Tat zu verlangen. Und sie ist ebenso apolitisch, wie es die Politik im Film ist.
Aber vielleicht gibt es doch »Erklärungen« für die blutigen Explosionen, die Amerika damals erschütterten. Da sieht man eine Szene mit Geraldine Chaplin, die die gedankenlose Brutalität der Figuren entlarvt, eine Brutalität, die aus ihrer grenzenlosen Ober-

flächlichkeit resultiert. Die zickige, prominentengeile, exaltierte BBC-Reporterin hat den gutmütigen Geschäftsmann und Sohn des Sängerstars dazu gebracht, ihr sein privates Herz ins Tonband zu öffnen. Sie nötigt ihn, ein Lied zu singen. Aber als er singt, sieht sie plötzlich den leibhaftigen Filmstar Elliott Gould (er spielt sich selbst), sie springt mit dem Ruf »Elliott Gould!« auf und läßt den Singenden schmählich sitzen – ihr geheucheltes Interesse hat sich als Lüge erwiesen.

Auch die aus Kalifornien angereiste Nichte (hinreißend komisch und erschreckend leer: Altman-Star Shelley Duvall) macht klar, was da nicht stimmt: Sie ist gekommen, um ihre todkranke Tante zu besuchen und ihrem Onkel beizustehen. Aber sie ist so begegnungsgeil und prominentenscharf, daß sie es nicht einmal auf die Beerdigung der Tante schafft: L.A. Joan, ein Groupie, das alle kennenlernen möchte und alle versäumt. Und die rührend schlechte Möchtegern-Sängerin, Bedienung in einem Coffee-Shop (Gwen Welles), die auf einem Politikertreffen zum Striptease getrieben wird, ist ein anderes Opfer dieser Leere, die dann vielleicht doch, wenn auch sinnlos, nach Blut schreit.

Neben dem Mörder in der Menge sitzt ein treuer Fan der ermordeten Sängerin. Er trägt eine Uniform, ist bei der Army. Er war in Vietnam, er heißt Kelly. Mit diesem Namen verdeutlicht Altman (vielleicht die einzige überdickte Stelle des Films), daß My Lai ebenso wie die Attentate von Dallas, Los Angeles und Memphis die gleichen gewaltsamen Detonationen waren, die das Dauer-Make-up dieser Nashville-Welt in einem mörderischen Akt zerreißen.

Aber auch diese letzte Schrecksekunde verdrängt Altmans Amerika rasch mit lärmender Fröhlichkeit. Ein bis dahin unbekanntes Talent springt spontan für die Erschossene ein und singt ein die Menge schnell mitreißendes Lied mit dem Refrain: »*You may say I ain't free. But it don't worry me*« – Du magst sagen, daß ich nicht frei bin, aber ich mache mir nichts draus. Sie singt es mitreißend. Der Film, der, laut Kael im »Grand Hotel«-Stil gedreht, »ein Cowboy- und Western-Musical, ein Dokumentar-Essay über Nashville und das amerikanische Leben, eine Meditation über die Liebe zwischen Künstlern und Publikum, eine Altman-Party« und noch viel mehr ist, wurde in einem (damals) revolutionären Tonsystem mit acht Tonspuren (also maximal acht Mikrofonen) aufgenommen, wobei nach der Mischung selbst Hintergrunddialoge voll verständlich blieben. Es entstand, wie Wim Wenders es nannte, ein komplexer kakophonischer Originalton – der den Dokumentarcharakter, die authentische Lebendigkeit des Films verstärkte. Aber dieses Ineinander von Haupt- und Nebentönen bewirkt, daß der Film nicht zu synchronisieren ist. Und das heißt für Deutschland leider: hierzulande so gut wie unspielbar. Feinden kommt er ohnehin unerträglich lang vor. Für Bewunderer wie mich könnte er ewig dauern.

NASHVILLE (NASHVILLE) (USA 1975, Paramount (ursprünglich von Robert Altman für United Artists produziert), Farbe, Panavision, Metrocolor, 161 Min.). Regie und Produktion: Robert Altman. Drehbuch: Joan Tewkesbury. Kamera: Paul Lohmann. Schnitt: Sidney Levin, Dennis M. Hill. Musik: Richard Baskin.
Chauffeur Norman: David Arkin. Lady Pearl: Barbara Baxley. Anwalt Delbert Reese: Ned Beatty. Connie White: Karen Black. Barbara Jean: Ronee Blakley. Sänger Tommy Brown: Timothy Brown. Tom Frank: Keith Carradine. Opal: Geraldine Chaplin. Wade: Robert Do Qui. L.A. Joan: Shelley Duvall. Haven Hamilton: Henry Gibson. Frog, Studiomusiker: Richard Baskin. Bud Hamilton: Dave Peal. Sueleen Gay: Gwen Welles. Albuquerque: Barbara Harris. Ihr Mann, Star: Bert Rensen. Attentäter Kenny Fraiser: David Hayward. Wahlmanager John Triplette: Michael Murphy. Linnea Reese: Lily Tomlin. Dreiradfahrer: Jeff Goldblum. Bill: Allan Nichols. Mary, seine Frau: Christina Raines. Barbara Jeans Manager und Mann: Allen Garfield. Elliott Gould: Elliott Gould. Julie Christie: Julie Christie.

Taxi Driver (1976)
Taxi Driver

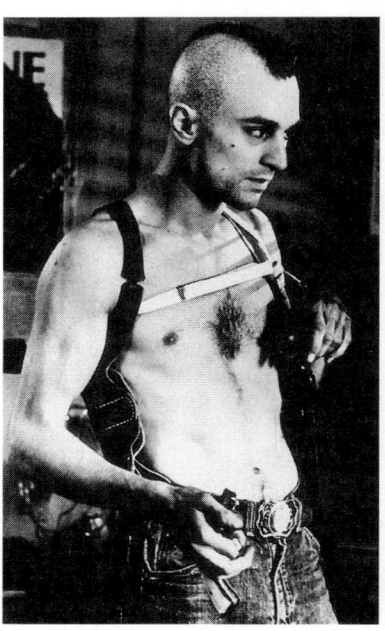

Robert De Niro

Der 28jährige Travis Bickle war als Soldat der Marines (also der schlagkräftigsten und brutalsten Truppe) in Vietnam und ist 1973 vom Militär entlassen worden. Vorher hat er nicht viel gelernt, nicht gerade gründlich Schulen besucht und Ausbildungen genossen. In Vietnam hat er das Nachts-Schlafen verlernt, aber auch die Angst. Deshalb bewirbt er sich jetzt als Taxifahrer, der mit dem gelben Cab durch das nächtliche New York fährt. »Mich können Sie auch in die Bronx schicken, mir macht das nichts aus«, erklärt der kleine, drahtige, schwarzhaarige Mann mit dem freudlosen Grinsen seiner schmalen Lippen, die seinen Mund fast zahnlos erscheinen lassen. Vor allem seine dunklen Augen bohren sich in das Gegenüber – lauernd, stechend, verstört. Travis ist eines der Vietnamopfer, noch dazu eines, das äußerlich keinerlei Verletzungen aufweist, das sich ruhig und gesittet aufführt und sich über das »Gesocks«, das nachts New Yorks Straßen bevölkert, Junkies, Nutten, minderjährige Stricherinnen, Zuhälter, Transvestiten, Ladendiebe, Mugger, mit Ekel aufregt.

Travis erblickt auf seinen einsamen Fahrten, die ihn meist durch den Dreck der Nacht führen, am hellichten Tag eine weißgekleidete weibliche Lichtgestalt: Es ist Betsy, die im Wahlkampfbüro des Präsidentschaftskandidaten Palantine (Slogan: »We are the people« – »Wir sind das Volk«) arbeitet.

Über die hartnäckig verfolgende Zuneigung von Travis ist die blonde, gut mittelständisch erzogene Betsy erst schockiert, dann geschmeichelt. Sie läßt sich von Travis überreden, mit ihm in der Mittagspause einen Kaffee zu trinken, dann darf er sie für einen freien Abend ins Kino einladen. Doch die beiden leben nicht in der gleichen Welt, spielen nicht in der gleichen Klasse. Daß er Fremdwörter falsch gebraucht, Kris Kristofferson nicht kennt und keinen Schallplattenspieler hat, mag noch gehen. Aber daß er unter einer Kinoeinladung versteht, sie in die 42. Straße in einen elenden Hardcore-Porno zu verschleppen, wo sie unter lauter Wichsern, Fixern und Gestrandeten sitzt, das treibt sie panisch in die Flucht. Sie will nichts mehr von ihm wissen. Keine Blumen, keine *dates*, nichts.

Er halluziniert sich weiter in seine Einsamkeit, sieht und erlebt ein New York aus Dreck und Gewalt, die Hölle auf Erden. Irgendwie phantasiert er sich zusammen, daß ihr Chef, der auf Wahlversammlungen populäre Phrasen dreschende Präsidentschaftskandidat Palantine, an seinem Elend und an der Trennung von Betsy schuld sei. Er kauft sich Waffen, trainiert den Ernstfall, beschließt, den Politiker aus dem Weg zu räumen – die befreiende Tat, in der sich sein in Haß, Destruktion, Einsamkeit und Verzweiflung brodelndes Ich, der in ihm gefangene Hexenkessel mit seinem Überdruck entladen kann. Doch weil er sich bei überall Verrat witternden Geheimdienstagenten idiotisch anbiedert, werden die mißtrauisch und verhindern den Mordanschlag, für dessen Vorbereitung sich der immer fanatischer in seinen einsamen Haß Verstrickte fast rituell präpariert hat – mit einer Irokesenfrisur, mit einem perfekt selbstauferlegten Haß- und Mordtraining und mit dem Verbrennen der Vergangenheit.

Vorher hatte Travis bei seinen Nachtfahrten durch das New York der Laster und Verbrechen auf dem Babystrich die kindliche

Nutte Iris (die sich selbst Easy nennt und als Fixerin ihren spießigen Eltern in Pittsburgh davongelaufen war) kennengelernt, als sie von ihrem Zuhälter Sport gerade brutal an der Flucht gehindert wurde. So jedenfalls sieht es Travis und beschließt, das Mädchen zu »retten«. Auch als sie ihm klargemacht hat, daß sie sich weder mißbraucht noch mißhandelt vorkommt und von ihrem Zuhälter die einzige Zärtlichkeit empfängt, die ihr die Welt zuteilt, läßt er sich von seiner Ritter- und Retterrolle nicht abbringen.

Nachdem er also das Attentat auf den Politiker frustriert aufgeben mußte, flieht er, von der Polizei verfolgt, zu der billigen Absteige von Iris und richtet dort unter ihren Zuhältern ein schreckliches Blutbad an; er selbst landet schwer verletzt im Krankenhaus – aber die Zeitungen feiern ihn als großen Retter und selbstlosen Helden, die Eltern von Iris, die das Mädchen zurück nach Pittsburgh geschafft haben, schreiben ihm einen gerührt-dankbaren Brief.

Der Film endet damit, daß Travis wieder durch New Yorks nächtliche Straßen fährt, der Zuschauer muß nach diesem gräßlichen Happy-End fürchten, daß sich seine verstörte Psyche in der brutalen Einsamkeit wieder so lange aufschaukeln wird, bis sie sich in der nächsten Gewalttat entlädt.

Der Film, in seinem schonungslosen Realismus von einer fast unerträglichen Offenheit, steht und fällt mit Robert De Niros Darstellung des vom Vietnamkrieg in den New Yorker Stadtdschungel und den täglichen Guerillakrieg ausgespieenen Travis. War der Drehbuchschreiber Paul Schrader (der damals zusätzlich durch die persönliche Krise seiner Scheidung gegangen war) der Autor der Krankheit, die damals die amerikanische Gesellschaft erfaßt hatte, des Vietnamsyndroms, so war Robert De Niro der chamäleongleiche Verwandlungsschauspieler dieser neurotischen Epoche, in der aus festumrissenen Helden unsichere Schemen wurden, die krankhaft Halt in einer selbstgebastelten, von Haß zusammengehaltenen Larve suchten. De Niro trieb das Einswerden mit seiner Rolle bis zu einem selbstmörderisch radikalen Punkt, er spielte einen Mann, der den inneren Dreck und Druck nach außen als Ekel und Aggression absondert. Wenn man sich klarmacht, daß niemand spielen kann, was er nicht ist, und sei es in seinen verborgensten Winkeln, imponiert einem der Mut De Niros, solche Rollen trotzdem bis zur letzten Wahrheit zu verkörpern, besonders.

Scorsese erweist sich in dem Fall als der New-York-Regisseur: Er kennt vor allem die psychischen Abgründe der Stadt. In TAXI DRIVER spielt er selbst einen verstörten Fahrgast, der das Yellow Cab vor dem Haus seiner Frau halten läßt, um zuzuschauen, wie sie es, als Schatten im Fenster, mit einem anderen treibt, und der dabei in wilde Haß- und Vernichtungsphantasien ausbricht.

TAXI DRIVER war der Durchbruch Jodie Fosters, die mit breitkrempigem Hut, spilleriger Figur und unbeteiligter, kindlichkaltschnäuziger Herzlichkeit die minderjährige Hure Iris spielte: Ihr erster großer Film. Und TAXI DRIVER war der letzte Film des großen Kinokomponisten Bernard Herrmann, der Manhattan mit seinen auf dem Tenorsaxophon gespielten Bluesphrasen charakterisierte. Er starb unmittelbar nach Schluß der Dreharbeiten.

Pflichtschuldigst sei registriert, daß der Reagan-Attentäter Hinkley sich für seine Mordtat ausdrücklich auf den Film (der wiederum auf den realen Tagebüchern eines erfolglosen politischen Attentäters basiert) und auf Jodie Foster berief – er habe es für sie getan. Das kann man getrost als Zufall abtun – und doch schildert der Film, der in der atmosphärischen Analyse der Gewalt, die damals die USA erschütterte, Filmen aus der gleichen Epoche wie TARGETS von Peter Bogdanovich, NASHVILLE von Robert Altmann und EASY RIDER von Dennis Hopper ähnelt, einen psychisch verstörten Zustand einer Nation, dessen Ausdruck auch der Wahnsinn »Attentate« war.

TAXI DRIVER (TAXI DRIVER) (USA 1976, Columbia/Italo Judeo, Metrocolor, 114 Min.). Regie: Martin Scorsese. Produzenten: Michael und Julia Philips. Drehbuch: Paul Schrader. Kamera: Michael Chapman. Musik: Bernard Herrmann.
Travis Bickle: Robert De Niro. Betsy: Cybill Shepherd. Iris: Jodie Foster. Sport: Harvey Keitel. Wizard: Peter Boyle. Tom: Albert Brooks. Neurotischer Taxifahrgast: Martin Scorsese.

Manhattan (1979)
Manhattan

Mariel Hemingway, Woody Allen

»Das Hirn ist das am meisten überschätzte Organ«, sagte Isaac Davis, Woody Allens filmisches Alter ego, und natürlich kann derart intellektuell despektierlich nur ein Hirnakrobat, ein Hirnarbeiter, kurz: ein Intellektueller, über seinen Intellekt sprechen, und das erste Auffällige und Hinreißende an diesem New-York-verliebten Liebesfilm ist, daß er unter lauter Cerebritäten, also Intellektuellen, spielt und sie vor allem bei ihrer Lieblingsbeschäftigung beobachtet, belauscht und zur Komödie verdichtet:
Beim Reden (zum Beispiel über Beziehungen und deren Krisen). Beim Schwadronieren (zum Beispiel über Kunst und Kino, Ausstellungen und Bücher). Beim Tratschen und Lästern (über andere

Intellektuelle). Beim Witzereißen (auf eigene und fremde Kosten). Und beim Definieren und Verschleiern (der eigenen Ichs, der Sinnkrise, der Psyche, des Sex und der Liebe).

Mit dieser in Breitwand-Schwarzweiß, der Farbe New Yorks, wie der nostalgische Allen meint, gedrehten Beziehungskomödie, die mit nostalgisch instrumentierter Gershwin-Musik und gewaltig über die Skyline von Manhattan gegossenen »Rhapsody-in-Blue«-Klängen alle wehmütigen New-York-Gefühle orchestriert, ist Allen ein großer Sprung geglückt: der vom Stand-up-Komiker, Parodisten und Spaßvogel zum Film- und Charakterhelden, in dessen melancholischem Spott, bitterem Witz, skeptischen Einsichten sich weltweit eine ganze Klasse von Stadtneurotikern und Schreibtischhelden spiegeln konnte. Der traurig-komische »Ike«, wie Allen ihn mit seiner zerknautschten Schlagfertigkeit, seiner raffinierten Hilflosigkeit und mit seiner Fähigkeit, über sich selbst traurig zu lachen und dem eigenen Schaden den Spott hinzuzufügen, spielte, dieser »Ike« avancierte zur Symbolfigur der achtziger Jahre, wo Großstadtmenschen, von materiellen Sorgen weitgehend befreit, merkten, daß der psychische Dschungelkrieg der Geschlechter auch ganz schön schmerzhaft, anstrengend, ja, fast lebensgefährlich ist.

Das Schlachtfeld ist Allens heißgeliebtes Manhattan rund um den Central Park, das der in Brooklyn Aufgewachsene im Grunde nie mehr verlassen hat – weder geographisch noch intellektuell: also ein Restaurant wie »Elaine's«, das Naturhistorische Museum, eine Ausstellung im »Museum of Modern Art«, Rizzolis Buchhandlung, der »Russian Tearoom«, das Planetarium, der Central Park, das Stanhope-Straßencafé, das »Whitney Museum«; und die Apartments, aus deren rostigen Wasserrohren braunes Wasser kommt und gegen deren Wände die Fahrstühle lärmend und schlafstörend dröhnen. Allen zeigt Manhattan als eine Stadt, die man »trotzdem« liebt. Und seine Komödie zeigt eitle, geschwätzige, boshafte, oberflächliche, nervende, plappernde Menschen, die man »trotz allem« ins Herz schließt – weil sie einem den Spiegel der eigenen Schwächen vor Augen halten und dabei (freiwillig und

unfreiwillig und dank Allens stupendem Witz) unendlich viel komischer sind, als man selbst es ist. Für diese Verklärung des eher tristen Beziehungsalltags in die Komik ist man dem Film ein Leben lang dankbar. (Ich bin es jedenfalls.)
Seine Geschichte ist einfach, bittersüß komisch und jedem schon so oder so ähnlich oder auch ganz anders einmal passiert: Ike, 42 Jahre alt, hat ein Verhältnis mit Tracey (der hinreißend jungen Mariel Hemingway), die ganze 17 ist, und er hat Freunde, den Uniprofessor Yale (Michael Murphy) und Emily (Anne Byrne), dessen langjährige Frau. Außerdem hat er eine Ex-Frau (Meryl Streep), die er an eine andere Frau verloren hat und die ein feministisches Enthüllungsbuch über die Torturen ihrer Ehe auf den Markt bringt.
Ike, der sich ein bißchen schämt, in ein so blutjunges Mädchen verliebt zu sein, der er erklären muß, wer Rita Hayworth ist, und die er von der Highschool auf ein *date* zu einem Eis abholt (nein, schlafen tun sie dennoch ganz gut zusammen), hat die Lust an seinem Komödienschreiberjob beim Fernsehen verloren – er befindet sich also exakt in der »Sinnkrise«, die Allen vom SLEEPER oder BANANAS oder TAKE THE MONEY AND RUN zu ANNIE HALL, INTERIORS und MANHATTAN trieb.
Bald lernt er die Geliebte seines Freundes Yale kennen, die wunderbar überdrehte »Provinz«-Journalistin Mary Wilke (Diane Keaton), die ihm zunächst mit ihrem Partygequassel über Kultur furchtbar auf den Geist geht, in die er sich aber dann doch heftig verliebt; als sie es nämlich satt hat, ihren verheirateten Freund nur dann sehen zu können, wenn der von seiner Frau loskommt. So gibt er für Mary die kleine Tracey hin, die darunter leidet. Aber Yale wird jetzt endgültig scharf auf Mary, für die er nun radikal seine Frau verläßt, worauf Mary wiederum Ike den Laufpaß gibt.
Ike läuft im Sauseschritt zurück zu der bezaubernden Tracey, er habe einen Fehler gemacht, aber es ist zu spät. Das eben 18 Jahre alt (und für die Liebe »legal«) gewordene Mädchen hat just die Koffer gepackt, um für ein Theaterengagement sechs Monate nach London zu fahren. Obwohl sie Ike sagt, er möge an das Gute glauben

(»Nicht jeder wird verdorben«), weiß er, daß er sie verloren hat. Ihm bleibt Manhattan, Gershwin und die »Rhapsody in Blue«.

Allens MANHATTAN, sein erfolgreichster Film, der 20 Millionen Dollar einspielte, ist ein wunderbar leichtes Gebilde voll komischer Traurigkeit. Der Film hat gewiß keine Botschaft. Und wenn doch, dann die, daß die neue Freiheit, genannt Liberalität, wie sie in den Siebzigern weltweit ausbrach, auch ihre großen Tücken und kleinen Tragödien hatte.

MANHATTAN (MANHATTAN) (USA 1979, United Artists, sw., Panavision, 96 Min.). Regie: Woody Allen. Produzent: Charles H. Joffe. Drehbuch: Woody Allen, Marshall Brickman. Kamera: Gordon Willis. Musik: George Gershwin. Ausstattung: Mel Bourne. Kostüme: Albert Wolsky. Isaac (Ike) Davis: Woody Allen. Mary Wilke: Diane Keaton. Yale Pollack: Michael Murphy. Tracey: Mariel Hemingway. Jill, Ikes Ex-Frau: Meryl Streep. Emily Pollack: Anne Byrne. Connie: Karen Ludwig. Jeremiah, Marys Ex-Mann: Wallace Shawn. Ehrengast: Bella Abzug. Willie, Ikes Sohn: Damion Sheller.

Atlantic City (1980)
Atlantic City, USA

Burt Lancaster

Der klassische Gangsterfilm war längst (nämlich seit 50 Jahren) begraben und vergessen, da beendete ihn Louis Malle noch einmal mit der Geschichte vom pensionierten Kleinkaliberganoven, der sich eine große Vergangenheit zurechtträumen möchte, mit Namen wie Meyer-Lansky, Al Capone und wie sie alle hießen, und der sich noch einmal, mehr wider Willen und mit unfreiwilligem Erfolg, in ein letztes Gefecht begibt.
Wie die Stadt Atlantic City (einst die »Lunge von Philadelphia« und ein Las Vegas am Meer) in den späten Siebzigern ein Comeback versuchte, wobei es brutal seine schillernde Vergangenheit niederriß, so bekommt auch Burt Lancaster (der unvergeßlich in dem Siodmak-Gangsterfilm THE KILLERS von 1946 seinen Gangster-Einstand gab) eine letzte heroische Chance – dieses Zusammentreffen von Verwüstungen durch das Alter und durch die Abrißbirne, die die vergammelte alte Häuserpracht in A. C. zerstört, gibt dem Film seinen elegischen Grundton und seine ironische Gebrochenheit.
Malle betrachtet Amerika, das seine Vergangenheit gegen gesichtslos-rigorose Geschäftemacherei einzutauschen sucht, mit einer Mischung aus europäischer Distanz und neidvoller Bewunderung – die beiden wunderbaren Schauspieler Piccoli und Lanca-

ster vertreten zwei Stile, zwei Lebenshaltungen, zwei Welten: Während der eine als Croupier-Lehrmeister den Amis das Savoir-vivre einzutrichtern trachtet, ein leicht schmieriger europäischer Hochstapler, sucht der andere sich in eine heroische (Film-)Haltung vom einsamen Killer und Wolf zu stilisieren: Er reckt die gichtigen Glieder und wird in Wahrheit von einer alten, ewig (künstlich) blonden Witwe ausgehalten.

In diese Welt, in der die junge Austernverkäuferin Sally (Susan Sarandon) vom besseren Kasinoleben träumt und sich den Fischgeruch allabendlich mit Zitrone und »Norma«-Arien vom Leib wäscht (wobei sie von ihrem Nachbarn, Lou, voyeuristisch beobachtet wird), in diese Welt bricht das moderne Verbrechen.

Zwei Blumenkinder (Sarandons getürmter Ehemann, der ihre ewig vollgekiffte, ewig kindische Schwester geschwängert hat) kommen auf der Flucht in das schäbige Wohnhaus, um bei Sally Unterschlupf zu finden. Sie haben einer Gang in Philadelphia Kokain geklaut, ein Päckchen, das ein Vermögen wert, ein Verbrechen, das für sie einige Nummern zu groß ist.

Prompt wird Sallys Ehemann Dave (Robert Joy) auf einem mobilen Autoabstellplatz ermordet. Lou hat seinen Stoff versteckt und spielt vor der ahnungslosen Sally den großen Kavalier mit den Spendierhosen – bis die Mafia auch ihm auf der Spur ist.

Mehr durch ein Versehen erschießt er die beiden Killer und flieht mit vor Stolz geschwellter Brust (endlich ist er als Verbrecher ein großes Tier) und Sally im Auto in ein Motel, wo er seine Tat mit Champagner und dem ständigen Konsum der TV-News über den »Shoot-down« feiert.

Am Morgen erlebt er, wie Sally, die längst weiß, daß er sie beklaut hat, ihm das Geld aus der Brieftasche nimmt. Generös gibt er ihr noch den Autoschlüssel und kehrt, einmal im Leben ein Held, zu seiner späten Blondine, deren Wehwehchen und ihrem Hündchen nach Atlantic City zurück – ein Rentner des eigenen Gangstermythos.

Malles Film kontrastiert wirksam die neue ölige Geschäftemacherei und Goldgräbermentalität in Atlantic City (Slogan: »*A. C. is back on map*«) mit den zu Slums verkommenen Vierteln und ihren menschlichen Ruinen des amerikanischen Traums. Die glubschäugige Sally Susan Sarandons war nie so sexy wie hier, wo sie dauernd nach Fisch riecht und vom Leben als Croupier in Monte Carlo träumt – wie eine Herrgöttin in Frankreich. Lancaster hat eine würdige, stille Grandezza, er macht mit seinem grimmig entwaffnenden Lächeln die traurige Gestalt seines schäbigen Gangsters zu einem heroischen Helden. Beide zeigen im Einander-Betrügen und wechselseitigen Übers-Ohr-Hauen soviel Zuneigung, Respekt und Wärme, daß der Film wie ein sehr realistisches, nostalgisches Gangstermärchen wirkt – die wirklichen Menschen wohnen nicht nur auf der falschen Seite der Straße, sie leben auch am falschen Ende der Moral. Ein Film hinreißender Menschenstudien – giftig und doch voller Anteilnahme.

ATLANTIC CITY, USA (ATLANTIC CITY) (Kanada/Frankreich 1980, Cine-Neighbour/Selta Films, Paramount, Farbe, 105 Min.). Regie: Louis Malle. Produzent: Denis Heroux. Drehbuch: John Guare. Kamera: Richard Ciupka. Musik: Michel Legrand.
Lou: Burt Lancaster. Sally: Susan Sarandon. Dave: Robert Joy. Grace: Kate Reid. Croupier Joseph: Michel Piccoli. Chrissie: Hollis McLarren. Sänger: Robert Goulet. Alfie: Al Waxman. Felix: Moses Znaimer.

Blade Runner (1982 / 1993)
Blade Runner

Harrison Ford

Los Angeles im Jahr 2019, am Himmel herrscht geschäftige Bewegung; über der Megapolis, deren zahllose Lichter von dichtester Bevölkerung, eingepfercht in Wolkenkratzersilos, künden, sausen Raumfahrzeuge; bedrohliche Riesenschlote jagen eruptionsartig Feuerstöße und Dampfwolken in die Nacht. Wieder einmal hat die Zukunft längst begonnen.
Es ist eine freudlose, keine rosige Zukunft. Durch die düstern, ständig regenverhangenen Straßenschluchten (ein Klimasturz scheint die Erde längst verdunkelt und verdreckt zu haben) lärmen in halbhohem Flug raketenschnelle Autos. Wandgroße Neonreklamen und die ständig die Nacht abgreifenden Finger von Suchscheinwerfern liefern das einzige Licht. Das Reklamelicht ist giftig

und wirbt für Coca-Cola und außerirdische Kolonien. Scheint dort noch die Sonne?

Das dichtgedrängte Gewusel auf den Straßen erinnert an Little Tokyo und Chinatown mit seinen Fastfood-Ständen, seinen Tingeltangelkaschemmen, seinen Müllhaufen; die Menschen leben unter Schirmen, sind in Plastik gehüllt. Später werden wir sehen, daß die Privilegierten dieser multikulturellen Gesellschaft, die sich in einem reduzierten Stadtslang verständigt, in seltsam düsteren, hallenartigen Wohnungen leben, die man nur durch Fahrstühle erreicht, die sich wiederum nur (es ist eine mißtrauische Gesellschaft) durch Codezahlen und Identifikationstests zugänglich machen lassen: Man wohnt in Wohnwaben, abgeschottet wie in einsamen Festungen.

Eine knappe Legende zu Beginn des Films hat den Zuschauer darüber informiert, daß es den Menschen gelungen ist, Replikanten (Androiden) zu schaffen, die, täuschend menschenähnlich, aus Fleisch und Blut, mit Haut und Haaren, Sklavendienste in den Weltallkolonien leisten, andere Planeten für die Auswanderer der überbevölkerten Erde urbar machen. Seit sie sich in Helotenaufständen gegen ihre Menschenschöpfer und Herren erhoben haben, ist ihnen das Betreten der Erde bei Androhung sofortiger Auslöschung verboten. Die gänzlich Menschenähnlichen, ja, Menschengleichen sind zu Unmenschen deklariert.

Wenn aus den düsteren Totalen einer »Brave New World« die Handlung einsetzt, haben vier Replikanten sich eines Raumfahrzeugs bemächtigt und sind auf der Erde gelandet. Ihr Gegenspieler, der einzelgängerische Held des Films (eine Paraderolle für den verschlossenen, von einer Aura der Einsamkeit umgebenen Harrison Ford), ist ein Blade Runner. Das ist die gnadenlose Polizeitruppe, die Replikanten »auslöscht« und »beseitigt«. Ohne viel Federlesens. Er hat seinen Dienst quittiert und ißt gerade in einem chinesischen Imbiß, als ihn, den ehemaligen Kollegen, die Polizei, aufstöbert. Der Jäger wird zur Androidenjagd gebraucht. Philip Marlowes futurologischer Nachfahre Rick Deckard macht sich widerstrebend und mit angeekelter Trauer an die Drecksarbeit.

Denn da die künstlichen, zu Feinden deklarierten Replikanten von Menschen leider nicht zu unterscheiden sind, werden sie komplizierten Tests unterzogen. Ihre Augen und deren Reaktionen werden, überlebensgroß projiziert, untersucht (ein deutliches Zitat der »Augensprache« aus 2001), während man ihnen Fragen nach ihrer Kindheit stellt, sie in Gefühlsfallen lockt, um sie ihrer Gefühllosigkeit zu überführen. Bei einer solchen Untersuchung haben zwei Verdächtige den Testleiter getötet. Offenbar wollen sie in die Firma von Tyrell eindringen, der ihr Erzeuger und Schöpfer ist. Gefahr ist im Verzug.

Daß Deckard nach und nach die Replikanten detektivisch aufspürt und gnadenlos abknallt, die ihm ihrerseits mit übermenschlicher Kraft und erbarmungsloser Härte nach dem Leben trachten, ist die eine, die zu erwartende Science-Fiction-Seite des Films – sie würde ihn nur zum üblichen, futurologisch geschminkten Thriller machen.

Aber der Film, der schon allein durch sein eindrucksvolles alptraumhaftes Zukunftsdesign (Douglas Trumbull, bereits Kubricks Mitarbeiter bei 2001, hat die imponierenden Kulissen und symbolkräftigen Spezialeffekte geschaffen) zum Kultfilm avancierte, hat andere, überraschende, tiefsinnige Seiten.

So verliebt sich Deckard in Tyrells Sekretärin Rachael, obwohl er in ihr eine Replikantin erkennen muß. Ihr Schöpfer hat sie längst mit menschlichem Gefühl und vor allem mit Erinnerungen ausgestattet. Als sie ihm ihr Kinderfoto mit ihrer Mutter zeigt, stürzt ihn das in Selbstzweifel. Während er die auf dem Klavier stehenden Jugend- und Familienfotos zweifelnd durchkämmt, während sie Noten liest und schüchtern anfängt, Klavier zu spielen, verfallen die beiden in ihren Zweifeln einander. Und machen dem Zuschauer auf einmal klar, daß nur eine unmenschliche Setzung menschengleiche, menschlich reagierende Wesen zu Unmenschen deklariert – um sie einer Ausrottung ohne Gewissensbisse auszusetzen. Das ist ein gar nicht so science-fiction-gemäßer Nachklang der totalitären Erfahrungen im 20. Jahrhundert.

Und die Androiden, vor allem das Paar Batty und Pris (Rutger

Hauer spielt den blonden Batty als schillernd-androgyne Kinofigur, Daryl Hannah ist die puppenhaft unschuldige Kindfrau mit liebendem Lächeln und killerhafter Kälte), sind nicht die üblichen, roboterhaft verfremdeten Bösewichte. Statt dessen erlebt man zunächst, wie die zu einem nur vierjährigen Leben Verdammten, auch weil sie einander lieben, zu ihrem Kreator kommen wollen, um ihn um Dauer zu bitten, um Lebenszeit. In einer Szene, deren blasphemische Trauer nicht zu übersehen ist, tötet Batty in verzweifeltem Aufruhr seinen Schöpfer, der ihn so unvollkommen und mit einem schnellen Tod bedroht geschaffen hat – nachdem er ihn vorher in verzweifelter Liebe geküßt hat.

Sicher der Höhepunkt des Films ist die gnadenlose Jagd, die Batty mit Deckard veranstaltet, nachdem dieser seine Liebste getötet hat. Hier wird der Jäger zum Gejagten, man erlebt seine Panik, Todesfurcht und Ohnmacht – der Täter hat sich in ein Opfer verwandelt. Aber der Unmensch, dessen Lebenslicht zu erlöschen beginnt, dessen Lebenskraft zu versiegen droht, erweist sich menschlicher als sein Gegner. Er rettet dem über der Straßenschlucht hängenden Deckard durch starke Handreichung das Leben. Die Maschine besitzt die Menschlichkeit, die der Mensch bei ihrer Konstruktion verloren hat.

In einer abenteuerlich schönen Schlußszene stirbt der Roboter auf dem rostig vergammelten Dach einer Hochhausruine, während der Regen und die Tränen unterschiedslos seinen gesenkten Kopf überströmen, und macht einer zukunftssüchtigen Menschheit klar, daß sie dem Tod ohnmächtiger denn je gegenübersteht: Das ist schaurig-kitschig und traurig-schön zugleich, Kino von gestern und Kino von morgen in einem, eine bleibende Szene des Kinos der 80er.

Ich habe BLADE RUNNER, den ich damals als »elegische Hochzeit zwischen dem Detektivfilm der legendären Schwarzen Serie und der neuen Weltraumoper« beschrieb, als düstere Replik auf den Weltraumoptimismus von E.T. im Herbst 1982 auf der Biennale in Venedig zum ersten Mal gesehen. Das war die Zeit der »Haut-den-Lucas«-Spektakel der STAR WARS (1977 und folgende), der STAR

TREKS (1979 und folgende). 1979 hatte Ridley Scott selbst den futurologischen, von Gegenwarts-Aidsängsten geprägten Alptraum ALIEN gedreht. Danach erwies sich der BLADE RUNNER in den Kinos als Flop, hatte gegen den im gleichem Jahr gedrehten Film E.T. keine Chance. Aber: Er avancierte immer nachdrücklicher zum Kultfilm, zum in zahlreichen Untersuchungen analysierten und hymnisch gefeierten Meisterwerk. Das war, wie gesagt, 1982. Der Film, den wir jetzt sehen, stammt aus dem Jahr 1993. Er heißt BLADE RUNNER – THE DIRECTOR'S CUT – der Originalschnitt des Regisseurs, der buchstäblich unvermittelt auf den Zuschauer prallt. In der Version von 1982, die das Studio Scott abgenötigt hatte, hatte Harrison Ford den Film mit einem Voice-over-Kommentar den Zuschauern vermittelt, eine, wie die »FAZ«-Kritikerin Verena Lueken schrieb, »mitunter unfreiwillig komische Chandler-Imitation«. Auch das absurd-versöhnende Happy-End, das Deckard und seine geliebte Replikantin gerettet in grüner Landschaft zeigt, wurde gekappt. Jetzt endet der Film offen, eher ohne Hoffnung. Denn während das Paar zu fliehen versucht und auf den Fahrstuhl zustrebt, sehen wir das gefaltete Papier-Einhorn am Boden: Deckards Kollege, ein unerbittlicher Blade Runner, läßt solche Papiertierchen als spielerische Markierungen an Tatorten zurück.

BLADE RUNNER (BLADE RUNNER – THE DIRECTOR'S CUT) (USA 1982 /1993, Warner-Columbia, Panavision, Farbe, 117 Min.). Regie: Ridley Scott. Produzenten: Michael Deeley, Ridley Scott. Drehbuch: Hampton Fencher, David Peoples, nach dem Roman von Philip K. Dick: »Do Androids Dream of Electric Sheep?«. Kamera: Jordan Cronenweth. Musik: Vangelis. Visuelle Effekte: Douglas Trumbull, Richard Yuricich, David Dryer.
Deckard: Harrison Ford. Batty: Rutger Hauer. Rachael: Sean Young. Gaff: Edward James Olmos. Bryant: M. Emmet Walsh. Pris: Daryl Hannah. Sebastian: William Sanderson. Leon: Brian James. Tyrell: Joe Turkel. Zhora: Joanna Cassidy. Chew: James Hong.

Hannah and Her Sisters (1986)
Hannah und ihre Schwestern

Mia Farrow, Barbara Hershey, Dianne Wiest

Man hat viel darüber gerätselt und noch mehr darüber geschrieben, warum der größte russische Dramatiker, warum Anton Tschechow seine Stücke, in denen es doch um vertanes Leben, verlorene Liebe, um Tod, Schmerz und Krankheit geht, »Komödien« genannt hat. Eine der schlüssigsten Antworten lautet: Weil er das Leiden an der Nichtigkeit und Banalität schildert. Das ist für die Betroffenen selbst (also für Tschechows Figuren) tragisch, für die Beobachtenden (also für Tschechows Zuschauer) aber komisch.

Auch Woody Allens Filme handeln vorwiegend von Banalitäten, an denen seine Figuren leiden, von Nichtigkeiten, die ihr Leben überschatten. Und wenn ich Woody Allens Filme, die meisten jedenfalls, geliebt habe (und noch liebe), dann einmal, weil er als Filmemacher genau der Zeitgenosse meiner Generation war: Parallel zu ihm verloren wir Haare, Überzeugungen, Freundinnen, genau zum gleichen Zeitpunkt haben wir Einsichten, Hypochondrien und Bindungen gewonnen – und er machte uns darüber lachen, weil er seine (also: unsere) Nichtigkeiten ernst nahm. Ernst aus der Distanz der Komik. Ohne müffelndes Selbstmitleid, ohne verschwitztes Pathos.

Am besten ist Allen dieses empfindliche Gleichgewicht zwischen subjektivem Ernst und objektiver Komik in seinen drei New-York-Filmen ANNIE HALL (1977), MANHATTAN (1979) und HANNAH AND HER SISTERS (1986) (und später vielleicht noch in dem Nachläufer dazu: HUSBANDS AND WIVES von 1993) gelungen, jenem »immerwährenden Poem auf die Liebe und auf New York City«, zu dem jeder einzelne Film ein »Canto«, also eine Hymne, sei, so die »New-Yorker«-Kritikerin Pauline Kael.

Was ist uns Hekuba, was soll uns – Nicht-New-Yorkern – New York? Wie Allen unser »Stellvertreter« ist, unser Film-Alter-ego, so ist seine Stadt, ist sein Manhattan das (gesteigerte) Bild unserer Büro-, Beziehungs- und Überzeugungsverflechtungen, jene Mischung aus Partygeschwätz, Liebeskummer, Kinobesuchen und Berufskrisen aus liberaler Treue und sexueller Untreue.

Und in HANNAH AND HER SISTERS treibt dies auf den Höhepunkt der Midlife-crisis zu: Das Entsetzen des gesetzten Alters erfaßt die Figuren, in kleinen Wehwehchen meldet sich die große Todesangst, und im Betrug der Liebe wird die Wahrheit der Beziehungslosigkeit deutlich: Das ist schon todtraurig und zum Schreien komisch.

Woody Allens Film ist tatsächlich in Tschechowscher »Perlenschnur«-Dramaturgie konstruiert – die Geschichten der Personen werden in Episoden aneinandergereiht, scheinbar ohne äußeren Zusammenhang, die innere geheime Verbindung wird erst später offenbar; schon der Titel klingt an die »Drei Schwestern« an.

Und um drei Schwestern geht es. Um Hannah (Mia Farrow),

erfolgreiche Schauspielerin und Adoptivmutter, Ex-Ehefrau von Mickey (Woody Allen), seines Zeichens Hypochonder, TV-Autor in der Krise und Beziehungsbruchpilot. Um Holly (Dianne Wiest), die in ihren wechselnden Berufen als Schauspielerin, Musical-Sängerin und Party-Service-Köchin ebenso strandet wie in ihren Affären und die sich schon mal mit Kokain tröstet. Und um Lee (Barbara Hershey), ewige Studentin und mühsam geheilte Alkoholikerin, die am Anfang eine düstere Ingmar-Bergman-artige Beziehung zu einem asketischen Herrenmensch-Künstler namens Frederick (Max von Sydow) hat, der mit seinem rasiermesserscharfen Weltschmerz und säurehaltigem Selbstekel der Überhebung sich tatsächlich aus Bergmans SZENEN EINER EHE in Allens Manhattan und jüdischen Familienclan verlaufen hat und da in seinem Schmerz schrecklich komisch ist – Allens Huldigung an das verehrte Vorbild als unfreiwillige Parodie?

Zu Beginn des Films verliebt sich Hannahs Mann, der romantische und musenfreundliche Finanzmakler Elliot (unnachahmlich in seiner traurigen Komik: Michael Caine), in seine Schwägerin und fängt mit ihr eine Hotelzimmer-Beziehung mit viel klassischer Musik und viel rezitierter Lyrik an. Der Film, der die Familie, Hannahs Eltern, Hannahs Kinder, Hannahs Schwestern und Freunde, drei Jahre lang zum Thanksgiving-Dinner mit Truthahn und Tratsch vereint, zeigt zwischendurch, von viel Cole-Porter- und Rodgers-&-Hart-Musik angetrieben, in Einzelepisoden, wie wenig bei den einzelnen Familienangehörigen passieren muß, damit viel mit ihnen geschieht. Heute, im Rückblick, könnte man schadenfroh oder elegisch vermerken, wie Allen die Filmfamilie mit seiner damaligen Familie besetzt hat: So ist Mia Farrows Mutter Mia Farrows Mutter Maureen O'Sullivan, in deren Wohnung gedreht wird, und die Adoptivkinder der Farrow werden von den Adoptivkindern der Farrow (Daisy Previn und Moses Farrow) gespielt. Tempi passati!

Am Anfang ist Woody Allen, der sich in den Film einschleicht wie eine Nebenfigur und nach und nach dessen wahrer Mittelpunkt wird (auch da, wo er scheinbar am Rand steht), der Ex-Mann von

Hannah, am Ende der Mann ihrer Schwester Holly, Elliot kehrt zu Hannah zurück (die seine Beziehung zu Lee nur indirekt bemerkt hat), ohne je fortgewesen zu sein, und Lee hat ihren Professor geheiratet. In der Familienharmonie des Thanksgiving-Essens sind die seelischen Erdbeben, die schmerzhaften Erfahrungen, die Trennungen und Wiedervereinigungen wie in einem fragilen Rahmen aufgehoben. Man mag das ein Happy-End nennen.

Zwischendurch erzählt der Film, wie aus der lebensuntüchtigen Holly eine lebenskluge Drehbuchautorin wird, wie die Eltern der Schwestern, zwei egomane Künstler, noch im verklärten Alter ihre Ehekräche und Ehekrisen als Alkoholniederlagen neu inszenieren. Er erzählt, wie Allen, von Todesfurcht geplagt, sich den Untersuchungsmaschinerien der Medizin anheim gibt und absurde Glaubenskrisen durchleidet, ein Jude, der mit dem Christentum liebäugelt, weil er Angst vor dem Sterben hat. Und er erzählt, in einer Rückblende, die Geschichte vom Scheitern seiner Ehe mit Hannah – als ihm der Arzt eröffnet, er sei unfruchtbar. Die Szene, in der die beiden ein Freundespaar um eine Spermaspende angehen, ein Ansinnen, auf das der Mann machohaft geschmeichelt, die Frau eifersüchtig verstört reagiert, ist gewiß ein Höhepunkt Allenscher Komik. Am Ende eröffnet ihm die erfolgreiche Drehbuch-Frau Holly, daß er auch in puncto Sperma erfolgreich geworden sei. Und so war es denn auch im richtigen Leben.

HANNAH UND IHRE SCHWESTERN (HANNAH AND HER SISTERS) (USA 1986, Orion, Farbe, Technicolor, 106 Min.). Regie: Woody Allen. Produzent: Robert Greenhut. Drehbuch: Woody Allen. Kamera: Carlo di Palma. Ausstattung: Stuart Wurtzel. Schnitt: Susan E. Morse. Musik: Rodgers & Hart, Cole Porter, Count Basie, Kern & Fields, Bach, Puccini u. a.
Lee: Barbara Hershey. Elliot: Michael Caine. Hannah: Mia Farrow. Holly: Dianne Wiest. Norma: Maureen O'Sullivan. Evan: Lloyd Nolan. Frederick: Max von Sydow. Mickey: Woody Allen.

Dangerous Liaisons (1988)
Gefährliche Liebschaften

Glenn Close, John Malkovich

Der Briefroman »Les Liaisons Dangereuses« von Choderlos de Laclos erschien 1782, also an der Schwelle der Französischen Revolution. Dennoch ist er nicht so sehr die Ankündigung eines neuen Zeitalters, vielmehr die Abrechnung mit einem alten, das, morbide geworden, die Privilegien seiner führenden Schicht, des Adels, nur noch in Korruption und Intrige sich äußern sieht. De Laclos war ein Moralist, der seiner Gesellschaft den Spiegel ihrer Unmoral vorhielt. Eine moderne Gesellschaft, die sich offenbar in ihren selbstkritischen Momenten für ähnlich morbide und abgewrackt hält – Endzeitstimmung heißt dieses Lebensgefühl –, greift begierig nach diesem alten Spiegel, um sich selbst darin zu betrachten.

Soweit ist dieser Kostümfilm mit gepuderten Perücken, livrierten Lakaien, mit Rokoko-Boudoirs und den prächtigen Kutschauffahrten vor gewaltigen Schloßkulissen und französisch gestutzten Parkanlagen, mit von Kristalleuchtern reflektiertem Kerzenschimmer und der sinnlichen Raffinesse höfischer Kastraten-Arien nicht etwa ein Ausstattungsfest, das sich platt an alten Zeiten, deren Farben, Formen und Geschmack berauscht. Im Gegenteil: Der Überdruß am Genuß wird bloßgestellt, der Film sucht die verdorbene Fratze des im Rokoko zugrundegehenden Ancien Régime.

Dabei geht es um das Private dieser Gesellschaft. Aber das besteht ganz offenbar aus Klatsch und Betrug, den Tändeleien leerer Amouren, aus Intrige und Eitelkeit, so daß das öffentliche Leben nur noch Fassade und Maskerade dieser Nichtigkeiten ist.

Und als Zurichtung für diese Maskerade beginnt der Film. Man sieht den Vicomte de Valmont (John Malkovich) und die Marquise de Merteuil (Glenn Close), man erlebt, wie sie am Morgen von Dienerscharen zurechtgeschminkt und zurechtgerüstet werden, wie sie mit Tüchern flüchtig gesäubert und mit Quasten gründlich gepudert, wie sie maniküllt, wie ihnen Perücken aufgesetzt werden, wie sie dabei ständig eitel und prüfend in den Spiegel blicken, ob sie denn hinter der Maskerade, hinter der aufgeschminkten Fassade schon hinreichend versteckt seien. Man sieht das in fast verwirrendem Wechsel raffiniert ineinander geschnitten, wie überhaupt DANGEROUS LIAISONS ein auf Tempo, Wucht und Delikatesse höchst kunstvoll geschnittener Film ist.

Nun sind die beiden Hauptakteure, de Merteuil und de Valmont, fertig, man hört und sieht Räder, Pferdehufe, das Vorfahren der Kutsche, das Öffnen der Tür, die beiden begrüßen einander nach der vorgegebenen Form, die Gesichter in einem artig-blasierten Lächeln erstarrt – die große Intrige kann beginnen. Die Marquise hat den Vicomte rufen lassen, mit dem sie vor kurzem eine Liaison hatte, weil sie ihn für ein Rachespielchen braucht. Er soll die behütet hinter Klostermauern aufgewachsene 16jährige Cecile (Uma Thurman) verführen. Denn deren vorgesehener Bräutigam hat die Impertinenz besessen, die Marquise zu verlassen. Nun soll der auf eine keusche Braut Versessene eine durch den Vicomte entwertete Frau bekommen – und so dem Gespött der Gesellschaft preisgegeben werden.

Der Vicomte lehnt das Ansinnen ab: Die Aufgabe, eine Halbflügge, von Nonnen Erzogene zu verführen, sei zu leicht. Er wolle die bei seiner Tante zu Besuch weilende Madame de Tourvel (Michelle Pfeiffer) erobern, denn die sei schön, fromm, standhaft, ihrem Ehemann, der als Marschall im Feld weile, treu ergeben.

Er eilt aufs Land und macht sich an die Arbeit. Werbewirksam rettet er einen Pächter vor dem Schuldturm, indem er dessen Steuerschulden bezahlt – ein Akt der Güte und Nächstenliebe, der ihn nicht viel kostet und der, vorgeblich bescheiden und heimlich ausgeübt, in Wahrheit aber vor den gelenkten Blicken von Madame de Tourvel inszeniert, seine Wirkung auf die gute Seele nicht verfehlt. Da sein Diener sich des Nachts mit ihrer Zofe vergnügt, kann Valmont die dazu erpressen, ihm sämtliche Briefe von Madame heimlich auszuhändigen. Er muß lesen, daß ausgerechnet Madame de Volange, übrigens eine verflossene Geliebte von ihm und die Mutter der jungen Klosterschülerin Cecile, ihn bei dem Objekt seiner Begierde als den Wüstling, der er ist, verleumdet.

Da trifft es sich gut, daß in Paris inzwischen die Merteuil dem jungen Ding einen Harfenlehrer verschafft hat und ihn ermuntert, seiner Schülerin entflammte Liebesbriefe zu schreiben – die Kleine in ihrer Unschuld ist auch zu schön! Die sich anbahnende Affäre und knospende Liebe zwischen den beiden Halbwüchsigen verrät die Merteuil, ganz besorgte Freundin, der Mutter Ceciles und gibt ihr den Rat, ihre Tochter aufs Land zu schicken – zu Valmonts Tante. Denn aus Rache an seiner Verleumderin ist er jetzt bereit, die Tochter zu vernaschen und zu verderben. Beides gelingt ihm gründlich, nachdem er sich als Briefträger zwischen Cecile und ihrem Musiklehrer angedient und so ihren Schlafzimmerschlüssel unter Vorwand bekommen hat. Brutal nötigt er Cecile zur Verführung. Wie er nach und nach aus ihrer unschuldigen Jugend eine sinnliche Verderbtheit weckt, das gehört zu den raffinierten psychologischen Studien, die der Film wie in einem Labor der Gefühle experimentell vorführt.

Schließlich fällt auch Madame de Tourvel. Sie kann dem glänzend ausgeführten, erotischen Feldzug Valmonts nicht widerstehen, dieser Mischung aus ungestümen Attacken, Kaskaden von Geständnissen und Komplimenten sowie unerwarteten Rückzügen in Demut und Verzicht. Valmont meldet der Marquise de Merteuil triumphierend den Vollzug. Das junge Mädchen hat er so weit in der Hand, daß er des Nachts auf ihrem Rücken Liebesbriefe an die Tourvel schreibt, während er ihr glühende Beteuerungen an ihren Hauslehrer diktiert. Sie beherrsche inzwischen sexuelle Praktiken, für die es nur lateinische Namen gebe, und schwanger sei sie außerdem. Er habe dem künftigen Bräutigam die keusche Blume gründlich zerstört. Und was er mit der schwer eroberten Tourvel erlebe, das sei das Schönste, was er je genossen habe. Die verehrte Marquise möge deshalb die Wette mit ihm einlösen und, wie versprochen, ihm zur Belohnung eine Nacht schenken.

Doch das Gesicht der Marquise war, während sie den Vicomte von seinen Umarmungen mit Madame Tourvel schwärmen hörte, erstarrt wie in Eis und Erschrecken. Und bald merkt man, daß die beiden in ihrer Verderbtheit doch noch ein echtes Gefühl haben, das der verletzten, zu Tode verletzbaren Eitelkeit. Und damit richten sie sich fortan zugrunde. Sie packt ihn bei seiner Eitelkeit, indem sie sich über seine Schwärmerei von der wahren Liebe lustig macht, und bringt ihn dazu, der ihn so bedingungslos liebenden Tourvel ins Gesicht zu sagen, er habe sie über, wobei er immer wieder albern und kaltschnäuzig verkündet: »Dagegen bin ich machtlos!« Mit diesem rüden Auftritt vernichtet er die Frau, sie wird kurz darauf sterben.

Aber als er seinen Liebeslohn einklagen will, muß er entdecken, daß die Marquise sich, um seine Eitelkeit noch stärker zu verletzen, Ceciles Musiklehrer als momentanen Liebhaber hält. In den sich jetzt überstürzenden Intrigen und Gegenintrigen kulminieren die GEFÄHRLICHEN LIEBSCHAFTEN in die Katastrophe und den Skandal. Valmont öffnet Cecile die Augen und treibt so den Hauslehrer zu ihr zurück, die Marquise verrät dem jungen Mann, was der Vicomte mit seiner Cecile angestellt hat – und so kommt es zum Duell, bei dem Valmont schließlich im Schnee verblutet. Im Sterben bittet er seinen siegreichen Gegner, Madame de Tourvel in seinem Namen um Verzeihung zu bitten – sie wird stumm seine Reue auf dem Sterbebett erfahren. Und er gibt dem Jungen die intriganten Briefe seiner einstigen Komplizin und jetzigen Feindin – er möge sie öffentlich machen.

Am Schluß sieht man die Marquise de Merteuil in der Oper. Alle Zuschauer starren in ihre Loge, die zur Bühne, zum Pranger wird, und buhen sie aus. Erstarrt verläßt sie das Theater. Ein letztes Bild zeigt sie vor dem Schminktisch, das maskenhafte, alabasterhafte Weiß von ihrem Gesicht abschminkend. Die Maskerade ist zu Ende, die Fassade endgültig zerstört.

Stephen Frears (MEIN WUNDERBARER WASCHSALON) versteht es meisterhaft und mit äußerster Präzision, aus einem boshaften Spiel, einer Intrige in einer übersättigten Gesellschaft die Trauer über Nichtigkeit und Verderbtheit herauszuschälen – man vermeint dem Bösen ins schöne Gesicht zu schauen und erkennt dahinter die Verzweiflung der Leere. Mit einem vor Bosheit funkelnden, vor Blasiertheit schillernden Dialog wird die sich selbst feiernde Gemeinheit der Figuren deutlich: John Malkovichs virile Brutalität, die mit dem Charme der Verdorbenheit operiert, Michelle Pfeiffers bebende Hingabe nach heftigen inneren Kämpfen und Glenn Close, die eine geheimnisvolle Verletztheit hinter ihrer triumphierenden Kälte offenbart. Glenn Close erweist sich in dem Film als eine der ganz großen Schauspielerinnen unserer Zeit.

Hamptons Drehbuch (nach dem eigenen Theaterstück) und Frears' Regie fügen den schamlosen Selbstoffenbarungen des Briefromans noch eine weitere Dimension zu: die der Kläglichkeit hinter dem Imponiergehabe, die der Angst am Ende der amoralischen Unerschrockenheit.

Im selben Jahr drehte Milos Forman nach demselben Stoff seinen Film, der auch DANGEROUS LIAISONS hätte heißen sollen, aus

Rücksicht auf seinen vorauseilenden Konkurrenten jedoch unter dem Titel VALMONT in die Kinos kam. Nur kurz – denn Frears' Film fegte den Nachfolger von der Leinwand. Darin liegt eine gewisse tragische Ironie, denn sicher hat Frears' Film sich zu seinen hinreißend stilsicheren Opernszenen, wunderschönen Rekonstruktionen aus dem 18. Jahrhundert, durch die unvergeßlichen Opernbilder aus Formans AMADEUS (1984) anregen lassen. Der wiederum konnte sein 18. Film-Jahrhundert bei Stanley Kubricks BARRY LYNDON (1975) studieren – einem Film, der in der Dekuvrierung der von betörendem Kerzenlicht überstrahlten kalten Larven und schönen Masken, hinter denen die Angst lauert, filmische Pionierarbeit geleistet hat.

GEFÄHRLICHE LIEBSCHAFTEN (DANGEROUS LIAISONS) (USA 1988, NFH/Lorimar, Farbe, 120 Min.). Regie: Stephen Frears. Produzent: Norma Heymann, Hank Moonjean. Drehbuch: Christopher Hampton, nach seinem gleichnamigen Theaterstück nach dem Roman »Les Liaisons Dangereuses« von Choderlos de Laclos. Kamera: Philippe Rousselot. Schnitt: Mick Audsley. Musik: George Fenton. Ausstattung: Stuart Craig. Kostüme: James Acheson.
Marquise de Merteuil: Glenn Close. Vicomte de Valmont: John Malkovich. Madame de Tourvel: Michelle Pfeiffer. Madame de Volanges: Swoosie Kurtz. Chevalier Danceny: Keanu Reeves. Madame de Rosemonde: Mildred Natwick. Cecile de Volanges: Uma Thurman.

UNFORGIVEN (1992)
Erbarmungslos

Clint Eastwood

Clint Eastwoods Film ist ein Spätwestern, was heißt, daß er zu einer Zeit gedreht wurde, als niemand mehr an diese ureigenste, älteste, klischeebedrohteste amerikanischste Hollywood-Gattung zu glauben schien. Der Western, spöttisch auch »Pferdeoper« genannt, war zunächst naive, dann heroische, später kritische Geschichtsschreibung der Landnahme im Wilden Westen, dessen Zivilisierung durch Indianerausrottung, Faustrecht und Gesetz erfolgte, gewesen. Er hatte die Mythologie der USA geschaffen, eine von rauchenden Colts in Gut und Böse geordnete Welt, deren karges Pathos der Pioniergeist war. Als Eastwood UNFORGIVEN drehte und prompt mit vier Oscars, darunter den beiden wichtigsten, nämlich als bester Film und für die beste Regie, belohnt wurde, war der Western eigentlich seit zwei Jahrzehnten tot gewesen. Und seit zwei Jahren springlebendig. 1990 nämlich hatte Kevin Costners DANCES WITH WOLVES (DER MIT DEM WOLF TANZT) sieben Oscars abgeräumt, natürlich auch den Hauptoscar (bester Film) und den für die beste Regie.

Costners Drei-Stunden-Film hatte es unternommen, die blutige Gewalt im Western (die in den Spaghetti-Filmen des Genres Ende der sechziger Jahre noch einmal zynisch und gegen die ursprüngliche Westernmoral explodiert war) als brutale Konsequenz der weißen Landnahme anzuprangern; er hatte in der Schilderung der

Gegenwelt der Indianer, zu denen der Held Costner überläuft und deren Partei er ergreift, ein fast ökologisches Programm.

Auch Clint Eastwoods Film läuft auf die Seite der Schwächeren über, auch er desertiert aus der starren Western-Ordnung. Aber er schlägt sich nicht auf die Seite der Indianer, sondern auf die der Frauen; noch schlimmer: auf die Seite der verachtetsten Frauen, auf die der Huren; Eastwoods Anti-Western ist ein feministischer Western, jedenfalls auf den ersten Blick. Und diesen Film hat ausgerechnet Clint Eastwood gedreht und gespielt, der Eastwood, der als einsamer, hagerer, unrasierter Pistolero, stets ein Zigarillo zwischen den Lippen und zwei schwere Colts schußbereit unter dem Poncho, in Sergio Leones Filmen PER UN PUGNO DI DOLLARI (1964), PER QUALCHE DOLLARO IN PIU (1965) und IL BUONO, IL BRUTTO, IL CATTIVO (1966) den Prototyp des einsamen Kämpfers verkörperte, der scheinbar für Geld, in Wahrheit nur für seine Privatmoral zu töten bereit ist.

Es ist, als ob Eastwood in UNFORGIVEN die Abrechnung mit seiner eigenen (Western-)Vergangenheit, mit dem eigenen Filmmythos spielte, inszenierte und vollstreckte. Denn er ist als William Munny ein in die Jahre gekommener Schweinefarmer mit zwei Kindern, dem seine vor zwei Jahren verstorbene Frau das Saufen und das Herumballern und Herumtreiben, das ihm in seiner Jugend den Ruhm eines skrupellosen Revolverhelden und gefürchteten Killers einbrachte, so gründlich ausgetrieben hat, daß er ihren Prinzipien noch lang über ihren Tod hinaus treu bleibt.

Die Geschichte spielt um 1880 in Wyoming und wird in zunächst zwei Strängen erzählt. In einem kleinen Kaff namens Big Whiskey, das aber über ein Bordell verfügt, verstümmelt ein Cowboy mit dem Messer brutal das Gesicht einer Hure, weil sie sich über seine unterentwickelte Männlichkeit lustig gemacht hat. Der herbeigerufene Sheriff will ihn zunächst auspeitschen, doch der Hurenhauswirt schlägt vor, der Cowboy und sein Kumpel, der zur selben Zeit im anderen Zimmer seine Lust ohne Zwischenfälle ablud, sollten zur Strafe eine Handvoll Pferde zahlen: Der verminderte Gebrauchswert einer Sache, nämlich die

verunstaltete Hure, solle durch den Tauschwert von Pferden wiedergutgemacht werden.
Die Mädchen sind über diesen Handel, der sie als Menschen nicht vollnimmt, entsetzt, zumal der Sheriff, ein strammer, alter Haudegen, verständnisvoll meint, der Junge habe es nicht böse gemeint, nur die Nerven verloren – ein Urteil voll kumpelhafter Solidarität, das Frauen nicht als dem Mann gleichwertige Menschen ansieht. Also legen die Frauen Geld zusammen und setzen 1000 Dollar Belohnung für denjenigen aus, der den Rohling, der ihre Kollegin verunstaltet hat, aus dem Leben bringt.
Natürlich lockt diese Belohnung schießwütige Abenteurer an. Als erster kommt der »English Bob« genannte Pistolenheld in das Kaff. Zur Aufzeichnung seines Ruhmes hat er gleich den Schriftsteller W. W. Beauchamp mitgebracht, der sich allerdings bei der ersten Gefahr gleich buchstäblich in die Hosen macht und auch sonst Wahrheit mit Verklärung und Anpassung an die Machtverhältnisse verwechselt – ein angeekeltes Porträt willfähriger Schreiberkunst, mit der offenbar die verlogenen Ideologen des Westerns gemeint sind. Der Sheriff, der zur Abschreckung der Glücksritter und um sein Justizmonopol zu schützen, ein Waffenverbot über Big Whiskey verhängt hat, überfällt den Briten mit feiger Überzahl, entwaffnet ihn und tritt ihn mit dem Stiefel brutal und blutig zusammen: ein zweckdienlicher Sadismus, der von einem illusionslosen Gesetzeshüter zwecks Abschreckung veranstaltet wird.
Inzwischen hat die Kunde von der Belohnung auch den eingerosteten Bill Munny zwischen seinen morastigen Schweinekoben erreicht. Obwohl er feststellen muß, daß er nur noch mit Mühe trifft und sich erst nach mehreren schmerzhaften Versuchen überhaupt auf sein Pferd schwingen kann, reitet er los. Mit ihm der halbflügge »Schofield Kid«, abenteuerlustiger Sohn eines verstorbenen Freundes, der leider halb blind ist und bei dem Abenteuer lernen wird, wie erbärmlich das Töten ist. Und Ned Logan, ein schwarzer alter Kumpel Munnys, längst auch friedlich und seßhaft geworden und mit einer Indianerin verheiratet, die ihn, ähnlich wie Munnys verstorbene Frau, von der Gewalt abhalten will.

Die drei erreichen mehr schlecht als recht Big Whiskey, und Munny wird ebenso erbarmungslos aus dem Kaff geprügelt wie der englische Revolvermann. Und da seine zwei Freunde sich bei den Huren schon mal eine »Anzahlung« abrackerten, können sie durch Flucht durch die Fenster zwar kaum ihre Hosen, aber ihre Waffen retten. Die drei suchen ein Versteck in der Umgebung, werden von den Huren heimlich verköstigt, und Munny wird gesundgepflegt.

Dann erschießt Munny den jungen, sympathischen Gefährten des Gesichtsschlitzers, der nichts weiter getan hatte, als auch im Bordell gewesen zu sein, während sein Freund metzelnd ausrastete – und der später versuchte, der Verstümmelten noch aus freien Stücken ein Pferd zu schenken. Sein qualvolles, elendes Sterben ist wie ein Hohn auf den Gerechtigkeitsanspruch des Westerns. Und daß sich Logan, als er diesen Tod nur sieht, von seinen beiden Freunden trennt, zu empfindsam und gewissenbelastet für das blutige Rachegeschäft, wird auch ihm zum Verhängnis.

Während nämlich Munny und sein junger Freund dem eigentlichen Täter auflauern und ihn beim Scheißen auf der Toilette abknallen, fängt der Sheriff Logan und peitscht ihn zu Tode. Zur Abschreckung stellt er die Leiche in einem offenen Sarg vor den Saloon, der gleichzeitig das Bordell ist. Als Munny das hört, kommt er zurück und richtet unter den Überraschten ein Blutbad an: In der kaltblütig vollstreckten Rache, der auch der Sheriff (Gene Hackman bekam für diese Rolle des illusionslosen Rabauken, für den Rechthaben, Macht und Gesetz eins sind, einen Oscar) zum Opfer fällt, erwacht in dem verknitterten, stoppeligen, versteinerten Gesicht des 62jährigen Eastwood noch einmal der einsame Killer des Italo-Westerns zu brutaler, voller Größe. Es ist, wenn man so will, eine ähnliche Entwicklung wie in HIGH NOON: Auch hier heißt die letzte Konsequenz: Gewalt ist nur mit Gewalt zu begegnen. Sie ist in diesem Film lediglich leicht abgewandelt: Männergewalt ist nur mit Gewalt beizukommen. Das wird allerdings aus dem Blickwinkel von Männern erzählt.

UNFORGIVEN, ein Film, der, mit souveräner Hand gestaltet, in seiner geradlinigen Dramaturgie und den einfach-eindrucksvollen

Bildern von Ritten gegen den Horizont, flackernden Lagerfeuern oder angetrunkenen Saloonrunden wie eine späte Summe aller Western wirkt, besticht nicht nur durch den Kontrast zwischen menschlicher Wärme, die er der Zeichung der Charaktere zukommen läßt, und brutaler Kälte, die ihre sozialen Beziehungen kennzeichnet: Er befreit sich und den Westernzuschauer auch von manch dummem Klischee. Also steht man nicht gleich wieder tapfer auf, wenn man brutal zusammengeschlagen wurde, sondern liegt auf Leben und Tod. Also trifft man nicht, wenn man schießt, aus Tapferkeit, sondern aus Zufall, und weil man sich aus Angst besoffen hat. Also sind Huren keine anderen Frauen als andere Frauen, weder schöner noch lasziver, noch geschminkter. Und der Tod und das Töten sind etwas Schreckliches. Etwas so Schreckliches, daß sich Fragen danach, ob es gerecht oder ungerecht war, gar nicht mehr stellen. Daneben, kaum zu glauben, hat der Film auch noch Humor. Wenn der Sheriff in seiner Freizeit sein Holzhaus selber zimmert, bleibt kein Balken gerade. Und wenn er sein Dach deckt, ist es regendicht wie ein Sieb – kein schlechtes Bild für die zwangsläufige Stümperei des Gesetzeshüters.

ERBARMUNGSLOS (UNFORGIVEN) (USA 1992, Warner/Malpaso, Farbe, Technicolor, 131 Min.). Regie und Produktion: Clint Eastwood. Drehbuch: David Webb Peoples. Kamera: Jack N. Green. Musik: Lennie Niehaus. Schnitt: Joel Cox.
Bill Munny: Clint Eastwood. Little Bill Daggett, der Sheriff: Gene Hackman. Ned Logan: Morgan Freeman. »English Bob«: Richard Harris. The »Schofield Kid«: Jaimz Woolvett. W.W. Beauchamp: Saul Rubinek. Strawberry Alice: Frances Fisher. Delilah Fitzgerald: Anna Thomson. Quick Mike: David Mucci.

Schindler's List (1993)
Schindlers Liste

Liam Neeson, Ben Kingsley

Im September 1939 unterwarf Hitler in einem »Blitzkrieg« Polen und teilte es sich mit Stalin. Das unterjochte, besiegte Land wurde in ein deutsches »Generalgouvernement« mit dem Regierungssitz Krakau verwandelt. Im Gefolge der siegreichen deutschen Wehrmacht kamen die Nazis, kam die SS und mit ihr die Judenverfolgung, zuerst durch die Ghettoisierung, die Dezimierung durch Hunger und eine schier unglaubliche Ausbeutung, schließlich durch die »Endlösung«: Auschwitz, das schrecklichste Vernichtungslager mit seinen Selektionen, Todesduschräumen und Krematorien lag nur ungefähr 50 Kilometer westlich von Krakau entfernt, wo die Nazis, wie in Lodz (Litzmannstadt) und Warschau, die Juden Galiziens zusammengepfercht hatten.

Im Schatten der Wehrmacht kam auch eine Gruppe von industriellen Glücksrittern und Kriegsgewinnlern nach Krakau, die versuchten, am Krieg und am Sieg zu verdienen und sich, nicht anders als die deutsche Großindustrie, vor allem IG Farben, der billigen polnischen Arbeitskräfte und der noch wohlfeileren Juden zu bedienen: Es war das Wiederaufleben einer barbarischen Sklavengesellschaft mitten im 20. Jahrhundert.

Unter diesen Hasardeuren war auch der, wie man damals sagte, »Sudetendeutsche« Oskar Schindler, damals 31, Sohn eines deutschen Fabrikanten, der der Pleite nahe war, verheiratet mit einer Gutsbesitzerstochter, deren Erbe der Schwiegervater ihm verweigerte. So versuchte er in Krakau sein Glück zu machen und tauchte in die grausige Atmosphäre aus Korruption, Bestechung und Kriegsgewinnlertum, Alkoholexzessen und Orgien mit den zu Huren degradierten und für ein Butterbrot käuflichen Polinnen auf der einen, strikt-absurden Naziverordnungen und ihrer brutalen Durchsetzung, Partisanenkrieg und SS-Terror auf der anderen Seite: In diese Subkultur des Nazistaats in seinen zur totalen Ausbeutung unterworfenen Kolonien gehörte Schindler. Er beschäftigte Juden, auch weil sie die billigsten Arbeitskräfte waren, in seiner mit jüdischem Geld erstellten »DEF«, der »Deutschen Emailwarenfabrik«, er bestach großzügig die in Korruption und Panik schlemmenden und saufenden SS-Größen, er lebte mit deutscher Geliebter, polnischer Freundin und viel, viel Schnaps weit entfernt von seiner Ehefrau in Saus und Braus – ein gewiefter Nutznießer des Krieges par excellence.

Über ausgerechnet diesen Mann hat der Australier Thomas Keneally nach zweijährigen genauen Recherchen einen authentischen Roman geschrieben, und ausgerechnet aus diesem zwielichtigen »Roman«helden hat Steven Spielberg einen Filmhelden gemacht – einer der bewegendsten und wahrhaftigsten Charaktere des Kinos und der durch das Kino entborgenen, entfalteten historischen Wahrheit.

Warum? Weil der Roman und, in noch viel eindringlicherem, ja bestürzendem Maße, der Film mit der Gestalt und der Geschichte Schindlers eine geradezu schmerzhafte Nähe zu dem abscheulichsten politischen Verbrechen der Neuzeit erreichen konnte: dem Völkermord an den Juden, dem Holocaust. Die geplante Judenausrottung, entsetzlich abstrakt in ihren Millionen-Dimensionen und ihrer bürokratischen Vollstreckung mittels Stempel, tätowierter Nummer, Erfassung in Listen und medizinischer Selektion, gewinnt in Oskar Schindler (ohne daß Spielberg verfälschen oder sentimentalisieren müßte) eine packend konkrete Nähe.

Denn Schindler, und das zeigt der Schwarzweißfilm in kontrastierendem Wechsel zwischen Massenszenen unter den drangsalierten Juden und Szenen unter ihren saufenden, hurenden und den »Endsieg« zu Geschäften ummünzenden Drangsalierern – Schindler erlebte alle Phasen der Himmlerschen Judenpolitik, und er wandelte sich vom Ausbeuter zum Retter der Juden.

Zuerst holte er sich seine Arbeitskräfte aus dem Krakauer Ghetto, schnell sprach sich herum, daß er sie nicht wie Arbeitsvieh, sondern wie Menschen behandelte: Der Film zeigt, wie er einen Seiltanz zwischen seiner natürlichen Menschlichkeit und diesem bei den Nazis gefährlichen Ruf, gut zu »Untermenschen«, ja zu Juden zu sein, vollführen mußte – ein Akt, den er mit Charme, Geschick und Alkohol bewältigte.

Später erlebte er die Liquidierung des Krakauer Ghettos 1943. Wie Spielberg hier ein historisches Datum in eine quälend lange, quälend genaue Folge von Szenen zerlegt, in denen die aufmarschierenden Deutschen die Menschen aus ihren Wohnungen ausräuchern, sie in den verzweifeltesten Schlupfwinkeln (unter Dielen, in Klavieren, in Wandnischen, in Abflußrohren) aufspüren, eine kalt und bürokratisch funktionierende Vernichtungsmaschinerie – das gehört sicher zu den bleibenden Dokumentationen, die das Kino hervorgebracht hat. Spielberg wechselt zwischen kleinen Episoden und dem großen Todessturm, der durch das Ghetto fegt, er beendet die Szenerie mit einer Totalen von einem Hügel auf das nächtliche Ghetto, aus dem man noch Schüsse hört und wo das gespenstische Aufflackern von Lichtern hinter den Fenstern das letzte Aufflackern von Leben zeigt.

Diese unvergeßlichen Szenen mit Füßen getretener Menschlich-

keit beobachtet Schindler bei einem Ausritt mit seiner Geliebten vom Pferd aus. Und Spielberg läßt auf einmal, zunächst fast unmerklich, durch diese Mordbrennerszenen ein kleines Mädchen huschen – im roten Kleid, mitten in der Schwarzweiß-Szenerie: eine Irritation von erschreckender Poesie – es war das Mädchen, dessen Anblick im roten Kleid aus Schindler den bedingungslosen Helfer und Retter der Juden, seiner Schindler-Juden, machte.
Denn in der nächsten Phase, in der des Judenzwangsarbeitslagers Plaszow, ging Schindler einen gefährlichen Pakt mit dem SS-Kommandanten Goeth ein: Er bestach den brutal-sentimentalen, raffgierigen Säufer (der zum Spaß und zur Abwechslung Juden vom Balkon seiner Villa eben mal abschoß, ein grausiger Sonntagsjäger, mit erschreckender Vielschichtigkeit von dem englischen Shakespeare-Darsteller Ralph Fiennes gespielt), ihm gegen fette Provisionen seine Juden weiterhin zu lassen, über die er auf diese Weise seine schützende Hand halten konnte. Der Film kulminiert in einem der wahnwitzigsten Abenteuer während des Krieges: Als das Arbeitslager liquidiert und die Juden zur »Endlösung« nach Auschwitz, in Viehwagen gepfercht, verfrachtet werden – kauft Schindler, sein ganzes dem Krieg abgewonnenes Vermögen einsetzend, seine »Liste« den Nazis ab und bringt sie nach Mähren, in seine Heimat, wo er pro forma eine Rüstungsfabrik betreibt, in Wahrheit den Krieg durch Ausschußproduktion sabotiert.
Durch ein Versehen werden die gesondert transportierten Frauen und Kinder (deren Notwendigkeit für die Rüstungsindustrie »erklärt« Schindler durch ihre kleinen Finger, mit denen sie Patronenhülsen innen schmirgeln können) nach Auschwitz gefahren und gleich in die Duschräume geführt – doch Schindler holt sie in einer dramatischen Aktion aus der Hölle zurück.
Der große Filmemacher hat das Thema, hat Schindlers Geschichte mit stärkster Eindringlichkeit und einer fast fanatischen Genauigkeit – erstaunlich europäisch und atmosphärisch genau – zu seiner Sache gemacht: Szenen wie die Selektion an der Rampe von Birkenau, wo der rauchende Schlot des Krematoriums buchstäblich den Himmel verdüstert, Exekutionen hilfloser Greise und

Kinder, die im Schnee verbluten, der Abtransport der Kinder aus Plaszow, die erst gejagt, dann auf Lastwagen fröhlich winkend abfahren, während ihre schreienden, entsetzten Mütter mit Kolbenhieben zurückgeschlagen werden (zur Selektion ertönt das damalige Kitschlied »Mamatschi, schenk mir ein Pferdchen«) – solche Szenen wird, wer sie sah, nicht mehr los.

Schindler hat Spielberg mit dem irischen Schauspieler Liam Neeson besetzt, einem großen, großzügigen Charakter mit virilem Charme und breiten einnehmenden Gesten, eine Figur, die vor allem zeigt, daß Helden nicht aus Tugendteig gebacken, sondern aus Widersprüchen geformt sind: Wie dieser Genußmensch, der jeder schönen Frau verfällt und schon am Vormittag zu seiner Taschenflasche greift, sich erst herrisch auf das Bett einer eben vertriebenen jüdischen Großbürgerfamilie fläzt und später den letzten Pfennig für die Rettung von über 1000 Juden, eben der »Schindler-Juden«, aufbringt, das zeigt Neeson mit übergreifender Selbstverständlichkeit. Seinen Buchhalter Itzhak Stern spielt Ben Kingsley, erst Schindlers widerwillig-angeekelter Partner, schließlich sein Freund, in einer eindringlichen Studie. Auch in jeder anderen Rolle und jeder einzelnen Episode ist der Film, der ohne die Klischees der hackenschlagenden, »Heil Hitler!« schreienden Bilderbuchnazis auskommt, der mit kleinen psychologischen Szenen ebenso souverän umzugehen versteht wie mit den überwältigenden Massenszenen, der größte Wurf des Filmemachers Spielberg – und mit sieben Oscars honoriert, den ersten, die der erfolgreichste Filmemacher aller Zeiten, lange als Regisseur spektakulärer Kindereien unterschätzt, gewinnen konnte.

SCHINDLERS LISTE (SCHINDLER'S LIST) (USA 1993, Universal, sw., 195 Min.). Regie: Steven Spielberg. Produktion: Steven Spielberg, Gerald R. Molen, Branko Lustig. Drehbuch: Steven Zaillian, nach dem gleichnamigen Roman von Thomas Keneally. Kamera: Janusz Kaminski. Ausstattung: Allan Starski. Kostüme: Anna Biedrzyckz-Sheppard. Musik: John Williams. Beratung: Leopold Page.
Oskar Schindler: Liam Neeson. Itzhak Stern: Ben Kingsley. Amon Göth: Ralph Fiennes. Emilie Schindler: Caroline Goodall. Poldek Pfefferberg: Jonathan Sagalle. Helen Hirsch: Embeth Davidtz.

Anhang

Die hundert Filme, chronologisch geordnet

1930	Der blaue Engel *17*
	Morocco (Marokko) *22*
1931	Little Caesar (Der kleine Caesar) *27*
	M – Eine Stadt sucht einen Mörder *31*
	The Public Enemy (Der öffentliche Feind) *36*
1932	Scarface (Scarface) *40*
	Trouble in Paradise (Ärger im Paradies) *43*
1933	Dinner at Eight (Dinner um acht) *47*
	King Kong (King Kong und die weiße Frau) *51*
1934	It Happened One Night (Es geschah in einer Nacht) *56*
	Twentieth Century (Napoleon vom Broadway) *60*
1936	Desire (Sehnsucht) *63*
	Modern Times (Moderne Zeiten) *66*
1937	The Awful Truth (Die schreckliche Wahrheit) *72*
	Lost Horizon (In den Fesseln von Shangri-La) *76*
1938	Bluebeard's Eighth Wife (Blaubarts achte Frau) *82*
	Bringing up Baby (Leoparden küßt man nicht) *85*
	The Lady Vanishes (Eine Dame verschwindet) *89*
1939	Gone With the Wind (Vom Winde verweht) *93*
	Midnight (Enthüllung um Mitternacht) *99*
	Ninotchka (Ninotschka) *102*
	La Règle du Jeu (Die Spielregel) *106*
	Stagecoach (Höllenfahrt nach Santa Fé) *110*
	Wuthering Heights (Stürmische Höhen) *115*
1940	The Grapes of Wrath (Früchte des Zorns) *119*
	The Great Dictator (Der große Diktator) *124*
	His Girl Friday (Sein Mädchen für besondere Fälle) *129*
	The Letter (Das Geheimnis von Malampur) *133*
	The Philadelphia Story (Die Nacht vor der Hochzeit) *137*
	The Shop Around the Corner (Rendezvous nach Ladenschluß) *141*
1941	Citizen Kane (Citizen Kane) *146*
	High Sierra (Entscheidung in der Sierra) *152*
	The Lady Eve (Die Falschspielerin) *155*
	The Maltese Falcon (Die Spur des Falken) *158*
1942	Casablanca (Casablanca) *162*
	Ossessione (Ossessione – Von Liebe besessen) *166*
	To Be or Not To Be (Sein oder Nichtsein) *171*

1944	Double Indemnity (Frau ohne Gewissen) *175*
	Laura (Laura) *178*
1945	Brief Encounter (Begegnung) *181*
	Les Enfants du Paradis (Kinder des Olymp) *184*
1946	The Best Years of Our Lives (Die besten Jahre unseres Lebens) *189*
	The Big Sleep (Tote schlafen fest) *193*
	Gilda (Gilda) *197*
	It's a Wonderful Life (Ist das Leben nicht schön?) *201*
	The Killers (Rächer der Unterwelt) *205*
	Notorious (Berüchtigt) *208*
1948	Ladri di Biciclette (Fahrraddiebe) *213*
	Red River (Red River – Panik am roten Fluß) *217*
1949	The Third Man (Der dritte Mann) *221*
1950	All about Eve (Alles über Eva) *225*
	La Ronde (Der Reigen) *229*
	Sunset Boulevard (Boulevard der Dämmerung) *234*
1951	The African Queen (African Queen) *238*
	An American in Paris (Ein Amerikaner in Paris) *242*
	Miracolo a Milano (Der Wunder von Mailand) *247*
	Rashō-Mon (Rashomon – Das Lustwäldchen) *250*
1952	High Noon (Zwölf Uhr mittags) *256*
	Niagara (Niagara) *260*
	Singin' in the Rain (Du sollst mein Glücksstern sein) *265*
1953	From Here to Eternity (Verdammt in alle Ewigkeit) *270*
	Le Salaire de la Peur (Lohn der Angst) *274*
1954	On the Waterfront (Die Faust im Nacken) *278*
	La Strada (La Strada – Das Lied der Straße) *282*
1957	Paths of Glory (Wege zum Ruhm) *287*
	Smultronstället (Wilde Erdbeeren) *292*
1958	Vertigo (Aus dem Reich der Toten – Vertigo) *297*
	Witness for the Prosecution (Zeugin der Anklage) *302*
1959	A Bout de Souffle (Außer Atem) *305*
	North by Northwest (Der unsichtbare Dritte) *310*
	Some Like It Hot (Manche mögen's heiß) *315*
1960	The Apartment (Das Appartement) *319*
	Psycho (Psycho) *323*
1961	Viridiana (Viridiana) *328*
1962	Lawrence of Arabia (Lawrence von Arabien) *334*
1963	Il Gattopardo (Der Leopard) *339*
1967	Belle de Jour (Belle de Jour – Schöne des Tages) *346*
	Bonnie and Clyde (Bonnie und Clyde) *350*
	Le Samourai (Der eiskalte Engel) *353*
1968	La Femme infidèle (Die untreue Frau) *357*
	2001: A Space Odyssee (2001: Odyssee im Weltraum) *362*
1969	The Wild Bunch (Sie kannten kein Gesetz) *368*
1970	Le Cercle Rouge (Vier im roten Kreis) *372*
1971	The French Connection (Brennpunkt Brooklyn) *376*
1972	Le Charme discret de la Bourgeoisie (Der diskrete Charme der Bourgeoisie) *380*
	The Godfather (Der Pate) *385*
	L'ultimo Tango a Parigi/Le dernier Tango à Paris (Der letzte Tango in Paris) *389*

1973	La Nuit Américaine (Die amerikanische Nacht) *395*
1974	Chinatown (Chinatown) *400*
	The Godfather, Part II (Der Pate, Teil II) *404*
1975	Jaws (Der weiße Hai) *407*
	Nashville (Nashville) *413*
1976	Taxi Driver (Taxi Driver) *420*
1979	Manhattan (Manhattan) *425*
1980	Atlantic City (Atlantic City, USA) *429*
1982	Blade Runner (Blade Runner) *432*
1986	Hannah and Her Sisters (Hannah und ihre Schwestern) *437*
1988	Dangerous Liaisons (Gefährliche Liebschaften) *441*
1992	Unforgiven (Erbarmungslos) *447*
1993	Schindler's List (Schindlers Liste) *452*

Die hundert Filme, nach deutschen Titeln und nach Originaltiteln geordnet

Deutsche Titel

Ärger im Paradies (1932) *43*
African Queen (1951) *238*
Alles über Eva (1950) *225*
Ein Amerikaner in Paris (1951) *242*
Die amerikanische Nacht (1973) *395*
Das Appartement (1960) *319*
Atlantic City, USA (1980) *429*
Aus dem Reich der Toten – Vertigo (1958) *297*
Außer Atem (1959) *305*
Begegnung (1945) *181*
Belle de Jour – Schöne des Tages (1967) *346*
Berüchtigt (1946) *208*
Die besten Jahre unseres Lebens (1946) *189*
Blade Runner (1982/1993) *432*
Blaubarts achte Frau (1938) *82*
Der blaue Engel (1930) *17*
Bonnie und Clyde (1967) *350*
Boulevard der Dämmerung (1950) *234*
Brennpunkt Brooklyn (1971) *376*
Casablanca (1942) *162*
Chinatown (1974) *400*
Citizen Kane (1941) *146*
Eine Dame verschwindet (1938) *89*
Dinner um acht (1933) *47*
Der diskrete Charme der Bourgeoisie (1972) *380*
Der dritte Mann (1949) *221*
Du sollst mein Glücksstern sein (1952) *265*
Der eiskalte Engel (1967) *353*
Enthüllung um Mitternacht (1939) *99*
Entscheidung in der Sierra (1941) *152*
Erbarmungslos (1992) *447*

Es geschah in einer Nacht (1934) *56*
Fahrraddiebe (1948) *213*
Die Falschspielerin (1941) *155*
Die Faust im Nacken (1954) *278*
Frau ohne Gewissen (1944) *175*
Früchte des Zorns (1940) *119*
Gefährliche Liebschaften (1988) *441*
Das Geheimnis von Malampur (1940) *133*
Gilda (1946) *197*
Der große Diktator (1940) *124*
Hannah und ihre Schwestern (1986) *437*
Höllenfahrt nach Santa Fé (1939) *110*
In den Fesseln von Shangri-La (1937) *76*
Ist das Leben nicht schön? (1946) *201*
Kinder des Olymp (1945) *184*
King Kong und die weiße Frau (1933) *51*
Der kleine Caesar (1931) *27*
Laura (1944) *178*
Lawrence von Arabien (1962) *334*
Der Leopard (1963) *339*
Leoparden küßt man nicht (1938) *85*
Der letzte Tango in Paris (1972) *389*
Lohn der Angst (1953) *274*
M – Eine Stadt sucht einen Mörder (1931) *31*
Manche mögen's heiß (1959) *315*
Manhattan (1979) *425*
Marokko (1930) *22*
Moderne Zeiten (1936) *66*
Die Nacht vor der Hochzeit (1940) *137*
Napoleon vom Broadway (1934) *60*
Nashville (1975) *413*
Niagara (1952) *260*
Ninotschka (1939) *102*
Der öffentliche Feind (1931) *36*

Ossessione – Von Liebe besessen (1942) 166
Der Pate (1972) 385
Der Pate, Teil II (1974) 404
Psycho (1960) 323
Rächer der Unterwelt (1946) 205
Rashomon – Das Lustwäldchen (1951) 250
Red River – Panik am roten Fluß (1948) 217
Der Reigen (1950) 229
Rendezvous nach Ladenschluß (1940) 141
Scarface (1932) 40
Schindlers Liste (1993) 452
Die schreckliche Wahrheit (1937) 72
Sehnsucht (1936) 63
Sein Mädchen für besondere Fälle (1940) 129
Sein oder Nichtsein (1942) 171
Sie kannten kein Gesetz (1969) 368

Die Spielregel (1939) 106
Die Spur des Falken (1941) 158
La Strada – Das Lied der Straße (1954) 282
Stürmische Höhen (1939) 115
Taxi Driver (1976) 420
Tote schlafen fest (1946) 193
Der unsichtbare Dritte (1959) 310
Die untreue Frau (1968) 357
Verdammt in alle Ewigkeit (1953) 270
Vier im roten Kreis (1970) 372
Viridiana (1961) 328
Vom Winde verweht (1939) 93
Wege zum Ruhm (1957) 287
Der weiße Hai (1975) 407
Wilde Erdbeeren (1957) 292
Das Wunder von Mailand (1951) 247
Zeugin der Anklage (1958) 302
2001: Odyssee im Weltraum (1968) 362
Zwölf Uhr mittags (1952) 256

ORIGINALTITEL

The African Queen (1951) 238
All About Eve (1950) 225
An American in Paris (1951) 242
The Apartment (1960) 319
Atlantic City (1980) 429
The Awful Truth (1937) 72
Belle de Jour (1967) 346
The Best Years of Our Lives (1946) 189
The Big Sleep (1946) 193
Blade Runner (1982/1993) 432
Der blaue Engel (1930) 17
Bluebeard's Eighth Wife (1938) 82
Bonnie and Clyde (1967) 350
A Bout de Souffle (1959) 305
Brief Encounter (1945) 181
Bringing up Baby (1938) 85
Casablanca (1942) 162
Le Cercle Rouge (1970) 372
Le Charme discret de la Bourgeoisie (1972) 380
Chinatown (1974) 400
Citizen Kane (1941) 146
Dangerous Liaisons (1988) 441
Desire (1936) 63
Dinner at Eight (1933) 47
Double Indemnity (1944) 175
Les Enfants du Paradis (1945) 184

La Femme Infidèle (1968) 357
The French Connection (1971) 376
From Here to Eternity (1953) 270
Il Gattopardo (1963) 339
Gilda (1946) 197
The Godfather (1972) 385
The Godfather, Part II (1974) 404
Gone with the Wind (1939) 93
The Grapes of Wrath (1940) 119
The Great Dictator (1940) 124
Hannah and Her Sisters (1986) 437
It Happened One Night (1934) 56
High Noon (1952) 256
High Sierra (1941) 152
His Girl Friday (1940) 129
It's a Wonderful Life (1946) 201
Jaws (1975) 407
The Killers (1946) 205
King Kong (1933) 51
Ladri di Biciclette (1948) 213
The Lady Eve (1941) 155
The Lady Vanishes (1938) 89
Laura (1944) 178
Lawrence of Arabia (1962) 334
The Letter (1940) 133
Little Caesar (1931) 27
Lost Horizon (1937) 76

The Maltese Falcon (1941) *158*
M – Eine Stadt sucht einen Mörder (1931) *31*
Manhattan (1979) *425*
Midnight (1939) *99*
Miracolo a Milano (1951) *247*
Modern Times (1936) *66*
Morocco (1930) *22*
Nashville (1975) *413*
Niagara (1952) *260*
Ninotchka (1939) *102*
North by Northwest (1959) *310*
Notorious (1946) *208*
La Nuit Américaine (1973) *395*
On the Waterfront (1954) *278*
Ossessione (1942) *166*
Paths of Glory (1957) *287*
The Philadelphia Story (1940) *137*
Psycho (1960) *323*
The Public Enemy (1931) *36*
Rashō-Mon (1951) *250*
Red River (1948) *217*
La Règle du Jeu (1939) *106*
La Ronde (1950) *229*
Le Salaire de la Peur (1953) *274*

Le Samourai (1967) *353*
Scarface (1932) *40*
Schindler's List (1993) *452*
The Shop Around the Corner (1940) *141*
Singin' in the Rain (1952) *265*
Smultronstället (1957) *292*
Some Like It Hot (1959) *315*
Stagecoach (1939) *110*
La Strada (1954) *282*
Sunset Boulevard (1950) *234*
L'ultimo Tango a Parigi / Le Dernier Tango à Paris (1972) *389*
Taxi Driver (1976) *420*
To Be or Not To Be (1942) *171*
The Third Man (1949) *221*
Trouble in Paradise (1932) *43*
Twentieth Century (1934) *60*
2001: A Space Odyssee (1968) *362*
Unforgiven (1992) *447*
Vertigo (1958) *297*
Viridiana (1961) *328*
The Wild Bunch (1969) *368*
Witness for the Prosecution (1958) *302*
Wuthering Heights (1939) *115*

Die hundert Filme, nach Regisseuren geordnet

WOODY ALLEN
Manhattan (1979) 425
Hannah and Her Sisters (1986) 437

ROBERT ALTMAN
Nashville (1975) 413

INGMAR BERGMAN
Smultronstället (1957) 292

BERNARDO BERTOLUCCI
L'ultimo Tango a Parigi (1972) 389

LUIS BUÑUEL
Viridiana (1961) 328
Belle de Jour (1967) 346
Le Charme discret de la Bourgeoisie
  (1972) 380

FRANK CAPRA
It Happened One Night (1934) 56
Lost Horizon (1937) 76
It's a Wonderful Life (1946) 201

MARCEL CARNÉ
Les Enfants du Paradis (1945) 184

CLAUDE CHABROL
La Femme Infidèle (1968) 357

CHARLIE CHAPLIN
Modern Times (1936) 66
The Great Dictator (1946) 124

HENRI-GEORGES CLOUZOT
Le Salaire de la Peur (1953) 274

FRANCIS FORD COPPOLA
The Godfather (1972) 385
The Godfather, Part II (1974) 404

GEORGE CUKOR
Dinner at Eight (1933) 47
The Philadelphia Story (1940) 137

MICHAEL CURTIZ
Casablanca (1942) 162

STANLEY DONEN/GENE KELLY
Singin' in the Rain (1952) 265

CLINT EASTWOOD
Unforgiven (1992) 447

FEDERICO FELLINI
La Strada (1954) 282

VICTOR FLEMING
Gone with the Wind (1939) 93

JOHN FORD
Stagecoach (1939) 110
The Grapes of Wrath (1940) 119

STEPHEN FREARS
Dangerous Liaisons (1988) 441

WILLIAM FRIEDKIN
The French Connection (1971) 376

JEAN-LUC GODARD
A Bout de Souffle (1959) 305

HENRY HATHAWAY
Niagara (1952) 260

HOWARD HAWKS
Scarface (1932) 40
Twentieth Century (1934) 60

Bringing up Baby (1938) *85*
His Girl Friday (1940) *129*
The Big Sleep (1946) *193*
Red River (1948) *217*

ALFRED HITCHCOCK
The Lady Vanishes (1938) *89*
Notorious (1946) *208*
Vertigo (1958) *297*
North by Northwest (1959) *310*
Psycho (1960) *323*

JOHN HUSTON
The Maltese Falcon (1941) *158*
The African Queen (1951) *238*

ELIA KAZAN
On the Waterfront (1954) *278*

STANLEY KUBRICK
Paths of Glory (1957) *287*
2001: A Space Odyssee (1968) *362*

AKIRA KUROSAWA
Rashō-Mon (1951) *250*

FRITZ LANG
M – eine Stadt sucht einen Mörder (1931) *31*

DAVID LEAN
Brief Encounter (1945) *181*
Lawrence of Arabia (1962) *334*

ERNST LUBITSCH
Trouble in Paradise (1932) *43*
Desire (1936) *63*
Bluebeard's Eighth Wife (1938) *82*
Ninotchka (1939) *102*
The Shop Around the Corner (1940) *141*
To Be or Not to Be (1942) *171*

LOUIS MALLE
Atlantic City (1980) *429*

JOSEPH L. MANKIEWICZ
All About Eve (1950) *225*

LEO MCCAREY
The Awful Truth (1937) *72*

JEAN-PIERRE MELVILLE
Le Samourai (1967) *353*
Le Cercle Rouge (1970) *372*

MITCHELL LEISEN
Midnight (1939) *99*

VINCENTE MINNELLI
An American in Paris (1951) *242*

MAX OPHÜLS
La Ronde (1950) *229*

SAM PECKINPAH
The Wild Bunch (1969) *368*

ARTHUR PENN
Bonnie and Clyde (1967) *350*

ROMAN POLANSKI
Chinatown (1974) *400*

OTTO PREMINGER
Laura (1944) *178*

CAROL REED
The Third Man (1949) *221*

JEAN RENOIR
La Règle du Jeu (1939) *106*

MERVYN LE ROY
Little Caesar (1931) *27*

ERNEST B. SCHOEDSACK/
  MERIAN C. COOPER
King Kong (1933) *51*

MARTIN SCORSESE
Taxi Driver (1976) *420*

RIDLEY SCOTT
Blade Runner (1982/1993) *432*

VITTORIO DE SICA
Ladri di Biciclette (1948) *213*
Miracolo a Milano (1951) *247*

ROBERT SIODMAK
The Killers (1946) *205*

STEVEN SPIELBERG
Jaws (1975) *407*
Schindler's List (1993) *452*

JOSEF VON STERNBERG
Der blaue Engel (1930) *17*
Morocco (1930) *22*

PRESTON STURGES
The Lady Eve (1941) *155*

FRANÇOIS TRUFFAUT
La Nuit Américaine (1973) *395*

CHARLES VIDOR
Gilda (1946) *197*

LUCHINO VISCONTI
Ossessione (1942) *166*
Il Gattopardo (1963) *339*

RAOUL WALSH
High Sierra (1941) *152*

ORSON WELLES
Citizen Kane (1941) *146*

WILLIAM WELLMAN
The Public Enemy (1931) *36*

BILLY WILDER
Double Indemnity (1944) *175*
Sunset Boulevard (1950) *234*
Witness for the Prosecution (1958) *302*
Some Like It Hot (1959) *315*
The Apartment (1960) *319*

WILLIAM WYLER
Wuthering Heights (1939) *115*
The Letter (1940) *133*
The Best Years of Our Lives (1946) *189*

FRED ZINNEMANN
High Noon (1952) *256*
From Here to Eternity (1953) *270*

Literaturhinweise

Allgemeine Bücher, Lexika, Filmgeschichten, Nachschlagewerke, Reihen

Baxter, John: Hollywood in The Thirties, London 1968, A Zwemmer Ltd. u. A. S. Barnes N. Y.
Baxter, John: Hollywood in the Sixties/New York, London 1968, A Zwemmer Ltd.. In: International Film Guide Series.
Bergan, Ronald: The United Artists Story. The Complete History of the Studio and Its 1581 Films, London 1986, Octopus Books.
Bock, Hans Michael/Töteberg, Michael (Hrsg.): Das Ufa-Buch. Kunst und Krisen, Stars und Regisseure, Wirtschaft und Politik, Frankfurt a. M. 1992, Verlag 2001.
Buss, Robin: Italian Films, London 1989, B. T. Batsford Ltd.
Camonte, Tony S.: 100 Jahre Hollywood. Von der Wüstenfarm zur Traumfabrik, München 1987, Heyne Verlag.
Drewniak, Bogulaw: Der deutsche Film 1938–1945, Düsseldorf 1987, Droste.
Eames, John Douglas: The MGM Story. All 1705 Films of MGM described and illustrated in Color and Black and White, London 1975, Octopus Books.
Eames, John Douglas: The Paramount Story. The Complete History of the Studio and Its 2805 Films, London 1985, Octopus Books.
Faulstich, Werner/Korte, Helmut (Hrsg.): Fischer Filmgeschichte. 100 Jahre Film 1895–1995, 4 Bde. (die Ausgabe wird 1995 komplett sein), Frankfurt a. M. 1990, Fischer Taschenbuchverlag.
Finler, Joel W.: All Time Movie Favorites, Norwalk (Connecticut) 1975, Longmeadow Press.
Gow, Gordon: Hollywood in the Fifties. In: International Film Guide Series, N. Y./London 1971, Barnes & Co, N. Y., Zwemmer Ltd., London.
Gregor, Ulrich/Patalas, Enno: Geschichte des Films 1895–1960, 4 Bde., Reinbek b. Hamburg 1980, Handbuch rororo.
Gregor, Ulrich: Geschichte des Films – ab 1960, München 1978, C. Bertelsmann.
Hahn, Ronald M./Jansen, Volker: Kultfilme (Von »Metropolis« bis »Rocky Horror Picture Show«), München 1985, Heyne Verlag.
Halliwell's Film Guide (Seventh Edition), New York 1989, Harper & Row Publishers.
Halliwell's Filmgoer's Companion, London 1987, Paladin Crafton Books.
Hamilton, Ian: Writers in Hollywood (1915–1951), New York 1990, Carroll & Graf Publ.
Haver, Ronald: David O. Selznick's Hollywood, New York 1980, Alfred Knopf.
Hay, Peter: MGM – When the Lion Roars, Atlanta 1991, Turner Publishing Inc.
Higham, Charles/Greenberg, Joel: Hollywood in the Forties, London/N. Y. 1968, A. Zwemmer Ltd./A. S. Barnes.
Heinzlmeier, Adolf/Menningen, Jürgen/Schulz, Berndt: Kultfilme, Hamburg 1983, Hoffmann und Campe Verlag.

Heinzlmeier, Adolf/Schulz, Berndt: Kino-Klassiker. 100 Meisterwerke der Filmgeschichte, Hamburg 1986, Rasch und Röhring.
Hirschhorn, Clive: The Columbia Story. The Complete History of the Studio and All Its Films. London 1989, Octopus Books. New York 1990, Crown Publishers.
Hirschhorn, Clive: The Universal Story. The Complete History of the Studio and Its 2641 Films. London 1983, Octopus Books, New York 1983, Crown Publishers.
Hirschhorn, Clive: The Warner Bros. Story. The Complete History of the Great Hollywood Studio. Every Warner Bros. Film Described and Illustrated, London 1979, Octopus Books.
Höller, Joseph: Lexikon der Filmregisseure, München 1991, Heyne Verlag.
Jewell, Richard B./Harbin, Vernon: The RKO Story. The Complete Studio History, with all of the 1051 Films Described and Illustrated, Los Angeles, Arlington House.
Just, Lothar R.: Filmjahrbücher 1987–1994, 8 Bde., Alle Erstaufführungen im Kino, Fernsehen, Video – zusätzlich mit Schweiz und Österreich. München, Heyne Verlag.
Katholisches Institut für Medieninformation e. V./Katholische Filmkommission für Deutschland: Film-Lexikon des Internationalen Films. 10 Bde., Reinbek b. Hamburg 1990, Rowohlt.
Katz, Ephraim: The Film Encyclopedia, New York 1990, Harper & Row Publishers.
Kreimeier, Klaus: Die Ufa-Story, München 1992, Hanser.
Marlin, John W.: The Golden Age of French Cinema 1929–1939, London 1987, Columbus Books.
Monaco, James/Pallot, James/Baseline: The Second Virgin Film Guide, London 1993, Virgin Books.
Monographien über Schauspieler(innen) und Regisseure: »Filmbibliothek«, München, Heyne Verlag.
Monographien über Regisseure: »Reihe Film«, München, Hanser.
Quinlan's Illustrated Guide to Film Directors, London 1991, Paperback, B. T. Batsford Ltd.
Robinson, David: Hollywood in the Twenties. London/New York 1968, A. Zwemmer Ltd., A. S. Barnes.
rororo Filmlexikon Personen. Regisseure, Schauspieler, Kameraleute, Produzenten, Autoren. Hrsg. v. Liz-Anne Bawden. (deutsche Ausgabe Wolfram Tichy), Reinbek bei Hamburg 1981, (24.–28. Tausend), Rowohlt Verlag.
rororo Filmlexikon Filme. Filmbeispiele, Genres, Länder, Institutionen, Technik, Theorie. Hrsg. v. Liz-Anne Bawden. (deutsche Ausgabe Wolfram Tichy), Reinbek bei Hamburg 1981 (24.–28. Tausend), Rowohlt Verlag.
Sabria, Jean-Charles: Cinéma Français Les Années 50. Paris 1987, Economic Centre Georges Pompidou.
Sennett, Ted: Hollywood's Golden Year, 1939. A Fiftieth Anniversary Celebration, New York 1989, St. Martin's Press.
Stockham, Martin: The Korda Collection. Alexander Korda's Film Classics. (A Channel 4 Book), London 1992, Central Television Enterprises.
Thomas, Tony/Solomon, Aubrey. The Films of 20th Century Fox. A Pictorial History, Secaucus (N. J.) 1979, Citadel Press.
Toeplitz, Jerzy: Geschichte des Films (1895–1953), 5 Bde., aus dem Polnischen von Lilli Kaufmann, Berlin 1992, Henschel Verlag.
Videohound's Golden Movie Retriever. Detroit, Washington D. C., London 1993, Visible Ink Press.
Yamane, Kaiko: Das japanische Kino. Geschichte, Filme, Regisseure. München, Luzern 1985, Bucher Verlag.
Zinman, David: Fifty Grand Movies of the 1960s & 1970s, New York 1986, Crown Publishers.

Zurhorst, Meinolf: Die neuen Gesichter Hollywoods, München 1988, Heyne Verlag.
Zurhorst, Meinolf: Die neuen Sexgöttinnen, München 1988, Heyne Verlag.

FILM-GENRES

Bernhard, Manfred: Die Tarzan-Filme, München 1983, Heyne Verlag.
Bouineau, Jean-Marc/Charlot, Alain/Frimbois, Jean-Pierre: Die 100 besten Western-Filme, München 1991, Heyne Verlag.
Charlot, Alain: Die 100 besten Kriminalfilme, München 1991, Heyne Verlag.
Donner, Wolf/Menningen, Jürgen: Signale der Sinnlichkeit. Erotik im Film, München 1987, Heyne Verlag.
Dupont, Armand: Die 100 besten erotischen Filme, München 1994, Heyne Verlag.
Flamini, Roland: Vom Winde verweht. Der berühmteste Film und seine Geschichte, München 1975, Heyne Verlag.
Gabree, John: Der klassische Gangsterfilm, München 1975, Heyne Verlag.
Giesen, Rolf: Lach-Bomben. Die großen Filmkomiker. Vom Stummfilm bis zu den 40er Jahren, München 1991, Heyne Verlag.
Giesen, Rolf: Die großen Filmkomiker. Von 1945 bis heute, München 1993, Heyne Verlag.
Giesen, Rolf: Sagenhafte Welten. Der phantastische Film, München 1990, Heyne Verlag.
Harvey, James: Romantic Comedy. From Lubitsch to Sturges, New York 1987, Alfred A. Knopf.
Hellmann, Christian: Der Science Fiction-Film, München 1983, Heyne Verlag.
Hembus, Joe: Western-Geschichte. Der Westen und der Western. Chronik und Mythen, München 1979, Hanser Verlag.
Hölzl, Gebhard/Peipp, Matthias: Fahr zur Hölle, Charlie! Der Vietnamkrieg im amerikanischen Film, München 1991, Heyne Verlag.
Hoppe, Ulrich: Casablanca, München 1983, Heyne Verlag.
Jeier, Thomas: Der Western-Film, München 1987, Heyne Verlag.
Kendall, Elizabeth: The Runaway Bride. Hollywood Romantic Comedy of the 1930s, New York 1990, Alfred A. Knopf.
Lenne, Gerald: Der erotische Film, München 1983, Heyne Verlag.
Lexika zu den Genres Western, Science-Fiction, Fantasy. (Heyne Taschenbuch-Verlag, München).
Missler-Morell, Andreas: »Ich seh dir in die Augen, Kleines.« Casablanca – der Kultfilm, München 1992, Heyne Verlag.
Moss, Robert: Der klassische Horror-Film, München 1982, Heyne Verlag.
Morris, Robert L./Raskin, Lawrence: Lawrence of Arabia, New York 1992, Doubleday.
Prießmann, Karsten: Die Dracula-Filme. Von Friedrich Wilhelm Murnau bis Francis Ford Coppola, München 1993, Heyne Verlag.
Schatz, Thomas: Hollywood Genres. Formulas, Filmmaking and the Studio System, New York 1981, McGraw-Hill.
Schnelle, Frank: Die Spielberg-Factory. Kindheitsträume im Kino, München 1993, Heyne Verlag.
Schweiger, Wolfgang: Der Polizei-Film, München 1989, Heyne Verlag.
Sikov, Ed: Screwball. Hollywood's Madcap Romantic Comedies, New York 1989, Crown Publishers.
Silver, Alain/Ward, Elizabeth: Film Noir. An Encyclopedic Reference to the American Style. Woodstock (New York) 1979, The Overlook Press.
Sinclair, Marianne: Hollywood Lolita. Der Nymphchen-Mythos, München 1989, Heyne Verlag.

Stern, Lee Edward: Der Musical-Film, München 1974, Heyne Verlag.
Stresau, Norbert: Der Fantasy-Film, München 1984, Heyne Verlag.
Stresau, Norbert: Der Horror-Film. Von Dracula zum Zombie-Schocker, München 1987, Heyne Verlag.
Weiß, Ulli: Das neue Hollywood. Francis Ford Coppola, Steven Spielberg, Martin Scorsese, München 1986, Heyne Verlag.

Filmkritiken

Kritiken aus »Variety«, aus der »New York Times« und dem »New Yorker«, im Spiegel-Archiv gesammelte Kritiken sowie Sammelbände der Kritiken von Pauline Kael, Stanley Kauffmann, Friedrich Luft, Herbert Ihering, Siegfried Kracauer (»Von Caligari zu Hitler«, »Der verbotene Blick«), François Truffaut (»Die Filme meines Lebens«) und Otis Ferguson.

Autobiographien und Biographien der Regisseure, Schauspieler und Autoren.

Dazu zählt selbstverständlich auch François Truffauts Standardwerk »Mr. Hitchcock, wie haben Sie das gemacht?«, dem übrigens Robert Fishher 1981 für den französischen Fernsehsender TF1 ein Interview mit Truffaut nach dem gleichen Muster folgen ließ, das in Frankreich unter dem Titel »La Leçon de cinéma de François Truffaut« erschien. Herausragende Autobiographien haben Frank Capra und Ben Hecht, Elia Kazan (allerdings vorwiegend über seine Theaterarbeit), Charlie Chaplin und (unvollendet) Preston Sturges geschrieben. Über so gut wie alle Regisseure, die in diesem Buch vorkommen, gibt es umfassende Biographien, Monographien sowie Untersuchungen über einzelne ihrer Filme.

Bildnachweis

Alle Abbildungen: Deutsches Institut für Filmkunde, Frankfurt/M., ausgenommen S. 76, 129, 166, 265, 270, 357, 372, 389, 395, 420, 441 (Kinoarchiv Peter W. Engelmeier), S. 452 (United International Pictures), S. 72, 99, 152 (Cinetext, Frankfurt), S. 234, 315 (Hoffmann und Campe Verlag).

Register
der Hauptdarsteller und Regisseure

Adams, Casey 263 f.
Albers, Hans 21
Allen, Woody 9, 141, 425 ff., 437 ff.
Altman, Robert 413 ff., 423
Ameche, Don 99, 101
Andersson, Bibi 296
Andrews, Dana 180, 190, 192
Arkin, David 419
Arletty 185, 188
Armstrong, Robert 52, 55
Astor, Mary 159 ff.
Audran, Stéphane 13, 361, 383 f.
Aumont, Jean-Pierre 399

Bacall, Lauren 193 ff.
Bancroft, George 112, 114
Barnabo, Giuglielmo 249
Barrault, Jean-Louis 185 f., 188, 286
Barrymore, John 47, 49 f., 60 ff., 100 f.
Barrymore, Lionel 48, 50, 203 f.
Basehart, Richard 286
Baxley, Barbara 419
Baxter, Anne 226, 228
Beatty, Ned 419
Beatty, Warren 350, 352
Bel Geddes, Barbara 299, 301
Bellamy, Ralph 74 f., 132
Belmondo, Jean-Paul 305, 309
Benny, Jack 171, 174
Bento, Serge 361
Bergman, Henry 71
Bergman, Ingmar 292, 294 ff., 398
Bergman, Ingrid 163 ff., 209 ff.
Bertolucci, Bernardo 389 ff.
Bisset, Jacqueline 397, 399
Björnstrand, Gunnar 296
Black, Karen 419

Blakley, Ronee 416 f., 419
Blondell, Joan 39
Bogart, Humphrey 152 ff., 159 ff., 163 ff., 193 ff., 239 ff., 305 f.
Borgnine, Ernest 271, 273, 371
Borzage, Frank 63 ff.
Bouquet, Michel 361
Bourvil, André 373, 375
Bozzuffi, Marcel 378 f.
Brando, Marlon 13, 244, 278, 280 f., 385, 388, 390, 392 ff., 405
Brasseur, Pierre 186, 188
Brennan, Walter 218, 220
Bressart, Felix 102, 144 f., 173 f.
Bridges, Lloyd 259
Brown, Joe E. 315, 318
Bull, Peter 241
Buñuel, Luis 13, 215, 249, 294, 330 ff., 347 ff., 380 ff., 384
Burke, Billie 47, 50
Byrne, Anne 427 f.

Caan, James 388
Cabot, Bruce 52, 55
Cagney, James 37 ff., 152
Caine, Michael 439 ff.
Calamai, Clara 167, 170
Capra, Frank 56, 58 f., 76 ff., 82, 131, 201 f., 204
Cardinale, Claudia 335, 340 ff.
Carné, Marcel 185, 187 f., 398
Caron, Leslie 244 ff.
Carradine, Keith 416, 419
Carradine, John 111, 114, 123
Carrell, Lianella 216
Casarès, Maria 186, 188
Cassel, Jean-Pierre 384
Chabrol, Claude 308, 357, 359 ff.

Chaplin, Charlie 10, 12, 66 ff., 70 f., 87, 125 ff., 237, 239, 248, 286
Chaplin, Geraldine 417, 419
Charisse, Cyd 269
Claire, Ina 103, 105
Clift, Montgomery 218, 220, 243, 271 ff.
Close, Glenn 442, 445 f.
Clouzot, Henri-Georges 275 ff.
Clouzot, Vera 275, 277
Cobb, Lee J. 280 f.
Coburn, Charles 156 f.
Colbert, Claudette 56, 58 f., 82 ff., 95, 99, 101, 131
Collier jr., William 30
Colman, Ronald 81
Comingore, Dorothy 147, 151
Connolly, Walter 56, 59, 62
Cooper, Gary 23, 25 f., 63 ff., 82 ff., 258 f.
Cooper, Merian C. 53 f.
Coppola, Francis Ford 385 ff., 401, 404, 406
Cortese, Valentina 399
Cossart, Ernest 65
Cotten, Joseph 147, 151, 222, 224, 261 ff.
Cukor, George 49 f., 95, 98, 140
Curtis, Tony 315 ff.
Curtiz, Michael 163, 165

Dalio, Marcel 107, 109
Daniell, Henry 128
D'Arcy, Alexander 73, 75
Darwell, Jane 121, 123
Davis, Bette 13, 95, 133, 135 f., 225, 227 f.
Dekker, Albert 207
De Landa, Juan 168, 170
Delon, Alain 340, 342 ff., 354, 356, 373 ff.
Delon, Nathalie 354, 356
Deneuve, Cathérine 347, 349
De Niro, Robert 13, 405 f., 422 ff.
de Sica, Vittorio 214 ff., 247 ff., 332
Dietrich, Marlene 13, 18 ff., 23 ff., 63 ff., 303 f.
Donen, Stanley 269
Douglas, Kirk 288 f., 291
Douglas, Melvyn 105
Dressler, Marie 48 ff.
Dreyfuss, Richard 411 f.
Dru, Joanne 219 f.
Dubost, Paulette 108 f.
Dullea, Keir 367
Dunaway, Faye 350, 352, 401 ff.
Dunne, Irene 72 f., 75, 95, 131

Duvall, Robert 388, 406
Duvall, Shelley 418 f.
Dvorak, Ann 41 f.

Eastwood, Clint 447 f., 450 f.
Eyck, Peter van 275, 277

Fairbanks jr., Douglas 28, 30
Farrell, Glenda 30
Farrow, Mia 438 ff.
Fellini, Federico 284 ff.
Fiennes, Ralph 455 f.
Fitzgerald, Geraldine 117 f.
Fleming, Victor 95, 98
Foch, Nina 246
Fonda, Henry 121, 123, 155, 157
Ford, Glenn 198, 200
Ford, Harrison 433, 436
Ford, John 110 ff., 119 ff., 150
Foster, Jodie 423 f.
Francis, Kay 43, 45 f.
Frears, Stephen 445 f.
Freeman, Morgan 451
Friedkin, William 377, 379

Gable, Clark 57 ff., 95, 97 f., 140
Garbo, Greta 102 ff., 139
Gardner, Ava 206 f.
Garfield, Allen 416, 419
Gary, Lorraine 412
Gavin, John 323, 326 f.
George, Gladys 161
Geray, Steven 200
Gerron, Kurt 21
Gilbert, Billy 127 f.
Girotti, Massimo 168, 170, 394
Godard, Jean-Luc 308 f.
Goddard, Paulette 67, 70 f., 95, 128
Golisano, Francesco 247, 249
Goodall, Caroline 456
Gould, Elliott 418 f.
Gramatica, Emma 247, 249
Grant, Cary 72 ff., 85 ff., 130 ff., 138 ff., 195, 209 ff., 310 ff., 317
Grapewin, Charley 123
Gregor, Nora 107, 109
Gründgens, Gustaf 34 f.
Guétary, Georges 243, 246
Guinness, Alec 338

Hackman, Gene 376, 378 f., 450 f.
Hagen, Jean 267, 269

Halliday, John 65
Hamilton, Murray 410, 412
Hannah, Daryl 435 f.
Harlow, Jean 38 f., 48 f., 95
Harris, Richard 451
Hathaway, Henry 260, 264
Hauer, Rutger 434 ff.
Haupt, Ulrich 26
Hawkins, Jack 338
Hawks, Howard 40 ff., 61 f., 86 ff., 129, 131 f., 150, 193 ff., 219 f., 258
Hayworth, Rita 19, 197 ff., 214 f., 427
Helmore, Tom 301
Hemingway, Mariel 427 f.
Henreid, Paul 163 ff.
Hepburn, Katharine 85 ff., 131, 137 ff., 239 ff.
Herrand, Marcel 186, 188
Hershey, Barbara 439 f.
Hitchcock, Alfred 13, 33, 89, 91 f., 180, 208 ff., 297 f., 300 ff., 311 f., 314, 325 ff., 359 f., 378, 398, 410
Holden, William 235 ff., 369 ff.
Holm, Celeste 226, 228
Holloway, Stanley 183
Hopkins, Miriam 43, 46, 95
Horton, Edward Everett 45 f., 81, 83 f.
Howard, John 81
Howard, Trevor 181, 183, 222, 224
Huet, Henri-Jacques 309
Hussey, Ruth 138, 140
Huston, John 159 f., 240 f., 402 f.

Jannings, Emil 18, 21
Johnson, Celia 181, 183
Joy, Robert 430 f.
Jurado, Katy 258 f.

Karns, Roscoe 56, 59, 62, 132
Kazan, Elia 278, 280 f.
Keaton, Diane 406, 427 f.
Keitel, Harvey 424
Kelly, Gene 243, 245 f., 266 ff.
Kelly, Grace 139, 258 f.
Kennedy, Arthur 154
Kerr, Deborah 270, 273
Kingsley, Ben 456
Konstantin, Leopoldine 211 f.
Kubrick, Stanley 287 ff., 362 ff., 434, 446
Kurosawa, Akira 250, 254 f.
Kurtz, Swoosie 446
Kyo, Machiko 255

Lancaster, Burt 206 f., 270 f., 273, 339, 343 ff., 429 ff.
Lanchester, Elsa 303 f.
Landgut, Inge 35
Landis, Jessie Royce 312, 314
Lang, Fritz 32, 34 f.
Laughton, Charles 303 f.
Lean, David 182 f., 334 ff.
Léaud, Jean-Pierre 392, 394, 397, 399
Lederer, Francis 101
Leigh, Janet 323 f., 327
Leigh, Vivien 95, 97 f., 116, 244
Leisen, Mitchell 101
Lemmon, Jack 315 ff., 320 ff.
LeRoy, Mervin 27, 29
Leone, Sergio 448
Leslie, Joan 154
Levant, Oscar 245 f.
Lockhart, Gene 132
Lockwood, Gary 367
Lockwood, Margaret 90, 92
Lombard, Carole 60 ff., 95, 131, 171, 173 f.
Lopez, Perry 403
Lorre, Peter 35, 160 f., 163
Lowe, Edmund 48, 50
Loy, Myrna 190, 192
Lozano, Margarita 333
Lubitsch, Ernst 13, 44, 46, 63 ff., 82 ff., 102 ff., 131, 141 f., 144 f., 157, 171, 173 f., 226
Lulli, Folco 275, 277
Lupino, Ida 153 f.

MacLaine, Shirley 320 ff.
MacMurray, Fred 175 ff., 321 f.
Macready, George 198 ff., 289, 291
Maggiorani, Lamberto 215 f.
Malden, Karl 280 f.
Malle, Louis 397, 429 ff.
Malkovich, John 442, 445 f.
Mankiewicz, Joseph L. 148, 225 ff.
March, Fredric 190, 192
Marcuzzo, Elia 169 f.
Marshall, Herbert 43, 45 f., 134, 136
Masina, Giulietta 284 ff.
Mason, James 313 f.
Mayo, Virginia 190, 192
McCarey, Leo 72 f., 75
McDaniel, Hattie 93 f., 98
Meeker, Ralph 290 f.
Melville, Jean-Pierre 308 f., 353 ff., 372, 374 f.

Menjou, Adolphe 25 f., *289, 291*
Mifune, Toshiro *255*
Miles, Vera *297, 326* f.
Minnelli, Vincente 243, *246*
Mitchell, Thomas 81, 98, 111, 114, 203 f.
Modot, Gaston *108* f.
Monroe, Marilyn 19, 227, 261 ff., 270, *316* ff.
Montand, Yves 275, 277, *374*
Morelli, Rina *340*
Morgan, Frank 144 f.
Mori, Massayuki *255*
Morley, Karen 42
Morley, Robert 239, *241*
Muni, Paul 41 f., *152*
Murphy, Michael 427 f.

Neeson, Liam *456*
Nicholson, Jack 166, *401, 403*
Niven, David 83 f., *117* f.
Novak, Kim 297, *299, 301*

Oakie, Jack 127 f.
Ober, Philip 271, 273, *314*
Oberon, Merle *115* ff.
O'Brien, Edmond 206 f., *371*
O'Connor, Donald 268 f.
O'Donnell, Cathy 190, *192*
Ogier, Bulle *384*
Olivier, Laurence *115* ff.
Olmos, Edward James *436*
Olson, Nancy 236 f.
Ophüls, Max 230 ff.
O'Toole, Peter *338*

Pacino, Al *386, 388, 405* f.
Page, Geneviève *346, 349*
Pallette, Eugene *157*
Parély, Mila *107, 109*
Peckinpah, Sam 368 ff.
Penn, Arthur 350 ff.
Périer, François *354, 356, 374* f.
Perkins, Anthony *325, 327*
Peters, Jean 263 f.
Pfeiffer, Michelle *443, 445* f.
Piccoli, Michel 348 f., *384, 429, 431*
Pinal, Silvia *332*
Polanski, Roman *401* ff.
Power, Tyrone 303 f.
Preminger, Otto 178, *180*
Price, Vincent *180*

Quinn, Anthony 285 f., *338*

Rabal, Francisco 332, *349*
Raft, George 41 f., *152, 318*
Rains, Claude 162, 164 f., 210 ff.
Redgrave, Michael 92
Reed, Carol 221 ff.
Reed, Donna 203 f., *271, 273*
Reggiani, Serge *233*
Reicher, Frank 55
Reid, Kate *431*
Renoir, Jean 13, 106 f., *109, 188*
Rey, Fernando 332, *377* ff., *383* f.
Reynolds, Debbie 267 ff.
Richter, Daniel *367*
Robinson, Edward G. 28 ff., *152, 175, 177*
Robson, May 88
Ronet, Maurice *361*
Rosier, Cathy *354, 356*
Ruggles, Charles 45 f., *88*
Ruman, Sig *102, 105, 173*
Russell, Harold *191* f.
Russell, Rosalind *131* f.
Ryan, Robert *371*

Saint, Eva Marie 281, *310* f., *313* f.
Sanchez, Jaime *370* f.
Sanders, George 227 f.
Sanford, Stanley J. *71*
Sarandon, Susan 430 f.
Scheider, Roy *377, 379, 411* f.
Schneider, Maria *390, 392* ff.
Schoedsack, Ernest B. 54
Scorsese, Martin *335,* 423 f.
Scott, Ridley *496*
Seberg, Jean *306, 309*
Shaw, Robert *411* f.
Shepherd, Cybill *424*
Shimura, Takashi *255*
Signoret, Simone *233*
Silvano, Aldo *286*
Simon, Simone *233*
Simpson, Russell *123*
Sinatra, Frank *240,* 271 ff.
Siodmak, Robert 205, *207*
Sjöström, Viktor 293, *296*
Sloane, Everett *151*
Sondergaard, Gale 135 f.
Sorel, Jean *349*
Spielberg, Steven *126, 335, 407* f., *410* ff., *453* ff.

Stack, Robert *171, 174*
Staiola, Enzo *215* f.
Stanwyk, Barbara *157, 175* ff.
Steiger, Rod *280* f.
Stephenson, James *134* ff.
Sternberg, Josef von *18* ff., *24* ff.
Stewart, James *138, 140, 143, 145, 201* ff., *298, 301*
Strasberg, Lee *406*
Streep, Meryl *427* f.
Stroheim, Erich von *236* f.
Sturges, Preston *131, 149, 157*
Sullavan, Margaret *131, 142* f., *145*
Swanson, Gloria *236* f.
Sydow, Max von *295* f., *439* f.
Sylvester, William *367*

Thulin, Ingrid *296*
Thurman, Uma *442, 446*
Tierney, Gene *179, 180*
Tomlin, Lily *416, 419*
Toutaint, Roland *107, 109*
Travers, Henry *203* f.
Trevor, Claire *111, 114*
Truffaut, François *42, 209, 211, 230, 263, 308, 395* ff.

Valetti, Rosa *21*
Valli, Alida *222, 224*
Vanel, Charles *275, 277*
Vickers, Martha *193* f., *196*
Vidor, Charles *198, 200*

Visconti, Luchino *13, 167* ff., *339* ff., *406*
Volonté, Gian-Maria *373, 375*

Waldron, Charles *194, 196*
Walsh, Raoul *153* f.
Walston, Ray *322*
Wayne, John *111* ff., *217, 220*
Webb, Clifton *179* f.
Welles, Gwen *418* f.
Welles, Orson *148* ff., *206, 222* ff., *391, 398*
Wellman, William A. *38* f.
Wernicke, Otto *35*
Whitty, Dame May *90, 92*
Widmann, Ellen *35*
Wiest, Dianne *439* f.
Wilder, Billy *11, 13, 41, 64, 101, 105, 131, 150, 167, 173, 175* ff., *188, 225* f., *234* ff., *244, 271, 302* ff., *315* ff., *319* ff., *325*
Williams, Hugh *117* f.
Withers, Googie *92*
Wohlbrück, Adolf *232* f.
Wood, Sam *95, 98*
Woods, Edward *37, 39*
Wray, Fay *55*
Wright, Teresa *190, 192*
Wyatt, Jane *81*
Wyler, William *115* ff., *133, 135* f., *190* ff., *201* f., *316, 336*

Young, Sean *436*

Zinnemann, Fred *257* ff., *271* ff.

Filmregister

A Bout de Souffle *305* ff.
A Foreign Affair *302*
The African Queen *159*, *238* ff.
Airport *111*
All About Eve *225* ff.
Alien *436*
Amadeus *446*
American Madness
An American in Paris *242* ff.
Der andalusische Hund *13*
Angel *142*
Annie Hall *9*, *427*, *438*
The Apartment *319* ff.
A Place in the Sun *243* f.
A Streetcar Named Desire *244*
Atlantic City *343*, *429* ff.
Die Auswanderer *13*
The Awful Truth *72* ff.

Bananas *427*
Barry Lyndon *446*
Becky Sharp *67*
Belle de Jour *346* ff.
Ben Hur *316*
The Best Years of Our Lives *189* ff., *201* f.
The Big Sleep *193*
Birth of a Nation *13*, *148*
Blade Runner *432* ff.
Der blaue Engel *17* ff., *23*, *32*
Der blonde Traum *17*
Blow Up *13*, *364*
Bluebeard's Eighth Wife *82* ff.
Bonnie and Clyde *350* ff., *369*
Breathless *308*
The Bridge on the River Kwai *288*
Brief Encounter *181* ff., *319*
Bringing up Baby *73*, *85* ff., *240*

La Cage aux Folles *244*
Die Caine war ihr Schicksal *11*
Casablanca *11*, *24*, *159*, *162* ff., *172*, *198*, *209*
Le Cercle rouge *372* ff.
Le Charme discret de la Bourgeoisie *380* ff.
Chinatown *12*, *400* ff.
Citizen Kane *122*, *146* ff., *206*, *222*, *261*

Dances with Wolves *447*
Dangerous Liaisons *441* ff.
Le dernier Tournant *166*
Design for Living *142*
Desire *63* ff.
La deuxième Souffle *372*
Les Diaboliques *298*
Dinner at Eight *47* ff., *139*
Double Indemnity *175* ff., *325*
Die drei von der Tankstelle *17*
Duck Soup *72*
Der dünne Mann *73*, *86*

Easy Rider *423*
Les Enfants du Paradis *12*, *184* ff.
E. T. *407*, *435* f.

Family Plot *378*
Fanfaren der Liebe *315*
Fanny und Alexander *296*
La Femme infidèle *357* ff.
Die Fledermaus *11*
Die Frau des Bäckers *13*
Die Frau des Fliegers *13*
The French Connection *376* ff.
French Connection II *404*
Frenzy *325*
From Here to Eternity *270* ff., *343*

Full Metal Jacket *291*
Für eine Handvoll Dollar *370*, *448*

Il Gattopardo *339* ff.
The General *13*
Gentlemen Prefer Blondes *19*
Gilda *19*, *197* ff., *215*
Ginger und Fred *285*
The Godfather *29*, *272*, *385* ff.
The Godfather, Part II *404* ff.
Goldrush *12*
Gone With the Wind *93* ff., *116* f., *192*, *335*, *407*
Grand Hotel *111*
The Grapes of Wrath *119* ff.
The Great Dictator *124* ff.
The Great Train Robbery *110*
The Great Ziegfeld *243*
Greed *13*, *341*
Der große Gatsby *401*

Hannah and Her Sisters *437* ff.
It Happened One Night *56* ff.
Hi, Beautiful *265*
High Noon *217*, *256* ff., *450*
High Sierra *152* ff.
His Girl Friday *129* ff.
Hollywood Revue *265*
How Green is My Valley *119*
Husbands and Wives *438*

Ich war eine männliche Kriegsbraut *86*
Il Buono, Il Brutto, Il Cattivo *448*
Der innere Kreis *7*
Interiors *427*

Jaws *12*, *407* ff.
The Jazz Singer *67*, *266*
Jules und Jim *13*
Jurassic Park *51*, *407*, *411*

The Killers *205* ff., *343*, *429*
The Killing *287*
King Kong *51* ff.
Der Kongreß tanzt *17*
König der Könige *237*

Ladri di Biciclette *213* ff., *248*
The Lady Eve *155* ff.
The Lady Vanishes *89* ff.
Laura *178* ff.

Lawrence of Arabia *8*, *334* ff.
Let's Make Love *19*
The Letter *133* ff.
Letztes Jahr in Marienbad *288*
Little Caesar *27* ff., *37*
Little Nellie Kelly *265*
Lost Horizon *76* ff.
Lola Montez *334*
The Lost World *53*
Ludwig II. *334*

The Maltese Falcon *152*, *158* ff.
M – Eine Stadt sucht einen Mörder *31* ff.
Manhattan *425* ff., *438*
Mein wunderbarer Waschsalon *445*
Meuterei auf der Bounty *8*
Midnight *99* ff.
Mighty Joe Young *53*
Miller's Crossing *375*
Miracolo a Milano *247* ff., *332*
Mr. Deeds Goes to Town *82*
Modern Times *66* ff., *239*
Morocco *22* ff., *63*

Napoleon *13*, *334* f.
Nashville *413* ff., *423*
Niagara *260* ff.
Nicht versöhnt *407*
Ninotchka *11*, *102* ff., *142*
North by Northwest *310* ff.
Notorious *11*, *208* ff.
La Nuit américaine *395* ff.

Los Olvidados *331*
On the Waterfront *278* ff., *385*
Orphée *12*
Ossessione *166* ff., *344*

Palm Beach Story *131*, *157*
Panzerkreuzer Potemkin *13*
Paths of Glory *287* ff.
The Philadelphia Story *49*, *137* ff.
Picnic *301*
Per un Pugno di Dollari *448*
Per qualche Dollaro in Piu *448*
The Power and the Glory *149*
Psycho *323* ff., *336*, *359*, *410*
The Public Enemy *36* ff.

Les quatre cents Coups *308*
Queen Kelly *236*

Rashō-Mon *250* ff.
The Red Badge of Courage *241*
Red River *217* ff.
La Règle du Jeu *101*, *106* ff., *148*
Rififi *373*
Rio Bravo *258*
Rocco e i suoi Fratelli *344*
La Ronde *229* ff.

Le Salaire de la Peur *13*, *274* ff.
Le Samourai *353* ff.
Samson and Delilah *237*
Der Saustall *275*
Scarface *37*, *40* ff.
Der Schatz der Sierra Madre *159*
Schindler's List *126*, *321*, *452* ff.
Das Schweigen *296*
The Seven Year Itch *271*
The Shop Around the Corner *141* ff.
Sie küßten und sie schlugen ihn *8*
Singin' in the Rain *265* ff.
Sleeper *427*
Smultronstället *292* ff.
Some Like It Hot *19*, *29*, *41*, *315* ff.
Spartacus *288*
Speak Easily *265*
Stagecoach *110* ff., *150*, *217*
Star Trek *435*
Star Wars *435*
39 Steps *312*
La Strada *282* ff.
Strangers on a Train *33*
42nd Street *244*

Sullivan's Travels *157*
Sunset Boulevard *225* f., *234* ff.
Szenen einer Ehe *439*

Take the Money and Run *427*
Taxi Driver *420* ff.
To Be or Not to Be *105*, *141*, *171* ff.
The Third Man *33*, *221* ff., *261*
To Have and Have Not *159*, *193*
Topkapi *373*
Triumph des Willens *12*
Trouble in Paradise *43* ff., *157*
Twentieth Century *60* ff.
2001: A Space Odyssee *8*, *362* ff., *434*

L'ultimo Tango a Parigi *389* ff.
Underworld *18*
Unforgiven *447* ff.
Un Flic *372*

Vertigo *180*, *297* ff., *410*
Viridiana *328* ff.
Valmont *446*
Die Verdammten *406*

Die Wanderschauspieler *13*
The Wild Bunch *368* ff.
Witness for the Prosecution *302* ff.
It's a Wonderful Life *142*, *201* ff.
The Women *131*
Wuthering Heights *115* ff.

Young Mr. Lincoln *121*

BILLY WILDER

Eine Nahaufnahme von Hellmuth Karasek

Billy Wilder, ein herausragender Zeitzeuge unseres Jahrhunderts, erzählt sein turbulentes Leben. Diese Nahaufnahme, die er mit Hellmuth Karasek erarbeitet hat, gibt Auskunft über seine Filme, sein Leben, seinen blendenden und beißenden Witz - er erzählt von Marilyn Monroe, der Dietrich, der Garbo, von Laughton und Kennedy, von Chaplin, Keaton, Humphrey Bogart, Jack Lemmon, Shirley MacLaine, Gloria Swanson und Arthur Miller und, und, und...

592 Seiten mit großem Bildteil, gebunden